圣神皇帝

武则天传

王尚琦◎编著

团结出版社
UNITY PRESS

图书在版编目（CIP）数据

武则天传 / 王尚琦编著. -- 北京：团结出版社，
2015.8（2023.1重印）
ISBN 978-7-5126-3751-1

Ⅰ.①武… Ⅱ.①王… Ⅲ.①武则天（624～705）—
传记 Ⅳ.①K827=421

中国版本图书馆CIP数据核字(2015)第176324号

出　　版：团结出版社
　　　　　（北京市东城区东皇城根南街84号　邮编：100006）
电　　话：（010）65228880　65244790（出版社）
　　　　　（010）65238766　85113874　65133603（发行部）
　　　　　（010）65133603（邮购）
网　　址：http://www.tjpress.com
E-mail：zb65244790@163.com（出版社）
　　　　　fx65133603@163.com（发行部邮购）
经　　销：全国新华书店
印　　刷：唐山楠萍印务有限公司

开　　本：650毫米×920毫米　16开
印　　张：24
字　　数：330千字
版　　次：2016年1月　第1版
印　　次：2023年1月　第3次印刷

书　　号：978-7-5126-3751-1
定　　价：68.00元

前　言

　　悠悠几千年，纵横五万里，站在中国文明辽阔而又源远流长的历史天幕下，仰望着令无数人叹为观止的帝王将相的流光溢彩的天空，尽阅朝代更迭的波澜起伏，无处不闪耀着先人用心、用生命谱写的辉煌。

　　封建帝王将相是历史的缩影，自嬴政以来，秦皇汉武，唐宗宋祖……他们或以盖世雄才称霸天下，或以绝妙文采震烁古今，或以宏韬伟略彪炳史册，或以残暴不仁毁灭帝业，铸就了一部洋洋洒洒长达两千余年的封建帝王史……

　　恍然间，我们看到了"千古一帝"秦始皇"横扫六合"的雄伟身姿；大汉朝开国皇帝刘邦从"市井无赖"到"真龙天子"的大变身；汉武帝刘彻雄赳赳地将中华带上顶峰的威风场景；光武帝刘秀吞血碎齿战八方，于乱世中成就霸业的冲天豪情；乱世枭雄曹操耍尽"奸计"，玩转三国的高超智慧；亡国之君隋炀帝的骄纵狂妄；唐高祖李渊率众起义、揭竿而起，建立唐王朝的惊天伟业；唐太宗李世民玄武门兵变的狠辣果断；一代女皇武则天勇于创造命运的步步惊心；宋太祖赵匡胤"杯酒释兵权"的聪明睿智；元世祖忽必烈以蒙古铁骑横扫欧亚大陆的英雄豪迈；一代天骄成吉思汗开创铁血王朝的钢铁毅力；"草根帝"朱元璋从"乞丐"到"皇帝"的辛酸血泪；清太祖努尔哈赤以十三副铠甲起兵，开辟锦绣前程的创业史；大清王朝第一帝皇太极夺取江山的谋略手段；少年天子顺治为爱妃做到极致的痴心情意；清军入关的第二位皇帝康熙除权臣，平叛逆，锐意改革的天才谋略；最富争议的皇帝雍正的精彩人生；乾隆皇帝钟情于香妃的风流韵事；慈禧太后将皇帝与权臣操纵于股掌之间的惊天手段；历代名相为当朝政务呕心沥血，助帝王打造繁荣盛世……

在浩瀚无边的中国历史长河之中，帝王将相始终是核心人物，或直接或间接地掌控着历史的舰舵，影响着历史的进程。虽然他们已是昨日黄花、过眼云烟，但查看他们的传奇人生，研究他们的功过是非，仍然可以让读者借鉴与警醒！

即便如此，很多人依然会"坚定"地摇着头回答："NO！"因为在他们看来，"历史、帝王将相"等于"正统、严肃"，这些东西早被当年的历史考试浇到了冰点！尽管明知"读史可以使人明智"，也再没有耐心去研读、探索那些"枯燥"的历史了。其实，历史并不是课本上那些无聊的年份表，帝王将相也不是人物事件的简单罗列。真实的帝王将相的生活要丰富得多，有趣得多。

为了解决这个问题，让读者心甘情愿地"抢读"历史，本套图书精心挑选了在历史上影响力颇大的帝王或名相，突破了枯燥无味、干巴巴的"讲授"形式，以一种幽默诙谐的语言，用一种立体的方式将一个帝王或名相的多样性与丰富性展现在广大的读者面前。

全书妙语如珠，犀利峥嵘，细述每个帝王或名相的政治生活、历史功绩、家庭生活、情感轶事等，充满了故事性、知识性与趣味性，让读者在轻松愉悦的享受中体味人生的变化莫测；在"观看历史大片"的过程中收取成功的法门秘诀。

为了保证书稿的质量，编辑工作者查阅了大量的相关资料与文献，并且专门请教了很多长期从事历史教学与研究的专家学者。不过，由于时间与精力有限，如果本套图书存在些许错误，敬请广大的读者朋友们批评指正。

"古人不见今时月，今月曾经照古人"，与浩瀚的宇宙相比，人类的生命短暂得微不足道。因此，在这有限的时光中，我们要尽一切可能多学知识，少走弯路，让我们的人生变得更加绚丽多彩！

目 录

武则天传

WUZETIANZHUAN

第一章

武媚娘降生　占卜话前程

她是我国古代历史上唯一的女皇帝，在那个男尊女卑的时代，一个柔弱的女子能够从社会的最底层爬到政治的最顶端，她要经过多少的坎坷和辛酸。不管过程怎样，结果才最重要。她的气魄和能力丝毫不逊于男儿，她不会墨守成规，自己掌握着命运主导权。她就是历史上的女皇——武则天。

武则天虽是女皇，但她并非出生名门。所以可想而知，她踏入政坛的过程多么坎坷而艰辛，但这位孱弱的女孩并没有被命运无情地击垮，而是凭借自己的力量达到了一个无人敢想的目标。

俗话说，世间活计三样苦：打铁、撑船、磨豆腐。武士彟怎么也想不到当年挑着豆腐担子走街串巷，起早贪黑的自己今天能够官至大唐帝国工部尚书。天命之年又娶上了前隋宰相、皇族宗室杨达的女儿。这对于武士彟这样的寒门新贵来说，简直就是天上掉馅饼的事情。但在血统论大行其道的隋唐时代，武尚书并没有因此满足，他迫切需要让自己的夫人杨氏给老武家生一个血统更加高贵的儿子。

年过四十的杨氏已经生过一个女儿了，此时又到了怀胎期满、珠玉临盆的时候。武府上下都非常担心，但此时最为焦急的还是武老爷，这会儿他正背着手，在外厅来回地踱步，不时地派人去内堂的产床旁探望情况。虽然并不是第一次生孩子，但内堂之中，武夫人仍然高一声低一声地呻吟着。

已到掌灯时分，天仍黑得很早，外面刚刚下过雪，武老爷在火炉边坐着。武士彟两眼出神地坐在那里，心早就飞到了内堂之中，他静静地出神，想着自己这些年的光景。

从卖豆腐到做木材生意，再到后来的领兵打仗，出将入相，武士彟历练了这么多年，他想着自己是如何一步步得到今天的成就。其中最重要的还是隋末唐初的一个决议。

那时李渊的势力越来越大，天下人普遍都看好李渊。武士彟凭着自己经商多年的精明干练，再一次押对了宝。到了晋阳起兵的时候，武士彟的官阶一步一步地得到提升。正在他想得出神的时候，一个小丫鬟进来报信。

武士彟上前一步，一把抓住小丫鬟，着急问道："怎么样，生了吗？"

"老……老爷，生了、生了，大人孩子都平安。"

武金急切地问："生的可是公子？"

"是……是千金小姐。"

一听此言，武士彟心中一下子失落了许多，但好像又像得到解脱似的了。

虽是女儿，武士彟也很喜欢，尤其是这个小女儿长得白白胖胖，挥舞着小手，一逗就发出咯咯的笑声。转眼就到了女儿周岁的生日，本想留在家中为女儿过周岁生日，不想秦王李世民来此。李世民和武士彟商量完朝中的事情，得知今日是他爱女的生辰，于是便提出去看看，武士彟的小女儿，也就是那个刚满周岁，名为武媚娘的婴孩儿。

秦王和武士彟来到后堂，一家人正围着媚娘抓周。媚娘赤着小脚丫躺在红地毯上，周围堆放着很多标志着她以后人生的物品，比如胭脂、剪子、书籍、毛笔、勺子和吃的东西等等。媚娘的小手在那里摸来抓去，将眼前的东西搅得乱七八糟，但就不抓，众人一起起哄，有的让媚娘拿这个，有的让媚娘拿那个，场面十分热闹。但小媚娘谁的话也不听，就是不抓起来。李世民站在一边兴致勃勃地看着，他从腰上解下自己的羊脂天宝玉佩，放在媚娘的身后。媚娘好像预先知道一般，突然转过身来，从李世民的手中夺过玉佩，拿在手里仔细地端详，还发出了咯咯的笑声。

武士彟见此情景，连忙上前道歉，同时掰开媚娘的手，从小媚娘的手里夺下天宝玉佩，双手捧给李世民，说道："殿下，孩子太小，让您见笑了。"

李世民刚要伸手接过玉佩，小媚娘却不愿意了，她的小胳膊伸得老长，眼睛一眨不眨地盯着秦王手中的玉佩，突然哇哇地哭叫起来。武士彟让妻子杨氏赶紧把孩子抱走，没想到小媚娘哭得更厉害了。李世民走过去，将自己手中的玉佩再次塞到媚娘的手中，武士彟也没办法继续阻拦。

"看来这个小姑娘很有眼光嘛，此乃皇上亲赐的天宝玉佩，好吧，我今天就将它送给你吧。来，让我抱抱。"李世民伸手接过了小媚娘。

武士彠和杨氏赶忙双双跪下，代替小媚娘叩谢秦王李世民的恩德。

媚娘长得十分耐看，宽宽的额头，大大的眼睛，微翘的下巴，既美丽又大方。她穿着细绸绣花小夹裤，露出一截雪白、肥嫩、坚实的小腿肚子。

李世民抱着孩子，连声夸赞。媚娘也伸出小手，想摸秦王头上的紫金冠。李世民笑着，轻轻地捉住了她不安分的小手。

转眼，当年那个抓周的小孩儿就长成了小姑娘。武士彠在任期间不负众望，被朝廷提携，将要去新的岗位上任。全家人不得不跟随着他搬迁到新的居住地。武媚娘极不情愿地和自己的玩伴说了再见，嘴上还不忘一直抱怨。

她抓着爹爹的大手，执拗地说："爹爹，做大都督是不是很威风，将来我一定也要做个大都督。"武士彠虽知道媚娘是童言无忌，但也为她的雄心大志感到骄傲。

武士彠抚摸着媚娘的脑袋，慈爱地说："有这份心是好的，只可惜是个女儿家。不过不要紧，爹爹也会教给你一些安邦定国、造福百姓的治国之策。"

阳春三月，风和日丽，绿草茵茵。在通往荆州的官道上，一辆骡车上坐着三个人，一个车夫和一个童仆，另外还有一位神情自在、身着青色长褂的男子。他大约四十来岁的样子，身材不高，但容颜丰润，眼神迷离，胡须飘如燕尾。他时而在骡车上或坐或躺，看田园中正在耕种的农民；时而下车步行，拂花弄草，吟诗咏唱，怡然自得。这时，突然从南方飞来一人字雁阵，叫声清亮激越。男子立即仰脸观望，若有所思，随即便占一诗：谁与天地齐，得向丹青书？偶有雁阵过，敢笑我不识。如此潇洒自由、消闲娱情之人正是人称通晓天机未来、看破天下、名闻朝野的大星相家袁天纲。

袁天纲被荆州大都督武士彠请到了武府，想请他给家人看相。此时，他的二女儿身着男装，上穿鲜艳的绸衫，下着灯笼白马裤。红润的小脸上透着聪明劲，她身体富有弹性，似乎蕴含着某种神奇的力量。荆州大都督武士彠诚恳地说道："袁先生，请你给小儿细看一下。"武士彠因为盼子心切，时常将自己的二女儿当作男孩儿来养，她的衣着服饰均是男式。今天小媚娘穿的也是男装，主要是想试探一下袁天纲的相

术，看看这位号称天下第一的大星相家是否真得如传言那般神奇。

袁天纲对着女扮男装的小媚娘端详了半天，端起杯子接连喝几口水，接着便是点头又摇头，似乎欲言又止的样子。他又盯着小媚娘望了一会儿，问小媚娘的生辰八字。然后想了想才说道："这位武家小公子神采奕奕，骨相非凡绝伦，要想看出他的命相，可不是一件容易的事哟！""先生不但算命，而且算天，想必小儿的卦相也没有多少复杂。"武士彟听完袁天纲的话，笑眯眯地对他说。袁天纲喝了口茶，摆摆手说道："且慢，容我细细算来。"于是便口念咒语，手指掐算，又对武士彟说："敢请小公子走几步给我看看？"

媚娘在内堂上走了两圈，一双稚气的大眼睛望着袁天纲。

袁天纲看着小媚娘的走相，瞠目结舌，半天才说出一句话来："这位小郎君真是贵人之相啊！再加上他的生辰八字，想必以后要经天纬地。只可惜小公子是个男孩，假如是个女孩，将来必定能君临天下。"袁天纲的一番话惊呆了武士彟，他看看袁天纲，不像是信口胡说的样子。赶紧令家人和随从全部退下，然后抓住袁天纲的手，问道："方才的话，莫不是戏言？""怎么是戏言！"袁天纲甩掉武士彟的手，说，"都督大人，山人相命从不说戏言，只可惜你家公子是个男孩。不过贵公子的面相如此罕见，将来想必也是一位赫赫有名的风云人物。我看相数十年，不知为多少王公贵人看过相，但像小公子这样的富贵相，还是第一次看到。"袁天纲对着武士彟由衷地赞叹到，言辞恳切。

武士彟将信将疑，脸色顿时变得苍白，要知道此时的武家小公子正是女儿身。假如袁天纲的话果然没错，也就是说武家将来要出个皇帝？而且还是个女皇帝？可是自古以来，称王称帝的都是男人，哪有女子的份啊？如此看来，这大星相家的话也不可全信。

老于世故的武士彟不再向袁天纲刨根问底，他真诚地对袁天纲说："袁先生，此话可不能乱说，我身为荆州都督，深受皇恩，您说的'君临天下'的话，可真是大不敬啊，假如这话传到皇帝那儿，这可是灭九族的大罪啊，到时候你我都难逃罪责！""大都督，山人看相也不过是就相论相。就算是推算出君临天下，也是命中注定的事情。人生自有定数，得失天地自知。我说的话我会负责，大都督不必为此多心。""好，好。敢问袁先生何日上路？"武士彟不想就这件事情继续说下去，这会儿一心就想把袁相士赶紧打发走，免得在这里惹是生非。

"我下午就出城，晚上到城外歇息，山人不习惯住在深宅大院里。

再说，皇上也要召见我，不敢耽误太长时间。只是……"袁天纲指了指大都督送的黄白二物说："这些东西都是身外之物，我一概都不要。我这一生了无牵挂，有了这些东西反而多了牵绊，所以这些东西还请武都督收回。"武士彟见袁天纲说得如此真诚，也不再勉强，只是留他吃了一顿午饭，便派人护送他出了城。

贞观九年（公元635年）的新年刚过，武士彟通过吏部的老关系，也将自己赋闲在家的两个儿子武元庆和武元爽送去了京城长安。虽然官职不大，但总算安排好了两个不成器的儿子。二月二日，武士彟亲自送两个儿子上京赴任，一直送到了荆州城外的廿里铺，千叮咛万嘱咐才洒泪而别。回来时，没想到在府门口的台阶处不小心跌了一跤，昏晕在地。跟随的人赶紧将他抬到内堂。家人找遍了城中的名医前来诊视。医生为武士彟诊了脉，开了十几味药，在床上休养了近一个月才有所好转。可武都督沉不住气，没等到病全好，就不顾左右的劝阻，直接到衙门开始处理政事。

四月，太上皇李渊在长安驾崩。武士彟得到这个消息后哀伤无比。他想到自己能有今日，全是仰仗太上皇对武家的恩宠。他因为悲伤过度，最终新病叠旧疾，竟卧床不起，每每吐血。这次寻遍了京城中的名医，也不见好。

二十八日清晨，武士彟召来家人，对他们交代后事说："我这几日神思恍惚，应该不久于人世，先皇对我们武家恩宠颇多。但我多日病在床上，根本无暇顾及衙门的事情。所以请各位同僚帮我个忙，帮我上书给皇帝，再寻找一位有才之士担任荆州都督吧。个人事小，朝廷事大，不要只围着我转。"身边的幕僚垂泪答应着走了。

武士彟将自己的妻子杨氏叫道床前，嘱说："夫人乃名门闺秀，下嫁到我武门，士彟惭愧。天不与寿，我只能先走一步了。我走之后，千斤重担都压到了你一人肩上。你们可以回到文水老家去，母子私人耕种几亩田地过活，女儿的婆家，也不要太挑剔，不必非是名门望族不可，只要是老实本分的好男儿，能善待其一生就好。只是咱们的二女儿心高气傲，让我不能放心地走啊。"

武士彟把媚娘叫到床前，拉着她的手说道："我儿虽是个女子，但衣不解带，侍奉我半月有余，想想我这一生能有儿如此，也就不枉此生了。孩儿从小就是个明白事理的人，以后做事一定要冷静处理。我走之后，你要好生照顾你阿娘，看护好姐妹。"武士彟对媚娘交代了一些事

情，久久地凝视着爱女，想着袁天纲的话，似有无限的心事。当天晚上，武士彠就去世了。媚娘和家人自是捶膺顿足，放声大哭。荆州官员上书向皇帝表奏了此事，当李世民得知武士彠因思念先皇而疾病交加时，不禁大为感动。为表彰他的忠心、勤政爱民的精神，皇上诏命武士彠谥号曰"定"，追封为礼部尚书，特令并州的大都督李勣为其主办丧事，一切费用均由国家支出。武士彠出殡那天，丧礼可谓是空前的气派。发丧那天，光是看热闹的人就挤满了整个武家庄，全并州府的大小官僚，都来为武士彠送葬。武士彠的丧礼再风光，也不能避免武家就此衰落的事实。

武士彠刚刚过世，他的两个儿子就开始吵嚷着分家，不愿意和杨氏母女一起生活，在万般无奈下，杨氏的长女只能带着可怜的嫁妆匆匆嫁给了官职低微的越王府曹贺兰越石。不仅如此，喜事办得竟不如平常人家，少女媚娘按捺不住气愤的心情，竟然在婚礼上操起木棍大闹起来，这让她同父异母的哥哥武元庆下不来台。

武元庆一怒之下，随即叫来一个媒婆，吩咐她不论家境如何，只要尽快将十四岁的武媚娘嫁出去就行。为了能给自己的女儿说个好人家，杨母只能带着未出阁的女儿来到了京城，寄住在亲戚家。

第二章

入选进深宫　面圣细盘算

　　自唐武德九年（公元 626 年）"玄武门之变"以来，李世民就逐渐坐稳了皇帝的宝座。贞观十一年（公元 637 年），长孙皇后去世。长孙皇后生前勤俭持宫，常常对李世民直言相劝，是一位不可多得的好皇后。但李世民骨子里有着好色而贪婪的本性，长孙皇后去世没多久，他就下令广招天下美女进宫。武媚娘得到这个消息，让一直等待机会的她一阵欢欣雀跃。

　　媚娘最终说服了母亲，杨母通过再三打点，带着两个孩子进宫见到了自己的堂妹杨妃，深宫之中，看着杨妃宫闱的冷清，杨母又一阵心寒，但拗不过女儿，只好请杨妃操办此事。天遂人愿，媚娘的愿望达成，她终于被选入宫了。

　　李世民喜欢女人，尤其是喜欢漂亮的女人，因而后宫里美女如云。媚娘的入宫不过像一颗石子投入水潭，只是泛起些微涟漪罢了，并没有什么惹人注目的地方。她和众多刚入宫的美少女一样，每天起来，先梳洗打扮，早膳后就到书院里学习礼乐。一晃眼两个多月过去了，日子千篇一律，枯燥乏味。别说是皇上，就连一个正儿八经的男人都很难见到。除了常来常去的几个面白无须的太监，全是女人，连每天教习礼乐的老师都由宫里的女官来担任。

　　与媚娘同居一室的是徐惠，她也是名门之女，乃大臣徐孝德的女儿，右散骑常侍徐坚的小姑。据说她生下来五个月就能说话，四岁即诵《论语》《毛诗》，八岁就写得一手好文章。在文采方面，武氏自知比她逊色多了，常常主动地向她讨教问题。晚上，武氏都躺下了，徐惠仍然手不释卷，研读经史直到深夜。一觉醒来，武氏再也睡不着觉，她望了望如豆灯光下徐惠的侧影，不禁叹出一口气来。

　　两个豆蔻年华的貌美女子忍受着宫闱的寂寞，幸好还能彼此做个伴，因此两个人越谈越投机，最后竟然结拜成姐妹。

这天，李世民在朝堂上与众文武议事，讨论关于高句丽的独裁者泉盖苏文屡次发兵侵犯边境的事。李世民坐在龙椅上，手端着腰上的玉带，说："高句丽这个弹丸小国，竟敢屡次侵犯我中华边土，真是不知天高地厚。想想朕自太原起兵，提三尺长剑，扫荡四海，诛灭诸侯，二十年来无有敌手，还在乎这小小高句丽？朕也多少年没有上马临阵了，很不自在，这次朕决定率大军亲征高句丽，让那泉盖苏文也知道我中华马上皇帝——李世民的厉害。"

长孙无忌走上来，作揖说："皇上乃万金之躯，且年事已高，不宜亲征。遣一大将率部前去拒敌即可。"

"朕才四十六岁，何言年事已高？朕身体也好得很。"李世民说着，推开龙案，甩了甩胳膊。众朝臣都笑了。褚遂良走过来，施礼说："陛下有个好身体，实为我大唐的福气。但为社稷百姓着想，万万不可御驾亲征。如今，高句丽仅骚乱我边境，尚不必对此大动干戈。不如再等他两年，一边训练兵士，一边养精蓄锐。而后一举图之，不愁辽东不定矣。""房爱卿，你觉得这事怎么处理？"李世民问房玄龄道。房玄龄走过来，施了一个礼，说："遂良公所言极是，的确还不到对高句丽大规模用兵的时候。陛下少安勿躁，这个仗早晚都要打。不灭了泉盖苏文，辽东无宁日。"商量好这事以后，散朝的时辰也到了，众大臣纷纷往外走，唯独徐孝德站着未动。李世民问徐孝德是不是有什么事情。徐孝德将自己的女儿事情说了出来，李世民让徐孝德放心。当晚李世民便召徐惠侍寝。

媚娘看着徐惠随着宫女走了，连同她的心也带走了。她内心无比激动，因为她知道，很可能自己的机会马上就要来了。可是一连等了好多天，都不见徐惠带来任何消息，只是听说她侍寝之后被封为了婕好的身份，那可是相当于正三品的册封呢。时间一天天过去，徐惠始终没有来过，媚娘的希望也一点点破灭。

冬至这天，武氏和往常一样，和众多的新入宫的美女一起，坐在书院里，听内廷教习讲课。突然，门外一阵脚步声，大门被推开，先进来两对手持拂尘的太监，口称"皇帝驾到"。接着，李世民在妃嫔和太监的簇拥下，走到书院，慌得众美人和教司就地找空隙跪倒，齐声诵道："吾皇万岁万岁万万岁！"

李世民扬扬手，旁边的太监即代传口谕："免礼平身。"

李世民看了看这些美人，然后走到书桌边，翻了翻所看的书，问跟前的一个美人："在这里生活，还习惯吗？"

"臣妾非常习惯在这里生活。"那美人道了个万福，回答说。

李世民微微一笑，然后问身后的徐惠徐婕妤："哪一个是故爱卿武士彟的女儿武氏？"

"请陛下自己找，看能不能找出来。记住，哪个最漂亮，就是哪一个。"徐婕妤调皮劲又上来了。

"好，容朕细观，看看是怎样一个佳人。"李世民从西往东找，找一个点点头，又摇摇头，找了一圈，也不敢肯定。他仰天大笑起来，说："都长得跟花朵一样，朕实在是找花了眼，找不出哪一个是武氏。"其实徐惠早偷偷把武氏拉到了自己的身后，见李世民不肯找了，才把武氏推出来，说："陛下，你看看这个女子长得怎么样？"李世民打眼一看，嘴张得老大。眼前的这位女子穿着湖蓝色的朝服，眉尖微微挑起，透露出俊爽聪明；一对明亮的眼睛非常深邃，放射出一股热烈的光；圆润绵软的乳峰在朝服下明显地突起。整个人的神态就像牡丹花瓣半开微展，十分巧妙惹人怜爱。"美容止，美容止。"李世民忍不住啧啧称赞起来，意为漂亮到这儿就停止了，没有比她更漂亮的了。

被临幸后的武氏独居一室，浮想联翩。自己费了这么大的心力，才挣到"才人"的地位。虽然一侍寝，即享受正五品的待遇，这是许多男儿付出半生血汗才能挣到的官位。但"才人"在后宫的地位并不显要，甚至远远比不上徐惠，那个黄毛丫头一天之内升为正三品婕妤，凭的是什么，不就是喜欢诌几句诗吗？论相貌，按床第，承姿色，根本比不上自己。武氏深深感到通往显贵权力顶巅的道路是那么的崎岖险要。即使这个才人的封号，如果不靠父亲武士彟的名声，恐怕也是很难挣得的。前路茫茫，长夜漫漫，武氏难以入眠，好在自己年纪还小，来日方长。看以后的机会吧，只要有心，不愁升不到更高的地位。

虽然李世民的诗写得不怎么样，但他是马上皇帝，喜欢骑射。天下太平以后，他常常出外游猎，他自己也说："少尚威武，不精学习。"闲暇的时候，他便张弓挂矢，用特大号的箭，以门扇为靶，射箭取乐。太宗长于骑射，也希望大臣们也精于此道。文臣萧以文得宠时，太宗赐他弓箭，但他不大喜欢射箭等体育运动，把皇上赐的弓箭挂在墙上，个把月都不摸一回。李世民知道后，特地把他召进宫，当着众大臣的面，让他试射。皇命难违，他只好硬着头皮奉旨射箭，使出了吃奶的劲才勉强拉开了弓。一连射了十来支箭，却没有一支箭射到不远处的箭垛。李

第二章 入选进深宫 面圣细盘算

世民和文武百官看后都哈哈大笑。其中大书法家欧阳询才思奔涌，忍不住写了一首诗笑话他：急风吹缓箭，弱手驭强弓。欲高翻覆下，应西复更东。十回俱着地，两手并擎空。借问谁为此？多应是萧公。

一天，闲来无事，李世民带着一群妃嫔到后苑闲玩，令人牵出自己心爱的宝马"狮子骢"。这真是一匹骏骑，它紫红的皮毛像丝绸那样闪闪发光，被马倌梳洗得一丝不乱。狮子骢的前胸宽阔，后臀微翘，动感十足。鬃毛又密又长，形如狮鬣。从侧面看，它的背上和腿上隐约显现出更紫更红的圆圈。四蹄也如钢铸一般，马尾像瀑布一般拖下来。它往众人面前一站，马脸朝天，充分显示了一种名驹的高贵气质。李世民得意地走过去，伸手想去抚摸它。没等李世民搭上马身，狮子骢忽然嗷嗷乱叫，发了脾气。它暴跳如雷，前蹄跃起老高，丝毫不给李世民面子。此马大概是圈养久了，憋得难受，或是见这么多后宫佳丽唧唧喳喳，心烦意乱。狮子骢后蹄险些踢到了李世民，吓得唐俭等卫士赶忙挡在李世民的身前。马倌吓得脸色煞白，举鞭呵斥狮子骢。狮子骢见状，更加暴跳如雷，连咬带踢，想挣掉辔头。李世民直搓手，急问左右怎么办。唐俭也摇头说等等再看。这时，武氏款步而来，对李世民说："臣妾能制之。"

李世民望了望这位小美人，问："你小小年纪，能有什么办法？"

武氏对曰："妾有三件宝贝可以制伏它。一开始用铁鞭猛抽；如果还不服气，就用铁锤砸；再不服气，可用匕首断其喉。"

李世民听了，淡淡地说了句："算你有志气。"就撇下狮子骢转身走了。众人又迤逦随他往苑外走。走在路上，武氏默然无语。她本想一鸣惊人，以"过人见识"取悦于李世民，但看来适得其反。李世民虽然是皇帝，后宫佳丽使也使不完，但他和普通人一样，心中总有一个理想化的女人。这个女人就是长孙皇后，如今，斯人已去，但李世民心目中仍然摆脱不掉长孙皇后的影子。徐惠才貌双全，颇有长孙皇后的遗风，于政事多有建言。

贞观二十二年（公元648年），徐惠上书言事，对当前的政治、经济、军事发表了一番见解，劝谏太宗李世民"抑志裁心，慎终如始，削轻过以添重德，循令是以替前非，则令名与日月无穷，盛业与乾坤永大"。太宗李世民见了奏书以后，仿佛看到了故皇后长孙氏的影子，眼圈都湿了，对徐惠大加称赞，赏赐黄金、白银、丝帛等许多东西。但徐惠贤而有度，恬然不受。李世民从此愈加宠爱徐惠，把她从婕妤提拔为充容，官属正二品。

有一天，南方飞马送来鲜荔枝，李世民想起了徐惠，叫人把她召来。太监飞跑至徐惠的住处，催徐惠去见皇上，徐惠看了一会儿书，又照照镜子，用胭脂粉扑扑脸，在屋里拾掇这拾掇那，转了好几个圈子，才去见李世民。

等了这么长时间，才等来徐惠，李世民一脸怒气，把荔枝抛在地上说："你的架子真大，朕叫你吃荔枝你都敢迟迟不来。"

徐惠笑而不答，径直走到书案旁，拿起羊毫笔，轻舔墨砚，挥笔写了一首诗，诗曰：朝来临镜台，妆罢暂徘徊。千金始一笑，一召讵能来。徐惠把诗递给李世民。李世民读了诗，怒气全消，上前一把托起这个小才女，放在膝上，亲自剥开荔枝，塞到了徐惠的嘴里。徐惠矜持而幽默的性格给年近五十的李世民留下了深刻的印象。

"陛下，开春以来，就没见您临幸武媚娘了。媚娘挺思念您，托臣妾给陛下说说。"徐惠受人之托，见李世民高兴，伸出小手摸了摸李世民的虬须说道。"武才人徒有妩媚的外表，小小年纪，竟想出了如此狠毒的驭马术，让朕颇感失望。"

徐惠并没有忘记与武媚娘结拜时答应过的事情，弄清了李世民生气的原委，便想着办法为其开脱。她向陛下解释道："武才人的确性格刚毅，不够温顺，但其忠心可嘉。虽然当中表演了驭马之术，并不能说明她有什么异常想法，无非是想通过此事引起陛下注意，获得陛下的恩宠。"李世民听完了徐惠的解释，心里的疙瘩也消了不少，便又问起了武媚近来所做的事情。徐惠见自己的解释起了作用，于是更加卖力地推荐武媚娘，告诉李世民，武媚娘在宫中平时除了学习宫规外，还潜心学习诗文辞章，以不辜负陛下的殷切期望。李世民听完了徐惠的回答，摸着她的小手，终于露出了笑容，让徐惠转告武媚娘，她也可以第二天在太极宫和太子、诸王一起观看歌舞《秦王破阵乐》。

第三章

太子位易主　媚娘惑李治

　　太极宫内，大臣和皇子以及妃嫔们都聚集在此，欣赏着优美的歌舞。李世民兴致很高，想让大家一起行酒令，需要找一个人监酒。李世民指名让太子承乾监酒，但找了半天都没有找到。要说这个太子，还真是一个扶不起的阿斗。

　　李世民沉吟了一下，吩咐说："可令晋王李治监酒。"晋王李治还不到二十岁，长得俊美儒雅，待人谦和柔顺。

　　等酒过一巡后，李治起身巡酒，察看有谁赖酒了。当走到妃嫔的桌前时，李治被一只脚绊了一下，险些栽倒。性格和蔼的李治不但不生气，还连连道歉，因为他把人家的绣花鞋也碰掉了，于是手脚忙乱地替人穿上。

　　"有劳晋王了。"一个优美的银铃般的声音传过来，犹如天上的仙乐，飘进李治的耳朵里。

　　少年李治这才注意绊到他的这个人。她长相丰满，黑亮亮的眼睛一闪一闪，透露着大胆神秘的美，线条挺括的鼻子，以及头上高高的望仙髻，叫人打眼一看，如仙女下凡。李治几乎看呆了。

　　那美人启唇一笑，说："才人武媚娘见过晋王。"

　　李治一听，羞红了脸，忙转身离开，回到自己的座位上。他落座后犹心神不宁，不时地往武媚娘这边瞟。

　　今晚的《秦王破阵乐》，取材于李世民为秦王时，破叛将刘武周的故事。李世民继位后，命乐师吕才谱曲、魏徵填词，自己亲自设计舞蹈动作。共有一百二十八名乐工，披甲执戟，按照设计的动作图，日夜排练。全剧共有三变，每变四阵，共五十二遍。乐曲在清商乐的基础上吸取龟兹乐的旋律，气势恢宏，声韵慷慨。

　　演出已经开始了，李世民一边饮酒，一边沉浸在剧情里。大臣们也不停地喝酒吃菜，享受着太平之乐。

一曲终了，李世民即令李治让各人都喝一杯酒，再行演奏《玉树后庭花》。李治挨着桌子监酒，酒量大的一饮而尽，酒量小的虽然已不胜酒力，但圣旨难违，只得灌下肚去。临到妃嫔席，也照样如此。好在众妃嫔不乏行家里手，盖因后宫寂寞，人多饮酒，所以酒量也很大。李治监酒在这里也没碰到多少麻烦。只是到武媚娘那碰到了难题，那媚娘端杯浅尝了一口，又双手递给李治，说："请晋王代饮一杯。"

李治不敢直视武媚娘的眼，他又一次红了脸，心里想着：接吧，堂堂的御宴监酒官岂可为人代酒；不接吧，实在挡不住武才人魅力四射的眼波。旁边的妃嫔们看着晋王发窘的样子，都捂着嘴笑。李治回头看看众大臣和父皇，似乎都没在意这边。他怕这尴尬的场面弄大了，忙两手捧过武媚娘手中的酒杯一饮而尽。由于慌乱，酒下得不顺，呛得他直咳嗽，又引起了妃嫔们的一片笑声。武媚娘急忙从怀里掏出一块绣花巾帕递过去，笑而不语。李治抓过巾帕，擦着呛出的眼泪，快步逃开了。众妃嫔的笑声吸引了李世民和众大臣的目光。李世民对魏徵等人说："晋王厚道仁慈，见女人都脸红啊。"长孙无忌接口说："锻炼锻炼就好了，岂有一辈子见女人都脸红的道理？""最近太子承乾的学习怎么样，他整天跑出宫去干什么？"李世民问太子太傅张玄素。

"回陛下，太子天性不爱读书，屁股坐不住板凳一会儿，常常日上三竿也不起床，到了书房就哈欠连天。臣屡次劝谏，成效不大。微臣失职，有愧于陛下，望陛下处罚。"张玄素愁眉苦脸回奏道。提起太子承乾，张玄素就没有高兴的时候。

贞观十七年（公元643年），李承乾联络了对皇上心怀不满的叔叔汉王李元昌和吏部尚书侯君集等人，密谋刺杀李泰，然后发动宫廷政变，一举夺得王位。这想法颇像李世民当年的"玄武门之变"。不过，安排好的刺客纥干承基却成了叛徒，深夜跑到李世民那里告发。李世民正在睡觉，一听，气得双手乱抖，围着龙床直转圈。他可不想让自己干的事再让儿子重演。于是，当即传侯君集进宫，出其不意地抓住了他。再派禁卫军将其他叛乱者悉数拿下。李承乾被废为庶人，软禁在高墙大院里。李元昌被逼自尽了事。李世民三下五除二解决了这场未遂政变。

太子之位空缺，李泰大喜过望，觉得太子之位非己莫属，于是就开始按捺不住，整日洋洋自得，见了晋王李治，就吓唬他："你和李元昌关系不错，现在李元昌败灭了，你的好日子也该到头了，你不担忧吗？"

李治天性胆小懦弱，听了这话，果然开始害怕了，整日愁眉苦脸

的，好几天都吃不下饭，长吁短叹。李世民看到了，很奇怪，遂问道："你这几天愁眉苦脸的，为了什么？"

李治回答说："我素来与李元昌交好，现在他犯了这样的大错，我实在是觉得气愤，所以会下不下咽。

李世民听完李治的话，觉得他极通事理，于是找来长孙无忌，问道："朕想立晋王为储，不知你觉得如何？"

长孙无忌说："晋王仁孝，天下属心久矣。乞陛下问百官，如有不同意的，就算臣负陛下，杀我也没有话说。"其实，皇帝和几个重臣都一致同意立李治为太子，文武百官谁敢说个"不"字？就这样，性格懦弱的李治登上了储君之位。当然，李治也不是李世民理想的皇位继承人。李泰一句话就可以吓得他几天吃不下饭，将来怎么能君临天下、领导百官？可是不立李治又立谁呢？玄武门之变的鲜血不能再流了，兄弟互相残杀的悲剧也不能重演了。爱子之心，人之常情。李世民杀了自己的哥哥弟弟，却不想让自己的亲生儿子再出意外。事后，李世民也曾对长孙无忌等人道出自己的苦衷："我如果立李泰，储君之位可求而得，但是，泰儿一旦继承皇位，承乾、治儿也别想活了。现在立晋王治，泰儿和承乾可无恙也。"

贞观二十二年（公元648年）七月，太白星出现在白天。引起朝野和百姓的不安，上下议论纷纷。太白昼现，自古以来，就被当作是改朝换代和更换天子的征兆。如武德九年（公元626年）六月，太白经天，秦王李世民即发动"玄武门之变"，杀太子建成、齐王元吉。七月八月，太白星屡次昼见，高祖李渊惶惶不安，傅奕密奏说："太白见秦分，秦王当有天下。"李渊见天意如此，遂于八月让位于李世民。这次太白昼见，李世民正好身体不适，正在练制天竺方士给自己的长生不老的丹药。李世民一边传旨不准传播谣言，一边召太史于卧床前，责令太史立即对这一罕见的天文现象做出解释。太史就地在李世民的床前摆开了摊子。

李世民见弄得满地都是，没好气地问："叫你说说就行了，你弄这些乱七八糟的东西干什么？"

太史忙跪在地上给李世民磕头，解释说："考证疑事，必用卜筮。昔古人用此卜畋猎、卜出入、卜征伐、卜风雨、卜年、卜吉等，每临大事，必卜筮之而后行……"

"好了，好了，你就赶快卜筮吧。"李世民大概丹药服多了，肝火上升，不耐烦得很，动不动就生气。

"让微臣先致祷辞，方为灵验。"太史两手合掌，念念有词。

祷完后，太史就正式开始卜筮，卦一出就拿笔写在纸片上："四师二巫，阴盛上行也。天神降福，困极而享也。少阴居中，同类相匿，巫象也。一阳虽微，不能自振……

"四阴在上，偏胜于阳，一中两下，人位强盛也。初抑后通，还复我庐，有善根，为主生意不绝……

"诗曰：彩云易散固难留，寂寞黄昏事可愁。唯有阴功暗相助，也须憔悴带心忧。

"诗曰：疾风知劲草，板荡识忠臣。借此匡扶力，乾坤复又新。"

太史卜完后，把纸片呈给床上的李世民，说："卦辞已出，恭请陛下过目。"

李世民接过来，翻翻这张，翻翻那张，看了半天也没看明白，气得他把纸片往地下一扔，对太史怒声道："你写这么些字，朕一句也看不懂，你不是存心气朕吗？你直接说说不就行了吗？"太史跪地磕头，惶恐地说："臣不敢说。""咦，有什么不敢说的，说，朕赦你无罪。"李世民有些奇怪，不觉从床上坐起来，催促道。

"此星相乃为'女主昌'的征兆。"太史说完，怕李世民迁怒于他，又接上一句，"这是卦辞上说的。"

李世民一惊，不觉从床上下地，问太史："能不能算出'女主'是谁？"

"臣不能算出具体是谁，不过太史令李淳风精于掌相学，或许能指出一二。"太史答道。

"李淳风已跟朕告假，去巴蜀会友去了。太史馆速派人把他召回。另外，此事不可外传。你下去吧。"李世民打发走太史，他要独自想想周围的人，有哪个是咄咄逼人，藏在暗处的女性窥位者。过了几天，褚遂良拿了一本《秘记》见李世民，说是从皇宫北门外小市场地摊上买的。褚遂良指着《秘记》上的一段话，对李世民说："陛下看看这一句，'唐三世后，女主武王代有天下。'臣看了这句话触目惊心，特奏知陛下。听说民间早已传开了。陛下，不可不查。"李世民看看《秘记》，心神不宁，对褚遂良说："此事等李淳风来了再说，你可速着人在民间搜买此书，但只可偷偷买，不能骚扰百姓，以免以讹传讹，使流言不胫而走。"李世民不想把事闹大。他想静静地在暗地观察，找出那

个"代有天下"的人。

"陛下也不必过于惊慌,自古以来,没见过女人主天下的,说不定纯粹是谣传。"褚遂良劝慰李世民。

"凡谶言卦辞,多模棱两可。焉知女主武王不是男人?说不定是什么别称。"李世民心情沉重地说。"这……"褚遂良献言道,"陛下可分别设宴款待文臣武将,使各言小名,或有收获。"李世民点点头,说:"先宴武将吧,此等人不比你们文人。他们大都身怀武艺,手握重兵,常临阵打仗,滋长雄心。朕最不放心的就是他们。"第二天,李世民就迫不及待地传旨,晚上在太极殿设宴,款待京城正二品以上的现职武将。席间,李世民嫌不热闹,令大家行酒为其助兴,用各自的小名,以作酒令诗的题目。这真是一个好主意,各位武将的大名个个都冠冕堂皇,小名却千奇百怪,什么小咬、毛千、狗子、添一,应有尽有,惹得众武将哄堂大笑。李世民一边随着笑,一边细心地品味小名的含义,轮到左武卫将军、北玄武门宿卫官李君羡时,他自报小名说:"我叫'五娘',三四五六的'五',姑娘的'娘'。"说着又作诗一首:我有一头驴,送与女人骑。五指紧扣辔,娘子风习习。

李君羡的小名和诗作自然引起武将们的哄堂大笑。李君羡满满地干了一杯,也开怀大笑。

李世民心里却翻起了波澜,"五娘,武娘,武将女人",一遍遍地在心里嘀咕着。但李世民毕竟是一代英主,没有在脸上表现出来,而是开玩笑地对李君羡说:"何物女子,乃尔勇健!"

宴散后,李世民立即调来李君羡的资料,真是巧得很,李君羡是洛州武安人,封武连县公,连沾两个"武"字,而其小名又叫"五娘"。李世民不禁一拍大腿,认定李君羡就是"女主武王",于是便设计将他杀害了。

虽然杀了李君羡,但这并不能消除李世民的戒心,他整天担心有人会抢走李家的江山,每天食不下咽,也不安寝。这一年,李世民病重,随即下诏,把军国机务大事委托皇太子李治处理。于是,生性懦弱的李治开始独力挑起大唐天子的重担。

每天李治都在东宫听政,结束后就跑到大明宫李世民的寝殿,侍候病中的李世民。李治是个孝子,父皇的吃药用膳,无不亲自动手。李世民望着儿子忙碌的身影,常常感动得直吁气。都言皇家无人情,可治儿对自己却充满着爱戴和亲情。

"治儿，你整日散朝后就守在朕的身边，难为你了。朕这有的是侍候的人，你还是出去玩玩吧。"李世民强撑病体，有气无力地劝道。

"父皇，你好好养病吧。儿臣在这守着心里安宁，让儿臣出去玩，也没有什么好心情。"李治推辞不愿出去。

"那你每天这样来回跑，也很辛苦，"李世民说，"这样吧，叫人腾出旁边偏殿，你搬过来住。"

转眼又是一个春天，一群群身着艳装的妃嫔们，或奔跑在后苑的草地上，或泛舟于太极宫的海池上。冬天过去，脱下厚厚的棉衣，似乎也卸下了一层累赘。少女们的动作格外轻快。

武才人独自徘徊在翠微宫外，漫不经心地呆看几朵刺玫瑰的花蕾。"美丽的玫瑰花，你会做到花王和花后吗？快快生长，快快绽放吧。看，那边的红鸡冠花正向这边弯腰行礼。"武才人百无聊赖，轻轻地念叨着。这时候，视线里仿佛有了奇异的变化，玫瑰花的花蕾开始轻轻地颤动起来，显示它越来越深的绯红色。它真的要神速地绽放了。正在这时，一只金煌煌的石竹蝶，翻动翅膀飞过来，把它满翅的花粉，从容地扑在玫瑰花蕾上。"真有意思。"武媚娘专心地看着，自言自语。一时间，人生的烦恼好像被眼前漂亮的玫瑰和可爱的石竹蝶给赶走了。

"什么真有意思？"一个男子的声音突然在武媚娘的耳后温柔响起。

说话的气流，撩拨得她脖子麻酥酥的。

武媚娘调皮地转过身来。他来了，终于在这里遇上他了。武媚娘盯着面前的男子，眼神里含嗔带怨。

李治没有看错，正是那个女子，当年在《秦王破阵乐》歌舞晚会上，她绊了他一跤；她当着众人的面，央求他代酒。"你认识我吗？我是太子李治。"李治自我介绍道。

"不认识。"武媚娘撅着嘴摇摇头，忽然又抿嘴一笑，"我认识那个监酒的晋王李治。"

李治的脸泛起一圈红晕，他甚至低下了头，但诱惑是不可抗拒的。二十多岁的武则天，丰盈娇美，有一种成熟女人的逼人气息。李治站在那里，清晰地感受到她的灼人魅力，不知说什么话才好。

"太子，听说你搬来翠微宫住了。"武氏先找话说。

李治抬起眼皮，望着那一对柔美热情的大眼睛，沉浸在自己的感觉里，几乎忘了回答武媚娘的问话。

"太子，我有些口渴了，能到你的寝宫里喝些水吗？"

"能，能。"李治激动地慌忙答应着，话音都有些变调。武媚娘走在前头，绕过小花坛，直向翠微宫大门口走去。李治紧随其后。翠微宫里，东宫的太监们见太子和一个美人进来，忙端上水果和香茶，然后知趣地退去。一男一女单独在屋子里，空气中立即充满特殊的气息。

屋里朦胧的亮光，好似增添了她的美丽，也增加了她的胆量，她的眼睛也开始熠熠发光。

此时的媚娘已经不是那个刚入宫时什么都不知道的小女孩，而是一个成熟、内敛、心机颇重的女人。她以自己敏锐的直觉洞察着身边的一切，尤其是身边的这个男人。自从长孙皇后去世之后，李治就缺少一种母性的关怀。而今的他更加渴望这种女性带来的甜蜜，面对武媚娘的诱惑，自然毫无招架之力。

李世民的病情一天比一天重，他感觉到自己真的已经没有挽留的余地了。于是便命人将李治传唤过来，让其开始参政议事。

这天武媚娘再次来到李治这里，两个人一阵翻云覆雨，媚娘问及李治，一旦李世民驾崩，他有什么打算。李治从小就胆小，从来没有想过这些。武媚娘为了以防万一，教给李治两个方法。

李治按照武媚娘教给的方法告诉了李世民。李世民看李治思虑得如此周全，不仅完全答应，将手握重兵的李勣贬官降职，而且一度对李治刮目相看。

第四章

李世民驾崩　武媚娘入寺

当天夜里，李世民就驾崩了。李治伏在先皇身上大哭，长孙无忌和褚遂良交换了一下眼神，两个人便上前架住了李治，告诉他此时并不是哭的时候，作为太子必须立即继皇位，这样才能安定天下。

李治这才醒悟过来，他擦掉眼泪，将事先武媚娘交代自己的事情安排下去，让褚爱卿檄发六府甲士到宫中护卫，将长孙无忌留在身边，作为登基指挥。长孙无忌和遂良又交换了一下眼神，露出对新皇帝赞赏的目光，一齐用力点点头，说："对，谨遵皇上吩咐，臣等立即去办！"

由于先皇李世民刚刚驾崩，不适宜立即鸣奏礼乐，登基仪式只是简单地操办。李治终于得到了传国玉玺，登上了皇帝的宝座。

不过最惨的是先皇李世民的那些嫔妃们，皇宫里有规定，先皇驾崩，没有生育过的嫔妃一律到附近的专属寺庙剃度出家。武媚娘当然也在其中。不过她不像其他妃嫔一样，看着落地的秀发大哭不止，相反却是面带笑容。因为她在等待，等待一个专属于她的时刻。

又是一年中秋到，媚娘剃度后的法号为慧通。她将该寺院被强行剃度的先帝嫔妃们召集在一起赏月作诗，排解着几年来内心的寂寞。大家边喝酒边吟诗，玩得好不开心。到了第二天早课时，竟然都没有起床。这一下惹得住持大怒，但法不责众，再说这一帮昔日的妃嫔们也是不好惹的。住持独把武氏叫到执法堂进行询问，甚至想私用刑罚。但媚娘却毫无惧色，大笑着扬长而去。

不过话说回来，李治这个新皇帝也不好当。中秋时节，地方上传来的告急公文说"八月癸酉，河东地震。乙亥，又震"。长孙无忌和褚遂良几个大臣聚集在宫中，召开御前会议，讨论着目前国家面临的一系列问题。李治坐在御座上唉声叹气："朕一即位，就河东地震。累及众公卿在中秋月圆之夜不得回家团聚。难道是朕无福于天下乎？"

"皇上可别这么说，"已被新迁为太尉的长孙无忌劝慰说，"河东地震，乃天地使然。况先皇崩逝，神人震动，波及山川。今宜速遣使存问河东，以慰人心。"

"朕无德，致河东百姓遭此变故。今日是中秋节，河东大地又如何面对一轮圆月，朕心实在是伤悲啊。"李治抬起龙袖，擦了擦眼泪。

"我皇真乃仁慈之主也，"开府仪同三司李勣（此时已被高宗从叠州召回，并委以新职）上前说道，"河东百姓罹难，缺吃少穿，皇上可速下圣旨，赈济灾民。"

"这赈济灾民的标准怎么定？"李治问道。

"河东地震，墙倒屋塌，两年内也未必能恢复元气。宜给两年的救济粮，赐压死者家属绢帛三匹。"李勣奏道。

"就依爱卿所言，即刻拟诏。卿可为宣慰使，组织粮米绵帛，三日内起程，赶赴河东赈灾。"李治吩咐道。

"遵旨！"李勣说完，拿着笏板，转身下殿，办他的正事去了。

"皇上，"褚遂良拱手说，"年前的事还很多，新皇登基，例应改元，还有册封皇后、后妃、诸王。请皇上下旨，早定大事。"

"嗯……"李治沉吟了一下，说，"太尉总揽全局，事无巨细，先和太尉商量定夺。这些琐事，朕就不过问了。这一阵子，朕睡眠不足，常犯头疼。"

褚遂良一听，忙谏道："改元册后，乃国家大典，何言琐事，望陛下说话要注意分寸。"

"好了，众爱卿都回去早早安歇吧，明天还要上早朝。"李治有些不胜其烦，站起来，甩手入后宫去了。

后宫里，王皇妃早已命人置下酒菜，等候李治。李治吃了两口，连酒都不喝，就到寝帐里躺下了。

"皇上，"王皇妃轻轻地叫道，"你累了吗？"

"哎，朕实在是累了，安葬先皇以后，大事一件接一件，河东再次地震。这会儿，又要忙册后改元的事。"

"册后？"王皇妃一直想问的就是这个问题，"改元册后的事已经议定了吗？"

"尚无定议。"李治闭着眼，答应着。

"臣妾在东宫就是皇上的正王妃，理应跟随皇上入主正宫。"王皇妃推着李治的肩膀说。

"朕累了，再说吧。"李治翻身朝里睡去。

"不行，皇上今天得答应我！"王皇妃不依不饶，拉扯着李治。

王皇妃是西魏大将王思政的玄孙女，父母皆为李唐王室的姻亲。她的曾祖母就是高祖李渊的妹妹——同安公主。王皇妃从小生活在王侯之家，娇贵非常，养成了唯我独尊、自以为是、蛮横无比的大小姐脾气，为人行事从来都是率性而为。

"你干什么？"李治恼怒道。

王皇妃一见李治发怒，马上大哭起来，一把鼻涕一把泪，嘴里还不停地絮叨着："我出生于世家大族，婚姻……乃先皇钦定。也不曾辱没于你……你为太子时，我就是太子妃。你如今当了皇上，我理应封后……你作为一国之君，要讲究良心道德……"李治一听她这一套就烦，头痛得更厉害了，脑子里嗡嗡的，像要炸了一样。他气得翻身下床，披着衣服，走出了王皇妃的寝殿。殿外好一片月色，又新鲜又明亮，一切都变得那么透明。李治信步朝前走去，不停地用手揉揉太阳穴。贴身太监独孤及和十几个侍卫在旁边跟着，小心地戒备着周围。李治不知不觉来到了翠微殿前。殿前的花坛里，隐隐飘来玫瑰花的暗香，李治深深地吸了一口气。玫瑰还是当年的玫瑰，根枝却更粗大了一些。虽已是仲秋，它仍然有鲜美硕大的花朵，而且还是那么滋润，香气是那么清新。它在月光下微微地颤动着，使人回想到十分珍贵的过去。

李治自从登基以来，一直忙着国家的事情，竟然忘记了那个曾经让自己欲罢不能的女子。而此刻在这清朗的月色下，他才想起昔日自己的诺言。当即叫来自己身边的随从独孤及，让他第二天去寺院看媚娘。

第二天，独孤及就带着李治为媚娘准备的礼物到了寺庙，亲手交给媚娘。媚娘心情激动，她知道自己等待的时刻终于要来临了。独孤及走之前，媚娘从袖子上撕下一大块绢帛，铺在桌案上，右手食指放在嘴边，猛咬皓齿，指上的鲜血喷涌而出。她暗咬牙关，在绢帛上写下：一身即许君，生死誓追随。滴血裂绢帛，望夫价万斤。二十个大字，字字鲜血淋漓，力透绢帛。独孤及骇然不已，禁不住单膝跪地，双手来接。

"公公请起。"武氏神色自若，把写好字的绢帛交给了独孤及。

"武才人真女中丈夫也。我独孤及佩服之极，日后有用得着老奴的地方，可尽管吩咐。""多谢公公，"武氏说，"我先走了，等会就不送你了。""不用，不用，您走好。"独孤及边说边把武氏送出了禅房。

这一次探望，虽然给媚娘吃了一剂定心丸，但她久居寺庙，根本不知道朝中的事情。朝廷上正在为封后立储的事情争论不休。在大臣的议

第四章　李世民驾崩　武媚娘入寺

论和抗议中，最终将王皇妃册封为皇后，至于太子之事，李治决定以后再议。

很快就到了除夕，宫里也开始举办盛宴，王皇后赐斋感业寺。皇上叫来独孤及，命他悄悄去感业寺看媚娘，同时送一些东西。

不觉间，已到三春时节，宫里宫外，百花盛开，百鸟争鸣，到处青翠欲滴，好一派熟透的春光。翠微殿前的小花坛里，玫瑰花又蹿了二尺多高，斜枝纵横，开满了碗口大的鲜花，娇艳照人，绚丽夺目。

早朝时，李治和群臣交换了一下意见，决定在五月先帝的忌日那天到感业寺拈香。午饭后，李治信步往翠微宫走去，最近几天，他都在翠微宫午睡。"独孤及，你说后天去感业寺会怎么样？"李治躺在寝帐里，老琢磨这事，总是睡不着，就和歪坐在旁边小榻上的独孤及说话。"您是皇上，想怎么样，就怎么样。"独孤及半睡半醒地答应着。"和她会面时，得秘密些，免得让后宫和长孙无忌他们几个知道。"李治说。"知道了他们又能把您怎么样？天下都是您的，别说一个小小的尼姑。""倒不会怎么样。"李治揉着鼻子说。"皇上放宽心吧，老奴已把事都安排妥了，绝对不会出什么岔子。""独孤及，你说我一个堂堂的大唐天子，富有四海，后宫里美女佳丽成千上万，怎么就单单喜欢她呢？"

独孤及睁开眼睛，笑了一下，说："各有因缘莫羡人。您和她就能合得来。要不然，就是您前辈子欠她的。"

"独孤及，她写血书时，手指头咬了多大一块？"

"皇上，这件事您都问了多少遍了。我不是说过吗，当时我看着心慌，就没太注意。但您自己想想也能知道啊，一口气写二十个字，也得耗费不少血呢，那手指头上的伤口肯定小不了。"独孤及说着，也没有了睡意，坐起身子问寝帐里的李治上次带回来的小包里是什么东西。

"是一缕头发，"李治无限伤感地继续说道，"她这是责怪我贵为天子，却不能让自己心爱的人得到幸福，还要在寂寞的寺庙对着青灯苦熬。"

第五章

二探武媚娘 施计返皇宫

盼星星盼月亮，李治终于盼到了唐太宗的忌日。这天上午，一大早李治催赶着众人起程前往感业寺。为了保障皇帝、皇妃们的安全，一路上全程戒严，还在主要的路口、桥梁以及各个制高点设置了禁卫军。四五队人马作为先导开过去之后，皇帝李治才坐上御车，在小路上缓缓而来，此时的李治心心念念的全是武媚娘，一路上催促着车夫走快一点。

感业寺门口，已密密麻麻跪满了接驾的尼姑。

"吾皇万岁，万岁，万万岁！"

李治巡视着这些玄衣青帽的尼姑们，说了句"免礼平身"，可是没有一个人敢起来。尼姑们早已得到赞礼官的指令，皇上进了寺门后，才能起来。李治皇帝见没有人起身，以为大家没听见他的话，刚想再说一句，赞礼官就导引他向寺门走去。两边也立即围过来身材高大的侍卫，李治只好迈步向寺门走去。

一番官样的拈香祭奠先皇的仪式结束后，住持立即代表感业寺，伏地跪请李治到禅房喝茶休息。

李治满意地点了点头，冠带飘摇地向禅房走去。禅房在大雄宝殿的旁边，先期而来的独孤及带着几个贴身侍卫早守候在门口。李治走进来，独孤及立即在他身后把房门关上了。李治小声问："人呢？"

独孤及向禅房深处指了指："在里间屋。"

隐隐约约，禅房深处，有一个素丽的倩影。李治禁不住有些慌乱，胸部猛烈地起伏。他定了定神，极力地约束住自己，好一阵子，才在自我挣扎中平静下来，慢慢向里走去。

武氏羞怯的脸上布满了红晕，她在他踏进里屋的一瞬间，抬头看见了他。漫长的等待、刻骨的相思，一时间都化在各自的一双眼睛里。她深情地望着他，四只手紧紧握在一起。她再也控制不住自己，嘴唇抖动着哽咽起来，豆大的泪水大颗大颗地从眼睛里溢出来。

· 23 ·

李治心情更加激动，眼里慢慢溢满的泪水，顺着面颊流了下来。

"武姐姐。"

"皇上！"

紧接着是紧紧的拥抱。独孤及见状，快步走过来，轻轻地把里屋门带上。

好一阵子，李治才慢慢地推开武氏，仔细地打量着她。她光溜溜的头上，耳朵透明发亮，皮肤仍然像少女一般娇嫩，脸上却显出二十多岁女人拥有的成熟魅力。

武媚让他看得不好意思，忙低下头，用手背擦了擦腮上的泪水，这时李治说道："武姐姐，朕十分挂念你。"

"想死了，怎么不来接我？"武氏撅着嘴，"你看看，我都变成一个尼姑了，又老又丑。"

"你不老，也不丑。"李治好像怕武氏自己伤自己的心，忙用手掩住她的嘴，急切地说。

武氏把李治的手塞进自己的嘴里，眼睛斜睨着李治，牙齿慢慢地用力咬着李治。

两个朝思暮想的人见面后难舍难分，在独孤及的催促中李治才不依不舍地走出禅房回到宫中。李治临走之前，与媚娘做好约定，三年服孝期满就接武媚娘回宫。

紫宸殿里，李治正坐在书案前，忙于政务，从感业寺回来后，就一直政务缠身。今天，快马奏报，左翊卫郎将高偘大败突厥于金山。李治心情稍稍好些，令人拿些瓜果点心，边吃边批改各地的奏章。

这时，独孤及走过来，小声说："雍王李素节来了，在门口玩耍呢，让不让他进来？"

"快让吾儿进来。"李治抛下朱笔，站起来伸伸酸疼的腰背。

小王子素节跑了过来，抱住他的腿，仰着脸叫道："父皇。"

"今天怎么没在学馆读书？"

"去了，已经放学了，"小素节乖巧地说，"少傅说，人要劳逸结合，才能健康长寿。父皇，您也歇歇吧，不能老是这样操劳。"

"好，就依皇儿的话，"李治牵着素节的手说，"走，父皇带你到外边耍耍去。"

"父皇，我要去西海池泛舟。"素节仰着小脸说。

"行，那咱们就去西海池泛舟。"

雨过初晴，太极宫内的西海池边，空气无比凉爽，到处弥漫着池水和花草的清香，柔嫩的柳枝静谧地低垂着。

　　"母亲，父皇来了。"李素节挣脱李治的手向前跑去，李治这才看见前面的假山后，萧妃正坐在船上，手扶着船桨等着自己。李治登上船，揽着素节坐下来，便开始泛舟游湖。萧妃看着皇上好像心情不错的样子，便询问其立太子的事情，同时趁机打击王皇后。李治最终被她烦得有些生气，萧妃只好闭口不再提及。

　　永徽元年（公元650年）九月癸卯。左翊卫郎将高偘押着俘虏车鼻可汗，胜利班师回朝。他背后跟着一辆囚车，车鼻可汗戴着脚镣手铐，被枷锁铐住动弹不得，只有那双龙虾眼还骨碌碌地乱瞅，富贵繁华的长安城让他感叹不已，既好奇又胆战。

　　李治看着凯旋而归的高偘，非常高兴。于是在宫中设宴款待，席间，他不顾独孤及的暗示，一杯接一杯地和文武百官碰杯猛喝，一时间，君臣都喝得酩酊大醉。庆功宴结束，独孤及挽扶着李治一摇一摆地向寝宫里走。李治嘴喷着酒气，对独孤及说："朕登基一年多……多了。这皇帝还干得不错吧？""那是，那是，"独孤及一边嘴里答应着，一边用力地扶住欲倒的李治，"皇上，你脚下小心点。"

　　"朕没醉，这点小酒能把朕怎么样。今……天的献俘仪式真过瘾，可……可惜朕的武媚娘没有来……来……看看朕的文治武功。"说到这儿，李治又想起了什么，抓住独孤及，"朕现在就去看武媚娘。"

　　李治趁着醉酒来到了感业寺。武媚娘惊了一跳，急忙将他扶到床上，刚一沾床就睡了过去。到了晚上，独孤及带着还在睡梦中的李治回宫，没想到在宫门处碰到了迎面走过来的王皇后，又是一阵吵闹。

　　没过几天，王皇后因为立太子的事情又开始来烦李治，李治将王皇后送走之后心中烦闷，于是便趁着天黑，只带着独孤及和几个贴身侍卫再次来到了感业寺。

　　这一次直接走到了媚娘的房门前，轻轻敲门。媚娘在里面本来已经脱衣要睡觉了，但听见敲门声，问了几次是谁都无人应答，以为又是寺中的姐妹胡闹，于是便起身开门。一开房门看到了李治，感到颇为惊讶。

　　"您怎么现在来了？"武氏拉着李治的手，就往床边走。

　　"我，我想你了。"

　　李治嘿嘿地笑着，用手抚摸着武氏。武媚娘咯咯地笑着，轻轻地挣扎着，嚷着痒。两个人最终纠缠在一起，走进快乐的梦境。梦醒之后，两个人身轻无力，像杨花在春风里飘荡。李治凝视怀中这丰腴白皙的可人儿，不由得又一次亲吻着。

武媚丰满俊秀的脸上，流动着几颗晶莹的泪水，这少见的情形让李治慌了神，扳着她的肩膀，急切地问："怎么了？武姐姐。"

武媚急忙擦开泪水，露出笑容："没什么，我是高兴的。"

李治摇摇头："不，我知道你心里的想法，只是……"武媚忙用手捂住他的嘴，把香腮贴上去，摩擦着，说："皇上，我真是高兴的，你别有什么想法，从我见你的第一天起，我就在心中立下誓，决不让你有一丝一毫的烦恼。只要你高兴，我什么都可以承受。""武姐姐，我知道。""皇上，你以后不能随便就来。你是一国之君，要注意安全，上次醉着酒，这次又摸黑来，带的侍卫又这么少，叫姐姐我多么担心啊！"

"知道了，下午，皇后又吵又闹，我心里烦，就来找你了。"

"当皇帝更不能率性而为，要面面俱到，你也多给皇后一些温存，等我将来入宫的时候，还要依靠她呢，你可不要随便得罪她。"李治像孩子一样点点头，幸福地看着武氏美丽成熟的脸庞。他深深地感觉出，只有在这里，他才找到了自己的慰藉；只有在这里，他才找到了心理和肉体同时得到歇息的温床……

"武姐姐，白天的时间容易过，晚上你是怎么打发的？"

"睡觉呗，睡不着就看书。喏，你敲门的时候我正看书。"

"看的什么书？"李治拿起床上的一本书，"是《左传》，你女人家还爱这个。"

"俗话说以古鉴今，多看点历史方面的书有用处。将来入宫时，可以上书言事，好为你治国安邦，做一代明君，尽一分绵薄之力。""真难为你了。"李治边翻书边赞叹着，这时，书里掉下一张纸笺。"这是什么？"李治拿过来，念着上边的字：看朱成碧思纷纷，憔悴支离为忆君。不信比来长下泪，开箱验取石榴裙。

"好，好，"李治赞道，"写得娥眉顿转，凄楚悲凉。哎……"李治又叹道，"总有一天你会笑逐颜开，脱掉比丘装，穿上石榴裙的。"

"但愿如此！"武氏双手合十，说："人说皇帝是金口玉言，我武媚娘快有出头之日了。"

"武姐姐，我要走了。这首诗作我带上啦。"李治把诗笺装进兜里，拿起衣服就往身上套，弄了几下也没伸进袖子。

武氏忙给李治穿衣服，嗔笑道："当了皇帝，连衣服都不会穿了，还想醉卧禅床呢。""武姐姐。"李治觍着脸笑着，伸出嘴唇去求吻。武氏拿手指在上面轻拍了一下，又怕拍疼似的，忙用一个甜吻去抚慰他。

"快回宫吧。"武氏轻轻地打开门，伸出头看了看，见四处寂静无声，才把李治放出门。独孤及和几个侍卫也从暗处走了出来。

李治拍着独孤及的肩膀："独孤，难为你跟朕这些年，忠心耿耿，任劳任怨，朕赏你黄金和绢帛。"

"谢主隆恩。"独孤及习惯地跪下磕头。

"唷，别磕了，"李治拉着独孤及坐下，"再说这车里也磕不下头。"

"皇上，人说名如其人，您字号叫'为善'，您真是一个善人啊。从古到今也有数得着的明君，从不对下人鞭打脚踢，从没有妄杀一个人。老奴侍候您这样的好皇帝，心里觉得实在，觉得踏实。"独孤及诚恳地说。

说话间，车子已到了皇宫。二重门内，又聚集着一大群人，大红灯笼下，罗绮珠翠，绣带飘飘。

"坏了，"独孤及忙对李治说，"王皇后来了，怎么办？"

"来了就来了，她下午闹了一场了，顶多再闹一场。"李治一下子变得无所谓起来。

"我看皇上今晚去陪陪她吧，免得她闹大了，追究起来，我们的秘密可就露馅了。"

李治笑了一下，又安慰独孤及说："你甭管了，让朕应付她。"说归说，等下了车，一看见王皇后，李治又紧张起来，他打起精神，挺着胸脯走过去，打着招呼："皇后还没睡，查些什么？"

"皇上哪里去了？深夜不归，叫臣妾等得焦急。"王皇后抛过来一个媚眼，娇滴滴地说。

"噢，"李治急忙接下去说，"我到民间看看民情。"

"皇上真乃仁慈之君，日理万机之余，还去民间访贫问苦。"王皇后作了一个揖，以示崇敬。又过来拉住李治的胳膊："皇上，您累了吧，快随臣妾回房歇息去。"

"好，好。"李治心道，今天是怎么啦，王皇后也变得特别的温柔。两人携手登上步辇，并肩坐着向中宫驶去。路上，还说着平日少有的话。

"皇上，臣妾想通了，以后再也不惹您生气了。"王皇后头靠在李治的肩上，轻声地说道。"这话让你说对了。皇后母仪天下，难道不能容忍皇上的几个妃嫔吗？"李治拍着王皇后的肩背说。"皇上，宫里妃嫔这么多，为何单单喜欢那个萧妃子，左一个，右一个，让她生这么多孩子。""朕并不是天天上她那里。""还哄人？臣妾早已查过起居注了，这十来天，你天天去萧妃处。""朕去了是有事。"

"去了当然有事了！"王皇后刚想发火，复又制止了自己，期期艾艾地说，"臣妾知道自己，怎么也斗不过那萧狐狸。"

"别再说了，喏，中宫到了，朕这不是来了吗？"李治扶一把王皇后，并肩走进了寝宫。

事情有些勉强，但还算说得过去。王皇后望着筋疲力尽的皇上，心中又气又急，她恨透了那夺走本该她秉受雨露的女人。从那一夜起，又连着过了四五天，皇上一去不复返。王皇后禁不住又恨得咬牙切齿。她在中宫里无缘无故地打着转，踢板凳、骂丫鬟。

独孤及来了。王皇后看见他，冷冷地问："你来中宫干什么？"

"皇上让老奴来问娘娘一件事。"

"皇上有什么事好问我的？我倒问你，皇上这几天都在哪睡觉的？"

"回娘娘，在西宫萧妃处。"独孤及又磨蹭了一下，才说清来意，"娘娘，四天前，皇上是不是丢了一件东西在您这儿？""什么东西？""一张纸。""什么纸？圣旨还是草纸？""娘娘真会开玩笑，是一张写着字的纸。皇上说可能丢您这儿了，叫老奴来看看。""没有！"王皇后气哼哼地说。话音没落，旁边一个侍女说："娘娘，是有那么一张纸笺，我给夹在小书橱上的一本书里面了。"

"你在哪发现的？"王皇后问。

"早上在床边地上看见的，可能晚上给皇上脱衣服的时候，掉下来的。"

"拿给本宫看看。"

纸笺很快地拿来了，王皇后一看，是一首情诗，什么"憔悴支离为忆君""开箱验取石榴裙"，作者叫武媚娘。"独孤及，这是谁写给皇上的诗？谁叫武媚娘？"

"回娘娘，老奴不知。""你整天跟随着皇上，形影不离，你敢说你不知道？又想受罚了不是？""娘娘，您打死我，我也说不知道。""那么说你知道了，不想告诉本宫？"王皇后嘿嘿地笑了笑，抖抖手中的纸笺，"是那个'鹦鹉'写的吧？本宫早已调查清楚了，这事骗得了别人，还能骗得了我？来人，给我重打二十大棍，打死为止。"王皇后连蒙带吓地吼道。几个粗壮的侍女从后房找来两根木棍，一脚端向独孤及，抢棍就打。"哎哟！"独孤及一个狗啃泥栽倒在地，心道：还真打呀，我这身皮包骨头，能禁得起打吗？好汉不吃眼前亏，说吧，说了，皇上也不会打我，皇上比皇后仁慈。

"别打了，我说，我说……"独孤及手捂着头，往前弹跳了一下，急忙招道，"是感业寺的尼姑武媚娘写的。武媚娘以前是先帝的才人。皇上为太子时，两人就情投意合了。"

"皇上去找过她几回了？"

"没去多少次，也就三回两回的。"

王皇后沉吟了一下，对独孤及说："你去吧，叫皇上自己来拿。"

"这……"

"本宫不要这张小纸，皇上一来我就给他。你就这样给皇上说就行了。"

独孤及无奈，只好快快地走了。

晚上，李治来了，还带来了好酒好菜。

"皇后，朕来了，"李治赔着笑脸说，"朕今晚上陪你喝一杯。"

"哟，皇上是稀客临门哪，找臣妾有事啊？"

"没事，没事。朕好几天没来了，也该来看你了。"

宫女、太监们在桌子上摆好了酒菜。李治拉着扭扭捏捏的王皇后入了座。他满满地端上一杯酒给她，说："皇后，你辛苦了。"

"臣妾辛苦什么？"王皇后扑哧一笑，心道，这是哪来的话。接过李治递来的酒杯，一口干了，用绢巾沾了沾嘴唇，说："皇上，您来拿那张纸的吧？"

"朕今晚主要来看望你。"

王皇后从袖里掏出那张纸，抖了抖，斜着眼看着李治说："想不到你这个老实人，还能霸占先皇的才人。"

"哪里，她是先皇生前赐朕的。"李治狡辩着。

"先皇赐你的，臣妾怎会不知道？皇上别再唬人了，男子汉大丈夫，要敢作敢为。"王皇后偎上去，摩挲着李治的脸，"皇上，您是一国之君，整天像偷儿一样，偷偷摸摸，夜里出宫幽会，一不体面，二不安全。臣妾以为……"王皇后说着，立起手掌，做了一个砍瓜切菜的动作，"把她给……"

"皇后，你千万不能杀她，只要留了她，朕以后就夜夜宿在中宫，保证不耽误你的事。"李治惊慌地说。

王皇后笑了，连干了两杯酒，才接着说那句话："臣妾是要把她给召回宫里。皇上想哪儿去了。臣妾再惹皇上不高兴，也不敢当一名刽子手杀皇上的意中人。"

李治擦了擦额上的细汗，道："皇后真有如此胸怀，以后，朕一个月分出二十天宿在中宫。"

王皇后听了李治的承诺，十分欢喜，接着说道："臣妾明天就下懿旨，派专人去，赏赐给她一些衣物食品。"

李治见王皇后如此深明大义，搂着她谄笑着说好话，并且拍着胸脯保证今晚的房事一定尽心尽力。王皇后心中一阵惊喜，立即指挥着宫婢们伺候就寝。这一次的王皇后感到从未有过的惬意，简直如坐春风，如沐甘露。她躺在床上，内心感慨武媚娘对皇上的影响，没想到她还未进宫就已经带给自己这么多的幸福和快乐。暗下决心，进宫之后一定全力拉拢控制，让其为自己所用。

第六章

武媚娘回宫　后宫起纷争

　　在禅舍的最北边，有一个偏僻而安静的地方，那里有一个小池塘，平时很少有人来这里。自从武氏发现这个地方，就常常到这里读书散步。三年的感业寺生活，让武氏早已脱尽了稚气，她的思想和身体在历经一番磨难之后，真正地成熟起来。她不再是昨日那个任性娇气的小姑娘，不再怨恨命运的不济，更不会焦虑未来的日子。她早已在磨难中学会了深思。她走的每一步都是深思熟虑的结果，向中断多年的目标做着最坚实的铺垫。

　　秋天，绚烂的秋天，她的金色和紫色闪现在最后的绿色里，她将产下自己的果实。人们在领略春天俏丽、欢乐的风格以后，还必将感受到金秋的成熟与丰饶。

　　武氏坐在池塘边的草地上，看了一会书，又仰面躺下来，欣赏着太阳慢慢地落到了西墙头上，又慢慢地变成了一团血色的红晕。这时，突然从升平殿的方向传来浑厚的钟声。武氏侧耳细听，疑惑起来，晨钟暮鼓，不年不节，傍晚天敲钟干什么？一定是有重大的事发生。难道是皇上驾临，他这会来干什么？武氏未及细想，急忙起身，掸了掸衣服，往回走。刚走到一个小路口，迎面碰上了寺里的执法，两个人差点撞了个满怀。

　　"快，快，慧通，快去前院接皇后的懿旨。"执法气喘吁吁地说。

　　"接什么懿旨？皇后又给寺里赐斋了？"武氏边走边问。

　　"不年不节，赐什么斋，是专门给你的懿旨。"

　　"我的？"武氏浑身一颤，放慢了脚步，心里嘀咕道：难道我跟皇上的私情，皇后都知道了，派人来处置我？也不太可能，后宫佳丽成百上千，她犯不上跑这儿吃我的醋。"快点走，慧通。接旨的事能磨蹭吗？"执法催促道。"走！"武氏迈开了步子，心想：谅也没有什么大事。皇后要问罪我一个小尼姑，只需私下里派两个人就行，何需下道懿旨，弄得上下都知道这么一回事。

武氏赶到禅房。宣旨的太监和几个宫婢正坐着喝茶聊天，丝毫看不出有什么不好的事要发生。

"武媚娘接旨！"一个领队的太监站起来，展开懿旨，宣读道，"懿令感业寺武媚娘蓄发。"

懿旨简单明了，就一句话，却让武氏一时摸不透皇后真正的意图。没容她细想，又有几个宫婢、太监，抬过一个食盒和一箱子衣服，放在她面前，打头的太监指着说："喏，这都是皇后赏赐的。"

太监宣完旨，立刻就走了。武氏爬起来挪坐在禅房的围椅上，看着食盒和箱子，陷入了沉思。皇后令她重新蓄发这是为何？蓄发自然意味着重新以女人的身份回到红尘中来，然而，皇后要把她这个"还俗"的尼姑打发到红尘的哪一个角落呢？懿旨里没有说明白。可毕竟没有问罪、处置她，而且还有诸多赏赐，看样子通往皇宫的大门快要打开了，压抑已久的武媚娘就要有出头之日了。

秋尽冬来，冬去春至。在先帝李世民崩逝三年忌日的这一天，一大早，感业寺的气氛就非同寻常，门前的西大街上开过来一队队羽林军，迅速地布满全寺，实施戒严。住持临时得到通知，皇上马上要来拈香，务必迅速布置好一切。感业寺里，立即忙乱起来，扫地的扫地、设案的设案。而后全体比丘尼一起到大门口，等候接驾。唯独武氏不去。她正在禅舍里，精心地打扮自己。

寺里的钟声响了，寺门外传来人马的喧闹声和鼓乐声。她知道，是他来了。接着他还要去大雄宝殿，进行一番官样的拈香仪式。她在幽暗的禅合内，静静地谛听着，她不平静的心在静静地等待着。一个半时辰以后，禅合外响起杂沓的脚步声。接着一个男子的声音轻轻命令"退下"。门，被轻轻地敲响。

"谁呀！"她憋住笑，故作不知。

"是朕，大唐的皇帝。"

门开了，武氏望见冠带飘摇的大唐天子背后，有黑压压的文武百官和侍卫。她立即屈膝跪倒在地："臣妾武媚娘恭迎吾皇万岁万万岁！"

"免礼平身。"李治伸出一只手，扶起了她。

"你怎么带这么多人来？"她小声地问。

"今天是你回宫的日子。怎么，你不愿随朕进宫？"李治爽朗地说着。

"现在?"她有些震惊，简直不敢相信这话是真的。她渴望进宫，她知道自己也快进宫了。但当这些突然到来的时候，反而手足无措了。

"当然是真的了，"李治抿着嘴唇，微笑着，显出男子汉的决断和魅力，"马上回宫。"

"好吧。"短短的一瞬间，她醒悟过来，脑子里有了分寸，她冲着后面的独孤及说："传比丘尼永智。"

"永智是谁?"李治问。

"臣妾的一个小姐妹，臣妾要带她一同回宫。"转眼的工夫，永智被带了过来，她望着气势非凡的高宗皇帝，茫然失措，跪地参见。"永智，咱们进宫去，"武氏拉起了永智，"这床上有衣服，你马上换上一套。再给你留两名内侍，你让他们整理一下房间，把可以带走的东西带上。""武姐姐，我……"永智激动中，仿佛未听清武氏的吩咐。"就这样了，我先随皇上走了，你随后进宫。"武氏说完，挽起李治就走。

从禅舍前到大门口，内侍们排列着，低头躬身，感业寺的比丘尼们伏在甬道两旁的地上，恭送他们。寺门外，更是气派非凡。乐队奏着乐、打着鼓。羽林军挺胸凸肚，擎旗的擎旗，拿戟的拿戟，仪仗十分森严。李治携着武氏的手登上一辆高贵华丽的御马车。随着太监们悠长的首尾相传的"起驾"喊声，长长的车队开始向皇宫进发。前面快要到皇宫了，黄瓦覆盖的红色宫墙已然在目。垛楼上挎刀持戟的军士往来巡逻，庶民百姓望见宫城敬而远之。这就是大唐王朝的权力中心，它统治着辽阔的万里疆土，住进去，就意味着你已经接近了最高权力的顶巅。过了承天门，内侍躬请皇上和武氏换乘步辇。武氏下御车时，紧握了一下李治的手："皇上，明天见。"

王皇后正在中宫里打扮着自己。这几天，她心情舒畅，特别高兴，皇上的阳光雨露，让她仿佛找回了丢失的鲜嫩。她嘴里哼着歌，对着镜子，不停地抚弄着眼角隐约可见的皱纹。

武媚娘再次入宫，被封为昭仪。按照规矩，要先去拜会王皇后，王皇后在中宫恩威并施，先给武媚娘一个下马威，然后再对其礼遇有加。武媚娘早就了解了深宫之中的尔虞我诈，所以她对王皇后做的这一切都欣然接受。

李治听说媚娘在中宫，等不及请就亲自来到了中宫，正巧赶上媚娘沐浴出来，看着她如芙蓉般美丽，一时惊了原地。还没等王皇后和李治反应过来，武媚娘上前便给二人施礼。李治传来御膳房摆好酒菜，然后三个人便坐下来用膳。席间，王皇后时不时拿话讥讽媚娘，李治一时并不知情，只和王皇后在酒菜上争论，但媚娘如此聪慧，怎会不知王皇后的心思。便假装没听见一般，只顾自己喝茶，并不参与二人的争论。

不一会儿就有太监过来，在王皇后身边耳语了几句，便匆匆地出去了。王皇后喝过一杯酒后，也就离席了。

"什么事？"在外间的大厅里，王皇后问那个太监。

"娘娘，萧淑妃的儿子雍王李素节，在中宫门口闹着要见皇上呢。"太监贼头贼脑地看看四周，悄悄地说。

"走，看看去。"

到了宫门口，小素节正对阻他进宫的看门太监连踢带打呢。

"住手！"王皇后叉叉着腰走过去，喝道，"你不回去看你母妃，跑到我这儿来闹什么？"

"回皇后娘娘，我已回去了，阿娘让我来叫父皇到我们西宫吃晚饭。"

"你父皇没在我这，天快黑了，快跟侍从一块回家吧。"

"你骗人。我找到两仪殿，说父皇到中宫了。刚才御膳房传膳的也说父皇在这。"小素节指着王皇后，叫着。

"大胆，你怎么敢这样指着本宫，来人哪，掌嘴！"

王皇后的内侍闻声而动，就要打小素节，小素节带来的太监忙用身护着。气得王皇后指挥几个太监一拥而上，把西宫的太监揍了一顿。小素节倒没挨着什么打，只吓得哇哇大哭，拉着自己内侍的手，哭哭啼啼回西宫找他娘去了。萧淑妃正在西宫准备招待皇上吃晚饭。没想到皇上没叫来，儿子却哭着回来了，于是抱住小素节，心肝宝贝地叫着，厉声问随去的内侍怎么回事。这太监忙松开捂住左眼的手，露出被打青的左眼圈给萧淑妃看，带着哭腔说："皇后娘娘也太欺负人了，到中宫门口就打，小王爷被皇后指挥的狗奴才踢了好几脚，嘴也挨了几巴掌。小的护着小王爷，被打得眼睛都快看不见了。"

"什么！中宫敢打小王爷。她真是狗胆包天了。"萧淑妃气愤地说着，看见太监的狼狈样，气不打一处来，又上去给他一巴掌："狗奴才，你和小王子一起找皇上，你领他到中宫干什么？"

"皇上去了中宫，在那用御膳。小的看见，尚食令亲自带人传膳，有一二百道菜呢。"

萧淑妃一听这个消息便火冒三丈，没想到不但没请来皇上，自己的儿子反而被打。萧淑妃的脸都变白了，她手拎一条铁尺子，带着几个宫人便到中宫门口大吵大闹。中宫的太监将大门紧闭，萧淑妃更是来气，直接让宫人砸门撞墙。

李治得知此事，直接让人把萧淑妃押回了西宫。王皇后经过这么一闹，也没了兴致。留下了皇上和媚娘两个人回寝殿去了。媚娘也趁机离了席，只留下李治一个人。李治也自觉无趣，只好回到两仪殿处理政事。

第二天，媚娘就来到了两仪殿，她温柔地安慰李治，直接带着几本重要的奏章，拉着李治回到了寝殿。

人人都说"枕边风"，确实不错。这枕边风吹起来，威力确实也强很多。只几天的功夫，李治便在武媚娘的鼓动下惩罚了闹事的萧淑妃，还将李忠封了王，限制了王皇后的菜品数量。

李治害怕王皇后因此事心里不舒服再次闹事，便趁机来中宫查看，不但没有哄好王皇后，却把武媚娘怀孕一事告诉了王皇后。

王皇后一听立即警觉起来，她害怕自己刚扳倒了一个萧淑妃，又来一个武昭仪，立即找来了自己的母亲进行商议。俗话说"一荣俱荣，一损俱损"，王皇后的荣损关系着王家的荣耀。经过商议，王皇后的娘家带领朝中的大臣上奏，最终封陈王李忠为太子，并让王皇后收李忠为义子。

永徽三年（公元652年）七月，也就是武氏生下长子李弘的半年前，唐高宗李治正式册立陈王李忠为太子。接着高宗又任命于志宁兼太子少师，右仆射张行成兼太子少傅，侍中高季辅兼太子少保，侍中宇文节兼太子詹事。王皇后和柳奭这才松了一口气，无不自得地认为，皇后和太子的地位从此稳如磐石，王氏、柳氏这些外戚大家族，从此可以高枕无忧了。

事情过去以后，两仪殿里，武氏不高兴地对李治说："皇上，怎么册立太子的事，也不提前给臣妾说一声。"

"上朝时，众大臣一齐禀奏，搞得朕也措手不及，只得答应了他们。事先朕也没有思想准备。"李治抱歉地说。

"皇上，您把臣妾怀孕的事给皇后讲了吧。"

"是啊，怎么啦？"李治接着说，"朕还跟皇后讲，你还要亲自去中宫报喜呢。这也是礼法。"

"皇上，那臣妾这就去中宫，一则贺喜娘娘收螟蛉子，二则禀告臣妾怀孕的事。"

媚娘到了中宫，王皇后并不理睬，也不接纳她的道贺。但媚娘深知王皇后的秉性，只说了几句好话，便说得她心花怒放，立即打消了王皇后的戒备之心。

王皇后从软榻上坐起来，让人给媚娘看了座，便拉着媚娘的手说起话来。

"武昭仪，你以后不要去两仪殿了，劝你也责无旁贷。""姐姐指教得对。要不是皇上要求，妹妹绝对不会去两仪殿的，免得人说后宫干政。以后，妹妹只安心养胎便是。"

"要让皇上多注意身体，你更应该保重孩子和你自己。"

"谨遵姐姐教诲，妹妹怀上孩子后，别无他求。已恳请皇上少去翠微宫，多来看顾姐姐。"太子册立之事，武氏事先不知道，这么大的事，竟轻轻地瞒过了她，让她感到自身的渺小和不足，也深深感到王皇后经营的中宫势力的强大。于是她决定再一次放下架子到中宫去卖乖讨好。王皇后实在没有城府，几句好话听了以后，人就变得温顺，失去进攻的欲望。这样，武氏就可以赢得一个相对安宁的环境，在这段时间内，她可以思考局势，重新调整自己。

"明丽，随我到外边走走。"武氏招呼一个贴身的宫婢。这个明丽就是曾在感业寺为尼的永智。武氏进宫后，连同她，一连带进来几个干姐妹。这些人进宫后，都成了武氏的心腹宫婢。

"昭仪娘娘，咱们去哪里?"明丽跟在后边问。

"闲散之人，信步而行。"武氏前头走着，边走边看，边看边想。几个人就这样散漫地走着，几乎走遍了半个皇宫，明丽急了："昭仪娘娘，您累了吧，我去叫一个步辇来。"

"我年届三十才怀上孕，多走一点路，对将来生产大有好处。你要累了，咱们就去前面的宫闱局歇歇脚。"

几个人信步走进了宫闱局。宫闱令严明成一看，武昭仪驾到，急忙令人设座看茶。然后恭恭敬敬地侍立在一旁。他也知道这武昭仪的来头和努力。

"你也坐吧。"武氏客气地指了指一个空座位。然后轻轻抿了一口茶，才说，"我只是出来走走，顺便歇歇脚。"

"谢昭仪娘娘赐坐。"宫闱令只把半个屁股坐在凳子上。

"你是何时入宫的?"武氏亲切地询问着。

"回昭仪娘娘，小的入宫有十来年了，新近才被提为宫闱令的。"

"提你当宫闱令一事，我也知道，皇上御批时，我也在身边，皇上还夸你办事细致呢。"

"谢皇上，谢昭仪娘娘。"

"你是哪里人士？"

"小的是并州人。"

"哟，和我是老乡。"武氏一听显得很高兴，又问，"家里还有什么人？"

"家里还有父母，三个兄弟。小的排行老大，因家庭困难，才入宫的。"

"嗯。"武氏点点头，像变戏法似的，从袖筒里摸出两块金条，抛给宫闱令严明成，"留着补贴家里吧。没事的时候，可去我翠微殿走走。"

"谢昭仪娘娘。"严明成开始不知武氏抛的是什么，慌忙一接，见是金条，喜出望外，跪倒就磕头，"明成一定去看望娘娘。"武氏装作没事的样子，走到放置册簿日志的文件架旁，左看看，右看看，随手抽出一本日志，翻了翻："你还记录得挺详细呢。"

"回昭仪娘娘，每天人员出入，宫闱要事，均记录在案，以备查考，小的不敢有半点差错。"武氏满意地点点头："宫闱令认真负责，忠于职守，我会跟皇上说的。""谢昭仪娘娘。"严明成跪倒在地，忙又磕了一个头。出了宫闱局，武氏又到掖庭局那里转了转，和掖庭令拉了一些家常话，同样给了他两根金条。这掖庭令只负责后宫的事务，比宫闱令的职权低多了，不但没有什么大的油水可捞，还成天受那些妃嫔们的气，是个费力不讨好的差使。见武氏送金条，掖庭令感激涕零，恨不能马上给武昭仪跑跑腿，办点事。但人家武昭仪送礼后，并没要求什么，只是淡淡地一笑，袅袅娜娜地走了。

临产前的几个月，武氏表面对王皇后等人毕恭毕敬，将自己的锋芒收敛起来，每日除了去王皇后的宫中阿谀奉承几句外，再也不去两仪殿了。除了这件事情外，她就像一名散财童子一样，将大把大把的钱财挥洒出去，曲意交结各个宫中的宫婢、太监。她希望在宫中能够有一个属于自己的情报网，即使自己不出宫门半步，也能掌握王皇后和皇上等人的一举一动。

第七章

痛 下 狠 手　逐 渐 露 峥 嵘

永徽四年（公元 653 年）元月，武昭仪的第一胎降生，也就是武氏的大儿子李弘。为照顾自己，武昭仪请求李治批准，将自己的母亲杨氏夫人和守寡在家的姐姐珍花都接到了宫中。李治得知武昭仪给自己生了个大胖小子，非常高兴，有事没事都要跑到翠微殿去照看一下，对武昭仪更是嘘寒问暖，关怀得无微不至。生了儿子的武氏开始考虑自己的名分问题。她想到昭仪以上是四夫人，也就是贵妃、淑妃、德妃、贤妃，夫人的品阶之上是皇后。当皇后还不到时候，四夫人的编制只有四个，而且名额已满，总不能找理由废掉。如此一来，提高自己位分就成了问题。为解决此事，武昭仪动开了脑子，她想何不在四夫人以上再增加编设，另设"宸妃"呢？"宸"表示帝王居位的地方，有时引申为帝王，"帝王之妃"比贵、淑、德、贤名分要高多了，直逼皇后的宝座。在床上，耳鬓厮磨之际，武昭仪把这个建议给高宗李治说了，李治一听，大为赞赏："朕早有给爱妃晋级的打算，无奈编制已满，如今另设新封号，真是太好了。朕以前怎么就没想出来。"没过一小会儿，李治又犯愁了，对武昭仪说："后宫新增封号，还得跟皇后和几个老大臣商量一下。"

"那儿子李弘封王一事，还要不要和朝臣、皇后商量一下？"武昭仪冷冷地问。

"这倒不必，朕的儿子按照礼制，都要封王。不过，叫什么王，朕还要向他们咨询一下。"

"不用了。"武昭仪从枕头下摸出一张小纸片，放到李治的怀里，"就封他为代王吧。"

"好、好，代王就代王。"李治见武昭仪不大高兴，又说，"岳母和珍花来到宫里，开销大了，让内府局拨两份例银过来吧。"

李治开始忙碌册封媚娘为宸妃的事情，就在这时，长孙无忌进宫报告巴陵公主等人密谋造反。李治将房遗爱等人谋反一案交由太尉长孙无忌全权审理。李治回到媚娘那里，将这件事和盘托出，武媚娘安慰了一会，李治便沉沉地睡去了。

永徽四年（公元653年）二月，诛杀房遗爱、薛万彻、柴令武、高阳公主、巴陵公主。但紧接着，长孙无忌又把荆王李元景、吴王李恪也牵进了此案。虽然吴王并未参与此事，但为了除去后患，长孙无忌痛下狠手。媚娘就着这件事的因由，让李治去问朝中大臣设立宸妃的事情。虽然有几个大臣断然反对，但长孙无尽总算没有说话。

即便如此，册立宸妃一事还是被压了下去。不仅如此，媚娘的恩宠让仇怨不断的萧、王两人也摒弃前嫌，联起手来准备在元宵节杀一杀武媚娘的气焰。

永徽五年（公元654年）新年刚过，元宵庆祝活动的筹备工作就开始紧锣密鼓地进行。礼部和皇宫的各个局、院，人员穿梭往来，采购、预制，都忙得不亦乐乎。翠微殿里，武氏的临产期也日益迫近，宫婢、太医、接生婆日夜待命。但武氏不关心分内的事，竟忙里偷闲，差人调来礼部拟定的庆典方案，细细翻阅。

"正月十四，晚，大明宫大宴群臣、诸王、外国使节；正月十五，上午，北校场阅兵，王皇后、萧淑妃随侍。晚，承天门观灯，王皇后、四夫人、九嫔等随侍。"

翻阅到这里，武氏心里泛起一股不舒服的感觉，这是嫉妒心在作怪。要不是临产在即，她怎么也不会放过这等出头露面的机会，怎么也不会让那王皇后、萧淑妃得意洋洋地去陪皇上，去接受百官使节和万众的顶礼膜拜。武氏气哼哼地把方案抛到桌子上，差人叫来了皇帝李治。

"皇上，大宴群臣、校场点兵，不应该让女人作陪。"

"怎么，你去不成，也不想让别人去？"李治笑着说。

"皇上，不是臣妾想去，是不愿意她们破坏庄严的气氛。"这话一说出来，武氏也觉得站不住脚。但情急之下，又只得这样说了。

"昭仪，礼部这样安排，自有他们的道理。且方案诸大臣已经审议通过，发到了各部门，改也不好改了。"

"校场点兵时，四个夫人，为何单叫萧淑妃去。"

"萧淑妃非比其他三妃，已诞二公主和一王子。所以礼部安排了她。"

武氏见势已成定局，无可改变，默默寻思了一会，又开始担心王皇后和萧淑妃趁机说自己的坏话，倒自己的台，于是对李治说："臣妾不能随皇上去阅兵观灯，觉得是一大遗憾。等那天臣妾想叫侍女明丽跟皇上去，回来时好讲给臣妾听，以解臣妾之寂寞。"

"嗬，你刚才还说女人不该去，那里哪还有她一个婢女站的地方。"李治笑着说。

"让明丽做金扇执事吧，她站在皇上的背后执扇，就等于臣妾在皇上身边一样。"

"行，"李治答应得倒挺爽快，"到观灯那一天，肯定很热闹，就叫明丽回来讲给你听吧。"

"皇上，臣妾知道您这几天挺忙，只要有空，您一定来看看臣妾。臣妾觉得肚子里的动静越来越明显了，八成快要生了。"武氏说着，满脸娇羞，拿起李治的手，放在凸起的肚皮上，"皇上，您摸摸，他在里面乱蹬呢。"

"试不出来啊。"李治摸了两下，没有感觉。

"您把耳朵贴上去试试。"武氏又扳着李治的脸贴到自己的肚皮上。

"嗯，还真有动静，"李治抬起头问，"一共怀了多长时间了？"

"十月怀胎，一朝分娩，到正月十八，正好十个月。"

"那……代王弘儿怎么才怀了八个多月就生了？"

"那是早产。您当皇上，连这事都不懂。"武氏摸着李治的脸，亲昵地说。

"昭仪，你还真能生，进宫没两年，给朕生俩孩子。"

武氏脸贴着李治的脸，说："只要皇上听臣妾的话，夜夜宿在翠微宫，臣妾保证一年至少给皇上生一个。"

今年的元宵节，果然最盛。十四日晚，皇帝在大明殿大宴群臣、外国使节。十五日上午，驾幸演武场。

元宵节晚上，王皇后和萧淑妃趁机将代王李弘的事情搬了出来。这一来，更加重了李治的疑虑。媚娘早就得到了这一消息，她花重金打点了当年的接生婆和太医。但此时正好赶上即将分娩，她忍受着身体和心理的双重折磨生下了一个女儿。

不过话说回来，李治自从听了王皇后和萧淑妃的话，心理也开始犯嘀咕，怀疑媚娘的不贞。为了挽回自己的地位，媚娘不得不将自己的两个孩子做赌注，上演一场苦肉计。

武氏紧急召见太医，接着又接见接生婆。施以重金，让他们有所准备，以应付皇上的突然咨询。

二十五日，武氏在明丽耳边密语了几句，叫她去叫皇上，务必让皇上来翠微殿一趟。

明丽一路小跑，气喘吁吁地来到两仪殿。值门的内侍报告李治："皇上，翠微殿的明丽说有急事禀告皇上。"

"什么急事？"李治生气地问。这几天他很不高兴，开始怀疑武昭仪的不贞，代王李弘在他的眼里也越来越不像自己的孩子了。

"她跑得气喘吁吁，满脸通红，好像有什么重要的事。"

"让她进来。"

明丽进门就趴在地上，叭叭地磕头，直叫："皇上救命！皇上救命！"

李治又好气又好笑，训斥道："你在这好好的，救你什么命？"

"皇上快去救武昭仪的命，再慢一步人就完了。"

"武昭仪怎么啦？"李治站起来，紧张地问。

"昭仪不想活了，抱着小公主哭呢，说一会儿就去西海池自尽。"明丽指东划西地打着手势说。

"她好好的，自什么尽？"李治也慌了神，慌忙向外走，边走边问明丽。

"婢子也不知为什么事，见她哭天喊地，寻死觅活的，怕出事，所以来禀告皇上。"

果然，等李治赶到翠微殿，里间传来"嘤嘤"的哭泣声，李治三步并两步地赶过去，只见武氏两眼哭得像桃子一样，左手揽着代王李弘，右手抱着小公主，一口一声"我苦命的孩子，我苦命的孩子"。

李治抚着武氏的肩膀："你怎么啦，你说呀，你怎么啦？"

武氏抬起头来，一双大眼睛无限幽怨地看着李治。那长长的睫毛湿湿的，面颊上布满了泪痕，几滴晶莹硕大的泪珠，一直滚落到苍白的嘴唇边，嘴唇还微微战栗着……

"皇上！"武氏叫了一声，双手捂脸，失声痛哭起来。

李治急了，扳住武氏的脸，问："你到底怎么啦？"

"皇上，臣妾冤啊！太冤啦！"

"你冤什么？"李治拿过宫婢递来的巾帛，给武氏擦了擦脸上的泪痕。

"有人见臣妾和皇上情笃意浓，就大造臣妾的舆论，把臣妾往死路上逼。"

"谁造你什么舆论？逼你什么啊？"李治一时弄不明白她说的是什么。

"有人说弘儿不是臣妾在宫中怀上的。这一句话，让臣妾还有何面目活在世上。岂不把臣妾往死里逼。"武氏一边哭诉着，一边抹着眼泪，偷看两眼李治的表情。

"你怀孕八个月就生了孩子，让人怎么能不胡乱猜想。"李治这话还有责问的意思，他早就想来问武氏了，只是碍于情面，说不出口，今天武昭仪先开了口，李治就决定把话挑明了。

"刚怀孕的时候，臣妾不是立即和皇上说了吗，皇上还专门请了太医给臣妾把脉，这才一年多的时间，难道皇上都忘记了吗？"

"没忘记，没忘记。"其实李治早已记不清了，脑子跟糨糊一样，糊涂得很，不过他想，反正当初的太医还在，问问不就真相大白了。

媚娘趁机说出自己对王皇后和萧淑妃的意见，不但没有博得皇上的怜爱，反而让皇上有些恼怒。第二天便在媚娘这里设宴，将宫中品衔较大的妃子们聚到了一起，本想和睦地吃顿饭。

没想到一开席就先冷了场，大家各自低头做事，没有人理会。媚娘首先站起来敬酒，却没有一个人领情，气氛十分尴尬。李治看了看王皇后，示意她赶紧救场。没想到王皇后一开口，大家纷纷应和。这样的场面再次让媚娘认识到了王皇后在后宫强大的势力，坚定了除掉她的信心。

本来想和解后宫的关系，没想到一场酒宴竟变成对媚娘的声讨大会。媚娘起身去里间看望孩子，她望着孩子黯然落泪，突然生出了一个邪恶的想法。她静静地躺在床上，无奈地想着：我苦命的孩子，不要怪娘心狠，舍不得孩子套不着狼啊，否则我们全都没有出头之日。

第二天，李治和王皇后两个人都来到了武媚娘宫中。两个人见面说话有礼有节，王皇后仿佛也气消了。端起媚娘奉上的茶，喝了一口说道："以后你要有自知之明，凡事分个主次轻重，就不会有事了。本宫会时时照应你的。"

"谢娘娘，昭仪产后不能出门，还请娘娘多来翠微殿走走。"

"好，本宫会常来看望你和孩子的。我还有点事，先走了，别忘了催皇上早去上朝。"

"知道了，娘娘。"武昭仪毕恭毕敬，一直把王皇后送到门口。宫内，李治正逗着不足月的小公主玩。小公主人小鬼大，随着李治手势的变化，咯咯地笑着，两个小酒窝一闪一闪，晶亮乌黑的眼珠骨碌碌地转动着。李治很高兴，内心充满了父爱。

　　要说这个女儿还真是可爱，不仅逗得皇上哈哈大笑，就连王皇后也喜欢地不得了。再加上媚娘最近也表现得相当安分，王皇后以为她早已改正心性，不由得经常去她那里串串门，顺便看看小公主。这天，媚娘见时机已经成熟，她安排好了一切，就去两仪殿陪李治了。王皇后带着自己亲手做的虎头鞋来到了媚娘的宫中。见媚娘不在，直接走到了育儿室，哄着小公主睡着才走。

　　武氏得知这一切，在两仪殿做好安排，就先回到了翠微殿，独自一人悄悄地进了育儿室。婴儿床上，小公主正在香甜地熟睡。望着孩子可爱的睡态，武氏心里忐忑不安，血液好像在胸腔里沸腾。她的面目变得狰狞，内心激烈地斗争。但一想到至高无上的权利，她痛下狠手，亲手杀死了自己的孩子。

　　媚娘从育儿室出来，打来一捧水，使劲搓洗着脸，仿佛这样就能洗去自己的罪恶。她一遍又一遍地往脸上扑粉，对着镜子让自己练习微笑，直到自己满意为止。不一会儿李治就来了。一进门就要去看小公主，媚娘陪着来到育儿室，一掀杯子看到孩子全身发紫，手脚冰凉，顿时号啕大哭，仿佛把肠肠肚肚都哭出来似的。这哭声绝非做作，而是完全发自真心。当一个母亲看清了女儿的惨状，想想原本活泼可爱的婴儿，一转眼就这样，她真正尝到了失去女儿的人间剧痛。宫婢和乳媪也赶过来，一时也都吓呆了。好半天才跪在地上，围着孩子失声痛哭。"怎么啦?"李治也慌了神，抱过去细看孩子，可怜的孩子已经死了。在孩子细嫩的脖颈上，李治发现有一片红里透黑的手指印。显然孩子是人用手掐死的。李治猛然像一头狮子一样，冲上去，一脚把乳媪踢倒，怒吼着："刚才谁来过?""回……皇上，"乳媪翻身爬起来，磕头如捣蒜，"只有皇……皇后刚才来过。"几个宫婢也爬过来，头都磕出了血，纷纷向李治说着："只有皇后刚刚来过!""后……杀……吾……女!"李治一字一句地说着，脸都气歪了。这时，明丽也从外面跑进来，当她弄清情况后，跺脚大骂："是她，是她。就是那个假仁假义、万恶狠毒的王皇后干的。"明丽又转向武氏，跪倒在她的跟前，用巴掌抽着自己的脸，痛不欲生地哭诉着："昭仪娘娘啊……都是奴婢的失职啊……我没有……遵照您的嘱咐，没有看好孩子，让那坏女人……下了毒手……昭仪娘……娘……你杀了我吧! 你杀了我吧!"

武氏一把抱着明丽就痛哭，她浑身像害热病一样，全身都在颤抖，一副痛不欲生、孤苦无助的样子。

"来人哪，速传王皇后！"李治气急败坏地吼着。

旁边的一个内侍闻声飞快地跑了出去，奔往中宫。

武氏扑到孩子身上："我的儿啊，你……怎么……这么可怜哪……我的乖啊……你怎么……就这样走了。"哭一声，诉一句，哭一声，诉一句，哭得昏天黑地。

李治忙上去，一边伤心地抹泪，一边给她理胸顺气，口里还不停地劝慰着。

不明缘由的王皇后一来就遭到媚娘和明丽两个人的毒打，被打得凄惨无比，还被看押了。一个幼小的生命就这样成为了权利的牺牲品，被连夜送出宫草草掩埋了。媚娘趁机带领李弘和自己宫中的人住到了长生殿。

李治虽然觉得媚娘这样做不太合适，但架不住媚娘软言软语，再加上他又怜惜媚娘刚刚经历了丧子之痛，只得同意让媚娘留下来。媚娘住在长生殿，每天在李治的耳边添油加醋，趁机将册封宸妃的事情办妥了。

命运总是垂青那些为机会时刻做准备的人，媚娘就是其中之一。虽然痛下狠手杀死了自己的亲生女儿并没有达到预期的效果，但天际已经露出了曙光。武氏绝不会就此罢手，她暗地里处心积虑，积极备战，准备在一两年之内，将王皇后的势力以及她背后的支持者彻底铲除。

第八章

各地设眼线　尽快施计划

这天，媚娘正在长生殿歇息，不知不觉便进入了梦乡。梦中她看到一个漂亮的小女孩叫自己阿娘，蹦蹦跳跳地跑过来牵起她的手就往前走，一直走到一个破庙的时候才停下。小女孩突然挣脱媚娘的手，转过身便骂媚娘是狠毒的妖婆，亲手杀死自己的女儿。媚娘被吓得大叫着从梦中惊醒。

"爱妃，你挣脱了被子，朕给你盖上，你怎么惊叫起来？"李治轻轻地拍打着武氏。"皇上，臣妾做噩梦了。"武氏惊魂未定，拉了拉被头。眼前的被上绣着的鸳鸯，在她眼里显得乌黑青紫，犹如污血一般。武氏猛地把这床被扔了下去，大叫内侍："来人哪，快，快把这床被子烧了，烧了。"

内侍不知道发生了什么事，却还是遵命把被子抱出去了。

"爱妃，你到底怎么了？"李治被武氏一惊一乍，弄得心里发毛。

"皇上，臣妾这是失女之痛啊！"武氏说着，嘤嘤地哭起来，"皇上，女儿大仇不报，冤魂不散了。"

"没有事，没有事。"李治不停地轻拍，劝慰着。

"皇上，您好像还不相信杀女儿的凶手是王皇后。可怜的女儿刚才已托梦给臣妾了。凶手正是那王皇后。女儿还托臣妾责问她父皇，为什么不替她报仇。"武氏清醒过来，信口开河地编着话，欺骗李治。

"朕相信是王皇后所为，爱妃别再生气了。"李治也打着马虎眼，答非所问。但他心里还真犯嘀咕了，难道杀小公主真是王皇后所为？

"皇上，您的心太仁慈了，以后不许您再看王皇后的上书，满篇都是狡辩，扰乱圣听。"武氏趁机说。其实王皇后上了好多次书，为自己辩白，李治就收到一篇。其余的都让武氏拦截了。李治看那篇上书时，心里起疑，追问了武氏几个细节，却叫武氏几句话就给搪塞了。到今晚为止，关于王皇后扼杀小公主的骗局越来越完美了。现在唯一清楚整个事件真相的，就是武氏。王皇后也仅仅知道小公主不是她杀的，她只是一个被诬陷者。

"皇上，臣妾这一阵子在宫里不好受，想让皇上带着臣妾出去走走。"武氏又实施了她新的计划。自从受封宸妃以来，没有什么活动，没有出头露面的机会，武氏想和皇上一块出宫巡游，以向天下人展示她"宸妃"的地位，借此也告诉朝臣，真正的皇后是她武宸妃。

"上哪去玩？城郊也没有什么好玩的。"李治问。

"臣妾想好了，去岐州的万年宫，到凤泉汤温泉沐浴。"武氏抱住李治，脸贴着李治的胸口，托出自己的如意算盘。万年宫乃高祖李渊所造，凤泉汤乃高祖专为窦皇后所命名。能和皇帝李治一道驾临万年宫、凤泉汤，不啻向世人发出一个强烈的信号，武氏就是凤，将来也是当之无愧的大唐皇后。

"嗯……还行。"李治一听这个主意不错。这一段时间，乱七八糟的事搅得自己头昏脑胀，也该出去玩玩了。

"那咱什么时候去，得先和群臣商议一下。"

"明天上朝时，就和朝臣们说说，然后立刻下旨，安排大将军程务挺沿途护卫。后天起程。"武氏话一说出来，好像她早就安排好了似的。

"太仓促了吧，再说还不知太尉他们同不同意。"

"天下是皇上的天下，皇上想出门看看自己的家园，还用得着请示谁吗？再说，走得越早越好，免得那班谏臣在皇上耳边聒噪不止。皇上雷厉风行惯了，那帮朝臣们也就不敢小瞧您了。"

"好！"李治下定决心，带着讨好武氏的口气说，"咱们后天起行，朕现在把它确定了。"

第二天，朝堂上，李治小心地把这个提议提出来，出乎意料，没有一个人反对，大臣们也赞成李治出去走走，且多安排兵马护卫，以壮皇帝的行色。谈到安排武氏随皇上出巡时，大臣们都交头接耳，颇有议论，觉得还是王皇后去好，以正天下人视听。侍中韩瑗出班奏道："皇上，驾临万年宫、凤泉汤，臣以为还是皇后随同为好，免遭天下人议论。"

"议论什么？"李治有些生气，"朕这次主要是出去玩玩，又不是多大的典礼仪式，带谁不一样？都别说了，朕明日起行。程务挺！""在！"程务挺叩手应道。"由你带本部兵马，沿途担任护卫。你先下去，准备去吧。""臣遵旨！"程务挺领了旨，一摇三摆，大踏步地出殿了。长孙无忌拉了拉韩瑗的衣角，示意他下去，站在一边。然后他出班奏道："朝中有老臣在，皇上放心地去吧，只是不要耽搁太久。"

"知道了。"李治晃了晃膀子，觉得还真舒服，也让武宸妃说对了，事事请教诸大臣，惯出他们毛病来了，显不出皇帝的威风。

永徽五年（公元654年）三月戊午，是个好日子，艳阳高照，和风扑面。武氏得意地和高宗李治并排坐在御车里，宫门大开，甬道两侧排满了羽林军，一行人马浩浩荡荡地开出皇宫，向岐州进发。

且说，高宗李治在万年宫待的这几日，十分的自在。不仅不用临朝，还有宠爱的宸妃日夜相伴，以致他都不想起驾回宫了。最后还是在武氏的好言劝说下才回宫了。

回到皇宫，未及休息，武氏就急着把明丽叫到一间屋子里，详细问她这十来日宫内的情况。明丽低声回道："后宫这些日表面还算安宁，王皇后常常去海池泛舟，她的母亲魏国夫人柳氏共来宫中两次，都是悄悄地来，悄悄地走。"

"嗯……"武氏沉吟了一会，想，这王皇后定不会善罢甘休，一定又在背后搞什么小把戏，自己的后宫情报网急需扩大，否则，一些机会就会白白溜走。

"明丽，你和中宫的那个内侍相处得怎么样了？"

"回娘娘，只说过两回话，还只是在半路上截到的。不过，他收了我一个荷包，火候不到，正事还没跟他提。"

"嗯。这事也不能操之过急，不过，也不能太慢了，一旦和他混得熟稔，就和他谈谈这事，再叫他来见我。"

"知道了。"明丽说。自知还得多要些手段，尽快和那个王皇后的内侍太监王茹联络上。

"明丽，这几日你没事还是去海池边为好，找一个僻静的地方，装作钓鱼，密切注意王皇后的动静，每天回来后向我汇报。"

"是，娘娘。"明丽答应着出去了。这窥视活动干起来还真费脑筋。明丽想：我还是去中宫前殿路口的小花园守着吧，看那王太监出来。

明丽也是个聪明的丫鬟，在媚娘身边待得久了，自然就学会了耍手段。只是几句话就将皇后身边的太监买通了。

晚上，武氏以独孤及处理小公主后事周到为名，请独孤及一道吃饭。明丽来叫时，独孤及正侍候皇上在后苑玩耍。跟其他太监打了个招呼，独孤及赶回长生殿。"宸妃娘娘，独孤及何德何能，敢陪娘娘您吃饭？"独孤及看见一桌子美味佳肴，旁置两把椅子，浑身不自在，不敢往上坐。

武媚娘凭借着自己缜密的心思和熟练的手段，知道对独孤及不能施小恩小惠，于是直接将自己的底牌亮了出来，让他说服柳奭请辞。

"娘娘，"独孤及"扑通"一下跪在地上，手抓住武媚娘的裙袂，"这事娘娘可都办牢稳了，否则一旦出事，老奴可担待不了啊。"

武氏笑着说："我办的事什么时候失手过？"

两天后，独孤及乘一顶小轿来到了中书府。柳奭一听传报，慌忙大开四门，恭恭敬敬地迎进来。独孤及说明了自己的来意，有谁会想到皇帝身边的贴身太监也会假传圣旨呢。第二天柳奭便自己递上了辞呈。李治觉得过意不去，又授他吏部尚书一职。没想到这次长孙无忌等一派大臣竟然没有人开口求情。

李治回到两仪殿将此时告诉媚娘，媚娘只夸赞了几句，便开始实施自己下一步的计划。武氏凑过脸来，亲了李治两下，才说："皇上，我大唐自开业以来，历经贞观之治，今圣临朝，愈加域土辽阔，国家富强，人民安康。抚今追昔，应该更加怀念高祖太宗，怀念太原首义的功臣们。"

"是啊，是啊，爱妃说的是啊。"李治摸着武氏的手。

"皇上不能光嘴上怀念，还得有具体行动才是。"

"怎么具体行动？"

"皇上应该在太庙设堂拜奠，隆重下诏，追封首义的功臣们，如此，方显我朝仁义知礼。臣子们也必敬着皇上，尽心尽职，以报圣德。"

"对呀，对呀，朕怎么没想到这一层，"李治高兴地说，"还是爱妃聪明，虑事周到。这满朝文武，都没有想到这事的。"

"皇上打算怎么追封？何时追封？"

"这事交礼部拟议吧。"

"皇上，臣妾草拟了个追封计划，请您过目。"

李治接过来一看，十三功臣中，屈突通位居第一，赠荆州大都督；武士彟赫然位居第二，赠并州大都督。就说："爱妃，这弘儿的姥爷能到十三功臣中吗？他只是个后勤官，又从来没领兵打过仗。"

媚娘见李治不答应，便开始和他理论，细数家父生前的功绩。李治一看媚娘不高兴了，赶紧赔上笑脸答应了她的要求。武氏见抓住了李治的软肋，这才满意地露出笑脸，接着又得寸进尺地打出了另一张牌，希望能为自己的几个兄弟升升职，这样在朝中才能有自己的势力。此时的李治哪里还敢惹媚娘不高兴，连连答应。媚娘变戏法似的又掏出早已准备好的一张纸递给李治，轻声念道："武元庆为宗正少卿，武元爽为少府少监，武唯良为司卫少卿。"这些官职可都是朝中的要职，李治想都没想就答应了武氏的请求。

第八章　各地设眼线　尽快施计划

第九章

铲除王皇后　武氏霸后宫

　　所有的政治斗争都一样，权势斗争此消彼长，你枯我荣，王皇后和武媚娘就是这样，王皇后被贬，连王氏家族以及她的支持者都跟着遭殃，而武氏家族也随着武媚娘的得宠跟着升迁，二者之间形成了鲜明的对比。朝野上下都对此事议论纷纷，所有人都对武宸妃刮目相看。就连长孙无忌也感受到了她的手段和心计。尤其是皇上，对其宠爱程度前所未有，就连一些重要的国事，皇帝再也不像以前一样找他商量了，而是和武宸妃商量过后径自下旨。长孙无忌等大臣心中也明白，以皇上的能力绝对不可能想出这么多办法，而皇帝的幕后主使人一定就是武宸妃。

　　有人欢乐就有人愁。魏国夫人柳氏面对家族的一连串变故，愁得吃不下饭，睡不好觉，整日唉声叹气，绞尽脑汁，想尽办法想帮助女儿。可一个女人家，一时又能想出什么好办法，无奈之下，便想了一条毒计。

　　魏国夫人不知从哪里找到了一个巫师，让他做了一个泥人，施予了巫术。她们找来宫中的内侍，拿来了媚娘的生辰八字，用笔写在了泥人上。然后念着咒语，用银针扎此人体要害处。还别说这个方法还真管用，过了一段时间，媚娘真得感到浑身不舒服。找来御医，根本找不到任何致病根源。后来御医将自己早年遇到的类似情况告诉媚娘，媚娘总算找到了得病的缘由。

　　夜幕下落，武氏不敢睡觉，索性演起戏来，直嚷嚷这疼那疼，满口胡言乱语，又不许太医近前，闹腾得皇帝一宿未睡，心疼得围着床团团乱转。直到第二天上午，武氏才稍好些，沉沉睡去。

　　武氏的这一折腾，也传到了王皇后那里，高兴得王皇后手舞足蹈，愈发肆无忌惮，一天催动纸鬼好几回，撮动面人上的银针好几回。对这一套家伙，她也爱不释手，一会儿就得关上门，掀开箱子看看，这儿摸摸，那儿摸摸，忍不住还往面人武氏脸上啐几口。

门外突然有脚步声。

王皇后吓了一跳，急忙把箱子盖盖上，颤声问道："谁?""我，王茹。"王皇后这才把门打开一条门缝："王茹，这会来干什么?""回娘娘，药还剩两服了，还去太医房拿药不?"王茹边答，边偷眼往里看。"走，走，"王皇后一边往外轰他，一边说，"本宫的病好了，以后用不着喝那苦药了。"

"恭喜娘娘。那，奴才忙别的事去了。"王皇后"咣当"把门又关死了，还上了门闩。太监王茹在门外呆立片刻，然后走出中宫，顺着墙角溜往长生殿，找新投靠的新主子汇报去了。

当晚，武氏又装疯卖傻闹到半夜，还口吐白沫，倒地打滚。这让李治急坏了，严令太医速速诊治。太医们又是会诊，又是扎针，都没有一点儿效果。还是那个太医说了话，跪地向李治奏道："皇上，可能是有人施了巫术。"

"胡说! 巫术乃朕在宫内严令禁止的。谁敢做此大不韪之事?"

的确，各种巫术是朝廷明令禁止的，只要发现有人施巫术，不但巫师巫婆要受到惩罚，连委托人及其家属都要受到严厉的处置。

"皇上，"武氏这才爬过来，披头散发地跪倒在李治的脚下，哭诉着，"皇上，是那王皇后在施巫术害臣妾，请皇上做主。"

"爱妃是怎么知道的?"

"臣妾的魂魄刚才被拘到那中宫，听那拘我的小鬼小判说，等弄倒了我，还要拘皇上的魂魄，加以拷问。"

李治一听，便叫人去王皇后的宫中搜查。独孤及带着几个人和明丽，不由分说便直接进了皇后的屋子，在屋子里翻箱倒柜。眼尖的明丽看到了那个上锁的箱子，直接叫人过来打开。王皇后见状，奋不顾身地扑上去，紧紧地搂住那箱子。就在这时，媚娘向皇上讨的圣旨到了，命令王皇后不得干预搜查。明丽派人拉走王皇后，命人打开箱子。王皇后见事情败露，没有任何狡辩，只是大骂媚娘。

至此王皇后彻底倒台，宫中再也没有人能在媚娘的头上兴风作浪，在领教了她的心狠手辣之后，也没人敢这样做了。但媚娘的野心绝不仅仅局限于一个小小的宸妃，她又开始了下一步的打算。

永徽五年（公元654年）七月，皇上李治带着武宸妃走娘舅家。名义上是临幸，实则是游说拉拢长孙无忌。去之前，武宸妃和李治一块儿商量了半天，精心准备了许多礼物。一大早，宫门大开，一队队羽林军和内侍骑着高头大马，头前打道。李治和武氏同坐一辆御车，后面又有装满各种礼物的十架大车，一行人马迤逦向太尉府进发。

"爱妃，你觉得今天去太尉府，会顺利吗？"李治问武氏。

"看情况再说，那长孙无忌老奸巨猾，绝非善类。"

"朕觉着没问题，"李治自信地说，"虽然他是朕的舅舅，官居太尉。朕自登基以来，却是第一次去他家，又加上带了这么多礼物，他肯定很激动，很高兴。到时候，把那事一提，肯定他得点头答应。"

"凡事不可那么乐观。"武氏坐在旁边，面无笑容，她在思考着到太尉府可能面临的种种局面。

"爱妃，到时候我们怎么说？"李治又把武氏所教的话忘掉了。这一段时间，李治的头疼病又犯了，记忆力大不如从前，凡事回头就忘。本来，武氏凡事都要插一杠子，但插归插，论处事和说话能力，武氏确实比李治高一筹，久而久之，养成了李治事事都听武氏的习惯。

"你说话呀，到时候该咋说为好？"李治拥了拥做思考状的武氏。

"怎么说？你这样说呗。不孝有三，无后为大，那王皇后不能生育，我能生育，不就行了吗？"

"对对对。'不孝有三，无后为大'。朕这样说，准成。"

窗外是一派升平气象。虽御驾出行，李治却诏令不许五城兵马备道，所有百姓商人等，自由通行。只见宽阔的大街上人来人往，菜馆、布店、药铺等，商铺一个挨一个。空气中洋溢着酒气肉香，和烟味、汗味混合成一种特殊的温暖气息。李治看在眼里，闻在鼻子里，感觉很愉快，感叹着："真太平气象也。"

车队转过一条街，拐个弯就是太尉府。太尉府前更是装扮一新，红灯高挂，红毡铺地，两廊奏乐。一班上百人的乐队，见御驾过来了，一声令下，先奏《普天乐》，再奏《知行歌》。长孙太尉已在府门口，领着合族家人，老老少少，排班接驾。

李治在御车里，早已瞧见，得意地回头对武氏说："怎么样？朕说得怎么样？又不是外人。咱要提那事，他能不答应？""皇上驾到……"总管太监早已先行到达，见车驾来临，遂挺胸凸腹，吆喝着。随着话音，各色人等，大人小孩，上前两步，掸掸衣襟，撩衣跪下。独有长孙无忌迎上前去。

车马驻停，在太监的搀扶下，李治和武氏，手拉手，一前一后地下了车。

"臣长孙无忌携妻刘氏，子成、威、循，恭候圣上！"

李治刚想说"免礼平身"，还未说出口，只听得四下里一齐喊道："吾皇万岁万岁万万岁！"李治马上和武氏一道，举起双手，频频向众人招手致意。两个人满面春风，健步登上太尉府的大门台阶。在长孙无忌的陪同下，直向大客厅走去。甬道上，李治左观右看，寻找着话茬："朕几年没来了，爱卿府上变化真大，门楼也变宽了。咦，那边什么时候盖了两层楼？"

"回皇上，去年盖的，乃是臣的藏书楼，加上阁楼上下共三层。藏书不多，大约有十来万册。""十来万册还不多？"李治惊讶地说，"朕的御书楼才不过二十万册书。"两个人一路寒暄来到了客厅，李治和武氏分坐在桌子的两侧。紧接着，丫鬟端上两碗香茶，长孙无忌上去接过来一碗，恭恭敬敬地端给李治。旁边的武氏马上觉得心里不痛快，但表面却和蔼可亲，颇有礼貌地接过丫鬟手中的茶。

"国舅不要客气，请坐。"李治说。

"谢皇上赐坐。"长孙无忌这才找个矮板凳，一边坐了下来。

"咦，怎么没见朕的那几个御表弟？"李治两眼四处寻找着。"外男无职，不敢擅入。"长孙无忌答道。"都是一家人，还讲这么多繁文缛节，快让他们进来，让朕瞧瞧。"一时间，长孙无忌的三个儿子被宣了进来。李治满意地看着他们，频频点头，好似十分喜欢他们，问道："三位御表弟现居何职？"这三个御表弟初次见了皇上，惶惶然不知所以，听见皇上问话，更是张口结舌，一时回答不了。还是长孙无忌代为奏道："臣的三个犬子只是在长安府吏部当些不入品的小官。他们还年幼，臣想让他们多锻炼锻炼。"

"怎么，朕的表弟还不入品？"李治皱了皱眉头，隔着桌子和武氏嘀嘀咕咕，交换了一下意见。然后下旨道："朕封你们三个为朝散大夫，官居从五品。怎么样？"这朝散大夫是光领薪俸不干活的散官，一般赐给有德行有名望的文官，虽然是个荣誉官职，却毕竟是五品大员，且天子亲赐，一下子给了三个，不能不说是皇恩浩荡。长孙无忌慌忙离座，率三个儿子叩头谢恩，那三兄弟更是欢喜得不得了。

"来人哪！"李治高声叫着，"把朕和武宸妃带来的礼物呈上来！"旁边的一个太监应声而去。登时几十名太监肩扛手抬，排着队往大客厅里运，整整十架马车的东西，弄得大客厅里满满当当，连插脚的地儿都没有。

长孙无忌坐在旁边，看着人进进出出，也不作声，等一切都搬运完了，才对李治说："万岁，臣寸功未立，何以克当如此浩荡之天恩？"

"这都是武宸妃的意思。她入宫有三四年了，早就说来看看国舅，只是没抽出什么空。"说完，李治又命令旁边的独孤及："独孤及，把礼单给国舅念念。""遵旨。"待独孤及念完，武氏叫道："长孙太尉。""臣在。""这是本宫和皇上的一点心意，请你好生收下。""谢主隆恩，谢宸妃娘娘。"长孙无忌上来，接过了礼单，又退回原来的座位上，不吱声。

都是名利中人，哪能不心热。只是长孙无忌明白这丰厚赏赐背后所包含的内容。他故意装聋作哑，除了谢恩之外，而不言其他。李治一看，那么多的赏赐还不能打动他，自己又不好立即提出来。于是他抛出武氏安排的第二套方案。

"长孙爱卿，朕多少年没来府上了，武宸妃也是第一次来，朕中午就在你这吃饭了。你准备了没有？没有就叫御膳房送来。"

长孙无忌上前，叩首奏道："臣早已有所准备，这就命排开盛宴，款待皇帝陛下以及武宸妃。"

长孙无忌果然做了两手准备，往堂下一拍巴掌，人就上来了，先把那些箱子口袋提出去，又搬来一张紫檀木大方桌。再一袋烟的工夫，菜就上来了。

"哎，朕那三个御表弟怎么没过来，都让他们过来，"李治大声地说，"又没有外人，都过来热闹一下吧。"

既然皇上发话了，长孙无忌也不好说什么，只得把三个儿子和妻子都叫上桌。

"哎，这才是团团圆圆。来，喝酒！"李治率先端起杯子，率先来个一口闷。

其他几个表弟，连同无忌的妻子，纷纷举杯干杯。武氏端起杯子，站起来，眼看着长孙无忌说："这第一杯酒，本宫先敬长孙太尉。太尉身受先皇顾命之重任，悉心奉国，鞠躬尽瘁，公而忘私，我大唐永徽年间方有中兴之业，致治之美。本宫最佩服的就是无忌太尉，来，请太尉干此一杯！"被武氏这高帽一戴，长孙无忌也不好说什么，只得伸手接过这一杯酒，一饮而尽。

李治一看，也过来给长孙无忌敬酒："长孙爱卿，朕的这些政事都多亏你操持，朕亦敬你一杯。"说完，双手端着酒杯，呈给长孙无忌。

慌得长孙无忌急忙离座跪在地上，双手来接酒杯："皇上给老臣端酒，折杀老臣，非死不能报万一。老臣喝下这杯酒，望皇上能体察臣之忠诚，理解老臣平日悉心规谏之语也。"说完，长孙无忌端起杯子一干而尽。

听了这话，李治也不禁有些感动，伸着大拇指对武氏说："忠臣，忠臣。"

酒过三巡，李治便依照武氏所教的话说："长孙爱卿，朕想给你说个事。"

"什么事？皇上，您说吧。"长孙无忌装作不知。

李治挠了挠头皮，才说："常言说得好，不孝有三，无后为大，王皇后不能生育，武宸妃已诞三子，朕意欲……"说到这里，李治打住了，眼看着国舅的脸，希望他能顺着接下去。

"来，皇上，喝酒。咱们光喝酒，不提政事。"长孙无忌端起杯子，一干二净。李治无奈，也只得举杯同饮。

李治本待再提立后之事，谁料这长孙无忌却一直顾左右而言他，让李治无从开口。

盛宴还在摆下去，却越摆越没趣。武氏只得拉着李治，对长孙无忌说："天也不早了，酒也喝得差不多了，本宫和皇上也该回宫了。"

"别急嘛，时候还早。"长孙无忌假意挽留。

"走啦，没有事的时候再来吧。"

武氏和李治两人起身离座，迈步向外走。长孙无忌一家人慌忙跟着去送，一路上都沉默寡言，一直送到大门口。接着，都刷拉一下跪倒在地。

"长孙无忌率合族人等，恭送皇上，恭送宸妃娘娘还宫。愿吾皇万岁万岁万万岁！"

"愿吾皇万岁万岁万万岁！"其他人也跟着一起唱道。

"众爱卿免礼平身，朕在此别过。"说完，皇上和武氏一起上了御车，把车帘一放，传旨起驾，快快地踏上了归途。车里，两个人沉默了好久，李治才开口道："这长孙无忌不知为何，高低不领会朕的意思。"

"他不是不领会您的意思，他只是在用假痴装癫之计，"武氏又气哼哼地看着李治说，"您看您把这些大臣们惯成什么样？君不是君，臣不是臣。他长孙无忌根本不把您这个皇帝放在眼里。"

"哪能这样说？他毕竟是朕的舅舅。你沉住气，等朕再找他说说。

估计没有多大问题。他就是一块石头，朕也决心把他焐热了。"

来到皇宫，两人下了御车。武氏那个气劲又上来了，走的时候，浩浩荡荡，满满十大架马车礼物。回来时，两手空空，还受主人一番戏弄。

"爱妃，天也不早了，朕也喝了不少酒，就不去两仪殿了，咱俩直接回长生殿休息去吧。"李治摸着武氏丰润白皙的肩头说道。这时候，宫闱令凑上来，汇报说："皇上，宸妃娘娘。武老夫人来了。"

"来多久了？"武氏问。

"上午就来了。卑职派辇车专门送她去了长生殿。"

两人这才乘上辇车回到长生殿。殿前小花园内，武老夫人正带着两个小外孙玩耍。

"皇上。"武老夫人见了李治，刚想跪倒磕头，武氏手疾眼快，扶住了她："阿娘，都是自家人，不必行此大礼。"

武老夫人谢恩后站起身来，又问道："你们去太尉那里，事情说得怎么样了？"

"别提了，"李治摆摆手，"走，到殿里再说。"

到了殿里，武老夫人简单地听了一下李治讲述事情的经过，对武氏说："你爹活着的时候，和长孙无忌关系挺好的，还一起在羽林军中共过事，他不会太没有人情味吧。哪一天，阿娘我亲自去一趟，探探他的口风。保不准他跟你俩不好说，跟我好说呢。"

"去就去吧，去时再多带点东西。"武氏说着，又一下子想起来谁，问李治："皇上，许敬宗家住哪，他原来给您当过太子右庶子，和您心贴得很近。让阿娘也去找找他，让他在群臣当中也活动活动，毕竟都是老人们。"

"许敬宗和长孙无忌都住在一条街上。不过许敬宗现在不行了，他曾经做过礼部尚书，后来给人参掉了，现在任卫尉卿。职微言轻，恐怕他说话作用也不大。"

"许敬宗如果支持我当皇后，就恢复他的礼部尚书职位。这也给群臣们一个强烈的信号，"武氏说，"过去群臣们都习惯看长孙无忌的脸色行事，现在得给他们改改。让他们知道到底是谁说的算，是太尉还是皇上。"

武老夫人问自己的女儿和女婿是否决定去找许敬宗，媚娘很肯定地告诉自己的阿娘，明天一早准备好两份礼物，先去长孙府，下午去许敬宗家里。武媚娘以自己运筹帷幄的自信早就打定了主意。如果长孙无忌坚决不同意，那她就不准备在长孙无忌身上下手了，改变方向，从外围入手，拉拢长孙的对立面，逐步将其孤立。武媚娘的最终目的并不只是要得到皇后的位子，还要扳倒这棵盘踞在朝堂几十年，已经根深蒂固的大树。

第九章　铲除王皇后　武氏霸后宫

第十章

武夫人相携　为后位准备

第二天一早，武老夫人就按照原定计划，乘着一顶轿子，带着准备好的礼物和几个随从，赶到了太尉府。碰巧长孙无忌也刚上完早朝回到家，听外面的门卫通传武老夫人来访，他早已知晓了她的来意，于是吩咐奴婢将武老夫人带到客厅等候。长孙无忌故意放慢了吃饭的速度，然后才慢腾腾地踱到客厅里。

武老夫人坐在长孙无尽的对面和他拉着关系，但长孙无忌自始至终都不开口说话。直到料到了立后的事情，长孙无忌敷衍着，为避免继续这个话题，直接下了逐客令。

出了大门，武老夫人垂头丧气地钻进轿子。那长孙无忌目中无人，不买她这个老太婆的账，她回去怎么跟女儿和皇帝女婿交代。想着想着，轿子到了前面的十字路口。武老夫人掀开轿帘看看外面，突然想起了什么，急忙命令轿夫："往前面左拐，到卫尉卿许敬宗府上去。"

说起许敬宗，却也有名。他本是杭州新城人，其父许善心，曾为前隋朝廷的礼部侍郎。敬宗文笔好，自幼好写文章，举秀才，初授淮阳郡司法书佐，后任谒者台奏通事舍人，官从六品，属中书省。可见他在隋朝仕途还算顺利。隋朝末年，天下大乱，其父许善心在江都被宇文化及所杀。杀了许善心，宇文化及犹不满足，还要斩草除根，叫人抓来许敬宗，当场就要杀他。许敬宗死到临头，"扑通"一声跪倒在地，匍匐到杀父仇人宇文化及的脚下，苦苦哀求宇文化及给他留一条生路，只要不杀他，让他干什么都行。宇文化及哈哈大笑，赦免了他，事情传扬开来，许敬宗这贪生怕死的举动颇为世人所不齿。

到以后，许敬宗看到宇文化及势微，便趁一次兵败的时机，趁乱跑了出来，投奔到瓦岗寨首领李密的帐下，与魏徵一同为元帅府记室管记。后来，李唐兴起。李世民为了剿灭群雄、统一天下，高瞻远瞩，到处寻找能人，于是许敬宗以文才被召补为奉府学士。其后他一帆风顺，至李唐王朝建立时，许敬宗作为功臣，获选为十八学士之一，与杜如晦、房玄龄、于志宁、虞世南等知名人士并列，享尽了人生的风光。

直到高宗李治时代，许敬宗又官升一级，被封为礼部尚书。虽然他官居高位，但处处受制于人，而这个制他的人就是长孙无忌。他总是想找机会翻身，没想到今天机会就来了。但许敬宗一时没有认出来。武老妇人自我介绍到："我是武士彟家里的杨氏啊，怎么，多少年不见就忘了我了？"

"噢……"许敬宗恍然大悟，忙紧攥着武老夫人的手，不停地拍打着，热情地说："原来是杨大姐，哎呀呀，你还是显得那么年轻，啧啧啧，都不敢认你了。"

两个人一面说着，一面进了屋。武老妇人可不像在长孙无忌那里拘谨。她坐到太师椅上，将来意说明。许敬宗是个聪明人，他知道皇后的桂冠迟早得落到媚娘的手上。现在出点力，将来立功的便是自己。于是对于武老夫人所说的拉拢朝中大臣的事情，他满口应承下来。

主意一定，许敬宗便关起门来，一个人苦思冥想，设计着一步步计划。晚上，吃过晚饭，他就坐了一乘小轿，赶往太尉府。路不远，转眼就到。无奈，太尉长孙无忌原来就不欣赏他，如今他居然还给武宸妃当说客。一气之下，长孙无忌叫卫士把他给赶出了太尉府。

回到家里，许敬宗痛定思痛，正在思考自己的人生为什么不如意的时候，明丽就到了许敬宗府上问事情的进度。得知了消息刚要走，许敬宗就交给了明丽一个名单。武媚娘拿过来一看，原来都是一些和长孙无忌不合的人。

他们分别是御史大夫崔义玄、御史中丞袁公瑜以及自己的亲外甥王德俭和他的同僚李义府。这王德俭是许敬宗二姐的儿子，最是一个诡计多端的人。许敬宗和这个外甥经过商量，决定让朝中大臣李义府出面，由他作为上书的发起人。这样成功了自己还能领份功劳，失败了也不会连累到自己。

李义府心里有事，早早地来到王德俭家。两个人一边喝着酒，李义府一边说着自己的烦恼。王德俭就趁机将计划告诉了他，两个人达成一致，便各自回府筹划。第二天，李义府精心地梳洗打扮一番，换上新朝服，赶到朝堂内的值宿处。就写了一封言辞恳切的奏章呈给了皇上。奏章的内容当然是对武宸妃大加赞赏。没想到这件事情得到了皇上的赏识，不但不用贬官，还得到了武宸妃的赏赐。

自从李义府公开上表请立武宸妃为皇后后，皇帝李治的心里轻松多了，愉快多了，整天嘴里咕哝着"吾道不孤，吾道不孤"。武氏也感觉到，只要一个人公开出来替自己说话，就不愁没有千百个人站起来响应。目前，最主要的是提升替她说话的大臣们的官职地位。一方面是对他们忠心的赏赐，但更重要的是表明"顺我者昌"，立起一两个榜样，不怕没有人来学，不怕没有人来效法。

晚上，武氏一番娇柔，徐徐地对李治吹开了枕头风。果然没几天，李义府由中书合人提为中书侍郎，官阶由从四品升为正四品。此谕一出，长孙无忌一派更是面面相觑，继而表示强烈不满。朝臣们议论纷纷，相互打听，这个行将贬官之人，是通过何种手段邀得龙恩的。

这样的结果也让朝中的大臣们明白了，支持武宸妃乃大势所趋，要想升官发财就要支持立武宸妃为后。不久御史中丞袁公瑜也从宫中打探出一个重要消息，马上就跑来找许敬宗商议："裴行俭暗中说武宸妃的坏话。"

许敬宗在屋子里来回走了两圈，说："既然不好公开弹劾，来个暗的，我等会就把这事通报给武老夫人，让她再学给武宸妃听，不过，动得了裴行俭，恐怕还动不了长孙无忌和褚遂良。"

"动不了大的，动小的；动不了老的，动少的。动一个是一个，先打击他们最薄弱的一环。收拾掉裴行俭，等于杀鸡给猴看。"这两个人一嘀咕不要紧，第二天，宫中就传出圣旨，左迁裴行俭为西州都督府长史。这道诏令下得太突然了，简直令人莫名其妙。

裴行俭乃隋朝名将裴仁基之子。自幼好学尚武，年轻时便入弘文馆做太学生，不久即任左屯卫参军，备受大将军苏定方的赏识，收为入门弟子，亲自教授兵法。行俭除《六韬》之外，还擅长书法，尤工草隶，堪称文武全才，任长安令时年仅三十七岁。长孙无忌最欣赏行俭的才干，常常和他一起探讨治国治军之道，每每为他的远见卓识而折服。接到左迁的圣旨后，裴行俭立即赶到太尉府，面见长孙无忌。长孙无忌就安慰说："行俭，你不要难过。等我给皇上说说，看能不能改变圣意。"但事实证明，做武媚娘的敌人结果只能是打包被贬职。几日后，裴行俭带着不多的仆从打马离京，赴任而去。

进入永徽六年（公元655年）下半年，武氏谋夺皇后之位的步子明显加快了。七月，王皇后母舅柳奭被贬为遂州刺史，途中又以坐泄禁中语之罪再次远贬荣州。就这样，失宠的王皇后失去了最后的靠山，母亲魏国夫人柳氏又不准入宫相见。王皇后最终成了一只孤立无助、任人宰割的羔羊，整日在中宫里以泪洗面，无计可施。

打垮了王皇后，武氏开始腾出手来，全力以赴地解决以长孙无忌为首的反对派。立后一事一直耽搁了一年还没有定论，惹得满朝大臣议论纷纷。这天，早朝之上大家又为此事开始争论不休。李治实在忍无可忍，郁闷地退了早朝。武媚娘假装生气地逼迫李治，同时还为其出了一个主意。第二天退朝，李治先转身走了。留下内侍宣诏说："皇上口谕，召长孙无忌、李勣、于志宁、褚遂良入内殿议事。"

听到宣召，四个人面面相觑，心里也明白皇上召见的用意所在。朝中大臣其实都已心知肚明，知道皇上这次已经铁了心要立武宸妃为后，即便是耗下去也是枉然。而且大家都见过了武宸妃的狠辣手段，真正是"顺我者昌，逆我者亡"。

武媚娘一步又一步地为自己铺路，说起来也怪，李治确实是被武媚娘完全迷惑，这件事情几乎全凭媚娘做主。媚娘联络朝中大臣，用计将一些处处与其为难的大臣贬官或者放其解甲归田。

九月庚午日，一道诏书正式颁布，贬褚遂良为潭州都督。自此以后，朝堂上再也不见了褚遂良的身影，再也听不到了他慷慨激昂的话语。倒是李勣妙喻解君忧的事经常在朝堂上传来传去。升为礼部尚书的许敬宗更是逢人就说："一个乡巴佬要是多收了十斛麦子，还想赶走黄脸婆，再讨个新媳妇，何况是堂堂的天子？皇上想立皇后干卿家何事？说三道四，聒噪不已，岂不多事！"许敬宗正说得唾沫飞溅间，一个内侍跑过来："许大人，皇上、宸妃娘娘宣诏，请你到两仪殿晋见。"许敬宗一听，对旁边的众人说："最近皇上常召我议事。前天还拍着我的肩膀，说让我多多问些政事。哎，我这礼部就够忙的了。"在众人羡慕的眼光下，许敬宗挺直腰板，昂首挺胸跟着内侍向内廷走去。"皇上万岁万万岁！娘娘千岁千千岁！"许敬宗趴在地上，有板有眼地给皇上和武氏分别磕了一个头。

"许爱卿，本宫还不是皇后，怎可称为千岁。"武氏瞧一眼坐在身旁的李治，装模作样地说道。

"可在老臣的心目中，您早已是皇后，早已是千岁。"胡子白了一大把的许敬宗，不无肉麻地奉承着。"许爱卿，这废后立后的事，皇上已经定下来了，想在下个月正式颁诏，你作为礼部尚书，打算怎么办这事？""改立皇后，有一套程序，常言说得好，不废不立，先废后立。

先下达废后诏书，再行册立新后的诏书，然后令太史局郑重占卜，选择好日子，就可以举行立后大典。臣请担当立后大典的主持，一定把典礼办得隆重热烈，空前绝后。"

"好，好。就让许爱卿你当主持。你是礼部尚书，你不当谁当？"李治说。

"许爱卿，"武氏说，"只是这名正言顺……"

"请娘娘示下。"许敬宗摸不着头脑，不知这位计谋多端的未来皇后葫芦里卖的什么药。

"比如百官上书，请求皇上立我为后，你们这些人光心里想让我当皇后还不够，还要有具体行动，统一起来，联合上书，这样才能显得群心悦服，我也可以对天下人有个满意的交代。"武氏见这许敬宗死脑筋转不开弯，便把心里的想法说了出来。

"娘娘考虑得周到，理应如此，理应如此。"

"那这事也交给你办了。记住，人越多越好，除单独上书外，还要搞个联合上书。"武氏嘱咐道。

"这事臣办，这事臣办。"许敬宗只得连连应承下来，心里却一点底也没有，毕竟朝堂上长孙无忌一派人多，万一他们不配合，拒绝联合上书，事就难办了。

"许爱卿，这庆典用的礼服及一切仪式用具现在就可采制了，要求参加贺典的人一人一套新朝服。"武氏说道。

"那得费掉多少布匹锦帛？"李治插话说，"朕看文武百官的礼服还是用他们原有的吧。"

"不行！"武氏断然反对，"新皇后要有新气象，要给人耳目一新之感。"

李治一听，不吱声了。武氏大手一挥说："许爱卿，就这么办吧，先从国库预支银两。记住那百官上书的事，那才是最最重要的事。对外可不要说是本宫的意思，听见了没有？"

"臣记住了，谨遵娘娘的懿旨。"

"下去吧！"

"是。"许敬宗答应一声，又跪地磕两个头，退出去了。

午膳时，武氏对皇帝说："皇上，您应该顿顿喝点酒。酒可以使人长寿，少生疾病。"

"朕天天喝得晕晕乎乎的，还怎么处理政事？"

"臣妾替皇上代劳啊!"武氏半开玩笑地说。

"那你不就成了女皇啦!"

"臣妾成了女皇,那皇上就是女皇的男人,反正是你离不开我,我离不开你。"说着,武氏对李治抛了一个媚眼,唱了起来,"生生世世长相依……"一时喜得李治又高声大气地喊着传膳。不一会儿,宫婢们把饭菜端了上来,望着热气升腾的满桌美味佳肴,李治兴奋地搓着手问:"爱妃,想喝什么酒?"话音未落,未及武氏回答,明丽从外面跑进来:"皇上、娘娘,中宫派人来送酒了,说是萧淑妃自己酿的,给中宫送去了许多,王皇后自己喝不完,就让人送过来了。"

李治一听,转脸对武氏说:"这萧淑妃就是闲不住,常喜欢自己动手做个家常饭。这一阵子,听说她闲得无聊,在西宫带人酿酒,听说还酿得不错,后宫的妃嫔们,都争着向她讨酒喝。"

武氏点点头,对站着的明丽说:"叫那送酒的人把酒拿进来。"

明丽答应一声出去了,不一会儿,一个太监抱着一个酒坛进来了。跪在地上,先请了安,然后奏道:"皇后娘娘念皇上政务繁忙,身体劳顿。特命奴才捧来萧淑妃亲酿的美酒一坛,请皇上笑纳,不忘糟糠故妻之情也。"

李治一听这话,回想起王皇后、萧淑妃与自己的夫妻深情,不禁有些伤感,鼻子酸酸的,眼圈湿湿的,又怕武氏看见,忙抬起手,装作揉着太阳穴,掩盖着双眼和难过的心情。

侍婢接过太监手中的酒坛,启开封盖,给李治和武氏满满地倒上两杯,酒香扑鼻,沁人心脾。李治端起杯子,刚想往嘴里喝,让武氏给挡住了。

武氏指着那个送酒来的中宫的太监说:"你先喝这一杯酒。"

侍婢把高宗面前的酒杯端给那太监,此太监不敢违旨,接过杯子徐徐饮尽。

忽然,只见那太监"哎哟"一声,捂着肚子滚倒在地,满地翻滚,大叫着:"不好!酒里有毒!"声音越来越小,转瞬之间,人就面色青紫,口鼻流血,蜷在地上不动了。所有人都大惊失色,明丽壮起胆子,过去试了试那太监的口鼻,对李治和武氏说:"死了,他死了。"

"好一个歹毒的王皇后!好一个歹毒的萧淑妃!"武氏咬牙切齿地说,"真是狗胆包天了,竟然把毒下到了皇上的杯子里。"

"这是真的吗?这是真的吗?"李治吓得汗毛倒竖,双手哆嗦着,

口里翻来覆去，就这一句话。

武氏打量着地上那个死去的太监，问旁边的独孤及："这是不是中宫的太监？"

"回娘娘，这是中宫的太监，名叫王茹。"独孤及恭手答道。

"皇上？"武氏转而叫李治，想请他拿主意。

"啊？"李治这才清醒过来，嘴里说，"是不是杯子有毒，酒封得好好的，不可能有毒，她俩还敢毒朕？是不是弄错了。"

"独孤公公，拿点肉沾点坛子里的酒给狗吃，说不定坛子里的酒没有毒哩。"

独孤及用筷子各夹了一块肉，各沾了一些酒，喂给狗吃。只见两只狗一会儿工夫就歪在地上，四爪直蹬，不多时也死了。李治一见这狗也死了，猛地用手一拍饭桌，震得桌上杯盘乱晃。

"独孤及，带人把王皇后、萧淑妃押过来，朕要当场讯问，即刻处置！"

独孤及刚想往外走，武氏又招手留住了他："皇上，现在是什么时候，您还有闲心亲自问这事，这两人使坏心又不是一回半回了，再说，叫她们来，她们也不承认，这送酒的王茹也死了，死无对证。不如先把她们关在别院吧，等举办过立后大典以后再处置她们。"说着，武氏也不管李治同不同意，对明丽和独孤及说："你两个带人把王皇后和萧淑妃押到后苑里的别院，派人严加看管，没有我和皇上的旨意，任谁都不要随便接近她们。"

"是！"明丽和独孤及两人答应着就出去了。武氏又命令一个内侍："你，带人把这地上的死人和死狗，用席子卷起来，用车子拉到宫外去埋掉，对谁都不要乱说。"

过来的几个内侍一接到指令就抬着那名被处死的太监，拎着那条死狗就走出去了。武氏见一切都收拾停当，用手抚了抚李治的胸口算是安慰，然后便拉着李治坐到了板凳上，柔声说着："来，我们不要管这些事情了，继续用膳吧。"

李治本就心慈手软，面对发生的这一切，哪里还有心思吃饭啊，一甩手，径直出门去了。武氏一个人坐在桌子旁，手里拿着筷子也毫无胃口，感叹李治的仁慈。

第十一章

媚娘登后位　剪除异己人

在武则天的精心策划和运作下，永徽六年（公元655年）十月十三日，对武氏来说真实一个好日子，她的斗争终于胜利了。这一天，大唐高宗皇帝正式颁布了废后诏书，王皇后的支持者也相继受到了朝廷的贬黜。朝堂之上，废后的诏书刚念完，许敬宗和李义府等人便欢呼雀跃。许敬宗将武氏联络的朝臣聚集到一起，准备上表立武氏为后的事情。朝中的大臣各个都是官场的能人，懂得明哲保身的道理，所以只要是找到了自己，也纷纷表示同意。

十月十九日早朝刚刚开始，没等皇上李治坐上龙椅，许敬宗就迫不及待地出班叫道："皇上，臣有本奏。"话音未落，只听旁边一个人炸雷一般地喊道："许敬宗，退下！"许敬宗吓得一哆嗦，定睛一看，原来是中书令来济。"来大人，本官向皇上奏事，干卿何事？""你老糊涂了不是？皇上尚未坐定，百官尚未朝贺，你就忙着出班奏事。"来济用鄙视的目光看着许敬宗说。

"好了，好了，别吵了，"李治说，"朝贺就免了，许爱卿，你有何事就说吧。"许敬宗急忙往前走了两步，哆哆嗦嗦地从怀里掏出一叠奏章，然后跪在地上，双手捧过头说："皇上，武宸妃出身名门，才貌双全，令臣等群心悦服。现文武百官纷纷上书请愿，要求立武宸妃为后。此是奏书，请皇上过目。""是吗？"李治心里乐开了花，嘴里叫着，"快快呈上来。"

内侍把许敬宗手里的一叠纸拿上去，交给李治，李治翻了翻，还真不少呢，于是喜悦地对群臣说："大家真同意立武宸妃为后？""臣等以死相荐！"李义府、崔义玄等人在下面齐声应和。"好，好。"李治乐得眼睛眯成了一条缝。李治回到内殿，兴奋地对武氏说："事办好了。""可有人上书请立？"武氏问。"有。让你说对了，还没等朕宣诏，许敬宗就拿着一叠子奏表，都是百官要求立你为皇后的表奏，想不到你足不出宫，人缘还这么好。"

武氏淡淡地笑了笑，又问："可令太史令占卜大典的吉日吗?"

"哟，朕忘了，朕一高兴就忘了这事了。朕这就叫人传太史令去。"

"不用了，臣妾已问过太史令了。十一月一日就是个好日子。"

"皇上你躺在床上歇一会儿吧，臣妾到宫里转转去，看各个局院对大典的事准备得怎么样了。"武氏又道。

"你去吧，"李治伸胳膊打着哈欠，"有你在，朕不知省了多少心。"

深秋的天空显得异常平静和爽朗，深秋也是皇宫里最美丽的季节。皇宫大内，秋日红叶，楼阁高下，金碧相辉，处处金灿灿的。武氏锦衣华服，在一大群宫婢内侍和卫士的簇拥下，时而乘辇，时而步行，满处巡视着。她走过中宫，走过西宫，走过大明殿，走过皇宫里的角角落落。她满意而又严肃地注视着眼前的一切，心里有说不出的愉悦，说不出的熨帖。大唐的皇宫啊，我终于成了你真正的女主人，真正的可以踩你在脚下了。我可以想走就走，想看就看，随心所欲，无人可管，无人可攀。

十一月一日，皇城内，到处花团锦簇，彩旗猎猎，宫娥美姬、内侍，各按职能，穿梭般地来往。唯一静止的就是那些站在哨位上值勤的羽林军，他们挺胸凸肚，目视前方，执金瓜，擎斧钺，对对双双，一动不动。今天册后大典的主会场设在太极宫太极殿。太极殿是太极宫的正殿，殿高四丈，远远望去，高大雄浑，摄人心魄。清晨，皇宫内钟鼓齐鸣，乐队奏起了《普天乐》，一时间，铿锵之音响彻在蔚蓝的天空中，雄壮音乐在殿阁上下响成一片。太极殿前，文武百官身着崭新的朝服，早已按官阶大小站成班次，文官在东，武官在西，等候进入朝堂。此时一个精干的内侍迈步走到龙尾道，放开手中的皮鞭，抡圆了胳膊，"叭、叭、叭"，静鞭三下响，然后扯着嗓子喊："皇上驾到!"李治身着衮龙袍，头戴通天冠，端坐在御辇上徐徐而来，到了阶前下了辇车，直接从专用御道走进大明殿。文武百官这才在赞礼官的引导下，依次走进大殿。一系列庄重的册封仪式举行完之后，武氏在尚仪的赞导下升入宝座，坐北面南，第一次以皇后的身份，正式接受内宫们的稽拜。接着，执事官奏请皇后乘舆。于是武后在众人的簇拥下，降阶登上凤舆，侍从护卫凤舆起程。武后的凤舆一直被抬到太极殿的庭阶前。这时，皇帝李治出人意料地从大殿里走出来，乐呵呵地伸手来扶武后，于志宁和赞礼官等人见了这不同寻常的举动，脸上不禁有些失色。唐宫礼制中，哪有皇上降阶来迎皇后的规定？于志宁拉了拉正使李勣的袖子，悄悄地说："司空大人，这，这有点不大好吧，是否去提醒皇上一下？"

"干好自己的本职就行了。"李勣说完，快步走上前去，叩首对李治说："已授宝册完毕，臣前来交旨。"

"好，好。"李治笑着说，转身又去陪他的新皇后去了。

按规制武后拿到宝绶后，前来向皇上跪拜谢恩，而后打道回后宫，但到了殿里，武后却拉着李治的手，参观起龙案宝座。参观完龙案宝座，武后又说要到肃仪门会见文武百官和外国使臣。刚开始李治并没有答应，觉得不合礼节，但经不住武后的软磨硬泡，只好答应了。众臣见状，也徒叹奈何。

肃仪门的前面，早已人头攒动，赞礼官好不容易把文武百官的位次排好，外国使臣也涌来了。

肃仪门的城楼两边的垛口上，彩旗飘扬，所有的垛口均用黄绸铺上，装饰得富贵华美。靠右边的地方，站着两排乐队，此刻正奏着曲。城楼下的人们翘首以待，正等得心焦犯急，只听得皇宫四下里钟声齐鸣。随之乐队队员一齐拉开了架子，变换了姿势，奏起了大乐。一时间，沉雄浑厚的音乐在周围响起一片，给人一种神圣的感觉。

音乐声中，武后身着皇后大衮服，在一群花团锦簇宫娥美姬的拥护下，出现在肃仪门的城楼上。在灿烂秋阳的照耀下，武后毫无保留地把她那明艳照人的形象展露在众人面前。只见她乌云巧叠盘龙髻，绣带轻飘彩凤翔，碧玉金纽黄罗袍，绵绒襟斜身单红绡。眉如悬月，眼似双星，玉面天生威，朱唇一点红。身后宫妃掌扇，内侍拿拂尘，旁边曲柄伞、御炉香，辉光相射，霭霭堂堂。众人都目不转睛地看着，那些外国使臣们更是毫不掩饰自己的感觉，口水都差不多流下来了。这时候，武后面对鸦雀无声的人群，靓丽地启齿一笑，这是纯粹女人的灿烂的微笑，从她的双眼里放射出一种鼓励人的神气。

立即，文武百官和使臣们情不自禁地爆发出欢呼声："皇后娘娘千岁千千岁！"

紧接着，随赞礼官一声"参拜"的口令，全体都跪下了。而这黑压压跪拜的人，正是武皇后所期盼，所需要的。

此时的李治正在含元殿内休息，听闻大典上朝贺声阵阵喧哗，对身边的独孤及说："皇后刚刚受封，就受百官如此大礼，是否有所不妥呢？朕还是去看看吧！"

独孤及却回答说:"皇后受百官朝贺,也是情理之中,况且陛下今天已经很劳累了,又何苦再去操心呢?不如早些休息吧。"

听独孤及这么一说,李治果然不再坚持了,脸上呈现出幸福感,他望着大殿的顶部,无限深情地说:"是啊,武皇后也是这样嘱咐朕的。作为泱泱大国的皇帝,朕确实太辛苦了。武皇后不让朕出去,也是为朕好,朕不能拂了她的一片情意,是不是?""是,是,"独孤及忙不迭地说,"皇上还是在这含元殿内好生休息吧。"李治点点头,转而又说:"不过,朕还是想去看看王皇后和萧淑妃,看看她们的生活状况。天下人都称朕是仁慈之主,若果真像太子所说,岂不徒有虚名?""皇上想去看她们也行,等武皇后回来时再去不迟。"李治是一个有情有义的人,也是一个思念旧情的人。

吃过晚饭,忙了几天没有好好歇息的武后早早地躺下了。李治来到床前,满脸堆笑,殷勤地给她掖掖被子,关切地说:"你辛苦几天了,早早地睡觉吧。"李治听着里间没有了任何动静,估摸着媚娘已经睡了,便带着独孤及来到了关押王皇后和萧淑妃的别院。这所谓的别院即是几间连出口都没有的小黑屋子。

李治看到昔日情深意重的爱妃忍受如此残酷的监禁,心有不甘,于是便下令让人放出二人。但旁边的独孤及动也不动,他怕担干系,他心里也很清楚,惹了皇上不要紧,几句好话哄哄他就不生气了,但若惹了武后,怕小命都保不住。几年来,宫里的一系列变故,除了李治懵懵懂懂蒙在鼓里,明眼人谁看不出来。独孤及心里可是一清二楚,他打年轻时就在宫里,谁的脾气秉性,谁的阴谋诡计,一般都瞒不过他的眼睛,但他一向采取的是睁一只眼,闭一只眼的人生态度。一个宫中奴才,供人使唤之人,犯不着得罪谁,得过且过,平平安安就算了。

第二日,皇上让独孤及去办此事,但独孤及恐怕日后武媚娘查到自己头上,就让皇上拟了一份圣旨,拿着圣旨去办事了。

独孤及则一路往后苑走,一手摸着怀里的圣旨,一路彷徨无计。去办那事吧,肯定瞒不过武皇后,也肯定逃脱不了她严酷的惩罚,虽说是奉旨行事,但圣旨只是个琉璃罩,一打就碎。武皇后就是个羊角锤,比琉璃罩圣旨厉害多了。不去办那事吧,虽然不怕皇上对自己怎么怎么样,可想想王皇后和萧淑妃的确很可怜,就一个人的良心来讲,的确应该救她们出去,去还是不去,真令独孤及左右为难。他到小花园的旁边,找一个石凳子坐了下来。此时,东方天际已渐渐地开始发亮了,草地上露水涟涟，独孤及愁眉苦脸，唉声叹气，却也无可奈何。左有武后，右有皇上，天有二日，宫中有二圣，奴才有二主，听她的，他生气；听他的，她更生气，或者说不止更生气。独孤及急得把旁边的一棵白菊花连根带土拔起来。正在这时，一个内侍跑过来，气喘吁吁地说："公公，可找到你了。""什么事？"独孤及见是武皇后身边的内侍，忙站起来，紧张地问。"皇后口谕，让你赶快去见她。""召我干什么？""没说，快走吧，晚了皇后要生气的。"独孤及跑了老远，手里还拎着那连根拔起的菊花，他看了看，把它一甩，但甩不掉那些心事。

独孤及脚步匆匆，思路匆匆，却理不出个头绪来。含元殿到了。殿里，武后已经起床，宫女们正在给她梳妆打扮。独孤及慌忙跪倒在她脚跟前，不敢抬头。

独孤及见皇后已经知道此事，不敢隐瞒，哆哆嗦嗦地从怀里摸出那张圣旨，双手颤抖着捧着圣旨交给武后。武后看了一遍，好像很无所谓地把圣旨递还独孤及，说："原来是这么回事，那你就去办吧。"

独孤及知道武皇后是不会善罢甘休的，但没想到她会如此狠毒。她命人将王皇后和萧淑妃的手脚砍掉，又将其大卸八块，然后泡了酒缸里。武后回到含元殿后，惊魂稍定，又下一道懿旨，将王氏改为"蟒"氏，萧氏改为"枭"氏。她相信经她这么一改，被野狗吞掉的王、萧二人即使到了阴间，也没有什么好运了。根据武后的吩咐，独孤及心神不定地来到宣政殿，正好李治下朝，见独孤及来了，忙近身小声问："你怎么到这来了？不是安排王、萧她俩去西山吗？"

独孤及按照武皇后的命令编了几句谎话将李治糊弄过去了。武后为了进一步巩固自己的地位，也加紧活动，下一步当务之急是换太子，废去"蟒"氏的螟蛉子李忠，换上自己的长子李弘。主意一定，武后便向自己的亲信许敬宗发出了一道密令。第二天上朝，许敬宗如约上了一道奏表，表曰：永徽爰始，国本未生，权引慧星，越生明两。近者元妃载诞，正胤降神，重光日融，爅晖宜息，安可反植枝干，久易位于天庭，倒袭裳衣，使违方于震位！又，父子之际，人所难言，事或犯麟，必婴严宪，煎膏染鼎，臣亦甘心……

因许敬宗写的奏章引典过滥，且十分晦涩，下朝后，高宗李治把许敬宗召到两仪殿，想听听他到底想说什么。"许爱卿，你谈谈这奏表的事。"李治不愿直接说自己看不懂奏表。"这……"许敬宗也不是个愚蠢的人，他是故意写得晦涩难懂的，他知道，废立太子这等事，毕竟是国家的大事，弄不好自己会在这上面栽跟头，但武皇后的交代又不得不办。所以他挖空心思，就是不让皇帝李治完全看懂，以便留出余地来揣摩圣意。此刻许敬宗只得硬着头皮说出来："臣觉得既然封了武皇后，也应封她的儿子为太子，这样才合情理，于国于家都有利，皇上，您觉得老臣说得可对？"李治果然生了气："你许敬宗胆子越来越大了，竟然论起废立太子的事，这不是在扰乱社稷吗？""非也。"许敬宗见话已挑开，便摇动三寸不烂之舌，苦心说服李治，"皇太子乃国家根本，臣岂不知？然本若未正，天下万国无所系心。况且现在为东宫太子者，乃出自微庶，如果他知道国家正嫡已经分明，内心必然不安。窃居自己不该得到的位子而又心怀不安，恐怕这不是宗庙的福音，请皇上深思熟虑此事。""说得也是。"李治是个没主见的人，听许敬宗这么一说，觉得颇有道理，于是在大殿上转开了圈子，权衡废立太子的利弊。

李治终于顺了武后的心意，要改立李弘为太子。这天他见武后心情不错，便把自己多日来的心事问了出来。没想到武后给出的答案竟然是王、萧二人双双自杀。心情惨淡，不想和谁说话，每临痛苦的事，他总是喜欢一个人蒙在被窝里，独自一人，静静地咀嚼消化这难言的痛苦。

显庆元年（公元656年）正月初六，李治正式颁下诏书，废皇太子李忠，立年仅四岁的李弘为太子。在武后的策划下，废太子李忠被改封为梁王，兼任梁州（今陕西郑县）刺史，诏令让他立即上马赴任，不得再居留于京都。自从太子李忠被废以后，原先东宫辅佐他的大小官吏，像避瘟疫似的，争先恐后地逃离东宫。唯有右庶子李安仁，不避灾祸，自始至终地陪伴着李忠，独自一个人把李忠送到城外，他望着这位苦命的王子，涕泪交加，再三叮嘱，然后和李忠洒泪而别。

李弘被立为太子，可以说此时的武媚娘地位显赫，几乎没有人是她的对手了。但她也并不好过，在中宫日日做噩梦。为了避免噩梦缠身，她迁往了别处居住。

迁居后，武后果然能睡好觉了。为了给天下女人做榜样，武后下令在宫里置一间蚕室，她亲自养蚕。每天来蚕室里站一站，看着蚕宝宝一天天长大，变得又白又胖，武后心情平静了许多，好转了许多。这温情的平民农事的感觉，冲淡了她心中的爱恨情仇。

武后改变了自己的行事风格，在自己的宫中摘桑养蚕，李治为此十分高兴，马上在朝堂之中为武氏大造舆论，极力夸赞武皇后贤德，逢人便说那些诬陷武皇后干政的人，现在即便是不予以回应，武皇后的行为已经是最有力的驳斥。每天下朝之后，李治都会来到养蚕室，陪着武后巡视正在吃桑的蚕宝宝，李治凑到武后的跟前，满含笑意地看着她。至少现在的武后如此安静贤德。

第十一章　媚娘登后位　剪除异己人

第十二章

迁居洛阳　显为政风范

花丛深处，野草萋萋，乱花点缀。武后在御花园中赏花，摘了一朵又一朵，时而将它们拿在手里把玩，时而将其别在鬓边，仿佛回到了少女时代，真是难得的悠闲，少有的快活。

李治和武后继续往前走，看到那边有一大片指甲般大小的蓝色小花，远远看上去就像一颗蓝宝石一样，熠熠生辉。其中的两颗最为生动，在那里闪闪发亮，武后看得心花怒放，伸手就想摘下来。没想到花没摘着，却摸到一个潮乎乎、绵软软的东西。武后吓得连忙缩手，草丛中传来"啊呜"一声叫，便蹿出了一个大黑猫，受惊的大黑猫径直扑向武后。武后被吓得一下子跌倒在地上，哇哇大叫。侍卫们和李治听到叫声赶过来，看到了那个罪魁祸首，那只跟踉而去的大黑猫。

"别怕，别怕，是一只野猫。"李治扶起地上的武后，安慰着说。

"吓死我了。"武后抚着胸口，心脏犹自怦怦乱跳。这野猫扑我干什么？武后寻思来寻思去，急忙赶回了寝殿。

春天夜晚的月光，又新鲜又明亮，深蓝色的夜空中传播着野花和青草的芳香。地面上，丛林中，闪烁的水面上，有层银色的雾在轻轻地浮动着。多么平和幸福的春夜，多么适合安睡的夜晚。武后拼命地闭上眼睛，却怎么也睡不着。她想这想那，越想越多，越想越焦躁，越焦躁越睡不着觉，不想还不行，只得钻进李治这个真龙天子的怀里，可也不管事，倒把李治惊醒了好几回。

想想童年的时光吧，童年的时光多美好，无忧无虑，天真无邪。还有童年的山水，也是那么美丽深情。记忆中利州的广元湖，沿江溯流而上的官船，那个不停地在湖边、船头跑动的女孩。女孩有数不清的幻想，数不清的美梦……想着想着，武后渐渐地睡着了。她仿佛来到了美丽的广元湖畔，湖畔杨柳依依，鸟儿歌唱。几个小伙伴跑来跑去，搬动着一块块土坷垃，插上一支支红叶草、小黄花，做各种各样怎么也玩不厌的游戏。这时有一个潮潮的柔软的带刺的舌头，在不停地舔着自己。武后心一惊，忙转过头，"哇"的一声大叫，蹿了起来。是那只黑猫，那猫虎视眈眈地盯着自己，一下一下地舔着嘴唇。突然猫的半边脸变成了萧淑妃的半边脸，一个鲜血淋漓的半边脸，她在盯着武后，目光中放射出一种怨毒。武后撒腿就跑，黑猫凌空一个跟头，翻到了武后的前面。

"你饶了我吧，我错了。"武后跪在地上连连作揖。

"你太毒了，你死后会变成老鼠，让我这只猫生生世世咬你的喉咙。"黑猫阴阴地说。

"我不狠毒，怎么能登上皇后的宝座？"武后强词夺理，"要想成就一番事业，只有不择手段，不问亲情，毫不留情。你就认命吧，别再来缠我了，这也都是定数啊。"

"我缠你也都是定数！"黑猫纵身扑过来，"少废话，拿命过来。"

"娘呀……"武后大叫一声，拼命奔跑，却一步也走不动，黑糊糊的野猫闪着利爪，急速地向她脸上冲来，武后躲也躲不及。武后极力惨叫一声，灵魂入窍，脱离梦境。她半睡半醒，犹在床上扑腾，旁边熟睡的李治被打了一下。

"怎么了？"李治恼怒地睁开睡眼。武后冷汗淋漓，喘息不定，再也睡不着，不到四更天，就命人侍候穿衣下床，下床就下了一道懿旨，命令内侍马上通知各处，把宫中的猫全部杀死，一个不留，从此后宫不许再养猫。

"是！"几个内侍官婢飞奔出殿，通知各处去了。一时间，宫中的猫都遭了殃，连偶尔游荡到宫里的野猫，也不能幸免，只要一露面，就遭到宦官和内侍们的全力围剿。但杀戮并没有起多大作用，杀死现实中的猫，杀不了梦境中的猫。没过多久，噩梦依旧，除了那只黑猫流连不走外，褚遂良等正义之士也在梦中用手指着武后，严厉谴责其狠毒的行为，弄得武后睡梦中常常喘不过气来，苦不堪言。看来，这长安是不宜居住了，还是迁到东都洛阳吧。在那山清水秀的陪都，或许可以远避屈死者的冤魂，还可以大展手脚，开拓新的天地、新的权威、新的基业。这京城长安，毕竟是李唐家的太庙祖坟的盘踞地，岂能保佑我姓武的外人。

晚上，武则天缠着李治，大吹枕边风，说出了迁都洛阳宫的打算。李治不同意，说："留下好好的皇宫不住，去洛阳，那文武百官也得随去，一来一往，开销太大。此事不可为。"

"皇上，臣妾在这长安睡不好觉，几乎夜夜做噩梦，您能忍心看着我天天受折磨吗？""朕也不忍心，只是……""皇上。"武后几乎急得要哭了，可怜巴巴地望着李治。"能住多长时间就住多长时间，哪怕在洛阳宫住一天，臣妾也心甘，也能睡一个好觉啊。"

"哎，"好人李治叹了口气，摸了摸武后日渐憔悴的脸，无可奈何地点点头，"那就去洛阳吧，不过，等你的病恢复了以后，还是回长安住吧。太庙、昭陵毕竟还都在这里呢。"一听皇上应允了去洛阳宫，武后眉开眼笑，表现出少有的高兴，搂着李治亲热起来。趁着武后高兴，李治说："爱妻，今天早朝，朕接到韩瑗的上书，说的是褚遂良的事。"

"说他干什么，他不是已被贬为潭州都督了吗。"

"他想为他……哎，你还是自己看奏书吧，这奏书朕拿回来了。"

"拿给我看看。"武后说。

李治立即命令人拿来韩瑗的上书，武后靠在床头，看了一遍，原来是为褚遂良喊冤叫屈。

武则天把洛阳当作自己的龙兴之地，开始着手收拾自己的政敌，首当其冲的就是先前上书为褚遂良翻案的韩瑗、来济他们。

显庆二年（公元657年）七月，许敬宗、李义府秉承武皇后的旨意，联袂上奏，弹劾侍中韩瑗、中书令来济勾结褚遂良图谋不轨，且煞有介事地举证说，韩瑗、来济策划安排了褚遂良由潭州都督改任桂州都督之事，意在里应外合，因为桂州向来是兵家用武之地。八月十一日，皇帝李治降诏：贬韩瑗为振州（海南崖县）刺史，来济为台州（浙江临海）刺史，终身不听朝觐。褚遂良从桂州再贬至爱州（今越南清化）。显庆三年（公元658年），李义府上书，以莫须有的罪名诬陷长孙无忌的中表亲高履行及从父兄长孙祥。皇帝李治起初还不相信，但架不住武后的软施硬磨、许敬宗的巧言哄骗，只得当堂下旨，高履行由太常卿外放为益州大都督府长史，长孙祥由工部尚书外放到荆州大都督府长史。

同年，在武后与许敬宗的密谋下，捏造了一个反叛的罪名，将长孙无忌贬至黔州幽禁了起来。打倒了长孙无忌，许敬宗等人还来不及庆贺，就接到武后"除恶务尽"的指令。于是，许敬宗等人在武后的授意下，派人将长孙无忌一干人等，逼死在朝外。在武后的一手策划下，在许敬宗等人的实施下，昔日的元老集团，长孙氏、韩氏、柳氏这些隋唐两朝的高门望族，纷纷土崩瓦解。自此以后，朝堂上活跃的净是武后的亲信，他们一个个仗着背后有武皇后撑腰，目中无人，常常在朝堂上大放厥词，吆五喝六。显庆五年（公元660年）春节，是多少年来武后过得最愉快的一个春节，偌大的朝廷中，基本上没有什么对立面了。年初一，武后和李治在洛阳宫大摆筵席，招待文武百官和各国使节，席间武后畅所欲言，开怀畅饮。

几天的喧闹，让李治觉着有点头晕目眩，大概老毛病又犯了。接替年老体衰的独孤及当了皇帝贴身内侍的王伏胜，扶着主子上了床，给他掖好被子，关切地问："皇上，哪里不舒服？我去叫御医来。"

"算了吧。"李治摇摇头，眼角沁出一滴清泪。

"皇上，各地快马报来的奏章公文我都给您搁桌上了。其中有一份紧急公文，侍中许圉师大人请您回来后马上看。""什么事？""是苏定方将军报来的，说是百济入侵新罗，已占领了三十多个城镇，新罗王请求紧急增援。"

"拿过来我看看。"

王伏胜过去，从龙案上拿来那副公文，递给李治，李治翻了翻，浑身没劲。突然，冒出来一个想法，他不由自主得意地笑了。

"皇上笑什么？"王伏胜问。

"武皇后不是什么都想管吗？正好高丽边境又开战了，我让她来处理这事，安排兵马，如果吃了败仗，朕要责罚她呢。"

"要是胜了呢？"

"不大可能，高丽问题是个很大的难题，历朝历代都解决不好，朕也非常头疼。当年隋文帝调集大军，分水陆两路进攻高丽，结果无功而返。先帝太宗时，率大军亲征高丽，结果也是失败而归。如今本朝再和高丽开战，也是凶多吉少啊。"

武后回到了后殿，见李治围着被子躺在床上，关切地上前摸了摸他的额头，问："怎么啦，皇上，哪里不舒服？"

"头有些晕胀，"李治揉了揉脑门，说："朕这几天难受，不能亲政，你代朕处理这几天的公文吧。"武后爽快地道："您好好地歇两天，该办的我都给您办。传御医。"李治叹了一口气说："朕还是那老毛病。"他说的也是实话，确实是头晕。武后还是命人速传御医，她抚了一下李治："好好休息，我先去外殿处理这两天的公文奏报。"

"你不累？"

"不累。"

积攒了几天待批的公文，让武后几个时辰就批完了。对待百济入侵新罗的奏报，武后陷入了沉思，仗是非打不可了，问题是能不能胜的问题。若再败了，更让这些番邦边夷瞧不起，更加得寸进尺，骚扰边关。这次一定要周密地计划好，出则能战，战则必胜。于是，武后连夜派人把熟悉军务的老将李勣找来，会同程务挺以及兵部的参谋人员，紧急商讨出兵百济的事宜。

"百济和高丽都不好打，"李勣摇摇头说，"一是路途遥远，后勤供应不上，二是孤军深入，不适应当地严酷恶劣的自然和地理环境，当年臣跟太宗出征高丽时……"

武后扬手打断了他的话，说："后勤供应不足就加强供应，环境气候恶劣就想办法克服，总之，这次仗是非打不可，不然养虎为患，贻害无穷。"武后说着，叫兵部王侍郎，"你把本宫的意图给大家讲讲，征求一下意见。"

"臣遵旨！"王侍郎走到一张绵丝地图前，指指点点地说："娘娘意欲兵分两路，一路配合新罗军，组成联军，实施地面突击；另一路出山东半岛，渡黄海，出其不意地在百济首都锦江边的泗城附近登陆，实施背后突袭。"

"想法不错，"李勣点点头说，"当年太宗亲征高丽、百济时，也有人提出类似的建议，后来大家考虑此动议有些太冒险，才弃之不用，一是怕二路大军配合不上，孤军深入，难免被分别歼击；二是怕海上气候千变万化，长距离跨海作战，凶多吉少。"

"不冒些险，又怎么能实施奇袭；不奇袭敌人，又怎么能一战而胜，"武后手一挥说，"就这么定了，兵贵神速，前方吃紧，我们在后方不可畏敌不前。李爱卿，你看看，这次谁为行军大总管最合适？"

"臣以为只有左武卫大将军苏定方可以担当此任，此人足智多谋，胆大心细，善打硬仗，惯于速战速决。"

"你怎么样，定方年轻，不如你经验丰富，俗话说姜还是老的辣，派爱卿你去怎么样？"武后望着李勣说。

"为国杀敌，保卫疆土，臣义不容辞。只是时间紧急，臣要赶到山东半岛，也得将近一个月的时间，不如任命苏定方就地组织力量，实施跨海作战。臣作为后援，全力保障他们的后勤供应。"

武后觉得这个方法可行，一拍桌子，下定了决心。下旨封左武卫大将军苏定方为神兵道行军大总管，新罗王金春秋被封为山禺夷道行军总管，两个人率领三将军和新罗兵出战。随后武后又和李勣等人一起商量了一些细节问题，等到所有的事情都办好后，天已经大亮了，整装待发的信使背着武后下达的诏书，在百十个护卫的护送下，快马流星地向边关飞奔而去。

第十三章

皇上被约束　胞姐遭祸害

显庆五年（公元660年）八月庚辰，苏定方等人根据武后制定好的作战部署，率领着唐朝的大军从山东半岛出发，渡过黄海，在百济首都泗城登陆，与正面进攻的联军想配合，对泗城发动了出其不意地进攻，最终大获全胜，泗城的国王义慈、王后思古及太子隆等王室成员全部被抓获。此时的武后和皇帝李治已经按照计划到达了东都洛阳。二人得到战报，闻之大喜，尤其是李治更加喜出望外，这也算是自己当皇帝以来收获最大的一次战事了，因此就连多年头痛的老毛病也好多了。

十一月戊戌，苏定方押解百济王等俘虏来到了洛阳，李治为此举行了一个盛大的献俘仪式。献俘仪式上，李治见义慈一双老鼠眼滴溜溜地乱看，就问："义慈，看朕这个大唐的天子威严否？看朕的中华虎贲将士雄壮否？"义慈急忙点点头，说："真是太威严、太雄壮了，但臣听说大唐的武皇后更厉害，这次打败我就是她策划指挥的。哪一个是武皇后？臣想见见她。"

"你一个亡国之君，败军之将，有何脸面见我大唐皇后。来人哪！"李治生气地命令道："把这些俘虏都给朕押下去。"

这时，一个内侍走上来说："皇上，宴席已准备好了，皇后请您和众将士赶快入席。"

回到殿里，见武氏正高声大气地同众大臣一块攀谈，李治不高兴地走过来，小声对武后说："不是让你在内殿待着吗？你怎么又出来了。"

"怎么，这胜利之酒，我喝不得吗？"武后笑着问众人。

"喝得，喝得，"李义府领头叫嚷着，"打败百济，娘娘是第一功，娘娘不喝这庆功酒，就没有人配喝了。"

"是啊，是啊。"众人纷纷附和着，都争相献辞，让主席座上的高宗李治恼火之余，颇感失落。这时，中书侍郎上官仪看不过，独自端着酒杯来到大殿的中央，声音洪亮地叫道"皇上……"众人一愣，目光刷的一下投过来。李治急忙和蔼地问道："上官爱卿，你有话要说？"
上官仪点点头，端杯在手奏道："自古受命之君，非有德不王，且有德
则兴。今陛下积功累仁，以义始终，因此军士感恩，皆思奋发，一战而
定百济。臣请陛下允许臣作诗一首，以颂陛下之德。""好，好。"李治
听上官仪这么一说，高兴得浑身上下极为熨帖，手一挥说："作诗，多
作几首，朕最喜欢你的五言诗了。"于是上官仪拈须在手，略作沉吟，
两首"上官体"的五言诗即脱口而出。其一：端杯寻琼瑶，铁马逐云
雕。迢迢边关路，献捷颂德昭。其二：征雁回帝京，风雨舞片缨。君威
飞天涌，故国旌旗中。"好，好！"高宗拍手叫道，下令记事官速速记
下来。又兴奋地问上官仪："还有几首？""没有了。"上官仪奏道。"不
行，再作一首，朕兴劲来了，朕要你吟诗伴酒。"上官仪只得又作了一
首，诗曰：洛水接素秋，拈花作酒筹。八觞但不醉，诗酒脉脉流。"好
一个'诗酒脉脉流'，来，众爱卿，一起饮尽杯中美酒。"说着，李治
带头干杯。"喝，喝，怎么不喝？"武后指着李义府等人说，"快喝了，
今儿是大喜的日子，别惹皇上不高兴。"李义府等几个武后的亲信这才
喝干了杯中的酒，宴会开始热闹起来，一时间，嬉笑声、猜拳行令声响
成一片。

　　李治一连干了好几杯，武后怕他吃不消，在酒桌上下了一道训令，
皇上身体不好，不准再让他喝酒。她这一句话一出，也没人敢给李治倒
酒了，气得李治把空杯子往桌上一顿，叫道："谁说朕身体不好？朕还
准备御驾亲征高丽呢。""亲征高丽？"众大臣都惊讶地问。"对，朕不
但是个太平天子，而且还要当个马上皇帝，也让那小小的高丽，知道我
大唐不是好惹的。"见李治有些醉酒了，武后怕他在群臣面前失态，忙
和内侍一起扶他回后殿休息。到了床上，李治嘴里还嚷着要亲征高丽。
"不行，朕非要亲征高丽不可。"李治还在嚷嚷着。"征高丽的计划我已
和李勣以及兵部商定好了，你就别去了，"武后拍打着酒气熏天的李治
说，"你要觉得闷得慌，可以出去围猎。"

　　龙朔元年（公元 661 年）十月的一天，李治朝罢后，就去偏殿里画
画了，他听人说画画可以延年益寿。

　　这时，贴身内侍王伏胜走过来，俯在李治的耳边悄悄地说："皇上，
刚才我看见李义府又来内殿了。"

　　"他来内殿干什么？"

　　"找皇后禀报公务。"

"这个李义府，依仗着武皇后给他撑腰，全不把朕放在眼里，朕非狠狠地治他一次不可。"李治气愤地说。

"皇上，这几个宰相，大都是武皇后提上来的，所以不大买您的账。您在朝中，得有自己的亲信大臣才行，这样才不至于处处被动，临朝处事才有皇帝的威信。"

"你说得对，朕也早想提一两个忠于朕的宰相，只是未遇到合适的人。"

"依奴才看，那上官仪人就不错，那年大败百济在殿堂上喝庆功酒，别人都对着皇后趋炎附势，独有上官仪献诗于皇上，颂扬皇上的威德。"

"咦，没想到你王伏胜还挺有眼光。行，朕和皇后商议商议，马上颁授上官仪为东西门下三品，参知政事。"

"皇上，这大唐的天下是您的还是皇后的？"

"当然是朕的。"

"那您何必又和皇后商议，徒增其骄横之心。"

"说得对，"李治一副恶狠狠的样子，吩咐王伏胜，"你速给朕草诏，明早朝时，即宣旨任命。"上官仪祖籍陕州（今河南三门峡），其父上官弘仕隋为江都官副监，隋末天下大乱时被将军陈棱所杀，上官仪因此遁入空门"游情释典、尤精三论"，身在沙门却苦读经书。贞观初，举进士及第，受太宗李世民的赏识，召为弘文馆直学士，累迁为秘书郎。上官仪还是一位著名的诗人，其诗绮丽婉约，有"上官体"之称。龙朔二年（公元662年）十月庚戌这天，上官仪突然被加封同东西台门下三品（即同中书门下三品）参知政事。上官仪喜出望外，除了给皇上叩头谢恩之外，又按照同僚的好心建议，来拜谢武后。

"皇后娘娘，承蒙您恩宠，授臣以门下三品，臣不胜感激。"

此时，武后也已得知皇上擅封上官仪的事，正想去找李治发火，却见上官仪已来拜见自己，心中的火气不禁消了大半。于是淡淡地说道："你要好自为之，当宰相比不得写诗，兴之所至，想写就写，随意发挥。当了宰相，凡事要三思而后行，切忌冲动行事，听明白没有？"

"明白了。"上官仪硬着头皮答应着，心道：我在朝为官几十年，还用你来教？你不过想借话头镇镇我罢了。

上官仪一走，李义府后脚就到了，他对皇上将上官仪由西台侍郎加封同东西台三品大为不满，对武后说："皇上此举过于草率了。"

"他封就封吧，"武后无所谓地说，"谅这上官仪一介书生也兴不起什么风浪。"

"娘娘可不要小看这上官仪，贞观时，他为秘书郎，太宗皇帝每草诏必令上官仪阅读，并征求其意见。"

"有能力比没有能力强，国家正需要栋梁之材。"

"臣义府就怕这上官仪不跟娘娘一条心。"

"看看再说，不行就换了他。"

两人正在说话，外面内侍们一迭声的传报："皇上驾到……"

李义府一听，慌忙向武后告辞，刚走到门口，却正好迎面碰上皇帝李治，只得伏地跪迎。

李治看了他一眼，一言不发地走进内殿，气呼呼地问武后："这李义府又来干什么？"

"给我说点事。"

"他一个朝臣，有事不找朕，单单跑后宫找你这个娘娘干什么？这吏部尚书，他是不是又不想干了。""看皇上说的，"武后过来抚摸着李治说，"来内廷这事不能怪他，是臣妾召他。""你不要处处护着他。"李治恼怒地推开武后的手，"朕罢他几次官，你都给说情让他回来，这次朕决不轻饶他。"

"他又怎么啦。"

"又怎么啦？他这个人太贪，为了搜刮钱财，不惜卖官鬻职，这一阵子，光弹劾他的奏章，朕就收到了十几份。"

"我怎么没看见。""朕已交御史台调查核查，一旦属实，非把他逐出朝堂不可，永不录用，你也不用替他说情了。""臣妾也知道他这个贪财的毛病，但他这个人有些能力，也挺忠心，一些事，你不用明说，他就会替你办。""忠心？他只对你忠心。"说着，李治转身就走。"皇上，你去哪？""不用你管。""回来！""干什么？"李治只得站住脚。

武后走过来，娇笑着揽住李治的脖子，又斜着眼递上去一个媚眼，佯作嗔怪地说："怎么啦？生气啦。我干什么事还不是为了您好，我多操心一些，您就可少操心一些，再说我该管的管，不该管的不管，比如您加封上官仪，我可没表示什么异议。人家上官仪正派，有能力，应该封嘛！至于李义府，如果确实不像话，皇上您尽可以处理他，我不拦您，不能让一个徇私枉法的人窃居高位。皇上，我说得对吗？""说得是挺漂亮，但是别的方面朕也不满意。""哪点不满意？""你把朕锁在了你的床上，弄得这后宫的三宫六院形同虚设。"说完，李治就转身走

出去了。

秋末，后苑里的树木都落下了叶子，褪下了它们美丽的外表。太阳朦朦胧胧的，一丝丝微风在吹拂着。远处的王屋山在视野里模模糊糊，一动不动地躺着。李治神情肃穆地观察着周围的景色，信步走来。这时，前边的假山那边传来少女们银铃般的笑声，李治不觉停下脚步，侧耳细听。"是一些宫女，"内侍王伏胜跟在后面小声说，"皇上心情不好，不妨找她们玩玩，散散心。"

"皇后不让。"李治叹了一口气说。

"皇上乃九王之尊，富有四海，皇后有什么资格独霸皇上？但去玩玩无妨。"说着，王伏胜回头看看，见其他内侍、警卫都在十几步开外，听不见自己的话，又悄悄对李治说："皇上，那边有几间闲着的供人歇脚的房子，您去那边等着，奴才找一个漂亮的宫女送过去。"

"这样行吗？让皇后知道，还不又得闹一场。"

"您别作声，只说在里边歇息一下，让其他人都在外面等着，奴才叫个宫女拿些鲜果过去。""也行，你可得做得秘密些。""放心吧，皇上。"李治拐到了那几间屋子里，见屋子里坐床、桌椅俱全，也挺干净，于是在床上坐下来，打发内侍都到外面等候。不一会儿，果然一个宫女端着果盘袅袅娜娜地走进来，果盘上放着几个裂开嘴的甜石榴。那宫女举盘在手，跪在地上娇软地说："皇上，您请。""起来，起来！"李治忙不迭地一手拉起宫女，一手接过果盘，这才看清了这宫女的模样，发现她不但声音好听，人长得也不错，齿白唇红的，有一对略大的黑眼睛，面庞是鹅蛋形的，留着整齐的前刘海儿。这宫女觉得皇上在细看她，就把眉尖稍稍挑起，悄悄地望了一眼李治。

李治一见如此漂亮的小姑娘淫心大动，他翻身将其压倒，没想到这名叫雁儿的宫女竟然哭了起来。李治问明缘由，原来是武皇后在宫内下旨，任何人都不得私自勾引皇上，否则杀无赦。

李治无奈，只得放走了宫女雁儿，垂头丧气地走出门去，站在门口，不知往哪儿去才好。

王伏胜见李治愈发郁闷，又伏耳过来说："皇上不如去海池泛舟，韩国夫人和她女儿小真也在那儿玩呢。"

李治和武后的胞姐韩国夫人的恋情由来已久。显庆元年，两个人就眉目传情，气得武后把胞姐撵出宫去。时过境迁，这两年武后才让胞姐进宫来走动走动。韩国夫人和女儿小真正在湖心泛舟，李治身坐一条小快船赶了过去，慌得侍卫们也划一条船跟了上去。大船上的母女俩也看见了李治，小真拍着手叫着："皇上来了。"两船接帮，李治在侍从的搀扶下，爬上大船，又把手往衣襟上擦擦，才握住了韩国夫人的手。

李治和韩国夫人一见面，干柴烈火就烧了起来。完事之后，李治心满意足地回到了武后的居所。武后看着容光焕发的李治，将受赠玉佩的事情一说，李治顿时像霜打的茄子一样。但对于韩国夫人的事情却没有提及。

不一会儿，韩国夫人带着真儿进来拜见武后。武后和其说了会话就进里间睡觉了。两个人在屋里卿卿我我，按捺不住寂寞的心，直接就到了韩国夫人的住处。宫女们虽然都眼望别处，但耳朵都灵着呢。很快就将此时报告给了武皇后。武后听完本想来个捉奸在床，但想了想转身就回来了。

频频得手的李治这几天非常高兴，时常哼着小曲，脚步也变得轻快。但这样的日子没几天，韩国夫人就命丧黄泉了。

得到消息的李治躺在床上怎么也睡不着，脑海中老是浮现出韩国夫人的音容笑貌。她怎么会死呢？下午还好好的，怎么说死就死了。宫中食用的河豚肉是绝对保证无毒的，那韩国夫人是真的吃我送的河豚肉中毒死的吗？我想去看看，这武媚娘又不让我去看，且听到韩国夫人的死讯后，她表现冷漠反常，难道我和韩国夫人的事让她知道了，难道她又施杀手了？李治的脑子终于开了点窍，听着枕边武后睡梦中的喘气声，看着窗外的冷月照着她那张冷峻的脸，李治心头不禁一凛，他本能地往旁边挪了挪。

将近五更天，洛阳宫外的天津桥边，聚集着等待上朝的文武百官。在洛阳宫，后宫禁森严，天津桥入夜落锁，断绝一切交通，到五更天百官上朝时才开门放行。此时圆月高挂，清辉浸透，宫墙边洛水的宽阔水面上，闪耀着灿烂的月光。沿洛水的洛堤上，一个人骑高头大马，巡洛水堤，步月徐辔，缓缓而来，即兴吟咏："脉脉广川流，驱马历长洲。鹊飞山月曙，蝉噪野风秋。"其词绮错婉转，其声圆润清亮，其人望之犹神仙，百官中一阵骚动，暗道：上官宰相好洒脱。都纷纷迎了上去，牵马的牵马，坠镫的坠镫，极尽巴结之能事。

第十四章

迁居回长安　垂帘听朝政

自从李义府被停职查处以来，许敬宗又去了东宫当太子少师，上官仪便独揽朝政。正巧这一年多来，天下无大事，上官仪的太平宰相当得倒也轻巧自在，与武后也相安无事。于是便不觉得意倨傲，自尊自贵起来。上文的《入朝洛堤步月》一诗，意境和情调虽不太高，但寥寥二十字，却也谐律上口，巧于构思，善于用事，把上官仪当时承恩得意的神气表现得淋漓尽致。开锁放行，百官簇拥着上官仪来到了朝堂，待高宗李治龙椅坐定，上官仪恭手奏道："陛下，皇后娘娘屡屡到侍中省视事，于礼不符，请陛下诏令止之。"

上官仪真是不知天高地厚，竟然公然与武后作对。他上书启奏武后不应到外殿视事，而且迁回长安。这些事情武后早就得知，本想换掉上官仪这个宰相，但李治在朝政上让步，继续让武后视事，但条件就是不能换掉上官仪。武后见自己目的达到，也不再坚持。

麟德元年（公元664年）岁末，武后同高宗李治一起从洛阳来到长安，住进新落成的蓬莱宫。武后原以为可以解脱那逼人的梦魇，但没过三天，王皇后、萧淑妃的鬼魂又飘然而至，出现在她的梦境里。只见王皇后、萧淑妃白衣素服，衣带飘飘，携手而来，起初是满脸堆笑，凑近武后，等到了眼前，王、萧的面孔突然又变得四眼滴血，张开血盆大口，来啃噬武后，嘴里还叫着："还我俩命来，还我俩命来……"

吓得武后四肢乱动，大叫一声，惊醒过来，手臂打在了李治的脸上，武后醒过神来，忙摸着李治的脸，轻轻地吹着，带着歉意说："我不能在长安住，在这里一闭上眼睛我就做噩梦，赶明儿还是回东都洛阳吧。"

"你看看你，来也是你，走也是你。多好的蓬莱宫，费民钱千万，没住两天，又要走。"

"我和长安犯忌。"武后叹口气说。

"再犯忌也得过了年，拜过太庙，祭了列祖列宗再走。"

第二天，已被武后许配给一位镇殿大将军的明丽来看武后，见她形容憔悴，精神萎靡不振，忙问这是怎么啦。武后摇了摇头，苦恼地说："那两个死鬼又来缠我了，害得我睡不着觉。""哪两个死鬼？""还能有谁，'蟒'氏和'枭'氏，明丽，你说她俩都死了将近十年了，怎么还能作祟？"

明丽将民间结识的一个道士郭行真带进宫，在宫中一连折腾了三四天，武后觉得浑身舒服多了，也不做噩梦了，才放了郭行真出宫。尽管这一切都是在私下里悄悄地进行，但隔墙有耳，暗处有眼，没有不透风的墙，事情很快传到了内侍王伏胜的耳里。王伏胜气愤不过，于是把这一切密报给了李治。

安排了人去叫上官仪，王伏胜回头见皇上手捂着头，歪坐在龙椅上，就上来扶住，劝慰说："陛下，事情既然已经出了，该怎么处理就怎么处理。您身体不好，不能生气，要善保龙体。"

王伏胜添油加醋地鼓动李治废后。李治深以为然地点了点头。一会儿上官仪就来到了大殿之中。两个人经过商议，打算展开废后的事情。没想到诏书还没下，武后就得到了消息，在几十个健妇、内侍和警卫的簇拥下，怒气冲冲地赶到内殿。内殿里，废后诏书刚起草完毕，墨迹未干，正摊在龙案上晾着呢，皇上李治也正和上官仪说话呢，见武后旋风似的冲进殿里，三个人都张口结舌，不知怎么办才好。

武后一眼就看见了龙案上的废后诏书，她怒不可遏，不由分说，一把抓过来撕了个粉碎，抛在地上，又狠狠地踩上几脚。

然后，她又像一只被激怒的母狮，柳眉倒竖，一步一步直逼皇上说道："臣妾哪点对不起你？我为你这个圣上出了多少力，你卧病在床，朝廷内外，内赈灾民，外征高丽，大事小事，哪点不是我管？叫你废，叫你废……"武后双手狠打着肚里的孩子，咆哮着。

"哎哟，注意肚里的孩子。"李治心疼地跑过去，扳着武后捶打肚子的双手。

"家都不要了，还要什么孩子？"武后不依不饶地连打带捶地叫嚷着。

一阵喧闹之后，上官仪被武后赶出内殿，被打得血肉模糊的郭行真带进内殿，扒光了衣服。李治一看确实是个太监，这才松了口气。赶紧对皇后好言相劝。皇后拉着李治进了寝殿，换上一副柔情蜜意的面孔侍奉着再一次心软的李治。

在李治享受温柔的同时，权谋深深的武后却在打着自己的如意算盘。虽然身边的圣上是"图谋废后"的主谋，却不能因此而废掉他这个皇帝，只能把账都记在上官仪等人的身上。要充分利用这一事件，剪除潜在的反对势力，让这个皇帝真正的成为孤家寡人，再也搞不起什么叛逆行动。同时，自己也要从幕后走到台前，实施自己的铁腕统治。

武后捧着李治的脸说："我老是觉得你办的一些事，我都不放心。""不放心？"李治一边忙着一边问。"你看今天的事吧，你听信谗言，险些中了奸臣的计，险些酿成大祸。""有这么严重吗？"李治不相信地问。"假如废后成功，上官仪和王伏胜，这两个废太子的旧人，势必要把废太子李忠迎回来，和太子弘冲突起来，到时候，京城中的两派人马还不得杀得血流成河，国家就会彻底乱了套，到时候你我别说在这龙床上缠绵，恐怕连命都保不住了，还不得暴尸荒野。"

"别说了，说得人心惊肉跳。"李治说着，直往武后的身边靠。

"你考虑问题太不周到了，太喜欢意气用事了，一点也看不出上官仪、王伏胜等人包藏的祸心。"

"是啊，经你这一说朕就明白了，亏你及时来到，把废后诏书给撕了，否则……"李治有些后怕地摇摇头。

"为了避免类似事件的发生，我准备和你一起临朝听政。要不然，一些奸臣会趁着你身体不好的时候，图谋不轨，我和你一起视事就可以……"武皇后趁机提出了自己谋算已久的事情。没想到在她的软言软语下，李治竟然真得同意了。

一场重大的变革，就这样在床上被轻描淡写地决定了。

早朝时，百官惊异地发现，在皇帝御榻的旁边，吊起了一扇翠帘。翠帘后，一个身着大红朝服的女人的身影若隐若现。

"这不是皇后吗？她也来和皇上一起并列视朝了。"群臣间都小声嘀咕着。

李治坐在御榻上咳嗽了一声："朕身体不好，特准皇后临朝辅政。"

临朝听政的第一天，武后的心腹许敬宗就上书呈报上官仪、王伏胜等人密谋造反，人证物证俱在，还有呈堂证供。李治得到这个消息，正在思虑，武后就发出了懿旨，命令道："传旨，将上官仪、王伏胜等人斩首弃市，其家族一并籍没，女眷发配到掖庭充作宫婢。"

许敬宗往背后一斜眼，背后的袁公瑜早悄悄溜出去，执行武后的旨意去了。

杀了上官仪、王伏胜以后，武后也派人快马加鞭，赶到三千里以外的黔州，赐死废太子庶人李忠。这位可怜的王子，一生郁郁不得志，二十二岁就成了政治倾轧的牺牲品。

同时，因上官仪之败，与其交往甚密的右相刘祥道也因失察之罪被逐出宰辅之列，贬为司礼太常伯。与上官仪有私交的左肃机郑泰等许多朝臣都因与上官仪交通之故，或被流放，或被左迁。

自此以后，武后堂而皇之地临朝听政，大肆安插自己的亲信，太子右中护乐彦玮、西台侍郎孙处约同知军国政事。天下大权悉归中宫，百官上朝，俱称"二圣"。杀了上官仪等人以后，武后再添一份孽债，且郭行真已死，蓬莱宫里，怨鬼再度入梦，不得已之下，武后又鼓动高宗返回了东都洛阳。到洛阳后的第一件事，就是预备来年正月的泰山封禅大典，指示许敬宗负责封禅仪式。经过一年多的筹备，泰山封禅的各项工作已经准备就绪。

麟德二年（公元665年）十月二十八日，御驾从东都洛阳出发，百官、贵戚、四夷诸国朝圣者从行。一时间，千乘万骑，各种运送物资的车队连绵数百里。御驾前后的仪仗，旗幡队队，五彩纷呈，戈戟森森，映天照地，分青、红、白、黑、黄五色，每色为一队，远远望去，犹似一片片云锦。打头的方阵，一色的青旗、青袍、青马、青缨，如一片春潮；第二分队，一色的红旗、红马、红袍、红缨，如一片火海；第三分队，全是白旗、白袍、白马、素缨，如一片银光；第四分队，均是黑旗、黑袍、黑马、玄缨，如一片乌云；第五分队，皆是黄旗、黄马、黄袍、黄甲，如一片油菜花。旗幡随风摇青衣，锦袍星星花千朵，龙驹如火燃桃花，中央坐镇拥前麾，一派欢腾热闹的景象。

李治坐在御车上，欣喜不已，拉着旁边武后的手说："这真是帝王盛节，天下壮观。要不是你鼓动朕封禅，朕这一辈子怕见不到这如此盛大的场面了。"

"你要是顺着我，以后好事有的是。"武后眉飞色舞，又关心地问皇帝李治，"你的头还疼吗？"

"不疼了，不疼了。来到阔野，极目远望，又加上人喊马嘶、热闹非凡，朕的头早已不疼了。只是不知朕这次去泰山封禅，花费巨大，老百姓愿意不？"

"老百姓有什么不满意的？吃够吃的，穿够穿的，不早给你说了吗，这几年累岁丰稔，东都米斗十钱，山东青、齐诸州米斗五钱，全国牧马三四十万匹，牛羊富足。现在老百姓富得连豆子都不愿吃了。"

"好，好。如此，朕就放心了。这样吧，反正供给上又不成问题，告诉许敬宗他们，封禅大军可以走慢一点，朕要好好看看朕的中原大地。"

一路上，李治游山看水，走走停停，停停走走，行至濮阳，李治颇有兴致地考问臣工："此地为何名帝丘？"

众人不能对，张口结舌，你望望我，我望望你。还是许敬宗学富五车，才识渊博，他上前一步，恭手行礼侃侃道来："从前颛顼天帝曾居于此，所以名为帝丘。"

李治满意地点点头，指着许敬宗说："爱卿是一个有本事的人。虽然有时候行事说话让朕不高兴。"

"谢陛下夸奖。"许敬宗偷眼看一下武后，满脸喜色地说。

武后在旁边也微笑地点了点头。走走停停，停停走走，东行四十一天，至十二月九日，才来到泰山脚下。

第二天，李治和武后略事休息，沐浴戒斋后，就开始御马登山。没走多远，由于高宗身体不好，不堪马的颠簸，改由人辇，抬着上山。从上午九点开始上山，直到下午才到达泰山之巅。

来到山顶，李治站在御街上，凭栏向山下望去，只见泰山十八盘蜿蜒曲折，旌旗招展，上下行道间一个接一个布满了卫兵，仪卫环列于山下百余里，一眼望不到边，不禁皱着眉头问旁边的许敬宗："这次随朕来封禅的人一共有多少？"

"回陛下，文武百官、四夷使节及命妇夫人计二千多人，从人有一万多人，卫兵及周围州府派来警卫的兵马有十万多人。"

"人太多了，如此兴师动众，要耗费百姓多少钱粮啊。朕心不安啊！"

"陛下圣明，然比岁丰稔，五个铜子就可以买一斗米，人不食豆，老百姓家的粮食吃不完，陛下尽可放心，封禅大军人数虽多，却不会影响百姓的生活，相反还可以让百姓仰望天朝气象，念陛下风采。陛下，您也已听见了，您无论走到哪里，'万岁、万岁'的欢呼声不绝于耳。"

李治笑着点点头，说："如此，朕就放心了。……咦，那是干什么的？"

许敬宗顺着李治手指的方向望去，只见上下行道间的兵士一个接一个地传达书袋，打着手势，张嘴呼喊着什么，从山下到山上，须臾到达。没等许敬宗解释，旁边的武后就笑着说："那是传呼辰刻和送递文书的。"夜幕降临了，仲冬的岱顶之夜，虽然有些寒冷，但却是最清新、最美好的时刻，皎洁的月光，把布满奇石山松的岱顶照得亮堂堂的。李治和武后携手散步在天街上，身后跟着一大群文臣武将。望着山下燃火相属、自地属天，又望着隐隐约约的山谷中的雾气，李治以手击拍，自言自语道："花花点点，悠悠荡荡，澄澄碧碧。"李治停下步，笑着说，"如此泰山夜景，美不胜收，许爱卿才高八斗，何不留诗一首，以志纪念。""有陛下、娘娘在此，臣敬宗不敢造次。""许你造次，火速造诗一首，以娱朕情。""臣遵旨！"许敬宗挽了挽袖子，摇头晃脑地走了几步，即成诗一首。诗曰：漫步天街听籁声，又睹圆盘月晕中。只道神山满神仙，谁谓蛟龙自有情。

吟完诗，许敬宗恭手说："臣诗作得不好，请陛下指正。"

"凑合吧，"李治说，接着又叹息一声，"你的诗毕竟比不上上官仪啊，可惜他已经死了，不能陪朕左右，吟诗作句了。"

武则天见李治扯了一些让人不痛快的事，忙拽了拽他的袖襟："陛下，回行宫休息吧，众爱卿也都劳累一天了，让他们各自回屋里歇歇吧。"李治点点头，挥手招来旁边的步辇，自顾自坐上去，旁若无人地回宫去了。

己巳，正式封禅于泰山。当是时，天清日暖，南风微吹，丝竹之声，飘若天外。李治和武后率领诸王、百官、命妇各着衮服，在洪亮的声乐中，缓缓走向封台的前坛，到了坛前，众人停下脚步，各按品级站好。武后及命妇王妃们则站在锦绣之内。许敬宗喊道："皇上登坛封禅……"随之，皇帝手捧着秘而不宣的玉牒祭文，神情庄重，一步步，登上黄色的祭坛。他拱手合礼，嘴里念念有词，密求神仙："有唐嗣天子臣治，敢昭于昊天上帝。天启李氏，运兴土德。太宗传位，赐臣勉臣，亲附忠良，偃武修文，十又九年，今敬若天意，戎事已安，四海晏然，粮储且继，百姓安牙。治特一至阙下，披露心肝，伏唯大帝览臣此书，知臣诚恳，佑臣子孙百禄，苍生受福……"

由于泰山上寒气重，李治体弱，密告神灵时，情不自禁地打了个喷嚏。下面该武氏亚献、太宗的越国太妃燕氏终献了。

许敬宗手一挥，军士们按早已预备好的方案，在封台的周围支起了锦绣帷帘，因男女内外有别，所以不让外臣窥望六宫。

"亚献终献，武皇后率六宫以登……"

一时间，音乐大起，群臣透过帷帘，仅见衣袂飘飘，人影幢幢。接着，许敬宗往封坛的东南方向手一指，指令："点火……"

指令被接次传达过去，燎坛上，堆积了一层楼高的柴草，军士们举火把从四周点燃，泼过麻油的干柴草，瞬间噼噼啪啪地燃烧起来。远远望之，火势直上，日扬火光，庆云纷郁，遍满天际。

"万岁万岁万万岁！"许敬宗喊道。

"万岁……"群臣都随之喊着。须臾传呼于山下，顿时，山上山下，十几万人此起彼伏高喊万岁，又变得齐声高喊万岁，一片万岁声，声动天地。

李治兴奋了，陶醉了，情不自禁地对旁边的武后和群臣说："今封禅已毕，云物休赪。朕有今日不世之功，虽天赪祖荫，但皆是卿等辅弼之力。今后要勉副天心，君臣相保，长如今日。"

群臣点头称是，许敬宗恭手说："陛下，娘娘，如此良辰盛景，何不赋诗一首，以示天下。"

"哈哈哈，"李治笑着，指示近侍说，"朕和皇后已分别成诗两首，可念给众爱卿听听。"

近侍忙恭恭敬敬地从一个玉匣里拿出两张绢纸，展开来，朗声读到："其一，陛下的：圣山风流名自正，锦绣亭台琼瑶成。拂云低舞深深谷，但坐其中通宝灵。"

"好诗，好诗。"群臣皆拍手赞道。

近侍继续念着："其二，娘娘的：坐镇中原控山东，心悬在下望帝京。苍茫春秋浩然气，默默岱山论机锋。"

等近侍一念完，群臣又"好诗，好诗"地赞着，独许敬宗大惊，撩衣跪地，"叭"的一声给武后磕个头，然后起身赞道："此情超古今也，诚不让须眉也。娘娘才情高远，敬宗佩服之极也。"

"皇帝的诗也不错，风流、宝灵，写得多好，我魏国夫人最佩服的男人就是圣上了。"一个青春少女从人群中站出来说。

封祀礼毕，皇帝、武后、诸王、宰臣以及礼官们向南走行道下山了。在帐殿休息一晚上，又来到了泰山下西南方的杜首山，祭祀地神。又过一天，皇上和武后在帐殿受朝觐，参加的有文武百官、孔子后代、诸方朝集使、岳牧举贤良及儒生、文士上赋颂者。还有突厥颉利、契丹、奚等王、大食、谢、五天十姓、昆仑、日本、新罗、之侍子及使、百济王、十姓摩阿史那兴昔可汗、三十姓左右贤王、日南、西竺、凿齿、雕题、柯、马浒之酋长。

望着盛大的朝觐场面，望着面前这些身着民族服装，肤色有别的诸方朝集使们，李治哈哈大笑，对身旁的武后说："我大唐帝国，威望远播于域外，四方诸侯，莫不来庆，你作为朕的皇后，心里感到高兴吗？"

"高兴，"武后笑着说，"请陛下颁诏。"

"颁什么诏？"李治不解地问。

"昨晚说好的那事。"

"噢，"李治一拍脑壳，想起来了，指示身旁的近侍读诏。内侍展开一卷黄绢布，朗声读道："朕与皇后此次封祀泰山，皆为苍生祈福。特大赦天下，改元乾封。赐文武官阶、勋、爵、民年八十以上版授下州、刺史、司马、县令，妇人郡、县君；七十以上至八十，赐古爵一级。民七日，女子百户牛酒。免所过今年租赋，给复齐州一年半，兖州二年……"

"天下七十以上的人都有官爵，合适吗？"等近侍宣读完，李治问身边的武后。

武后拽着李治的袖子说："让天下人都记住圣上的恩德就行了。"

"许爱卿，下面怎么安排的？"

"大宴群臣，待会儿皇上、娘娘可得好好喝两杯。"

"朕是说以后是怎么安排的。"

"行程安排是这样的，"许敬宗掰着手指头说，"辛卯，幸曲阜，祠孔子。二月己未，如亳州，祠老子……"

"嗯，"李治点点头，转身就走，走了两步又停下脚步说："朕连日劳顿，有些头沉，宴会就不参加了，朕到后边帐殿歇着去。"没想到正在歇息之际，李治的外甥女真儿就来到了寝殿。李治看着眼前这个才十五岁的美少女，热血沸腾。情窦初开的真儿更是醉眼迷离，没多久两个人就开始了欲望的结合。

武后直到深夜才从宴会上回来。李治扭过头，厌烦地拨拉着她。武后笑着将自己亲自挑选人才的打算告诉了李治，将自己想出的一些治国之策也一并讲出来，同时将皇帝皇后的称号改为了天皇天后。

二月己未，御驾来到了亳州。亳州是老子李聃的故里，据说李聃是李唐皇室李姓的祖先。亳州地方官早已把老子庙扩大好几倍，修葺一新。远远望去，老子庙庄严巍峨，黑色的墙加黄色的瓦，显得庄重而富贵。

在亳州地方官员和缙绅的陪同下，皇帝和皇后率文武百官，缓步来到了老子祠正殿。摆上了福礼，点起了香烛，烟雾缭绕，木鱼声中，皇帝率众给祖宗老子三叩九拜。老子端坐在尊台上，他和蔼可亲，偏瘦，一缕白须飘洒在颌下。

皇上看着他点了点头，不由自主地摸了摸自己没有胡子的下巴，对武后介绍说："这就是我们李氏的祖先，他名扬千古，学问高超。他保佑朕李家人当上了皇帝，富有四海，将来必将继续眷佑我们，直到永远。朕为拥有这样的名祖先而骄傲。"

"传旨，追尊老子为太上玄元皇帝，县人宗姓给复一年！"李治又道。

"谢皇上！"旁边随侍的当地县官忙跪在地上，代表本县的老百姓向皇上致谢。

皇上一高兴，在故乡亳州流连了个把月，踏遍了老家的山山水水，到处留诗刻碑，弄得当地官员起早贪黑，疲于应付。

四月甲辰，在武后的一再催促下，皇上终于传令起驾，驾返东都。回到东都，除了应高丽泉男生的请求，派左卫将军薛仁贵等人率兵援之外，天下无大事，有大事也有武后，皇上有时以身体不适为由一连几天不上朝，军国大事都交由武后代劳。后殿里，皇上一等武后上朝后，就急不可待地招来魏国夫人小真儿。一番云雨之后，真儿鲜嫩的脸颊一片红润，她娇声向皇上推荐了自己的哥哥贺兰敏之。正待两个人甜蜜的时候，武皇后来了，正巧看到这一切，转身询问了两句，便走出了内殿。

武皇后每天勤于朝政，饭都顾不上吃一口，回到寝殿就看到了那一幕，她心里有些愤怒，烦躁而又漫无边际地在皇宫内游走。她心里翻江倒海，想到自己的亲外甥女竟然不知天高地厚，蔑视其权威，还妄想取而代之，不由得起了杀机。

武后借武怀运、武唯良举行家宴之名，带着娘亲、敏之和真儿回到了故里。她趁人不备在酒菜里下了毒。天真的真儿由于饥饿先动了筷子，谁知几口下肚，突然大睁着惊恐的眼睛，全身痉挛，双手紧抓着胸口，然后一头栽到了席面上。众人见此大惊，急忙离座，扶起真儿。只见真儿睁大眼睛，眼珠动也不动，嘴角沁出一缕黑血，人已经死了。"我的心肝啊……"武老夫人率先干号一声，抱住真儿的尸体失声痛哭起来。"这，这……"唯良和怀运吓得在一旁不知所措。武后指着他俩，发出母狮般的怒吼："抓住这两个投毒者！"话音未落，武后背后窜出三四个侍卫，把唯良和怀运反扭着胳膊，顶在了地上。"冤枉啊，娘娘……"二武抬起头，眼看着武后焦急地哭着说。"把他俩押下去。"武后命令道，她佯擦着眼泪说："这两个人本来想毒死本宫，可怜的真儿却成了替死的人。"

"我的真儿呀，你死得好冤呀……"武老夫人哭诉着，又冲着被架走的武唯良、武怀运跳着脚地叫："杀了他们，杀了他们！"

一场喜庆的家宴眨眼间就成了杀人现场。武府里一时间乱成一团。武后以天热为由命令立即把魏国夫人的尸体收敛掩埋，当即把武唯良、武怀运推到院子里斩首，并将他们改为蝮姓。

贺兰敏之得到这个消息，首先就想到了疼爱真儿的皇上，为了保证自己的前途，他跑到皇上跟前哭诉。李治也是泣不成声。正巧这时候武后走进来，手叉着腰喝道："一国之尊，当众啼哭，成何体统？"

李治和敏之忙收起眼泪，各撩起褂襟擦着眼泪。武后又指着贺兰敏之呵斥道："还有你，不知道皇上身体不好吗？还惹他哭？"

"可是武唯良和武怀运下的毒？"李治问武后。

"是，绝对是。这两个逆贼因先前出言不逊被左迁，一直心怀不满，这次想借家宴谋害我。"

"得把他俩抓起来，流放，流放到海南岛，远远的，一辈子不让他们回来！"李治恶狠狠地说。

"流放？"武后淡笑了一下，"当场我就下令割了他俩的人头。"

"武家死的死，亡的亡，也没有几个人了。"皇上说。

"该死的就都让他们死，死不足惜。"武后恶狠狠地说。

"那……谁承他武士彟的后嗣，还有官爵、遗产？"皇上说。"我打算让敏之继承。这样吧，陛下，敏之改贺兰姓为武姓，改叫武敏之，袭封周国公。另拨府第和老太太一起居住。"

"也得封他个什么官，他都二十多岁了，整天东游西逛的，也得干点事了。"皇上说。

"你看着封吧。"武后说。"那就封他为弘文馆学士，左散骑常侍，官从三品，怎么样？"

"还不快谢过皇上。"武后对敏之说。

"谢陛下，谢主隆恩。"武敏之趴在地上，连磕了两个头。

第十五章

太子救萧女　武后起异心

第二天的五更天，上早朝的朝臣惊奇地发现，他们的队伍里多了一个青年。这青年油头粉面，风流倜傥，穿着三品官的紫袍。走起路来，危襟正步，旁若无人。不认识的人指点着问，这是谁呀？这就是武敏之，皇后娘娘的亲外甥。可武敏之跻身于三品官的行列，却未尽三品官之职，整日吃喝嫖赌，气死了武老夫人，还逼奸了司卫少卿杨思俭的女儿太子妃杨氏。这令武后极为恼火，决意将其杀死。就在押赴贺兰敏之去雷州的途中，贺兰敏之自杀了。

皇上李治还是老样子，有时苦于头痛，不能上朝视事，只好全盘由武后代劳。有时稍好一点就到前殿转转。这天，他来到了前殿，见武后居中坐在书案后，正拿着一张纸在那愣神，就走过去问："看什么呢？"

武后不语，只是把那张纸递过来，李治接过来，轻声念道："贺兰敏之自尽。"皇上对她杀人一事早就见怪不怪了，只是考虑到李弘的婚事。

武后沉吟了一下说："我考虑选纳右卫将军裴居道之女为妃最合适，一是居道之女甚有妇德，闺中有名；二是裴家乃闻喜大姓；三是居道乃禁军将领，与之和亲，可保宫城无虞。"

"嗯……"皇上点点头，深以为然，又急忙问："那什么时候让太子成婚，朕觉着越早越好，朕体弱多病，倦于政事，朕想让太子早日成家立业，早日锻炼，朕好早日传位于他。"

"把太子从长安召回来，选个良辰吉日，就在东都把事给办了。"武后说。

"行。待朕写个圣旨，召弘儿来东都。你也即刻叫礼部做准备，争取早日给弘儿完婚。"

在长安宫城的东内苑，有一处书院，书院里聚集着一大批硕学鸿儒，整日或书声琅琅，或策论政事。此刻李弘正站在窗前，手捧一本

《春秋左氏传》，朗声诵读。当读到楚子商臣之事时，公子丢下卷册叹息着说："此事臣子所不忍闻，经籍圣人垂训，为什么要写这些事呢？"他认为："非唯口不可道，故亦耳不忍闻，请改读别书。"

郭瑜大惊，忙伸出大拇指，口里"啧啧"地称赞着，再拜贺曰："里名胜母，曾子不入；邑号朝歌，墨子回车。殿下诚孝冥资，睿情天发，凶悖之迹，黜于视听。循奉德音，实深广跃。臣闻安上理人，莫善于礼，非礼无以事天地之神，非礼无以辨君臣之位，故先王重焉。孔子曰：'不学礼，无以立。'请停《春秋》而读《礼记》。"

"好！读《礼记》。"李弘高兴地说。

太子弘是一个忠恕仁厚的人，连记载坏人坏事的书都不愿读，从这一点上看，李弘和母亲武后是截然不同的两种人。太子弘也是位能干好学的人，早在龙朔元年，在他的主持下，太子宾客许敬宗、侍中兼太子右庶子许圉师、中书侍郎上官仪、中书舍人杨思俭等人在文思殿采古今文集，摘其英词丽句，以类相从，勒成五百卷，名曰《瑶山玉彩》，表上之，高宗大喜，特赐物三万段，许敬宗以下加级，赐帛有差。

时有敕令，征边辽军人逃亡限内不首，或更有逃亡者，身并处斩，家口没官，太子弘上表谏曰："与其杀不幸，宁失不终。伏愿逃亡之家，免其配没。"据说高宗接到太子弘的上书后，大加称赞，对武后说："弘儿天性仁恕，这一点他太像朕了。征边军人本来就很苦，再动不动就连累家口，也确实有些过于苛苦了。""心慈手软，还能统兵打仗？"武后说。

"行了，别说了，也难为弘儿的一片好心，就准了他的奏文吧。"

咸亨三年（公元672年）高宗和武后驾幸东都洛阳，留太子弘于京师监国，临走时，高宗拉着儿子的手，谆谆教导道："朕有病，身体不好，以后你更要多历练一些治国的本事，这次京师监国，该管的事你要管起来，该处理的事大胆的处理就行了，等过个一两年，等你完了婚，朕就把帝位传给你。"

太子弘一听，磕头流涕说："父皇千万不要再说传大位的话，儿自当勉力庶政，为父皇分忧，为民解难。"

"好皇儿。"高宗把太子拉起来，又给他抹抹眼角上的泪，说："凡事都要劳逸结合，不可太累了。"送别父皇母后之后，太子弘在左庶子戴至德、张文瓘，右庶子萧德昭的辅弼下，每日早起晚睡，批阅公文，处理庶政。

时属大旱，关中饥馑，各地灾报雪片似的飞来，太子弘神色忧虑地对张文权说："水旱虫雹，连年灾荒，国库空虚，百姓嗷嗷待哺，这可怎么办哪？"

张文权说："天灾是一方面，造成现在的局面很大部分也有人的因素，比如这几年造蓬莱、上阳等宫，耗资巨大，又加上连年征讨四夷，弄得国库渐虚，百姓苦不堪言。"

"张爱卿说得对！"太子弘点头应道。

"殿下，"张文权恭手又说，"人力不可不惜，百姓不可不养，养之逸则富以康，使之劳则怨以叛。秦皇、汉武广事四夷，多造宫室，使土崩瓦解，户口减半。臣闻制化于未乱，保邦于未危，人罔常怀，怀于有仁。殿下不制于未乱之前，安能救于既危之后？百姓不堪其弊，必构祸难，殷鉴不远，近在隋朝，臣请殿下稍安抚之，勿使生怨。"

太子弘望着张文权不语，久久才叹一口气说："爱卿所言极是，句句切中要害，可惜我仅仅是一个太子啊。"

"皇上临走时，不是吩咐过殿下大胆行事吗？"

"话虽如此，但此等国家大事，非面奏无以效，且父皇背后还有母后，不是我说了就可以执行的。"

"那……"张文权低头想了一会儿，又说："殿下即使监国，但眼下的一些问题却不可不管。"

"什么问题？"

"殿下，如今厩下马有近万匹，养在圈里，无所事事，每日所废巨大，急需节减。"

太子弘沉吟不语，好半天才对张文权说："此等事也需上奏父皇。"

"殿下，奏书上了许多，但少有准奏的。如今连宫中兵士都食不果腹，更别说普通老百姓了。恳请殿下，急释厩下马，一则削减宫中负担，二则节减下来的马匹，可周济关中急需牲口耕种的百姓。"

太子弘咬了咬嘴唇，又问张文权："你刚才说什么，连宫中的兵士都吃不饱饭？"

"殿下若不信，可取厩下兵士粮视之。"

"走，咱俩到外面转转去。"太子弘说。

两个人先来到东宫苑外的卫兵的伙房，正是吃午饭的时间，几十个士兵都端着海碗，蹲在墙根，呼哧呼哧地吃着，见太子来了，都"呼啦"一声站好，一个队长模样的小头目跑步过来道："禁军东宫苑支队第二大队第一中队队长吕军叩拜殿下，殿下千岁千千岁！"

太子弘和蔼地点了点头，问："在吃饭？"

"回殿下，正是。"

太子弘向墙根前的士兵们走过去，一一仔细地查看他们碗里的饭食，见他们手里都拿着半块黑窝窝头，碗里的菜汤照人影，一点油花都没有，遂问那个队长："平时就吃这些？一日三餐是怎样安排的？"

"回殿下，一般是早晨一人一碗稀饭，一个窝窝头，中午一碗菜汤，一个窝窝头，晚上和中午饭一样。"

"一顿一个窝窝头，能吃饱吗？"太子问。

"回殿下，能吃饱，窝头很大。"

太子弘摇摇头，又走到一个大个子士兵的面前，见他碗里一团黑糟糟的，就指着问："这是什么？"

"回殿下，这是榆树皮。"大个子士兵瓮声瓮气地回道。

"榆树皮？"太子弘用手捏起一点，放进嘴里，咂了咂，苦涩难当，皱着眉头问："这能吃吗？"

"回殿下，不吃不行，不吃饿得慌。"大个子说。

"窝头不够你吃的吗？"

"一顿只发一个窝头，根本填不饱肚子，我饭量大，一顿五个窝头都不够吃的，只得弄榆皮吃。不单我一个，其他人肚子饿了，没办法，也都吃这些。"

"哎……"太子弘叹了口气，对旁边的张文权说："将士们每天站岗巡逻、训练，也够辛苦的，无论如何也要让他们吃饱。你和禁军李将军协调一下，尽量再调一些大米来。"太子弘又视察了将士的宿舍。他不顾疲惫，赶往后苑马厩，实地巡察万匹厩马空养的情况。后苑里，排排马厩，匹匹马儿膘肥体壮，油光满面，吃饱了没事干，就"咴咴"直叫，撅腚尥蹶子，管马的头头见太子殿下来马厩视察，激动万分，趋前赴后，嘴里不停地说着，夸耀自家："殿下，看见了没有，每一匹马毛都整整齐齐，我命令下人每天给它们梳一遍。还有马厩，每天打扫两遍。""你这一共有多少匹马？"太子问。

"一万一千零八匹整，昨天下的二十多个小马驹也算。"

"你手下养马的，一共有多少人？"

"五百多人。"

"每天连人带马，你要花多少银子？"

"今年的预算是四十万两。"马夫见太子问这，觉得这是追加拨款的好机会，忙说："钱有些少，每月的拨款，常不到月底就花光了，尤其现在是饥年，市面上物价很贵，精料豆饼五百钱买不来二斤。下官想请殿下一年多给我们十万二十万的。"

"你这些马平时都做什么用处？"

"回殿下，一般也就是养着，供皇上赏玩。"

"无用啊无用，"太子弘摇摇头，对张文权说，"卿所言极是，这些马确实不应该闲养着，这样吧，先放一半，送给关中急需牲口耕种的百姓，这事，你负责抓紧落实一下。"

"殿下，您是说放这些马给百姓耕种用？"养马官惊讶地问，"殿下，这些都是各地供来的名马良驹，若作耕用，有些太可惜了吧。"

太子弘没理他，带着张文权等侍从继续巡视后苑。当来到鹿苑的后边时，见这里荒草萋萋，人迹罕至，但不远处却有一片院落，大门紧闭门口还加了双岗，太子有些奇怪，指着那个院落，问左右："这个院子是干什么用的？"

张文权说："门口还有岗哨，看来不是个平常的地方，殿下不妨去看看。"

太子点点头，领着一行人绕过一个小水塘走了过去，谁知刚踏上院落的台阶，就被两个哨兵横剑拦住。众人忙挺身上前护住太子，张文权厉声咤道："大胆，不知来的是太子殿下吗?!"

两个哨兵听了，急忙收起武器，趴在地上磕了一个头，站起后仍挡在门口，不想放太子等一行人进去。

"闪开！让太子殿下进去。"张文权说。

"殿下，恕小的无礼，没有武皇后的手谕，任何人不准进去。"两个哨兵抱拳施礼道。

"这是什么地方？怎么连我都不让进。"太子问。

"回殿下，小的不好和您说。"

太子看着张文权说："连这是什么地方都不和我说，看来我得进去看看。"

此话一出，张文权朝太子的几个侍卫使了个眼色，几个侍卫窜上来把两个哨兵挤到了一边，追讨大门的钥匙。

"我没有钥匙。"被挤到墙角的两个哨兵可怜巴巴地说。

"谁有钥匙？"

"掖庭局的人有，他们的人经常过来。"哨兵说。

"把门砸开！"太子命令道，"里面有什么见不得人的事吗？"

一个侍卫上前把锁梃子给拧断了，然后推开大门，放太子等人进去。院子很大，显得很空旷，南边高大的围墙边，竟种有一小片菜畦，一个老娘子和一个村妇模样的人，正蹲在地里拔草，另有一个妇女正在附近的井边汲水，旁边有一盆待洗的衣服。见有一群人进来，三个人都停下手中的活，愣愣地站在那里。

太子弘走过去，和蔼地问："你们是谁，怎么关起门来在这里种菜、洗衣服呀？"

三个人不敢说话，惊恐的眼光，你望望我，我望望你，又急忙低下头。

张文权说："三位不要害怕，这位是太子殿下，问你们话呢。"

三人仍不肯说话，两个妇女还不时地偷偷地打量着太子弘。

正在这时，外面气喘吁吁地跑来几个太监，领头的一个太监是掖庭令，他拱手给太子弘施了一礼，说："太子殿下，您怎么转悠到这里来了。"

"怎么，父皇命我监国，我怎么不能到这地方来？"

"能来，能来，"掖庭令说，"不过，这地方荒凉得很，没什么好看的，殿下还是回去吧。"

"我问你，这三个人是谁？"太子弘指着那三个妇女问掖庭令。

"都是些宫婢，在这里干活的。"

"宫婢？宫婢何至于这么神秘，门口还加了双岗？"

掖庭令支支吾吾不能对。

这时，其中的一个妇女捂着脸，忍不住抽抽噎噎地哭起来。太子更觉蹊跷，于是厉声问掖庭令："她们到底是什么人？"

"回殿下，她……她们是……是……皇后不让说。"掖庭令苦着脸说。

太子不语，只是以更严厉的目光盯着掖庭令。掖庭令被逼不过，只得指着那两个年轻的妇女说："她们一个是义阳公主，一个是宣城公主，那年老的是她们的乳母。"

"谁？谁？"太子惊问道，他似乎不敢相信自己的耳朵。

"回殿下，此两人是萧淑妃的女儿，义阳和宣城，她们因母获罪，已在这里囚禁整整十九年了。"掖庭令说。"两位姐姐果真还活着……"

太子弘颤动着嘴唇走过去，拉着一个妇女的手，又拉着另一个妇女的手，把她们拉到一起。他仔细地端详她们，颤声地说："哪一个是义阳姐姐，哪一个是宣城姐姐？""我是义阳，她是宣城。"一个年纪稍长的妇女说，"您就是太子弘？"太子重重地点了点头，他仔细地打量着两位姐姐饱经沧桑、忧郁的脸庞，眼泪不禁夺眶而出。整整十九年了，两个尊贵的大国公主，自己的亲姐姐，竟被秘密幽禁在掖庭的一角，这太不人道了，太没有人性了。

太子弘转身愤怒地责问掖庭令："秘密幽禁公主，是谁给你的这个权利？""殿下息怒，小的也是奉命行事。"掖庭令急忙趴在地上磕头回道。"两位姐姐，十九年了，竟没出这个院子一步吗？"太子弘含泪地问道。

义阳和宣城点了点头，眼泪像断了线的珠子哗哗地流下来。太子弘给她们擦着眼泪，说："十九年了，连父皇都以为你们已经不在人世了，有时候还跟我说起两位姐姐。""我被幽禁时十五岁，宣城更小，才十一岁，"义阳公主抹着眼泪说，"求太子和父皇说说，放我们出去吧，实在不行，让我俩做庶人也行，我已和乳母吕妈妈说好了，一出宫我就到她老家去，过平民的日子，我俩实在受不了了。""两位姐姐放心，有弘弟在，就决不会让你们再受一点委屈，我现在就带你们走。"说着，太子弘转身对一个侍从说："快去调几辆步辇来，载两位公主回我东宫。"侍从答应一声，转身跑走了，公主的乳母吕妈妈抹着眼泪问太子弘："是真的吗？不用叫车，公主，快走吧。""走……"太子弘搀着两位公主就要走，此时，掖庭令又"扑通"一声跪在地上，挡住去路，叫着："殿下，您不能带她们走，不然，武皇后是不会饶我的，她说没有她的命令，谁放走了人就杀谁的头。"

太子弘停下脚步，问："你干掖庭令多长时间了？"

"回殿下，已二十年了。"

"两位公主被幽禁的事，你跟皇上说过没有？"

"回殿下，武皇后不让说，小的因此不敢说。"

"欺君罔上，可恶，你到底是谁家的掖庭令？滚开！"

"太子殿下，您千万不能带走两位公主啊，您要理解小的苦衷啊，带走她们，得经过武皇后的同意啊。"掖庭令跪在地上，装出一副可怜相。

"你现在已不是掖庭令了，这事也与你无关了。来人哪！"

"在！"太子的侍从应声答道。

"让这位公公在这里住下，让他反思反思。"

"是！"几个侍从把掖庭令提到一边，等太子带着义阳、宣城公主等一行人出门后，"哐啷"一声，关上大门，把掖庭令锁在了院子里。

走出那暗无天日的高墙大院，两位公主的眼前豁然开朗。义阳公主的眼睛仿佛不够用一般，她迫切地看看这，望望那，心中充满了激动与兴奋。她从没有想过，被关禁了十九年，她和宣城两人都从不谙世事的小姑娘变成了至今还未出嫁的老姑娘，她们从来没走出过那个大门，忍受着别人不能忍受的痛苦。但没想到十九年之后，她和宣城两个人竟然能够获救，重见天日。宣城看着眼前的树林、河塘，忍不住内心的悲伤，放声大哭，伤心之至，腿脚发软，再也迈不动脚步。太子弘看着两位姐姐的情形，更是恻然不已，转身命令随行的侍卫背起宣城，继续向东宫走去。

第十六章

帝女乱婚配　太子亦成婚

东宫里，太子弘为刚刚从东苑出来的两位姐姐做了安排，将她们安顿在东宫。让宫婢服侍两位公主洗浴换衣，然后又命令厨房做了很多菜肴，盛情款待两位姐姐，太子弘也坐下来，亲自给两位公主夹菜把盏，义阳和宣城原本呆滞的目光也在太子的照料下逐渐活泛起来。宣城公主望着琳琅满目的饭菜和殷勤侍候的下人，不免想起了以前的生活，心中生出些许惶恐，担心武后会继续找她们麻烦，甚至很可能会因此对太子弘不利。太子弘本来与武后在事情的处理方式上就存在分歧，因此母子二人的关系有些紧张。这次看到两位姐姐因为自己的母后受了十九年的冤屈，更是内心愤怒。便气愤地说道："两位姐姐但可放心，有我弘在，就有两位姐姐的好日子。你俩现在好好地在东宫住下，养养身子，平静平静心情，我要上表父皇，不，我要面见父皇，把两位姐姐这十九年所受的苦难都和他说说。别说是公主，皇帝的女儿，就是平民老百姓的子女，也不会让他们遭受这个罪，太不人道了，太骇人听闻了。"太子弘说着，脸涨得通红。"弘弟，不是说父皇不知道我俩被囚的事吗，不能全怪他，听说父皇身体不好，见面时，尽管放缓语气和他说。"

"他为什么不知道？这是一个明君、一个父亲所做的事吗？他连自己的亲生女儿都保护不了。"太子弘显得很激动。此话也勾起了义阳公主对父亲的怨恨，对亡母的追思，她甩下吃饭的筷子，伏在桌沿上痛哭起来。稍后的几天，太子弘处理政事之余，每到下午就陪着两位公主在宫中散步，甚至陪她们在后苑焚烧纸钱，祭祀已不知魂归何处的萧淑妃。东宫的太子太傅们聚在一起，纷纷竖起大拇指，赞叹太子的仁义之举，为自己能辅佐这样有情有义的皇储而庆幸，大家也从太子身上看到了大唐未来的希望，看到了自家光明安稳的前途。这天，定期传递文件的皇宫信使带来了一份诏书，诏命太子弘立即奔赴东都洛阳，准备纳太子妃完婚。接旨后，太子也正准备前去洛阳，他随即安排了一下长安的留守人员，第二天一早，在羽林军的护送下，赶往东都。

洛阳宫里，太子成婚的仪式也基本准备就绪，按武后的意思，大灾之年，不宜铺张浪费，婚礼尽量从俭，也不通知外国使臣，也不允许四方州府上贡，只是简单地举行个仪式，在宫里小范围地摆几十桌酒宴。皇上觉得有些寒酸，但耐不过武后的据理相争，只得同意了礼部一切从俭。

长安到洛阳只几日的路程，太子弘及其人马径直开进了洛阳宫太子府。太子弘连衣服都没换，水也未来得及喝一口，就径直来见父皇李治。李治一见爱子，喜悦之情溢于言表，他疼爱地看着儒雅俊秀的太子弘，嗔怪地说："弘儿，来到宫里，也不先歇歇，就来见朕。"

"父皇，此次召我来洛阳，是不是要给我完婚？"

"是啊，你身为一国太子也该成婚了。太子妃选定禁军裴将军的女儿，听说也是一个知书达理、善于持家的好女子。"

"成婚也应该安排在长安，长安是国之首都，名正而言顺。"

"你母后只愿意住在洛阳，弄得朕和文武百官也跟着来洛阳，弄得洛阳反成首都，长安成陪都了。"

"父皇，眼下我还不能成婚。"

"什么，不成婚？礼部已把婚礼的事安排得差不多了。再说，你年龄也不小了，今年虚岁都十八了，有些比你小的王子们也都成婚了。"

"父皇，还有三十多岁的公主没有成婚呢。"

"三十多岁的公主，谁？哪个皇姑？没有啊。"

"不是皇姑，是皇姐姐，是父皇您的亲生女儿，宣城和义阳！"

"宣城和义阳……哎……是啊，如果她俩还活着，如今也都三十出头了，可惜她俩天不假命，十一二岁就得了一场急病死了。"

"父皇，谁告诉你，两位姐姐病死了？"

"谁？我忘了，大概是掖庭令吧，我说去看看，你母后怕我伤心，不让我看。哎，过去的事了。""父皇，下午我想请您和母后到儿臣那里去吃顿便饭，儿臣从长安带来父皇最爱吃的'暖寒花酿驴蒸'。"

"好，好。你母后又去侍中省了，她一回来，朕就和她说。"

"儿臣就先回去安排，请父皇和母后一定光临。"

"一定，一定。哎，多么孝顺的孩子。"皇上望着转身而去的太子弘由衷地赞叹着。

下午时分，武后回来了，李治见面就和她说："弘儿回来了，还要请我们去他府中吃饭。"

"咱们就过去。"和李治不一样，对儿子的孝顺武后并没有表现出多高兴，她一脸疲倦的神色，深深地叹着气，伸着胳膊，任宫女们侍候着梳洗。

"弘儿跟你说什么了吗？"武后问李治。

"没说什么，不过朕听他说什么不愿成婚，朕当时说了他一顿。"

"为什么不愿成婚？嫌裴居道的闺女不好？"

"他又没见过居道的闺女，怎么知道她不好。我也弄不清，待会你当面问他吧。"

"据长安来的探报说，皇宫里的掖庭令已被弘儿秘密关押，弘儿又另委东宫的太监接管掖庭。"

"为什么？"高宗问。

"具体情况我也不清楚，正着人详细调查。哎，这孩子胆子是越来越大了。"

"还调查什么？待会你当面问问弘儿不就行了吗？你动不动就神神秘秘，亲生儿子都不放心，依朕看，掖庭令有错，没有错弘儿也不会换他。弘儿是个仁义、懂道理的孩子，他不会做出什么出格的事的。"

说话间，武后已收拾停当，这时天也不早了，便和皇上一起出殿登上步辇，向太子的东宫驶去。

东宫里大红灯笼高高挂，甬道上红毡铺地，宫女们来来往往，忙这忙那，宫内焕然一新，显示出了喜庆的不同寻常的气氛。

皇帝一下步辇，就对身边的武后说："人说庭院不扫，何以扫天下。今观东宫，里里外外，干干净净，赏目悦心，由此也可以断定，弘儿将来也是个治国的能手。等弘儿成了婚，再过一两年，朕就禅位于他，让他好好地施展他的聪明才干。"

"父皇、母后，请……"太子弘也率领东宫的太傅宾客们迎了出来。皇上见太子身后的几个饱学的良佐也异常高兴，又夸奖了一番。宴席已经摆好，虽说菜样不多，但却很精致。李治入席后，见桌边只有自己、武皇后和太子弘三人，旁边还空着两个座位，就问太子弘："这两个座位是谁的，你的那些幕僚呢？""回父皇，今天是家宴，幕僚们在另一间屋子里开宴，至于这两个座位，也不是给外人留的，等一会儿您就明白了。"

"这孩子，越来越有心了，"李治笑着说，然后他拿起筷子，"不管谁了，朕先尝尝弘儿给朕带的'暖寒花酿驴蒸'。"

"父皇，请……"太子弘亲自动手热情地给李治斟酒、夹菜，见武后冷冷地坐在一边，也不动筷子，也不端酒杯，就问："母后，您为什么还不吃？"

"弘儿，别卖关子了，快把你的什么客人请出来吧。"武后说。

"请出来，请出来，"李治一边嘴里撕咬着"驴蒸'，一边说，"请出来给父皇瞧瞧，是什么硕学大儒。"

太子弘点点头，向里间方向拍了两下巴掌，大家的目光一齐投过去，只见门帘一闪，一个宫婢率先走出来，她撩开着门帘，接着出来了一位穿公主礼服的老姑娘，接着又出来一个，两位老姑娘走到李治的面前，一齐伏地跪倒，人未说话，就嘤嘤地哭了起来……

李治大惊，一口吐掉嘴里的肉，指着地上的两人，问："你等是何人？为何见朕就哭泣？"

两个老姑娘一听这话哭得更厉害了，都抬起了头，泪眼望李治，哽咽着说："父皇难道不认识女儿了？"

"你俩是……"

"父皇，我是宣城，她是义阳啊……您的……您的亲生女儿啊……"

"你，你们真是宣城和义阳？"李治惊讶地站了起来。

"父皇，两位姐姐的确是宣城和义阳公主，她俩是儿臣在长安监国时，从后苑别院解救出来的。父皇，两位姐姐被幽禁别院，已长达十九年了。"

"真有此事，女儿呀，可想死为父……"李治弯下腰，揽住两个女儿，老泪纵横，父女三人抱成团哭成一堆，太子弘亦在一旁跟着抹泪，唯有武后端坐在椅子上，冷眼望着，一动不动。

"朕问你，这是怎么回事？"李治转脸愤怒地指着武后问。

武后把脸转向一边，眼望着窗外，一言不发，一副事不关己的样子。

"朕问你，宣城和义阳是怎么回事？"

"你问我，我问谁？我成年累月住在洛阳，又怎么知道长安的事？"武后抵赖说。

"不知道？朕就不相信你不知道。"李治说着，又命令太子弘，"查！彻底调查，到底是谁这么大胆敢幽禁朕的女儿十九年。"

"父皇，儿臣已把负有直接责任的掖庭令看押了起来，至于到底是谁的责任等以后再说吧。现在两位姐姐都是三十好几的人了，亟待嫁人，望父皇暂停儿臣的婚事，先考虑两位姐姐，否则，儿臣也决不成婚。"

"再过五天就是你成婚的日子了，太史局已算好日子、礼部也已准备妥当，恐怕不好改了吧。"李治为难地看着太子弘，又看着武后说。

"总之，两位姐姐不嫁，儿臣的婚事，实难从命。"太子弘坚决地说。

"这……"李治张口结舌，只得抚着两个女儿的脸，叹着气，"父皇我没有尽到责任啊，让你们受苦了。给朕说说，这十九年来，你们都怎样过的，朕还以为你姐俩都早已不在人世了哩。"

"父皇……"两位公主还没有从激动中醒过来，跪在李治的脚下，抽抽噎噎不说话，倒是武后在旁边不耐烦地发了言："好了，好了，两位公主都不要再哭了，太子也别固执了，皇上也别为难了。宣城和义阳的婚事我来办，明天就办，太子弘的婚事照计划进行。"说完，武后站起来，又对太子弘说："为娘先回去了，等一会儿你到我那去一趟，我有话和你说。"又对李治说："你不走我先走了？"

"吃点饭再走吧，既然来了。"李治说。

"还是你们吃吧，也叙叙话，我到底是个外人。"说着，武后甩手走出门了。

武后一走，李治就把两个女儿请上座位，详细地问这问那，问着问着，泪又下来了。见武后走了，义阳和宣城也活泛起来，尽情地诉说了这么多年所受的委屈，诉说了她们对亲生母亲萧淑妃的思念。

李治也不住地叹气，太子弘不满父皇遇事的愁眉苦脸样，说："父皇乃国之至尊，理应保护好自己的妻子儿女，即使他们有错，也不应使他们遭受如此大的折磨。"

"唉，弘儿，你还不知道你母后的脾气吗？在她手上毁了多少人啊！为父身体多病，实难钳制她呀。你没见吗？现在宫中朝廷的大小事，有哪一件她不参言。唉，为父以后就指望你了。你现在就要挑大梁，好好地锻炼，一等条件成熟，我和你母后就退到幕后去。唉，对了，刚才你母后让你到她那儿去，你赶快去吧，顺便说说她，问问你姐姐的婚事，朕也马上就赶过去。"太子弘答应一声，嘱咐两位姐姐多吃一些菜，多陪父王说说话，然后赶往母后住的长生殿。武后正在殿里安排什么，见太子弘进去，就把其他人打发出去，单独和太子弘说话。

武皇后和太子李弘在公主的婚事上有了争议，武后竟然连将两位公主许配给了小卫士。但太子毕竟年轻，根本就不是武后的对手。对于这件事虽然李治也不同意，不过事已至此，他也没有办法。

第二天，李治用过早餐，义阳和宣城就一起携着自己的夫君权毅和王遂古来了。两位公主脸上飞满了幸福的红晕，娇羞不安地领着自己的夫婿给皇上行跪礼。见女儿高兴，李治也高兴，一连声地命人给他们赐坐。

穿着大红婚服的权毅和王遂古显得更加英俊和挺拔，李治看在眼里，爱在心里，连连点头，表示满意，他对两人说："以后你俩就不再是小小的卫士了，而是朕的驸马了。朕决定升你俩为四品刺史。身份变了，作风也应该改变，卫士和驸马是截然不同的身份，希望你们要好自为之，尤其是要对两个公主好，要做到夫妻恩爱，听清了没有？""听清了，臣遵旨。"权、王两人忙跪地磕头谢恩。

五天之后，太子的婚礼也如期举行。但并没有像预期的那样大张旗鼓地操办，只是皇宫小范围内简单庆祝了一下。这也是武后的意思，她认为大灾之年，不宜太铺张浪费。

太子成婚之后，李治确实宽心了很多，太子妃裴氏也是一位贤德的女子，举止温柔大方，行动有礼。李治高兴地告诉左右的侍臣们东宫内政，他算是安排妥当了，也就无忧了。

第十六章 帝女乱婚配 太子亦成婚

第十七章
母子终相残　太子丢性命

　　皇上的身体也有了好转的迹象，心情也逐渐开朗了很多，他和武后的关系也得到了缓和，二人相处得更为融洽。这天早朝过后，李治回到后殿，他躺在寝床上看书，不知不觉竟然睡着了。当他醒来的时候，见周围都已暗下来了，床头早已点上了一盏白玉灯。李治起身，看到满桌子的菜肴，心里有些不高兴。他问在一旁伺候的太监武后是否用餐，当他得知武后午饭只用了一小碗米饭而已，心里更多的是疼惜与怜爱，于是便命人将满桌子菜全都撤走了，只草草地吃了一小碗米饭就到蚕室看武后了。

　　"哎……"武后叹了一口气，说，"自从乾封元年封禅以来，年成就不好，是水旱虫雹、连年灾荒、百姓饥馑、国库空虚。这些天来，臣妾一直睡不好觉，吃不好饭，臣妾考虑得采取一些切实可行的措施，对政治、经济、军事等方方面面实行一个大的改革。"

　　"你准备怎么改？"李治问。

　　"依原来说的，首先把皇帝和皇后改称为天皇、天后，改换百官的封饰。"

　　"这什么改革？这改个称号，还改封饰干什么。"

　　"皇上，改称号改封饰，这是显示我天朝新气象，给人以耳目一新之感，臣妾准备了十一条改革措施。"

　　"哪十一条？"

　　"一、劝农桑，薄赋徭；二、给复三辅地；三、息兵，以道德化天下；四、南北中尚禁浮巧；五、省功费力役；六、广开言路；七、杜谗口；八、父在为母服齐衰三年；九、上元前元勋官已给告身者无追核；十、京官八品以上益禀入；十一、百官任事久，才高位下者得进阶申滞。"

　　"这十一条很好，不过朕想再加一条。"

"皇上想加什么?""加王公百僚皆习《老子》。""行,"武后爽快地说,"再加这一条。""百官服饰怎么改?""三品以上者仍服紫袍,改服金玉带;四品官员服深绯色袍,服金带;五品官员服浅绯色袍,带金带;六品官员服深绿色袍,带银带;七品官员服浅绿色袍,带银带;八品官员服深青色袍,带玉石带;九品官员服浅青色袍,带玉石带。"介绍完改服饰的方案,武后问:"皇上,你看我这个改法行不?""朕看也都是些无所谓的东西,不过,你觉着行,颁布就是了。"改服饰,推行十二条改革方案,不是一下子就能做到的事,但皇帝皇后改称天皇天后,却是一句话的事。

咸亨四年(公元673年)八月十五日这天,一道圣旨下达,高宗和武后都改了称呼,此事事先未和文武百官商量,弄得大家一时措手不及。打秦始皇嬴政时起,就叫皇帝皇后,现改成天皇天后,大家都叫不出口,觉得别扭。别人不敢有忤,太子弘却跑来见父皇。

"父皇,这皇帝、皇后还能随便改称呼吗,弄得满朝文武议论纷纷。"

太子弘日渐长大,对于事情也有了自己的看法。他向李治讨得诏书就带着太子妃回了长安,为长孙无忌一家平反。

咸亨四年(公元673年)九月,太子弘根据皇上的诏书,下令追复长孙晟、长孙无忌的官爵,并让长孙无忌的曾孙长孙翼袭封赵国公的爵位。还特意派人将长孙无忌的灵柩迎回长安,陪葬昭陵。消息传出,许多人都拍手称快,士庶交口盛赞太子弘的能力和功德。洛阳宫里,武后却出奇的平静,仿佛不知道这事似的,高宗也就渐渐地放下心来。

这天,常乐公主来访,按照辈分讲,她还是李治的皇姑。皇上和她谈起好儿子太子弘。皇上说:"弘儿比朕强,比朕有魄力,办事不像朕瞻前顾后拖泥带水的,这次给舅父长孙无忌平反的事,他办得很漂亮,我原以为皇后会阻挠。"

"她只是皇后,统领后宫便罢了,朝改大事,本该你做主的。"常乐公主说。

皇上摇摇头,不置可否,继续谈他的弘儿:"弘儿现在在朝廷中的威望越来越高了。此儿仁孝英果,敬礼大臣鸿儒之士,前次请嫁义阳、宣城,今次又亲自操办长孙家族平反,深得人心。"

"是啊,"常乐公主点头说,"太子也长大成人了,办事也老练了,皇上身体不好,你就禅位于他,也好在后宫养养病,多享两年清福。当年高祖退居上元宫，做太上皇，先皇太宗也把天下治理得好好的。"

"是啊，朕也久有此意，也多少次在公开场合表过态，等朕和皇后、朝臣商量一下，就尽快禅位于太子。"

与常乐公主谈过话后，李治下定决心，决定禅位于太子弘。这天晚上睡觉时，他找了个机会，把这事跟武后先说说。皇上体弱多病，而武后却年富力强，身体正处在如狼似虎的时期，皇上已远远满足不了她，两人也时常不在一个床上睡。这晚，皇上特别和她一起睡，为的就是要和她说说禅位的事。一阵勉为其难的应付之后，皇上躺在武后的身边，挑开话头说："想和你商议一件大事。"

武后不吱声，仿佛早知道这事似的，她的沉默和李治预想的不一样，反弄得李治拿不准她的想法，只得顺着自己的思路说下去："朕时常有病，政事多委于你，弄得天下人风言风语。朕想弘儿也成人了，不如让他主持朝纲，我们退居后宫，好好过过悠闲的日子，你看这事怎么样？"

武后还是不吱声，李治只得继续说："弘儿现在的威望日益见长，处事能力也有目共睹，常乐公主也说……"

这时，武后猛地转过头，说："常乐说'让我统领后宫便罢了'，是不是？"

"她倚仗长公主之尊说三道四，诋毁天后，其罪不浅，你身为天皇，不加制止，反而和她一唱一和，是何道理？"

"算了。"李治不高兴地说。

"至于禅位一事，先别操之过急。把太子召回来，我要手把手教他怎样处理政事。再说，十二条改革措施也急需推行，让他回来帮帮我。"

"行，你看着办吧，"皇上叹了口气说，"反正朕身体不好，禅位是早晚的事，最好是明年正月传大位。"

上元二年（公元675年）四月七日，突然从宫内传出一道敕命：周王妃赵氏出言不逊，即日废为庶人，囚于内侍省的禁闭室。其父赵瑰左迁为梧州刺史，其母常乐公主和丈夫一道前往，两人终生不得回京。常乐公主怎么也不会想到，仅仅是几句话就断送了自己一家人的前途。她太小瞧武媚娘了。

好几个月来，老天爷都没下过半滴雨。皇上命撤乐，减膳，避正殿。太子弘也奉诏从长安赶来，和父皇母后住在了一起。皇上见面就叮嘱儿子说："朕这几天头痛病又犯了，时常心惊肉跳着从梦中惊醒。一到春节，朕就禅位于你，年前这几个月，你要虚心向你母后学习，看她是怎样处理朝政的。"

"父皇……"太子弘闻言，伏地哽咽，好半天才抬起头说："儿臣敢不从命？只是这么快就禅位，儿臣于心不忍，唯望父皇早日康复，以慰儿心。"

"哎……"李治叹了口气，爱抚地望着儿子说："听说你这两天身体也不好，是否找太医看过？""不劳父皇挂心，儿臣只是路上鞍马劳顿，略感风寒，过几日就会好的。"李治点点头，挥手说："你先歇息去吧，你母后正在前殿召百官言事，等等你再去拜见你母后。""父皇……"太子弘欲言又止，但见父皇病恹恹的样子，又把话咽下了肚，叩首告辞出去了。下午，太子弘拜见了母后，没等武后问话，太子弘就说："母后，常乐公主何罪之有，你就背着父皇把她赶出了京城，而且把她的女儿周王妃活活饿死。"

"此事你怎么知道？"武后寒着脸问。

"希望母后不要擅自左迁大臣，降罪皇室宗亲。"

"你和你父皇说这事了？"

"父皇正在病中，我没敢和他说，但他迟早会知道的，万望母后再也不要做令父皇伤心的事了。"

"弘儿，有些事你还不懂，常乐她……"

"母后不要再为自己辩解了，再者，父皇已决心春节后传大位于我，到年底还有七八个月，这一段时间，恳请母后多在后宫照顾父皇，朝廷上的事由我来担当，有不决之处再回后宫向母后请教。"武后听了太子弘的话，跌坐在椅子上，喃喃地说："你长大了，不要母亲了。你现在出息了，可以把母后逐出朝廷了。""母后息怒，儿臣之所以这样做，也是为母后着想。母后上朝听政，实不合常理，有损于我大唐帝国的形象，有损于父皇母后的清誉。母后退居后宫，可照顾父皇，安享晚年，于国于家，两全其美，望母后明鉴。"武后忧心忡忡地看着已长大成人的太子弘，好半天才挥手让他离去。夜里，武后躺在床上，难以入睡。她思前想后，辗转反侧。下午儿子对自己说的话，无异于逼宫。以太子弘的执拗劲，只要他一登大位，便决不会再容忍自己垂帘听政。失去了权位，失掉了朝堂上的那个宝座，就等于自己半生的奋斗付诸东流。太子弘不会像其父一样对自己百依百顺，势必要爆发一场母子争夺战，而自己明显的名不正言不顺。难道自己真要退回深宫，当一个无所事事的

皇太后？

不，决不，为了这一天，我付出了多少代价，经历了多少坎坷，双手也沾满了多少人的鲜血，决不能如此善罢甘休！黑暗中，武氏伸出自己的双手，她审视着，苦想着，一个可怕的念头从她脑海里冒出，她的心不禁颤抖了一下，双手也微微哆嗦起来……她不断地给自己这个念头找理由，不断地膨胀自己的野心……无毒不丈夫，干大事的人何必顾惜那点凡俗的儿女之情；非同寻常的手段，成就非同寻常的事业；我的性格一直决定着我的命运；亲生儿女中已死了一个，再死一个又如何，反正人总有一死，不过是早晚的问题；他死了，我会全力补偿他，追封他为皇帝；越犹豫痛苦越多，倒不如出此狠招定乾坤……第二天中午，武后令人传太子弘至皇上处，一家人共进午膳。席间，皇上为了活跃气氛，讲了几件年轻时的趣事，武后也极力附和，嘴不闲着地说笑着，可太子弘却默然无语，只喝了小半杯酒，吃了几箸菜，就推说不舒服，向父皇母后告辞，坐步辇回绮云殿去了。

武后望着对面空着的座位，叹了一口气，对李治说："弘儿身体也不好，动不动就感风寒，这几天听说又不大调和了。""太医会诊了没有？"李治问。"会诊了。只听他们说脉搏不齐，但具体没找出病因，只开了几服中药，现正喝着。""年轻又没什么大病，不过是旅途劳顿，外感风寒而已，多休息，调养调养就好了。"李治说。武后点点头，叹口气说："但愿如此。没有一个好的身体又怎么能担当起统御一个国家的重任。"

吃过饭，李治就爬上床休息了，不一会儿工夫，他就沉沉睡去。但他睡得并不安稳，梦到了一个张着血盆大口的蟒蛇，被惊醒。醒过来后，他看到坐在床边的武后，武后一脸凝重，告诉李治，李弘突然昏倒。

李治顿时感到体力不支，在众人的连架带扶下进入了李弘的寝殿。大殿中央正南北摆着一张床，床上躺着一个人，覆盖着紫锦被。床周围，几十个东宫的官员和从人以及太医局的人，正跪在地上，失声恸哭。皇上一见这场面，二话没说，当即晕倒在地。随侍的御医急忙过来，又是掐人中，又是揉胸口。武后急令把皇上抬到别院休息诊治。

好半天，皇上才醒来，他第一眼看见武后，就一把抓住她的手，问："弘儿呢？弘儿呢？"武后摇了摇头，眼泪也如断了线的珠子，"哗哗"地落下来，她伏在高宗的身边失声号哭。皇上已知事难挽回，也不禁失声痛哭。这时，朝廷的文武百官也闻讯赶到，赶来安慰皇上，见天皇天后如此感泣，也都趴在地上哭天抹泪，头磕在地砖上"砰砰"直响。

武后首先停止住哭声，抬起泪眼，扫视着众大臣，立即口述圣谕，命侍中姜恪主理太子的丧事，立即准备太子的丧仪。武后吩咐完以后，皇上也哭得差不多了，他提出立即要去看看死去的儿子，武后只得命人把他抬到绮云殿。这来回一折腾，一耽搁，天也暗下来了。绮云殿里已点上了胳膊粗的白蜡烛，守灵人的号哭声也变成了嘤嘤的哭泣声。皇上在武后和近侍的搀扶下，颤抖着来到太子弘的灵床前，近侍轻轻地掀开死者脸上的盖布，皇上只看了一眼，就实在撑不住了，身子一软，又倒了下来，近侍们急忙把他抬了回去。

皇上悲痛不已，传来医治的大臣们了解病情。几个为太子弘诊治的御医战战兢兢地走近前来，趴在地上一连磕了好几个头，方奏道："启奏皇上，太子突患急症，臣等赶到时，人已经不行了。""是何急症？"皇上含泪问道。"回皇上，依臣等推测，太子可能患的是绞肠痧。""绞肠痧？四月的天，患什么绞肠痧？就是绞肠痧，也不可能快得连医治的机会都没有！"皇上疑惑地问道。几个御医被皇上问得你望望我，我望望你，武后见状，忙对皇上说："绞肠痧的症状是有的，再说太子这两天也自觉不舒服，听说昨晚又是头痛又是吐酸水。"

"对，对，娘娘说得对。"几个御医齐声附和着。

"都退下吧。"皇上无力地摆了摆手，复又歪坐在床上。他直愣愣地盯着殿顶，心中蓄含着巨大的悲痛。

五月，根据皇帝的旨意，朝廷颁发了《皇太子谥孝敬皇帝制》和《册谥孝敬皇帝文》，谥为孝敬皇帝。

八月庚寅，葬孝敬皇帝于缑氏县景山之恭陵，制度依准天子之礼，文武百官从权制三十六日降服。皇帝亲制《德纪》，并书之于石，树于陵侧。但刚开始筑恭陵的时候，高宗不听武后劝阻，不顾国家连年灾荒，执意要为孝敬修一个大的陵墓。由于工程巨大，所费人力物力太甚，老百姓厌役，恭陵还没开工，老百姓就呼嗟满道，遂乱投砖石，一哄而散，弄得一片狼藉，不可收拾。太子弘死后，武后也写了一篇《一切道德经序》，序文中武后盛赞了太子弘的贤德，表达了她对太子弘之死"感痛难胜"的心情。太子弘到底是病死还是武后鸩杀，已成千古之谜。

第十七章　母子终相残　太子丢性命

第十八章
储君位另选　母子权相争

太子弘死后的第二个月，也就是上元二年（公元675年）六月，李治的第六个儿子、武后的次子李贤就被册封为皇太子。贤，字明允。永徽六年（公元655年），又被册封为潞王。显庆元年公元656年的时候，迁授岐州刺史，后来又加封为雍州牧，幽州都督。武后和李治一共生有四个儿子，数李贤天分最高，容貌举止端庄文雅，因此李治最为赞赏的就是李贤了。李贤小时候就深得李治的宠爱，无数次对司空李勣夸赞李贤小小年纪就懂得读书知礼，天性聪慧，将来必成大器。

龙朔元年（公元661年），李贤徙封沛王，加扬州都督，兼左武卫大将军，雍州牧如故。龙朔二年（公元662年），加扬州大都督。麟德二年（公元665年），加右卫大将军。咸亨三年（公元672年），改名德，徙封雍王，授凉州大都督，雍州牧、右卫大将军如故，食实封一千户。上元元年（公元674年），又依旧名贤。

太子贤与其兄故太子李弘所不同的是，贤不但文采出众，而且十分留意武功。弓箭、骑马十分娴熟，特别醉心于外出狩猎和打马球，真可谓是文武双全，朝臣们都认为他有乃祖太宗皇帝李世民的英武遗风。因此，李贤刚被立为太子，李治就大赦天下，令太子监国，参与政事。并派张大安为太子左庶子，刘讷言为太子洗马，全力辅佐太子贤，以期尽快把他培养成一个优秀的帝王继承者。

与此同时，武后也加紧推行她的十二条改革措施。

为了进一步把持朝政，在朝臣中培养自己的亲信，武后打破常规，不拘一格，亲自面试选拔了一批人才，并根据他们的特长，授以适当的官职。这批人成了武后的"智囊团"。一般朝臣进入大内须走南门，而此等人奉皇后谕旨，特走北门，时人称之为"北门学士"。

北门学士比较著名的有刘祎之、元万顷、范履冰、苗神客、周思茂等人，以下是他们的简历：

刘祎之，常州晋陵人，世族大家出身，其父刘子翼是隋朝时的知名学者。祎之少以文藻知名，为右史时被召入禁中修撰，官至宰相。

元万顷，洛阳人，元魏皇族后裔，善属文，被召入禁中修撰，官至凤阁侍郎。

范履冰，怀州河内人，为进士出身，召入禁中修撰将近二十余年，官至著作郎。

苗神客，沧州东光人，乾封元年幽素科及第，为右史时召入禁中修撰，官至著作郎。

周思茂，贝州漳南人，少以文才知名，为右史时召入禁中修撰，官至麟台少监。

北门学士在武后的授意下，完成了一系列由武后署名的著作。主要有《孝子传》二十卷、《列女传》二十卷、《玄监》百卷、《少阳正范》三十卷、《青官纪要》三十卷、《维城典训》二十卷、《凤楼新诫》二十卷、《乐书要录》二十卷、《内轨要略》二十卷、《百家新诫》五卷、《兆人本业》五卷、《臣轨》二卷等。该系列书籍，涉及人的日常生活行为规范的方方面面，洋洋洒洒达数千卷之多。

北门学士在修撰之余，也为武后参谋政事，间接或直接干预国事，成为武后控制朝政的一个极其重要的中坚力量。毫无疑问的是，太子李贤监国，处事常受"北门学士"的牵制。这一天东宫的一帮人愤愤不平，太子左庶子张大安密奏太子说："北门学士，依仗皇后撑腰，其势逼入，于殿下十分不利，望殿下早作决断，从速修撰自己的著作，借以培养自己的亲信重臣，为日后登基称帝打下基础。"

太子贤点了点头，但又有所顾虑地说："母后为人凶狠，遇事不饶，公开另行修撰，恐招惹母后的忌恨，反于事不利。"

"殿下何不以'献上'的名义来做。"张大安说。

李贤闻言，觉得这主意不错，但也不宜锋芒显露，于是指示张大安选一本书，对其书进行注释工作，以此名义从而收罗和发现一批人才。

其后不久，在太子东宫迅速聚集了一帮人，除张大安和刘讷言外，还有洛州司户参军格希元、学士许叔牙、成玄一、史藏诸、周宝宁等人，于仪凤元年（公元 676 年）完成了范晔的《后汉书》注释工作，并以此贡献给皇帝。

修撰正在进行时，李治闻之大喜，赐物五百段。及书成表上之，李治又敕令赐物三万段，并以其书付秘阁收藏。皇帝的表彰和支持，使太子贤的声望如日中天，其小集团的势力也日益与武后的北门学士抗衡。同时，太子贤也不断扩充自己的势力，插手朝廷方方面面的工作，秘密建立自己的情报网。

太子贤的举动自然难以逃脱武后的眼睛。刚解决了对自己有威胁的太子弘，又冒出了更厉害的太子贤。武后忧心忡忡，彻夜难眠。若任太子贤发展，自己到最后难免落个退居后宫的下场，一生的理想，半世的心血就会付诸流水。

黑暗中，武后咬紧牙，决定再搬掉太子贤。但采取何种措施，武后着实动了一番脑筋，若采取惯用的下毒的方法，未免让天下人看出苗头，思来想去，她决定先乱了太子贤的阵脚，而后伺机把他换掉。主意一定，武后叫内侍召来在外官太医局值宿的明崇俨。

明崇俨是谏议大夫，何以到太医局值宿？因明崇俨略通医道，尤精按摩术，名义上他是谏议大夫，实则是武后的"健康顾问"，在李治多病、身体虚弱的情况下，明崇俨担负着抚慰武后的重要任务，其值宿太医局，可以随时等待武后的召唤。这时间已是半夜午时了，明崇俨早已睡下了，但一听天后相召，明崇俨又急忙爬起来，他洗脸，漱口，飞快地穿上衣服，随武后的近侍急速赶到了内宫寝殿。进了殿里，明崇俨的脚步自然放慢，他轻手轻脚地来到寝帐前，轻声说道："天后，您还没睡呢？"

"进来吧。"武后说。

"遵旨。"明崇俨答应一声，进了寝帐，二话不说，照例给武后施行按摩术。

武后四肢伸展着躺在床上，任明崇俨按摩着："崇俨，半夜里叫你来，辛苦了。"

"天后，您对我恩重于山，起我于民间，崇俨万死不得以报天后。"

"崇俨，你是不是我最信任的人？"

"崇俨眼里唯有天后。"

"我想交代你两件事，你能办到吗？"

一听这话，明崇俨也不按摩了，忙爬在床沿，连磕三个头，眼泪汪汪地说："崇俨愿为天后肝脑涂地，难道天后还不信任小臣吗？"

看着明崇俨一脸的委屈，武后满意地坐起来，握住他的手说："现在我的处境你可能也了解一二，这些年来，皇上多病，又加上天灾兵祸，大唐的江山风雨飘摇，我不得不从后宫走到朝堂，主持朝政，但因此遭到一些朝臣的议论和忌恨，他们在太子贤面前诋毁我，怂恿太子培养自己的势力，明里暗里地和我对着干，不听我的谕旨。想想我有多么伤心，这些年来，我吃不下饭，睡不好觉，日理万机，为了大唐，为了太子，我尽心尽力。可现在太子贤大了，成人了，竟打算把我撤到一边，我，我好伤心哪……"

"天后英才天纵，天皇多病，独撑危局，天下有目共睹。尤其是现在正在推行的'建言十二条'，更是让士庶欢欣鼓舞。太子贤不知好歹，不念母恩，实在可恶，臣要代表天后当面责问太子。"明崇俨气哼哼地说。

"当面责问，未必起什么好的效果。"

"那怎么办？反正我明崇俨不能眼睁睁地看着天后受委屈。"

"是啊，可他是我的儿子，我又能怎么办呢？"武后唉声叹气地说着，她捏了捏明崇俨的手，望着他的一双手，万分感慨地说："太子一旦登基，恐怕我就没有能力留你在后宫了，也没有福气享受你的按摩了，甚至你也不可能当这个正四品谏议大夫了。"

"天后，这怎么办？崇俨可不愿离开您啊。"明崇俨说着，又从眼角淌出两行眼泪来，"天后，你还有其他儿子，干吗要让李贤这个不孝子当太子？"

"崇俨，你会相术，你看谁当太子合适？"

明崇俨摇头晃脑地想了一会，说："天后，李显当太子比较合适。他比较听您的话，听说他的妃子赵氏死时，他毫无怨言。"

武后点点头，这才慢慢道出了深夜召明崇俨的真正意图。"崇俨，更换太子一事你和我说还不行，关键还是要说通皇上。"

"当然！"明崇俨拍着胸脯说，"臣有时候说些话，皇上还是比较相信的。"

"不过现在时机还不到，你必须先这样……"武后凑近明崇俨，悄悄地把自己的打算说了一遍。

明崇俨听得连连点头，又连连竖起大拇指，万分佩服地说："天后，您太英明了，您才是真正的皇帝。"

"崇俨，这话可不许乱说。"武后故意板着脸说。

"不乱说，不乱说。"明崇俨又把手搭在了武后的大腿上，异样的眼光盯着她的脸，边抚边说，"崇俨一定按天后的意思办。"

"好了，"武后拿掉明崇俨的手说，"天不早了，你回去吧，我也困了。"

一听这话，明崇俨无可奈何地爬下床，穿上鞋，恋恋不合地走了。

散布谣言是明崇俨这类人的拿手好戏，他像拿着火种在草地上烧荒一样，这点一下，那点一下。不久，宫中迅速传开了这样一则离奇谣言，说太子李贤不是武皇后的亲生子，其母是与李治有染的韩国夫人。

流言总是有点现实依据的。永徽五年（公元654年）十二月十七日，武氏在前往昭陵的路上，早产下了太子李贤。上年年初，武氏才生下长子李弘，在李弘和李贤之间，武氏还生过一女，即被其亲手扼杀的长女。如此算来，武则天是两年生三个孩子，能有这样的可能吗？一个皇后能在身怀六甲、且已临产的情况下，外出颠簸去拜谒昭陵吗？且如果说李贤是早产，这样一个不足月的婴儿在寒冷的路途上生产，能存活下来吗？

种种疑问，证明了李贤并非武后亲生，那么谁是李贤的生母呢？答案只有一个，那就是与李治有染的武后的胞姐韩国夫人。当初，为了避免韩国夫人和李治私生子的丑闻传播，武后将李贤秘密充当自己的孩子养在宫中，保住了李治的一支血脉。谣言终归是谣言，其漏洞百出也是自然的。试想想，以武氏的性格，怎么会容忍一个不共戴天的情敌的儿子，长期窃居在自己的身边，且屡迁高位，直至升为皇储太子？谣言尽管是谣言，但它的影响力、破坏力却不可小瞧。太子集团的一些势利之徒听到这个谣言后，都疑神疑鬼，失去了干劲，觉得跟着太子贤不再会有什么好的前途，说不定会因此连累自身。因此，一些人纷纷打退堂鼓，相继离开了东宫。同时，一些朝臣和部门也看出了苗头，也都对太子贤另眼相看，渐渐地，太子贤的势力萎缩了，一些政令也行不通了。太子贤焦虑万分，找来太子左庶子张大安在密室里商讨对策。

"张大人，这则谣言从何而来？又因何而生？"

"殿下，此谣言乃自宫中传出。臣已启奏天后，请她务必查究，以消除影响，可天后光答应不行动，臣以为……"张大安说了半截话又停住了。

"以为什么？快说！"太子贤有些急躁地问。

"臣以为这是天后故意而为之，据臣从侧面了解，此谣言乃起自谏议大夫明崇俨的口中，而明崇俨又和天后走得最近。"

"天后布此谣言，意欲何为？"

"臣自忖这是天后权欲过重，深嫉殿下英才，以谣言来瓦解殿下的势力。"

"那怎么办呢?"太子贤焦急地问。

"天后已临朝听政近十年，朝中亲信众多，其势不浅。且天后残忍好杀。以我东官的势力，还不足与其抗衡。臣以为殿下不如以退为进，以守为攻，避其锋芒，静待时日。"

"我乃一国储君，岂能龟缩东宫，无所作为?"太子贤生气地说。

张大安望了望紧闭的密室门，悄悄地说:"殿下，前有李弘之鉴，不得不防啊。"

"那我该怎么办?"太子贤想起大哥李弘的暴卒，觉着张大安说得有道理。

"天后所虑的是，殿下的文武英才。殿下不妨表面上花天酒地，游戏玩乐，而暗地里培植势力。"

"说得有道理。公开对抗，无异于加深矛盾，母子相残。倒不如依卿之计，静待时日。"

太子李贤主意一定，自此以后作风大变。也不见他找人编撰、讨论学问了;也不见他骑马射箭，操练武功了;也不见他上朝处理政事了。而是整日沉湎于酒色之中。东宫里，一天到晚，都是丝竹之声和女人的欢笑声。密探把太子堕落的行为迅速密报给武后。武后还不大相信，这一天，她在一大帮近侍的簇拥下，突然来到东宫。

东宫门口，两个看大门的卫兵正蹲在墙根晒太阳，见天后率人过来，急忙捡起旁边的枪，立正敬礼，其中一个还要先行进去禀报，让武后的卫士给制止了。一行人长驱直入，直奔东宫的大殿。离大殿老远就听见吹拉弹唱的声音，及推门进去，只见宽阔的大殿里，炉火熊熊，暖意如春，十几个半裸的女人正在翩翩起舞，而太子贤左手揽着一个美女，右手端着酒杯，正哈哈大笑，其娈童户奴赵道生正蹲在太子贤的脚边替他捏摸着大腿。

众人各玩各的，仿佛未见天后等人来到。直到武后的近侍大喝一声，旁边的吹鼓手才停下手中的活，众人也把眼光一齐投向门口，见是天后来了，这才惊慌失措地急忙跪下来请安。太子贤把手中的杯酒干了，然后摇摇晃晃地走过去，没走几步，又一个趔趄闪倒在地，顺势跪下，咬着舌头说道:"儿……儿臣……见……见过母后。"武后看了地上的太子贤一眼，又看了看周围，半天没吱声。于是，太子贤爬起来，嬉皮笑脸地说:"母后，您怎么有空……来……来东宫看我?"武后不说话，只是上下打量着太子贤，半天才问："你一个月这样玩几次？""一个月……"太子贤歪着头，想了想，说："一个月也就是十次八次，让……让母后见……见笑了。""你这样玩法，东宫政务又怎样处理，你可有好几天没上朝了。""东宫说有事也……也有事，说没……没有事也没有事，至……至于朝廷上，有母后在，也……也就足够了，儿……儿臣只……只想多……多抽空玩玩。"

"你怎么说话结结巴巴的。"武后皱着眉头问。

"儿……儿臣喝……喝多酒了。"

武后凑近跟前，伸着鼻子闻了闻，又拉长声音问："你们东宫的人，最近又编了什么书呀？"太子贤打着嗝，用手招呼着赵道生："道……道生，把……把新……新编的书拿来，给天……天后看看。"赵道生一听，忙从旁边的桌子上拿过一本书，颠颠地跑过来，跪献给武后。武后接过来，看了看封面的书名，嘴里轻声念着："《俳谐集》，这是什么书？""启……启奏母后，这……这是一本新……新编的笑话集，里面的俚……俚语谐谑，可……可有意思啦。母后不妨拿……拿一本回去看。"武后又打量着太子身边那个身着奇装异服的赵道生，然后指着他问太子贤究竟是什么人，是不是太监？太子贤听了武后的问话，笑了笑，告诉武后这个人便是与他同吃、同住、同睡的家奴赵道生。武后听完，立即变了脸色，冷峻地看着太子贤，眼里射出的寒光简直能够将人冰冻，她一字一句告诉李贤身为太子，万事都应该三思而后行。他这样年轻气盛，只能断送自己的大好前程。武后看着太子醉酒的样子，被气得一句话都说不出来，一转身，领着一帮人径自出了太子的院门。

第十九章

寒冬百花开　趁机提禅位

这一天，明崇俨奉武后的命令去探望病中的李治。自从太子弘死后，李治就因为伤心过度，本就不好的身体更是大不如从前，长年卧病在床，早就不能视朝。明崇俨到来的时候，李治刚刚服过药，正靠在床边歇息。明崇俨小心地走过去，轻轻地给李治进行按摩。

李治有气无力地问明崇俨从哪里过来。明崇俨告诉李治，他是从景泰殿那边过来。"见到天后了吗？""回皇上，天后正在景泰殿和朝臣们一起处理政要，特叫臣赶过来侍候皇上。""朕卧病在床，不能视事，一切全靠天后了。明爱卿，天后这两天身体还好吧？""回皇上，天后这两天，时常……时常……""时常什么？和朕说话怎么吞吞吐吐的。""天后这两天时常暗自抹泪。""天后怎么啦？"李治欠了欠身子问。"还不是为了太子贤的事。""太子贤还是那样耽于玩乐，不问政事吗？""是啊。天后把《少阳正范》《孝子传》送给太子读，希望他改邪归正。可太子置若罔闻，不思改悔，依旧我行我素，成天喝得醉醺醺的，张妓奏乐，且数名男女杂居，致使东宫丑闻迭出，朝臣失望。""那张大安、刘讷言成天都干些什么？"李治生气地问道。"张大人、刘大人也不是不劝谏，但太子像中了邪似的，谁的话也不听。依臣看，长此下去太子非毁了不可。""这孩子原来是多么好的一个孩子，怎么当了几天太子就变样了。明爱卿，你给朕分析分析，这是什么原因。"

明崇俨一听李治问这话，正中下怀，遂即展开如簧之舌，侃侃而谈，说太子贤不堪承大位。李治思前想后，疑神疑鬼起来，又问明崇俨："故太子李忠、李弘难道也是无福承大位？""从命相上来看，应该是这样的。""那……现在只有英王李显、相王李旦可作为太子的候选人，明爱卿看看，此二子谁最能承继大位？"李治小心地问道。

"这个……"明崇俨煞有介事地扳着手指头算起来，口中还念念有词，好半天才说："英王殿下相貌和先帝太宗最相似，其高贵自不待言，

但臣观相王殿下的相貌却更加不同凡响。""英王和相王到底谁最堪承大位，总不能两个人都立为皇储吧？"李治生气地说道。"回皇上，臣一时确实难以分清楚，不过，皇上可以组织一次考试，以测出两位殿下的志向。""考试？怎么考？""皇上，现在正是隆冬季节，上苑里一派肃杀残败的景象。此情此景，也最能考验一个人的意志。皇上不妨组织一次游苑，让朝中大臣作陪，命英王、相王两位殿下现场作诗，以诗作论人品，以诗作评高下。不知皇上以为臣这个想法如何？""有道理。"李治连连点头，问明崇俨："这件事你和天后说了没有？""没说，没说。若不是皇上您问我，臣岂敢乱言。""这样吧，你告诉天后，等哪一天朕身体好些，天暖和些，下令组织一次游苑会，现场测试英王、相王，以决定新太子的人选。"

"遵旨！"明崇俨声音响亮地应着。他圆满地完成了武后交代的任务，心里不免有些得意，手因此而微微发抖，他怕皇帝再看出什么来，于是叩头向皇帝告别，一溜烟奔向景泰殿。景泰殿里，朝臣们都走了，但武后仍伏案批改文书，瞥眼见明崇俨进来，头也不抬地问："事办得怎么样？"

明崇俨忙凑到武后的耳朵，得意地说："天后放心，一切都已搞定了，天皇同意在后苑测试两位皇子，还让我给你说呢。""何时游后苑？""天皇说等他身体好点，拣个好天就去。"武后把手中的表章放下，盯着明崇俨的眼睛问："你有把握在游苑那天让花开吗？""天后放心，我已经在暖屋里试验成功了，好多花都已含苞待放，有的已经开了，保证那天不影响移栽。"武后点点头，又作了两点指示：第一，保证在天亮之前移栽完毕；第二，选派得力可靠人手，保证事前事后守口如瓶。

这天，李治觉得身体好一些了，便登朝视事，临散朝，李治让明崇俨宣布口谕，即明天上午，群臣及英王、相王随天皇、天后游上苑。口谕刚一宣布完，群臣就议论纷纷，有的说大冷天的游什么上苑。这时，武后拍了拍御案，众人才住了口，一齐把目光投向御座上的武后和皇帝。

武后训斥道："天皇好不容易有此兴致，将游上苑，众卿不仅不附和，却还说三道四，成何体统！"见群臣被训得低着头不说话，武后又一拍御案说："不就是嫌上苑无花可赏吗？来人哪……"

"在！"旁边的内侍响亮地答应着。

"笔墨伺候！"

"是！"

群臣不知武后搞的什么名堂，都伸长脖子向御案上看，只见武后擎笔在手，饱蘸浓墨，"刷刷刷"地写了一首诗。写完后，内侍拿过来，当庭念道："明朝游上苑，火急报春知。花须连夜发，莫待晓风吹。"

武后看了看群臣，笑着说："众爱卿想看上苑花开，所以我写了这么一首诗，我想试试我的旨意，看上苑的百花是否能遵命。"

明崇俨拿过内侍手中的那首诗，举在头顶，一脸的严肃，大声说道："天后乃仁明之主，英才天纵，金口玉言。百花奉制，定然会及时绽放。"

晚上，李治问道："你一向处事持重，今儿怎么在朝堂上当着众卿的面信口开河？这百花能听你一个女人的话，这不是无事生非，让众卿看你的笑话吗？"

"圣上，若您的天后真命金口，百花自然会开放。若是凡夫俗子，无所灵验，惹人耻笑，也是活该的事了。"

第二天早朝后，群臣如约奉旨随天皇天后前往上苑。英王李显和相王李旦因不习惯早起，此刻正哈欠连天，打不起精神，显哥对旦弟抱怨说："这早朝和游苑，四更天就起床，真受不了。"

"显哥，此是父皇谕旨，你还是少说几句，让母后听了，会有你的好看。"

过了清阳阁就是上苑，众卿跟着李治的龙辇缓缓地走着，这时，打前站负责安全检查工作的一个御前带刀侍卫，急匆匆地赶来，"扑通"一声跪倒在地，拦住龙辇，面色惊慌，结结巴巴地说："启奏圣上，上……上苑有异象。"

"异象？何种异象？"李治忙欠起身问。

"上……上……上上上……"

"别激动，慢慢说。"

"上苑百花开放，俨然春天，臣……臣……"

"真的？"李治睁大眼问。

"臣不敢欺君。"

"快点，快点。"李治催动着步辇，和众朝臣一起，直奔上苑。过了清阳阁，众人眼前一亮，脑子里一阵眩晕，都不约而同地揉了揉眼睛，张大着嘴。李治似乎更不相信自己的眼睛。

惊异中，李治和众朝臣走到了上苑。但见满苑花团锦簇，异香扑鼻，万枝千朵，一齐绽放……浅紫的是杜鹃，粉红的是蔷薇，嫩白的是雪球……各有深浅不同的颜色，各有浓淡沁脑的芬芳。更有一枝纵横而出的玫瑰花的枝条上，竟然蹲着一只毛羽灿烂的小鸟，正撑开着舌头，婉转啼叫……

天后的一首诗，居然能夺造化之功，令百花开放，这太不可思议了。众朝臣在兴奋和惶恐中，不约而同地把目光投向武后，又不约而同地战栗着俯伏下去："天后万岁、万岁、万万岁……"武后却表现得神色恬和，不为所动。她微微地笑着，面朝东方，挺胸而立。初升的朝阳在她的脸上洒下一层金色的光辉，把她装扮得更加光彩夺目，神秘伟大，非同凡俗。武后在朝臣山呼万岁中，缓步走到李治的跟前，搂着他的胳膊，轻声地说："皇上，请巡幸上苑百花。"李治直愣愣地看着武后的脸，似乎没听到她的话，武后只得提高声音又说了一遍，李治才从惊诧中醒过神来，连声答应着："巡幸，巡幸。"穿行在百花丛中，众朝臣眼望着寒风里的花朵，惊魂未定，不敢多言。就连李治也好像第一次认识武后，不时地偷偷看她一眼。武后佯作不知，只是一味地高谈阔论，大谈文学艺术。及到了上苑中间的缀琼亭，武后才拍了拍脑壳，好像刚想起来似的，对李治说："不是要考一下显儿和旦儿的诗才吗，就在这儿考吧。""行，行。"李治急忙答应着。"明爱卿何在？"武后问道。"臣在。"明崇俨急忙从人群中走出来，一夜未睡的他，两眼熬得通红。"传皇上和我的口谕，令英王、相王各献诗一首，以记此景，任何人不准帮他俩捉刀代笔。""遵旨。"明崇俨答应一声，就人前人后地去找那英王和相王。远远地看见俩小子正摘花折枝地闹着玩呢，明崇俨心疼地跑过去劝阻说："两位小王爷，这好不容易开的花，可不能乱摘。""你敢管我？"生就任性的英王李显愣着眼说。明崇俨笑嘻嘻地说："天后让我传旨给二位王爷，令你俩立即以游上苑为题材，各作诗一首，以献天皇天后。""作诗，作什么诗？"李显瞪着眼说，"我们最头疼的就是作诗，你得帮帮我们。再说，你成天跟着天皇天后，也知道他们喜欢什么格调的诗。""这……"明崇俨皱了皱眉头，不情愿地从怀里掏出一本小册子来。李显和李旦急忙抢过来翻看，见都是些轻松谐谑的打油诗，相王李旦疑惑地问："天皇、天后喜欢这样的诗？"

"当然！"明崇俨振振有词地说，"人有正经的一面，又有闲适的一面。今天皇天后闲逛上苑，以这样谐谑的诗呈上，天帝天后准高兴，这也是我这几年侍上得出的经验。"

"行，就照他的意思办，从书里一人捡一首记住，等会儿抄出来献上就行啦。"英王李显不耐烦地说。

明崇俨把那本小册子收起来时，郑重地叮嘱他俩说："两位小王爷，天皇要问，可千万别说诗不是你俩做的。如若不然就会犯欺君之罪，会受到重罚的。"

来到缀琼亭，两王子胸有成竹地讨来纸笔，"刷刷刷"，立即各写了一首诗。然后呈献给皇上。见两个儿子才思如此敏捷，皇上心里略为宽慰，传旨让近侍当众朗读给自己听。近侍高声念道：英王李显作《咏牡丹》：朵朵都比碗口大，百花丛中最数她。白的白来红的红，思春娘子找老能。相王李旦作《刺玫瑰》：扎手扎手真扎手，一根毛刺皮里走。大红脸盘不让沾，一天两天七八天。

没等近侍念完，多数朝臣就憋不住了，忍不住地哈哈大笑起来。但见李治的脸色越来越难看，众人忙又止住笑声，有几个擅长拍马屁的人，忙上前贺道："两位小王爷以俗示雅，皮里阳秋，诗里诗外都表现出超常的智慧，独特的个性，实为国家之栋梁，恭喜皇上，贺喜皇上……"

天后寒冬催发百花，群臣向其山呼万岁。两王子却呈献如此不伦不类的诗作，使选拔皇储的考试，变成一场闹剧。李治只觉得嗓子眼发干发咸，眼前直冒金星，他"哇"的一声吐出一大口鲜血，一头栽倒在地上……

等醒来时已经是夜里了，除武后外，尚有宰相郝处俊、李义琰等四五个忠心的老臣围绕在身边。见皇上醒了，都急忙围过去，眼含热泪看着皇上。

李治凝视着他们，半晌不说话。

倒是武后走过来说："几位爱卿还是早些回府歇息吧，明天还要早起上早朝。皇上现在已经没事了。"

经武后的再三催促，几位老大臣才别了李治，抹着眼泪走了。这时，武后也觉得乏累了，就指示旁边的明崇俨说："明爱卿，你安排太医局的人继续给皇上诊治，晚上陪皇上说说话。我的意思你明白了没有？"

"明白了！"明崇俨心领神会地看着武后，响亮地答应着。

武后俯身过来，关心地用手在李治额上拭了拭，对李治说："我先到后殿休息一会儿，有事叫他们叫我。"高宗看着她无语，只是轻轻地点了一下头。

等武后走后，明崇俨忙凑近李治，给他活动活动手脚，又装模作样地给他再把一次脉，才自我满意地点了点头，对李治说："皇上，您已经无大恙了，是不是稍微吃些饭？"

李治摇摇头，只是双目无神地、呆呆地望着寝床上的盘龙雕饰。

"皇上，您是不是还有哪个地方不舒服？"

见李治默然不语，明崇俨停顿了一下，又问："皇上，您是不是有什么心事？"

见李治仍不语，明崇俨深吸了一口气，眼窝里就蓄满了泪水。他泪眼婆娑地面对李治，带着哭腔说："皇上，您有话就说。作为臣子不能为君分忧，臣心里实在不是个滋味呀。"性情温厚的李治果然为明崇俨的泪水所打动，他从沉默中返回神来，长叹了一声，说："没想到两个王子的才能是这么差。"

"是啊，"明崇俨附和着说，"相王和英王的才能，与太子贤比起来，连一半也比不上啊。可太子贤现今又这样自甘堕落。"明崇俨不说这话则已，一说这话，高宗的眼泪又下来了，他拉着明崇俨的手，眼泪汪汪地问："明爱卿，你说说，难道上天真要亡我李唐？""皇上，犹记得先朝李淳风的预言否？"明崇俨不失时机地问。"什么预言？""当年武后蒙召入宫，李淳风奏云：'后宫有天子气。'太宗召宫人阅之，令百人为一队，问淳风，淳风云：'在某队中。'太宗又分为二队，淳风云：'在某队中，请陛下自拣择。'太宗不识，欲尽杀之。淳风谏不可：'陛下若留，虽皇祚暂缺，而社稷延长。陛下若杀之，当变为男子，即损灭皇族无遗矣。'太宗遂止。""你这事是听谁说的？朕怎么不知道。""皇上，此事传闻由来已久，且圣上自小就居住在宫中，难道不闻此事？"李治摇摇头："先帝太宗生前从未和朕说过此事，这事大概又是民间谣传吧。""皇上，臣仰观天象，发现帝星昏暗，后星辉耀……""你还会观天象？"李治打断明崇俨的话问。

"臣自幼得过异人相授，医道、卦术、天象等，无一不通，无一不晓。臣这几天，夜不成寐，思虑再三，想斗胆向圣上进一言。此言圣上若能采纳，必将上保社稷永存，皇祚久长，下保风调雨顺，万物苍生。"

"什么纳言有如此大的妙用？"李治不解地问。

"请圣上赦臣无罪，臣方敢斗胆进言。"

"赦你无罪，快说吧。"

明崇俨见四周除了几个宫婢、宦者之外，并无其他王亲大臣，且欺高宗身体多病，性情宽厚，依仗背后有武后撑腰，于是狗胆包天地说道："臣斗胆请皇上禅位于皇后。"

"什么？"一听这话，李治惊得从床上坐起来。

"臣明崇俨出言惊驾，死罪！死罪。"明崇俨跪倒在地上，连磕了两个响头，又趁势往眼皮上抹了一些唾沫，带着哭腔说："但臣又不得不说，不说无以报陛下对臣的知遇之恩也，不说无以尽正谏大夫之职也。"

见李治不理他，只是直愣愣地看着他，明崇俨接着说："禅位于皇后，可顺天应人，保皇上龙体安康，皇太子重新振作……"

"若禅位于皇后，我李唐天下岂不是完了。朕百年后，又有何脸面见列祖列宗于地下。"李治说。

"武后称帝，太子仍将是太子，等十年八年以后，天下安定，武后仍还位于太子，退居后宫与陛下安居天年，那时李唐天下仍将是李唐天下，有何不可？"

明崇俨的强聒不休，弄得李治头脑又昏沉起来，一时理不清头绪，只顾哼哼着，好半天才问："这……这能行吗？"

"皇上……"明崇俨又伏在地上，带着哭腔说，"天命不可违啊，若不让武后称帝，几位皇子殿下定然沉沦不保。且武后才能非凡，治国有才。远的不说，单说现在的'建言十二条'，给国家带来多大的好处啊，人民逐渐摆脱了饥馑，国库逐渐得到了充实。皇上，应早下决心，痛下决心啊！"

"这……"李治觉得也有些道理，于是说，"朕倒不在乎这个帝位，只是若禅位于皇后，必遭王公朝臣的反对。"

"皇上，您没和他们说，怎知他们会反对。臣恳请皇上明天早朝时，向王公朝臣提出'禅让'之议。"

"提好提，不过此事是否先和皇后商量一下。"

"皇上，皇后与您情深意笃，必不会接受'禅让'之议，但若朝臣们赞成，想皇后最终也不得不接受大位。"

"等明天早朝时再说吧，"李治挥挥手说，"朕也要休息了，你退下吧。"

"是。"明崇俨倒退着，恭恭敬敬地走出李治的寝殿，然后又一溜烟奔向武后的寝殿，邀功报喜去了。

第二天早朝时，几位老臣见病中的李治也来了，纷纷含泪探问病情。

李治看这些忠诚的老臣们，亦有些心酸，即令近侍给几位老大臣看座。

见皇上当廷赐座，大臣们感动之余亦惶恐不安，有的眼瞅着李治旁边的武后不敢坐，有的斜坐在御凳上，始终坐不安稳。见李治欲言又止，不住地长吁短叹，武后故意问道："皇上好像有什么事吧？"

李治点点头，手抚在龙案上，深情地一一看过他的臣子们，又无奈地摇了摇头，方才说道："众位爱卿，朕有一事，想和你们商量一下。"

大臣们见李治神态举止有些异样，心中无数，不敢应承他的话。倒是明崇俨心里有数，出班嚷道："陛下有什么事尽管说吧，我们这些做臣子的保证遵旨。"

李治不理他，只是眼看着坐在凳子上的几位老臣吞吞吐吐地说，"朕……朕……朕欲禅大位于武皇后，何如？"

"啊？"众大臣一听，都惊呆了，以为自己听错了。只有宰相郝处俊还比较镇定，立即叩首奏道："陛下，禅位于皇后乃何人的主意，此人可即刻捕杀！"

"是，是……"李治两眼在文官队伍中搜寻着明崇俨，吓得明崇俨迅速闪到了人群的背后，还没等李治说出他的名字，朝臣们都已缓过劲来。除了武后的几个死党外，都纷纷跪倒在地上，有的大声劝谏，有的失声痛哭。宰相李义琰站在人群前面，手指着一大片跪着的臣子们，慷慨激昂地说："陛下若再说一句这样的话，臣等将立即碰死在朝堂上。"望着这激愤的场面，李治手足无措，嘴里"朕朕朕"地嗫嚅着。只见郝处俊接着又说道："高祖、太宗出生入死，积功累仁，费尽千辛万苦，方挣得这大唐的赫赫基业，及至陛下，仅历三世。而陛下却不加珍惜，不以为贵，臣等人实在、实在是难过啊……"

"请陛下万勿再说此事！"群臣异口同声地含泪请求道。

武后见这场面和自己预估的大不相同，没想到有这么多的人坚决反对这件事，知道事办不成了，其势不可阻，也离座起立，含着眼泪说："陛下禅位于臣妾是陷臣妾于不义也。臣妾上朝听政，乃为陛下分忧也，万望陛下不要有别的想法，恳请陛下收回此动议。"李治见状，只得长叹一口气，伸出胳膊，让近侍扶着，下朝回宫去了。

后宫里到处流传着李贤并非皇后亲生儿子的谣言，武后寒冬催百花开放的事情，英王和相王赋诗比才能，李治当场昏厥，朝堂上众人提议李治禅位皇后……这一连串的事件让装疯卖傻的太子李贤再也坐不住了，他顾不上喝酒张妓，立即密令自己早已在京城各处布置好的情报人员火速调查所有事件的来龙去脉，查出其中真伪，然后再设计一举除掉明崇俨等人。

太子李贤一个人在密室里静坐了一会，思前想后，觉得装疯卖傻并不是避祸的好办法，随时随地都有可能被废黜。于是，他决定采取以进为退的方法，主动出击，寻找合适的机会。打定主意之后，太子李贤便命人为自己梳洗打扮，穿上早已经准备好的英武合体的戎装，去长生殿探视李治了。

第十九章 寒冬百花开 趁机提禅位

第二十章

太子被贬黜　议嵩山封禅

　　长生殿里，李治躺在床上正为太子李贤的事情犯愁，他唉声叹气，根本想不出任何好办法。一听说太子贤来看他，急忙命令侍从将自己扶起来，靠着床头坐好。太子李贤一进来便，李治便开始责怪跪在地上的儿子。李贤等着李治说完，看着李治有下床的样子，赶紧跪过去给李治穿鞋。李治制止了李贤，让他起来站好，打量着面前一身戎装的李贤。见他神采飞扬，还像过去一样，拥有火热的目光，勇敢的面孔，宽广的额角，一点也不像沉湎于酒色的样子，不禁大感不解，问："贤儿，人都说你整天沉湎于酒色，不能自拔，是不是有此事？"

　　"父皇，您看我像一个甘于堕落的人吗？"

　　"不像，一点也不像他们说的那样。"

　　"他们说我什么？"

　　"说你脸面浮肿，骨瘦如柴，两眼无光……"

　　"父皇，你整日病卧深宫，难免有小人在您面前诋毁我。贤是父皇的好儿子，贤决不会做出让父皇失望的事。"

　　"贤儿，听说你变坏了，父皇没有……没有一天能睡好觉啊……"李治说着，拉住太子贤的手哭了起来，"……看你还是过去那种英武的模样，父皇……父皇心里是多么高兴啊。"

　　"父皇要善保龙体，且莫过度哭泣。"太子贤轻轻地帮李治擦着眼泪。李治惬意地享受着儿子的孝心，心情也渐渐地平静下来了，问："这些日子，为何不上朝，不过问政事？"

　　"父皇，母后临朝，凡事多强自决断，儿臣几无可发言之处。因此退居东宫。"

　　"皇儿，你退居东宫，可知最近朝中发生了多少事。"

　　"儿臣都知道，且明白这些事件的真相。"太子贤于是凑近李治，把寒冬催百花的把戏，英王、相王打油诗等秘密都和盘托出。

李治听了大惊，急问儿子是怎么知道的。

"父皇，您也别问儿臣是怎么知道的，您也别再去责问母后了。父皇您悄悄地知道，心里有数就行了。""难道你母后真的处心积虑想当皇帝？"李治有些害怕地说。"父皇，如今您因病不能正常上朝视事，所以给一些人以可乘之机。父皇现在就应该让儿臣多分担朝政。""贤儿说得对，这样吧，你明天上朝，朕即诏令天下，令你监国，所有政事皆取决于你。""谢父皇恩遇。"

调露元年（公元679年）五月二十一日深夜，洛阳宫的西门"吱呀"一声打开半扇门，几个人打着一盏灯笼，牵着一匹马，从宫里走出来。宫外没有灯，天上也没有星月，四周黑漆漆的，伸手不见五指。黑暗像一堵墙，横在人的面前，头顶不远处有夜鸟的怪叫，附近似乎还有两三点鬼火在跳舞。就在这个漆黑的夜晚，明崇俨被从黑暗中蹿出来的五六个黑衣人拽下马来，干净利落地干掉了。

李治正歪坐在床上，眼皮眨巴着，望着窗外的风景想心事。这时，武后怒气冲冲地赶进来，进来就叫："皇上，明崇俨昨天夜里让人给刺杀了。"

听到这个消息，李治似乎一点也不惊讶，只是微微欠了欠身子，不说一句话，仍旧躺着。

李治的举动，大出武后的意料，她上前狐疑地问道："皇上，您早已经知道这事了？"

"朕不会算卦，朕怎么会早知道，倒是他明崇俨应该预先早知道。"

"皇上您这是什么意思？"

"这种故弄玄虚的旁门左道之人死不足惜。"

见李治话里有话，武后知道李治还在为寒冬催发百花的事生气。于是，她马上换上一副笑脸，挺胸偎上了李治，揽着他说："难道皇上度量这么小，还在为那些花花朵朵生气？"

"朕怎么能不生气？一个小把戏害得朕要禅位于你，弄得朕的威仪在群臣心里大打折扣。"

"皇上，您又多心了。那天您也看出来了，群臣对您是多么的忠心，连臣妾也大为感动。臣妾当时也暗暗地发誓：臣妾在世一天，就要为皇上分担一份忧虑，为皇上多做一份工作。忠于皇上，效力皇上，让皇上能腾出空来，早日把病养好。与臣妾共度鱼水之欢，与臣妾白头到老，相守百年……"

第二十章　太子被贬黜　议嵩山封禅

武后的一番甜言蜜语，哄得李治脸色缓和了下来。武后也就势扑在李治的怀里，脸贴着李治的胸脯，俨然一只温柔的小猫。

李治亦抚弄着她的头发说："皇太子如今监国了，你要多把一些处理政事的经验传给他，要多放手让他独立去处理一些重大问题。"

"那明崇俨的事怎么办？一个四品正谏大夫被刺杀了，朝廷不能不问。"武后抬起脸说。

"该怎么办就怎么办。"

"臣妾已令金吾卫追索凶手。另外，明崇俨生前尽心尽力地侍奉皇上，在皇上病时，常常彻夜不眠，侍奉皇上，如今惹人嫉妒，徒遭横祸，实为不幸，臣妾想追赠他为侍中，不知皇上恩准否？"

"侍中？侍中是宰相，能随便追赠吗？"

"皇上！"武后娇滴滴地叫着，李治只得点头应允了武后的要求。在稳住李治的同时，武后也在冷静地观察着太子贤的一举一动，积极地采取应对措施。不久，有线报说，太子贤的户奴赵道生有刺杀明崇俨的嫌疑，这也印证了武后的猜想。于是，令金吾卫秘密拘捕了赵道生。

为了控制住大局，在武后的操纵下，朝廷中也作了一些重大的人事变动，任用了一批与太子贤有隙的人，大大削弱和牵制了太子贤的权力，使其政令不能得到有效的执行。

风雨欲来，面对母后的步步进逼，太子贤和东宫的太傅们焦虑不安，接连在东宫的密室里召开秘密会议，商讨对策。

太子贤说："拘捕了赵道生，下一步就可能轮到我，以母后的性格也决不会轻饶于我。与其坐以待毙，不如铤而走险。我打算秘密筹备一些兵器铠甲，招募一些江湖勇士，必要时突入后宫，逼母后归政。"

一听这话，太子太傅张大安吓得脑子里"嗡"的一声，不由自主地摸摸项上的人头，颤声地说："殿下，此……此事万万不可为。一来危险性大，二来一旦事败，殿下与臣等人的家眷老小必然徒遭祸害。臣以为殿下还是退居东宫，佯装沉湎酒色，以此避祸为最好。"

"避祸避祸，能避得了吗？"太子贤恼怒地说："沉湎酒色，更授人以口实，前段时间，就因为这些，我这个太子差点又被废掉。"

"殿下不如无为而有为，具书向皇后请罪认错，讷言以为皇后还是会顾念母子之情的。"太子洗马刘讷言献计说。

太子贤点了点头，决定采取两步走，一是建立自己的亲信联盟，积极备战；二是如刘讷言所言，以衷悫之心，去打动和麻痹武后。于是，太子贤也不去上朝了，除给母后写几封请罪认错的书信外，每天就待在东宫里，歪躺在坐床上，看舞女跳舞，听乐工奏乐。

密探把太子贤的举动汇报给武后，武后冷笑了一声，即刻赶往后宫去见皇帝。

"皇上，金吾卫已查明杀害明崇俨的凶手。"见李治不说话，武后接着说："此凶手名赵道生，乃是东宫的户奴，据他交代……"

"不会是贤儿指使的吧？"李治打断武后的话问。

"审问还在继续，目前还不清楚。据这赵道生交代，东宫内政混乱，蓄养的许多户奴皆为所欲为，拉帮结派、私藏武器。我想派人去搜检东宫，查出这些不法之徒，肃清东宫，否则贤儿就慢慢地被他们带坏了，最近又不去上早朝了。"

"又不上朝了？"李治惊讶地问。

"对。贤儿都是被那一帮户奴哄骗的，疏于政事，耽于酒色，请皇上速下圣旨，着人搜检东宫。"

"这……不如让贤儿自己处理吧。"李治说。

"他能处理他早就处理了，臣妾恳请皇上从教子成人的角度出发，不袒护孩子，速下圣旨搜检东宫。"

李治被逼无奈，只得点了点头，叮嘱武后说："一是不要惊吓了贤儿，只查户奴不查其他；二是向贤儿事先通报，说明情况，取得贤儿的谅解和同意。"

"这你就不用操心了，我会做到的。"武后说着，便急匆匆地走了。一眨眼的工夫，宰相薛元超、裴炎和御史大夫高智周各带着本府甲士，联合程务挺和他率领的羽林军，迅速完成了对东宫的包围，一场大搜查开始了。

薛元超等人高举着圣旨，长驱直入，东宫的左右卫士不敢阻挡。无可奈何的太子李贤也被程务挺的手下逼到了一间屋里，软禁了起来。

后殿里，正在焦急等待搜查结果的武后，听到薛元超关于东宫搜出铠甲的汇报，如获至宝，面露喜色。

"好，这就够了。"武后说着，面露杀机，命令薛元超将太子和他的手下带至大理寺，严加审讯，严加看管。

薛元超走后，武后坐在龙案旁静静考虑了一会儿，然后乘上步辇，来到后殿，面见皇上。

"皇上，东宫后厩搜出近五百副崭新的铠甲。太平盛世，私藏如此众多的武器，其谋反之心昭然若揭，请圣上即刻下诏废其太子称号，待查清事实，再行治罪。"

"没有这么严重吧？太子东宫本来就有左右卫卒护卫，存些甲胄器仗，也是正常的，也算不了什么。当面说说他，让他以后注意就行了。"李治说。

"皇上，据东宫的户奴交代说，李贤早就暗暗准备着甲胄器仗，准备伺机突入中宫，武力逼圣上退位。他为人子心怀逆谋，天地所不容，绝不可饶恕，绝不能赦免，应该在废去名号后，依律处死。"

"处死？"一听这个字眼，李治心里一惊，对武后说："处死贤儿是绝对不可能的，朕绝不答应。"

"皇上！"武后正色道，"作为一国之尊，更应该心存公心，大义灭亲，对逆谋造反的人，决不能心慈手软，否则，将何以示诫后来者，又何以坐稳江山。"

"朕……朕实在是于心不忍，贤儿是一个多么聪明英武的孩子啊。"

"怜子之情人皆有之，贤儿堕落到这个地步，我作为母后，更为伤心。但现在朝臣的眼睛都看着圣上，看着圣上怎样公允地处理这事，若一味顾念父子之情，恐怕会造成文武众卿离心离德，那时候，后悔就晚了。"李治被武后几番话说得心神不宁，拿不定主意，哭丧着脸老是用手揉开始疼痛的头。这时，武后又进一步催促道："皇上，快下圣旨呀。""下，下……"李治被逼不过，泪如泉涌，手哆嗦着，在武后拟好的废太子贤为庶人的诏书上盖上了印。调露二年（公元680年）八月，太子贤被废为庶人后，逐出京城。永淳二年（公元683年），迁于巴州安置。从其东宫马厩搜出的数百领皂甲被悉数拉到洛阳的天津桥畔当众焚烧。此案涉及了很多人，包括赵道生在内的太子党徒，一律市曹问斩。左庶子兼中书门下三品宰相张大安，因失察之咎，坐阿附太子之过被贬为普州刺史。太子洗马刘讷言也被发配到八千里之外的振州。东宫太典膳丞高政被遣送回家后，高家的几个叔侄怕引火烧身，急于想和这位高家的"败类"划清界限，合伙将高政刺杀在家中，并割下其首级，弃置于道上。与废太子贤来往密切的太宗之子曹王李明、太宗之孙蒋王李炜，也躲不过武后的铁扫帚，以李贤之党的罪名，分别迁到别州安置，后皆为武后所杀。其后在文明元年（公元684年）二月，即李治去世两个月后，武后临朝，令左金吾将军丘神勣往巴州检校贤宅，以备外虞。到了巴州，丘将军依据武后的密令，把李贤闭于别室，逼令其自杀，李贤死时年仅三十二岁。武后举哀于显福门，追封贤为雍王。又假装震怒，把杀人凶手丘神勣贬为叠州刺史，但不到两个月，又官复原职。

故太子李贤被废为庶人后，李治的病似乎越来越重了。他躺在床上，除了呻吟外，就是催促太医局速想办法。其实太医局的御医们也没闲着，太医局也比任何时候都忙。大门口一天到晚，人来车往，有贡献偏方的，有拍着胸脯要求亲手给皇上治病的，有说能给皇上驱魔的。太医局的皇帝医疗班子也一天到晚地商量可行医方。还要根据武后的指示，把皇上病情的发展及相应的治疗方案，每天上报给武后。这天，武后来见李治。李治正躺在床上呻吟，见武后来了，他呻吟得更厉害了。

"皇上，"武后坐在床边，轻轻地拍打着李治说，"近日大理国派流星快马送来一种处方，您不妨试试。"

"什么处方？是不是'婆罗门药'？"李治撑起身子问。

"差不多吧，闻着味觉得呛鼻子。"

"不行，不行。朕十几年前就服过这种药，既难吃又没有疗效，还烧得朕胃疼。"

"那……"武后叹了一口气，摸着李治的手，似乎在自言自语，"难道真要服那'金石之药'？""什么'金石之药'？"高宗问。"'饵'药呗。当年先帝太宗服的那种，如今虽经太医进行改良，但此药太烈，我还是不敢让他们给你服。""没事，服！朕这多少年的老毛病，不施重药，就拿不下它。"李治急着说。御医久治不愈，土方、偏方试过一遍，全无疗效，李治决定冒险使用饵药。由于事关重大，武后召见大臣，讨论此事。在皇上服药前，武后把太子和裴炎从长安召回，任命裴炎为侍中，崔知温、薛元超为中书令，并勉强接受薛元超循例请令太子监国的建议。服药这天，武后、太子和几个宰相全都守候在皇上的床前，盼望着奇迹发生，同时心理上也预备着以防不测。李治把丹药吃下去之后，长出了一口气，倚在枕头上，静静地等候着。好半天什么反应都没有，李治要求再吃两粒。侍在旁边的裴炎磕头劝道："皇上，此金石之药不宜多服，也不宜久服，服多了必然中毒，臣恳请皇上过两天再说，若有疗效，即可加服，若无半点疗效，即说明此药无用。""裴爱卿言之有理，皇上还是等等，看看效果再说吧。"武后也跟着劝道。李治忍住劲等了五六天，见身体全无动静，病情依然，不禁灰心丧气，对侍病的几个大臣说："朕才刚刚到天命之年，此时若告别众卿，心犹不甘。朕虽不求活个百年、千年，但若再活二十年、三十年的，朕就满足了。"

"修短自有天命。皇上尽可安心养病，依照常规服药。有病在身，急也没有用，徒增负担。"裴炎说道。

"裴爱卿言之有理，皇上还是宽心养病为好。我和朝臣们也都为皇上的病，急得天天吃不下饭，睡不好觉，也都在到处寻找办法。盼望皇上能早日康复。"武后劝道。

"可朕这病一天重似一天，却不见你们拿出什么好办法。"李治说。

"皇上，"薛元超上前奏道，"不妨上高山封禅，以祈求天神保佑皇上身体康复，长命百岁。"

"封禅？"武后不高兴地看着薛元超，说，"泰山已封过，还上哪封禅？"

"天皇，天后，"薛元超分别作了两个揖，说，"山有五岳，乃东岳泰山、西岳华山、南岳衡山、北岳恒山和中岳嵩山，此五大名山，均可封禅。除泰山之外，皇上还可去华、衡、恒、嵩封禅，以祈告上天，保佑皇上。"

"天皇病成这样，还能遍拜四岳？"武后生气地说。

"行，行，"李治挣扎着从床上坐起来说，"只要能治好朕的病，多高的山，多远的路朕也不在乎。就照薛爱卿所奏，朕要去四岳封禅。"

"皇上，山高路远，旅途劳顿，您的身体怕吃不消，如果要封禅，可遣特使去代为封禅，效果也是一样的。"武后好心地劝道。

"不行，别人代封，显得朕心不诚。朕虽不能一下子封完四岳，但可一年去一个山，四年也就封完了。"

"皇上！"裴炎上前，欲行劝谏。

"你们都不要说了，就这样定了。朕愿以毕生之余力遍拜四岳，上告于天神，朕当皇帝几十年，还是上对得起天，下对得起庶民的。朕也不相信天神不保佑朕长命百岁。"

事关皇上的身体安康，武后也不好再说什么，她和几个宰相交换了一下眼神，见几位宰相点点头，武后奏道："皇上既然发此誓愿，就先从近处的嵩岳祭禅吧。我先着人去嵩山建设封禅台和行宫，等一切准备妥当了再行封禅。"

李治同意了建行宫的想法，命令旁边等候的大臣们一定要尽快建成，而且起出的名字要显示出他对天神的崇敬。旁边一直不言的崔知温终于得到了说话的机会，他告诉李治，关于嵩岳行宫的名字，武后已经想好了，名为"奉天宫"，取奉天承运的意思，正好符合封禅的思想。李治觉得这个名字也合乎自己的心意，便点头答应了下来。

第二十一章

上嵩山封禅　李治终病逝

弘道元年（公元683年）正月，奉天宫提前完工建成。李治顾不上天寒地冻，也不顾文武群臣和武后的阻拦，执意前往嵩岳封禅。

朝廷的各个部门得到这个消息都紧张起来，礼部加紧制定封禅需要用到的仪式。太史馆及北门学士们也绞尽脑汁开始撰写各类祭文。羽林军更是责任重大，各处调兵遣将，打理防务，保卫皇上皇后的人身安全。沿途的州县也都接到了通知，全力做好后勤保障工作。正月甲午，武后陪同高宗，率文武群臣、王子王孙，浩浩荡荡地奔赴嵩岳。高宗开始还支撑着在车里坐着，及出了京师，他就撑不住了。武后只得令人在车上铺下早已预备好的锦被。锦被共有十八层，高及过膝，高宗躺在上面，颤颤悠悠，开始感觉还不错，但躺久了还是不舒服。武后见高宗那难受的样子，劝说道："皇上，让车驾住下，歇息一会儿吧？"

"不歇，"李治忍住痛苦说，"让车驾快一点，早到嵩山，早封禅，早祈告天神，病就早些好。"武后只得让人催动车驾，从速向嵩山进发。嵩山距东都洛阳虽不远，但千乘万骑。人马接近晚上时，才到达山下的奉天宫。高宗略事休息，饭也没吃两口，就让把他扶出殿外。此时寒风斫面，痛彻心骨，高宗虽不住地打着寒战，仰望着高高夜空，繁星顶戴的嵩山，还不住地点点头，对旁边的武后和群臣说："天神有灵，定能保佑朕，安复如初。"众人忙点点头，说："天神有灵，皇上定能安复如初。但现在天气寒冷，皇上还是回殿里好好歇息，待明日好有精神上山封禅。"高宗也觉着支撑不住，于是点点头，让近侍把他扶到殿里。武后同文武群臣一夜未睡，研究和布置第二天的封禅步骤。到了下半夜，天气转阴，愁云密布，北风呼啸，好似暴雪即将降临。武后心里不安，几次到殿外查看天气，责问随侍的太史令："你不是说今天是登山封禅的最好日子吗？怎么天气如此恶劣？"

太史令也急得没有办法，跟在武后的背后抓耳搔腮，听她问话，慌忙上前跪下，不住地磕头说："臣算了几次都是这个日子，且历书上也这么说。但天有不测风云，再者，寒冬腊月，也确实不是登山的日子。"

武后叹了一口气，说："你起来吧，事情也不能完全怪你。但明天下不下雪，你理应测出来。"

"天后，"太史令爬起来，拍打着身上的尘土说，"臣算天明绝对没有雪，但到了晚上，臣就不敢说了。臣也断定自后天开始，嵩山将连续雨雪天。"

到了天明，李治早早地爬起来，早早地让近侍给他穿上衮服。望着李治蜡黄的脸，艰难支撑着的身体，武后心里一阵酸楚，她握住李治的手，担心地说："山高路险，更兼朔风扑面。皇上能行吗？还是我代您上山封禅吧，要不然，让裴炎或太子代您去？"

"不行，朕意已决，朕定要上山亲自封禅。"李治穿着厚厚的衣服，外裹庞大的衮服，气喘不定地说。

十八抬大轿抬着高宗来到嵩山脚下。山高路陡，要换乘两人抬的躺椅。高宗被人搀下大轿，却不胜朔风，再加上连日劳顿，昨晚上没睡好觉，早晨又起得太早，只觉得一阵眩晕，脚一软，直着往前扑去。亏得近侍早有准备，急切中将高宗抱住，左右忙遮住帷幕，拦住北风。同时，御医们一齐拥上，施行急救术。好半天，高宗才在武后的怀里悠悠醒来，他看了看左右殷切期待的眼光，叹了一口气，眼泪涌出，说："天欲亡朕乎？"

"皇上何出此言。此乃隆冬季节，好人尚且不能上山，何况皇上你带病之躯。依我之见，皇上还是回去，等春天或秋天时，再行登山封禅吧。"武后劝说道。"可朕这病……""皇上心诚至灵，定能上达于天，上天也定能保佑皇上御体早日康复。封禅早和晚并不重要。""那……朕已许下弘愿，不可失言，下诏，待开春时再行封禅。"有皇上点头同意，武后忙命令把高宗抬上大轿，打道回宫。就这样，一场隆重的封禅典礼，因高宗病情甚重，宣告取消。山上预先登上的人马也只得撤了下来。至春，因高宗病情加重，只得改诏在秋月里登山。但越等越不行，待到十月，高宗病情更重，几乎都不能走路了。登嵩山封禅，只得再一次延期。至十一月，高宗病情更加严重。这一年中，大唐也进入了多事之秋……永淳元年（公元682年）四月甲子朔，日有食之。六月甲子，突厥骨咄禄寇边，岚州刺史王德茂死之。是月，大蝗，人相食。十月甲子，京师地震。弘道元年（公元683年）三月庚寅，突厥寇单于都护府，司马张行师死之。丙午，有彗星出于五车。癸丑，崔知温薨。五月，突厥寇蔚州，刺史李思俭死之。八月丁卯，滹河溢。己巳，河溢，坏河阳城。面对国内国外这些严峻的形势，武后处乱不惊，她一方面在大内照顾好高宗，一方面与诸大臣日夜议政，派右武卫将军程务挺为单于道安抚大使，率兵以伐突厥。加派多谋善战的裴行俭为金牙道行军大总管，率三总管兵，在热河等地夹击突厥，打退了突厥的猖狂攻势，保证高宗在未愈的时候国家太平，避免政局动荡。高宗是两耳不闻窗外事，一心只治自己的病。但天不由人，其时已是病入膏肓，两目已不能视。这天，侍候的御医秦鸣鹤觉得实在不能拖下去了，于是斗胆趴在地上磕头请求道："天后，皇上，此风疾已上逆，砭头血可愈。"

"此可斩也，乃欲于天子头刺血！"一句话吓得秦太医又连磕几个头，带着哭腔说，"天后，这是没有办法的办法啊！皇上头上因风逆淤血，塞焉脉络，因而头晕目不能视。唯有砭头血放之，方可缓解症状。"高宗在床上动了动，说："试一试吧，未必不行。"秦太医又看了看武后。见皇上同意，武后也点点头，再三叮嘱说："小心点，度要把握好，千万别出错。"

"臣谨遵天后圣谕。"秦太医忙从自己的医疗箱里，拿出几根金针，又用药酒擦了几次，才预备给高宗头上扎针放血。手拿金针，临到高宗头上，秦太医的手又打起战来，武后见状，鼓励道："别怕。"秦太医感激地冲武后点点头，捻针在手，沉着冷静地在高宗的百会、脑户两个穴位上扎了数针，不一会儿，放出了些许紫黑色黏稠的恶血。还没等秦太医发问，高宗就一个劲儿地叫起来："我好像看清楚东西了！""皇上，您是不是感觉头部轻松了许多？"秦太医问。"轻了，轻了。"李治兴奋地说。武后提着的心放下来，她转嗔为喜，以手加额，长出一口气说："感谢苍天！"秦太医收起了金针，叩头说："今天砭头血多放一些，明天就少一些，以后逐日放一点，直至放出鲜红的正常的血。"秦太医告辞走了，武后又亲自把他送到殿外。第二天，武后又亲自负彩百匹以赐秦太医，感谢他的妙手回春。秦太医纵然是华佗转世，但天意难违，高宗李治的病还是一日不如一日，其生命之光也渐渐地熄灭。一碰大事，武后改元的心又生出来了，劝说高宗改"永淳"为"弘道"，取意为"弘扬大道，天神保佑"的意思，病笃中的高宗连连表示同意。

十二月丁巳一大早，高宗被近侍从床上搀扶下来，欲去则天门宣布改元。但他没挪动两步，就喘不过气来，武后无奈，只得令人在大殿里设上龙椅，扶高宗歪在上面。然后叫则天门等候宣布改元的文武大臣，到殿前晋见。文武百官排成十几排跪在地上，一齐山呼万岁，高宗听见这熟悉热闹的"万岁"呼声，眼泪接着就下来了，他的手抬了几抬，没有抬起来，只好有气无力地说："朕自登基以来，凡三十年，自信上对得起列祖列宗，下对得起黎民百姓。这些年虽有几年的天灾人祸，但大多是国富民强的……如今，朕虽……虽重病在身，仍愿弘正道于天下……故改元'弘道'，且大赦于天下，以祈告上天，与民以永福……"高宗还未说完，下面的文武群臣都已泪流满面，纷纷跪地叩头说道："唯愿圣上早日康复，唯望上天保佑圣上长寿百岁。"听见臣民们的话，高宗又感伤地落下泪来。见圣上哭了，底下有些人也忍不住地哭出声来，大殿的哭泣声由小渐大。武后怕高宗伤心过度，忙令礼部宣布散会，让文武群臣退朝。下午，高宗卧在床上，已不能进食。武后寸步不离地守在床前，她一会儿轻轻地抚摸着高宗消瘦的脸庞，一会儿背过脸去暗自落泪……三十年的夫妻，三十年的情深。三十年前，那玫瑰花下的喁喁私语，翠微殿中的纵情拥抱，还有那尼姑庵的不了情，无一不透露和显示着李治对武氏的殷殷恋情。没有李治的情义，就没有武氏的现在；没有李治的赏识，就没有武氏的辉煌。投之以桃，报之以李，从内心深处来讲，武氏最不愿辜负的就是李治。为了权力和理想，她可以心狠手辣地铲除掉别人，直至包括自己的亲生子，但对于李治，她心里始终有个准则，她一定要好好地忠守李治，直到最后。在她内心深处，只有如此的坚守，才觉得心安。

"显……显儿，显儿……"高宗在床上动了动，口里叫道。武后忙令在外殿等候的太子李显到高宗床前晋见。

李显的外表颇似太宗李世民，长得高大威猛，但他徒有外表，才能却与太宗相反，是一个昏庸贪玩、治国齐家无力的人。前一阶段，高宗命他在长安监国时，他只知道骑马打猎，游山玩水，气得高宗把他召回东都特地训斥了一顿。

"父皇，找我有事？"太子显跪在高宗的床前问。

"显，显儿，朕……朕死后，你一定要……要听你母后的话。你，你能力不行，治……治国齐家的本领远……远逊于你母后，你……你要多，多向你母后讨教……"

"父皇，您怎么啦？您可别死！"太子显跪在高宗的床前说。

"哎……傻孩子，父皇我也不想死啊。朕唯一放心不下的就是你，你刚才听清楚……朕……朕的话了吗？"

"听清了，您让我听母后的话。"

高宗歇了一口气，又叮嘱李显说："你做了皇帝以后，更……更要注意性子，千万不要……不要任性胡来。只要……好好听你母后的话，按照你……你母后吩咐的去办，你……你一辈子都会……平平安安的，国家也……也会治理得好好的。"

李显不住地点头，又回头问武后："母后，父皇不会马上就死吧？"

武后摆摆手，说："你还到外殿等着，不要乱跑。"

李显答应了一声，就出去了。

武后手握着高宗的手，脸贴着高宗的脸，只想单独和高宗静静地在一起。高宗迷恋地看着武后，脸上露出了欣慰的神色，他努力地握着武后的手说："这些年来，朕身体多病，许……许多国家大事……全靠你支撑，你……你确实受累了。"

"这是臣妾应该做的。"武后叹了一口气，又说："臣妾的性子不好，为人严厉，这些年做了不少让皇上生气的事。"

"过去……过去的事就不要……不要提了。你以后能……能把显儿带好，能……能让他守住这大唐……的江山，朕……朕就能安息于九泉了。"

"皇上，您歇歇吧，别说了。"武后劝道。

到了夜里，高宗时而昏迷，时而身体抽搐。武后见状，忙令人急召中书令裴炎入内。

裴炎也是好几天不敢回家睡觉，一直在皇城外中书省守着。听到宣诏，他火速赶到高宗的病榻前。

"皇上，皇上，裴炎裴爱卿来了。"武后趴在李治耳边轻轻地叫道。李治此刻已经醒了，许是回光返照，他竟要挣扎着从床上坐起来，武后忙命人拿过两个枕头，垫在李治头下面。李治视物模糊，虽不能分清眼前的人谁是谁，还是转着脸，看了一圈，颤抖着伸出手，问："太子显安在？"

"父皇，我在这儿。"李显往前挪了挪。

"快，见过裴爱卿。"李治命令道。

李显只得朝旁边的裴炎施了一个礼，口称："显见过裴中书。"

裴炎慌忙起立，搀住李显，口称"不敢"。

"裴爱卿，近前接旨。"李治宣谕说。

裴炎忙跪行到床前，叩头说道："臣裴炎在此。"

李治哆哆嗦嗦地往枕头底下摸，武后忙帮李治找出圣旨，交到李治的手中。李治双手捧旨，递给裴炎，说："此乃朕的遗诏，待太子即大位，可当朝宣谕。"

"臣裴炎谨遵皇上圣谕。"裴炎小心翼翼地接过圣旨，退到一边。做完这些，李治累得喘不匀气，武后忙撤去一个枕头，让李治躺下，头枕在实处。李治歇息了一会儿，又惦记着他的子民，叹了一口气，感伤地说："苍生虽喜，我命危笃。"接着，李治好一会儿不说话，武后忙凑过去，却见李治已昏迷，情知不妙，于是不断地轻声叫着："皇上，皇上。"高宗睁开眼睛，嘴张了几张，喉咙里发出不连贯的声音，他已没有精力说话了，手却伸出来。武后知道他的意思，忙把太子李显叫过来。随着蜡烛的光辉，可见高宗的眼神温和发亮。他的手努力地握住太子显的手，又尽力地往武后手里塞。武后急忙伸出手，三人的手握在了一起。高宗沉思地看了武后一眼，使尽最后一点力量点点头，然后头往枕边一滑，阖目而逝。

待太医确定皇上已驾崩后，武后率先放声大哭，她伏在床前的地上，不住地叩头，边哭边诉："皇上啊……你怎么撇下我……走了。你怎么……这么狠心啊……叫我一个人……可怎么活呀……啊。"

见天后哭得涕泗滂沱，裴炎真切地感觉到天后对皇上的情深意笃，遂上前劝道："天后，圣上驾崩，天下震动，许多大事需要你处理。望天后压住悲伤，以国事为上。"

武后于是收住了哭声，接过了近侍递来的巾帛，擦了泪，对裴炎说："速着人集合大臣，天亮时朝会于乾元殿，宣遗诏，太子即大位。"

"太子即位的典礼怎么办？是不是依例举行大典？"裴炎问。

"国丧之日，一切从简，改改元就行了。最重要的是操办先帝的丧事。"武后说着，见太子显在旁边站着发愣，指着他说："你现在也算是皇帝了，你也和裴爱卿一块到前殿去。后殿的事包括给先帝沐浴、穿衣服等我来办，你们就不用操心了。"

裴炎答应一声，急急往外走，李显见状，也忙跟了上去。走到半路，离东宫不远的地方，李显嘴张了张，对裴炎说："裴中书，你先走一步，我接着就过去。"

裴炎停下脚步，在宫灯暗弱的光亮下看了看李显，恭手说："先帝驾崩，新君立位，事多如麻，大事一件接一件，皇上您要尽量在朝堂上

和我们在一起。"

"这事我懂，你先去乾元殿，我接着就过去。"李显说着，领着他的人，打着宫灯，匆匆地消失在夜幕里。

李显是武氏四个儿子中最窝囊的一个。可巧他找的老婆韦氏，却是一个好虚荣、有野心的女人。自从李显当了太子，她就蠢蠢欲动，一心想当武氏第二，一天到晚对李显耳提面命。此次李显急着回东宫，就是跟韦氏说父皇驾崩的消息。

韦氏早已迎在东宫门口，见李显来了，就急急地问："怎么样？圣上驾崩了没有？"

"刚刚驾崩没多久。我来给你说一声，还得马上去乾元殿，等到天亮，还得接受文武百官的朝贺。"灯光下，韦氏激动得脸色发红，她拿住李显的手捏了捏，说："皇上，你赶快去乾元殿吧，有什么事，及时差近侍来跟我说。"

李显点点头，转身便要走，韦氏又拉住他问道："遗诏里怎么说的？怎么安排天后的？""我没看遗诏。"李显说。"你怎么不看？""人没给我看。""好了，好了，你赶快去吧。"韦氏不耐烦地把李显推出了门外。

天刚亮，文武群臣就接到了皇帝驾崩的紧急文书，大家急忙赶到乾元殿，听中书令裴炎宣读唐高宗立下的遗诏。读完诏书，李显就被众人簇拥着坐上了皇位，紧接着群臣便跪地朝拜，高呼万岁。李显居高临下，坐在威严的龙椅上显然有些拘谨。他只感觉到自己坐在那个位置上就仿佛僵硬了一般，一动都不能动，听着那高声齐喊的万岁，竟然有些晕头转向。裴炎站在李显旁边催促，告诉他天后传来谕旨：让群臣去后殿瞻仰大行皇帝，也就是死去的唐高宗的遗容。李显赶忙从皇位上站起来，在群臣的陪同下一起赶往后殿。

第二十二章

废皇帝立新　谋独揽朝政

　　唐高宗的遗体已经转移到了麟德殿。按照大唐的习俗，死去的唐高宗头南脚北地被放置在大殿中央的贡床上。大臣们按照级别的高低站成一排，围着灵床缓缓地转了一圈，纷纷显现出哀恸的神情。只见贡床之上的高宗玉色温莹如出汤沐，就好像熟睡了一般，天后武氏眼含热泪侍立在一旁。此情此景，就犹如民间的夫妻一样，无论武氏在朝堂之上如何威严，逝去的毕竟是自己的夫君，她的伤感是发自内心的。众位大臣们看着这一幕，纷纷心怀感动，无形中又对这个非同一般的女人增添了一层敬意。

　　瞻仰仪式结束后，高宗被放入灵柩。在灵柩前，武后命裴炎宣谕，其内容是：尊天后为皇太后，临朝称制。大赦天下，赐九品以下勋官一级。宣完谕后，武太后即和群臣一起讨论大丧事宜，反把皇帝李显冷落到了一边。李显坐在宝座上，嘴张了几张，想插进两句话，又不知说什么。好不容易挨到散朝，显皇帝急忙回宫，找他的妃子韦氏。"今天上朝都说了些什么？"韦氏见面就急切地问。"就是讨论一些大丧的事。""裴炎、魏玄同那几个朝臣对你怎么样？""他们不大和我说话，有事都好找太后商量。"韦氏听了这话，兀自摇了摇头，又叹口气说："虽当了皇帝，却没有心腹。"

　　"那怎么办？"李显问。

　　"怎么办？"韦氏装作沉思的样子，走了两步说，"我们得赶快安排自己人当宰相、当大臣。""能安排谁？"李显泄气地说。"我爹韦玄贞。"韦氏冲着李显抿嘴一笑，甜甜地说。"噢，他不刚刚才升的官吗？从一个小七品参军，一下子升到四品的豫州刺史。""豫州刺史有何用？要升就得升到宰相。只要我爹当上了宰相，我们在朝中才真正地有地位，议政时，我父亲才能帮你。"

　　"那只怕太后不愿意。"

"你别和她说，先找裴炎商议，只要裴炎同意，你接着就让他拟旨，这事就算办成了。即使太后不愿意，事后她也只能无可奈何。"

"行，这方法行。"李显觉得此计甚妙，脸也笑开了，他又接着说："我是皇帝，天下第一，任命宰相还是有这个权力的。"

第二天，李显坐在大殿的宝座上，什么事也议不了，武太后见到他就直皱眉头。这天，见太后没上朝，新皇帝李显把裴炎召到近前想让韦玄贞当侍中，却遭到了裴炎的推脱，说要禀告皇太后。

武太后正坐在白虎殿西侧的一间屋里，一个人静静的，不知在想什么。听近侍说裴炎求见，忙令召进。

裴炎进屋来，施了个礼，把李显的话向武太后复述了一遍，武太后也比较震惊，问："他真这么说？"

"此话乃皇上亲口对臣讲的，千真万确。"

太后沉默了半晌，嘴里迸出这么一句："皇上想干什么？"

"太后，皇上乃一国之君，金口玉言，说出如此大不敬的话，太后理应颁谕申斥。"裴炎奏道。

太后叹了一口气，令近侍给裴炎赐坐、上茶，而后感慨地说："天下有些人认为我妇人家不该干政，更不该临朝听政。可裴爱卿你看看，这朝政的事我不问能行吗？先帝在世时，苦于风疾，不能视事，百司奏事，时时令我决之，我也只得夙兴夜寐，独撑朝政。我要再撒手不问，都很难想象这大唐江山现在会是什么样子。"

"太后多谋善断，这是天下人公认的。如今皇帝年少无知，还须太后再临朝听政一段时间。"

"显也不小了，二十多岁了，连儿子都有了。他能说出把天下都拱手送给人的话，让我寒心哪。"

"太后的意思是……"

"皇帝又不是一成不变，非得由哪个人当，显既然不胜其位，李旦的才智虽然不高，但比显为人稳当。"

裴炎恭手说："太后圣裁。显确实不适合当皇帝。"

"废他为庐陵王吧，立李旦为新皇帝。"太后想了想，脱口而出。

裴炎心里有些激动，心想这废帝立帝的大事，三言两语就让太后给决定了，只是这程序怎样走，裴炎心里没有谱，就问："太后，废帝事大，一定要谨慎行事，是否要派人先行把李显软禁起来。"

武太后笑了笑，说："不用。我要当堂宣废帝诏，也让他，让群臣看看，他为什么被废。"

"太后，他毕竟在朝堂上还是皇帝，他一旦生气发怒，这事就变得复杂和严重了。"

武太后鼻子里哼笑了两声，说："谅他不敢。"

"太后，不得不慎重啊，殿前的侍卫仓促之间说不定都听他的旨意啊。"裴炎着急地说。

"裴爱卿，这事你别管，到明天上朝前，你到我这里拿废帝诏书，直接上朝堂上宣读就行了。"

嗣圣元年（公元684年）二月七日五更天，朝门外等候上朝的文武大臣突然得到通知，说太后口谕，本日早朝改在正殿乾元殿举行。按照惯例，乾元殿是朝议大事的地方，只有在元旦、除夕，以及太子即位或立后等大事的时候，才在乾元殿朝会。

文武百官不明就里，都莫名其妙地来到乾元殿，却发觉这里的气氛也大为异常，殿周围三步一岗，五步一哨，羽林军提枪带刀地守在大殿四周，左、右羽林将军程务挺和张虔勖各率麾下的军士站在朝堂两侧，虎视眈眈地看着前来上朝的大臣。程务挺按剑在手，站在殿门口喝道："请各位大臣按班排好！"

众文武谎忙各站各位，也不敢说话，都把眼光投向大殿门口。一会儿，中宗皇帝李显驾到。一看场面比平时隆重，李显不禁有些自得，大摇大摆地走上御台，一屁股坐在龙椅上，回头见太后的座位上空着，太后没有来，心里更觉胆大，便朝旁边的近侍点点头，意思是朝贺可以开始了。

近侍刚想指挥群臣磕头，山呼万岁，只见大殿门口，中书令裴炎、中书侍郎刘祎之匆匆赶来，走到殿中央也不去自己的位置，而是径自来到御台下。只见裴炎立定站好，转过身去，把手中的一卷黄绢刷的一声展开，威严地看了群臣一眼，口称："太后诏令：自即日起，废中宗为庐陵王！"

"什么？"李显好像不相信自己的耳朵，睁大着眼睛惊愕地问。

裴炎也不再理他，直接走上御台，严肃地说："请庐陵王从宝座上下来！"

这一切，对李显来说，简直是太突然了，他这才明白了朝殿内外为何有这么多的羽林军，他在惊惶中也无法明白为何发生这样的变故。他不解地问："我有何罪？"

裴炎也不理他，对身后的刘祎之说："把这句话报给太后。"

刘祎之飞奔出殿，一会儿转回来，传太后的原话说："汝欲以天下与韦玄贞，何得无罪！"

听了这话，李显才明白过来，他一拍额头，苦着脸，但悔之晚矣。

"奉太后谕，立相王李旦为皇帝。"

裴炎又当堂宣读第二道诏令。读毕，指示刘祎之把早已制好的册书交给礼部尚书武承嗣，命他捧着诏书立即交给相王李旦。武承嗣接过册封，愣愣地问："直接交到相王府？不举行册封大典了？""太后让你直接交给他，让他明早来上朝就行了。"裴炎摆摆手说。"那安排他在宫中住哪个殿？还住长生殿？"武承嗣心里没谱，忙又问裴炎。

裴炎说："这事你去问当今太后去嘛。我一个中书令，岂能擅自决定？"

武承嗣也觉得是个理，于是捧着诏书走了。

这时，李显也被程务挺带走了，羽林军也撤出了大殿，群臣无首，也只得快快地散朝了，各回自己的衙门办公去了。

其后，李显被幽禁在宫中别苑里，闭门思过。新皇帝睿宗李旦被安排到一个偏殿里，每天上朝就是当个摆设，多亏李旦是个心平气和的人。他什么都不问，这时的太后当仁不让地常御紫宸殿，施黬紫帐临朝，以太后的身份裁决军国大事。

在高大雄浑、气势森严的皇宫大内里，在通往太后居住的正殿的甬道上，一个内侍引领一个外廷官员，都低着头，脚步匆匆地走着。该外廷官员长相圆头圆脑，面白无须，脸色红润，油光发亮，正似人生得意之时。他身着紫色蟒袍，腰挎金石玉带，一看就知是一个三品大员。此人正是太后武则天的亲侄子武承嗣。承嗣是武则天的二哥武元爽的儿子。

咸亨二年（公元 671 年），袭封周国公的贺兰（武）敏之被武则天诛杀。武承嗣被从岭南召回京城，继承武士彟的后嗣，由一个贬官之子，一跃而成为周国公和服紫戴金的三品大员。高宗驾崩前后这一段时间，武承嗣官居礼部尚书。

大殿里，武则天正坐在龙案旁批阅文书，及武承嗣进来后，她头也不抬仍忙自己的事。武承嗣见太后坐在龙案后森严的外表，也不敢造次，只是垂手立在一边，站了片刻，又觉不对劲，于是撩衣跪倒，口称："臣武承嗣见过太后，太后万岁万万岁。"

好半天，太后才合上手中的卷宗，抬起眼皮往下看了一眼，说："赐座，看茶。"

近侍忙按吩咐搬来了凳子，端上了香茶。武承嗣端杯在手，小心地喝了一口，拘谨之极。近侍也给太后奉上一碗不知名的特制的汤羹。太后用小勺一口一口地啜完，方用巾帛擦擦嘴，问武承嗣："这几个月来，因先帝表仪及奉安大典，礼部工作负担甚重，你作为礼部尚书，能否应对呀？"

"臣承嗣仰赖太后的荫庇，尚能应付。"

太后点点头，问道："你对武氏将来在大唐处于什么样的地位，有什么看法？"

"臣承嗣以为天命归我武氏，归于太后陛下。"武承嗣大胆地说出自己的猜测。

太后听了这话，却面无表情，含而不露，半天才徐徐说出一句话："路还很长，这改天换地的大事，更需要扎扎实实，一步一步地来。"

"承嗣身为我武家的后嗣，陛下的亲侄，愿誓死效力陛下，维护陛下，开启我武氏的万代江山！"武承嗣此时热血沸腾，心情激动，仿佛下一步自己就要当皇帝了。

"现在天下人对我临朝听政有什么看法？"太后问道。

"天下人咸以为太后英明，巾帼不逊须眉。一赞太后保卫国家疆土，维护国家统一；二赞太后重视农业生产，改善百姓生活；三赞太后知人善任，广泛招揽人才；四赞……"太后笑了笑，抬手打断了武承嗣的几赞，说："在天下人的心中，太后仍不是一个皇帝。""那怎么办？"武承嗣仰着脸，痴痴地问。"知道传国玉玺上有这样两句话吗？一作龙文：'受天之命，皇帝寿昌'，一作鸟文：'受命于天，既寿永昌'。这就是说，上天注定谁当皇帝谁才可以当。因此，若登大位，须先做登基前的舆论准备，要大造声势，一步一步地，让天下人从内心里认可。这样，才能堂而皇之地坐上皇帝的位子。"

武承嗣问："太后下一步怎么办，您老人家快吩咐，侄儿我都快沉不住气了。"

太后说："我准备先办几件大事。先削弱李氏家族的影响，另起炉灶。第一，改百官名；第二，易天下旗帜；第三，把国家的政治、经济、文化中心，从长安迁至洛阳，改洛阳为神都，改洛阳宫为太初宫；第五，立我武氏宗庙；第六，改年号为'光宅'，光我武氏家宅。"

"太好了，这几步棋走得太妙了！"武承嗣拍手道。

"下一步这几件大事就交由你礼部办，你能办好吗？"

"没问题！"武承嗣拍着胸脯说，"臣承嗣一定把这几件事办得漂漂亮亮的，让太后您满意。不过……"武承嗣卖了个关子。

"不过什么？"

"这几件事都挺大，承嗣是不是再能官升一级，当个中书门下三品什么的。这样说话也有分量，办起事来也顺当。"

太后看着侄儿笑了笑，说："我明日早朝就宣布你为太常卿，同中书门下三品。"

武承嗣一听急忙离座，趴地上磕仨响头，口称："谢太后！"

武承嗣禀太后的旨意，经和礼部的人日夜加班，反复讨论，终于在最短的时间拿出了一个改革方案，呈送给太后，经其批改后，遂颁布天下。其内容是：一、大赦天下。二、改元为光宅。三、旗帜尚白。四、易内外官服青者以碧。五、大易官名。改尚书省为文昌台；左右仆射改为左右相；吏、户、礼、兵、刑、工六部曹分别改为天官、地官、春官、夏官、秋官、冬官；门下省改为鸾台，中书省改为凤阁，侍中改为纳言，中书令改为内史；御史台改为左肃政台，又增设右肃政台。六、改洛阳为神都，改洛阳宫为太初宫。七、追尊老子母为先天太后。八、追尊武氏五代祖克已为鲁国公，妣裴氏为鲁国夫人；高祖居常为太尉、北平郡王，妣刘氏为王妃；曾祖俭为太尉、金城郡王，妣宋氏为王妃；祖华为太尉、太平郡王，妣赵氏为王妃；考士为太师、魏王，妣杨氏为王妃。九、立武氏宗庙。

前七条颁行时，朝廷中持不同意见者总算不多，及至第八、第九条，至武承嗣请立武氏宗庙时，遭到宰相、内史裴炎的反对。反对归反对，武氏祖先按原计划追尊不误，同时拨专款着令武承嗣在老家文水兴建武氏五代祠堂。至此，武家也终于有了自己的祠堂家庙了。

就在武太后临朝听政的同时，在三千里之外的江南重镇扬州城中的一个小酒馆里，正悄悄地酝酿着一场重大的反叛阴谋……小酒馆坐落在扬州城内运河边一个僻静的地段。在临河的一间雅座里，有几个穿着打扮不一般的人正聚在一起喝酒。这时，酒已喝得差不多了。坐在上手的那个有着宽大脸庞的人，偏着头，直愣愣地盯着桌面。突然间，他坐直身子，挺直腰板，指着满桌的残肴剩菜，怒道："这李唐王朝就像这桌上的饭菜，已经让她吞噬得差不多了！"

"明公小声。"左旁的那个头戴唐巾、手捏折扇，有军师风度的人，忙起身过去打开雅间的门，往外瞅瞅，复又放心地关上门。

"小声？我能小声吗？上个月我还干着眉州刺史，今回又左迁我为柳州司马。还把我这个国公看在眼里吗？我爷爷出生入死，辛辛苦苦挣下的这个爵位还有何用？就说你魏老兄吧，一个正直的御史，就为迁怒了她，竟被贬为一个小小的周至县尉。还有骆宾王骆诗人，一个多么富有才华的人，至今还赋闲在家。"

"我现在连吃饭都成问题。"坐在下手的一个人愁眉苦脸地说。"对！还有我老弟敬猷，本来在周至县令任上就有些委屈了。如今上面却借口改革，把他扫地出门了。"

"你们都委屈，谁不委屈？我一个五品的给事中，一下子被贬为七品括苍县令，我能不生气吗？"另一个人边喝酒，边气咻咻地说道。还有一个人，端起门前盅，一饮而尽，一拍桌子，瞪着通红的眼睛对上手的人说："依我看，等死不如闯祸，说不定振臂一呼，四方响应，还真能搞出点名堂。明公，你就领着头，带我们干吧，我们也不在乎什么了。"众人纷纷附和，那姓魏的有着军师品格的人忙又打开雅间的门，警惕地往外看了看，又悄悄地把门关上，回头对上手的人说："明公，这里说话不方便，是否另找一个地方说话？""上哪去？""运河边的酒家皆备有小船，可以另备一桌席到船上去，在河上边划船边吃酒边说话，如何？""行，赶快安排。"打头的被尊称为"明公"的人，乃是已故大唐开国元勋徐茂功徐世勣（后太宗赐名李勣）的孙子、袭封为英国公的徐敬业，另一个人是他的弟弟徐敬猷。有军师风度的人叫魏思温，他以前在京城里干过御史，如今左迁为周至县尉。再一个就是曾当过长安主簿的大诗人骆宾王。其他两位分别是由给事中被贬为括苍县令的唐之奇，由詹事被贬为黟县令的杜求仁。

河面上的小船是酒家为招揽客人专门设置的，以供客人在此饮酒游玩。船只不大不小，船舱内放置着一张小方桌，上面摆满了酒菜，客人在船上席地而坐。船行河上，把酒临风，再叫上几个乐人在此吹奏，也别有一番滋味在心头。不过，今天到来的这几位客人却没有这样的雅兴。这些末路英雄们喝过几杯浊酒，心里都燃烧着一股反叛的热血。

第二十二章 废皇帝立新 谋独揽朝政

第二十三章

起义兵结党　反武氏政权

　　几个人在船舱内重新摆好酒席，坐定之后便开始喝酒议事。魏思温先斟了一杯酒，双手递给杜求仁，然后便说明了今日相聚的意图。他告诉众人，明公今日特意安排，就是想让大家一起商量高宗驾崩之后，武氏的所作所为。不到两个月的时间，新皇被废，立改年号，易官名、变旗色，大肆拥立武氏宗庙、提携武氏子侄，因此武后的心思可谓是司马昭之心昭然若揭。因此将大家召集到一起，就是想联络各方的仁人志士，将扬州作为基地，希望能够举兵讨伐武太后，保卫大唐的江山。

　　杜求仁等人一齐把目光投向英国公徐敬业。徐敬业沉稳地点点头，又大手一挥说："多行不义必自毙，天下李唐忠臣、仁人志士都久有反武之心。我等现在酝酿起兵，可谓上应天命，下得人心。只要大家同心协德，相信多则一年少则半载，定把那欺主的'吕后'赶出朝纲。我等首倡起义之人，也落个封妻荫子，也不枉大丈夫来此世上走一遭！"

　　"对，庐陵王当扶则扶，不行，咱就自己当皇帝，江山还不都是人打下来的。"

　　"敬猷不得胡说。"徐敬业呵斥弟弟一下，然后又说："得道多助，失道寡助。我们必须以匡复庐陵王，扶持唐皇家为主要宗旨，这样才能势如破竹，尽快取得天下！"

　　听了徐敬业等人的一番描述，一番鼓动，众人的血更加沸腾起来了。但唐之奇比较冷静，问徐敬业："明公，光说不行，我们得手里有兵，可这兵从哪里来？这几个人，没有一个在军中任职的。"

　　徐敬业微微笑了笑，不作回答，只是把目光投向魏思温。魏思温打开折扇扇了几扇，方合扇徐徐说道："想募得十万八万大军有何难哉？思温已和明公定下一条妙计，可使这扬州大都督府的十万大军招之即来。"

　　"魏公妙计安出，说来听听。"众人一齐凑上来问。

又轮到魏思温不说话了，他同样把目光投向了徐敬业，徐敬业面如秋水，严肃地看着大家说："起兵举义乃千秋功业，天大的大事，是押上身家性命的大事，不是说着玩的，各位若同意起兵，须歃血为盟，方可共谋募兵事宜。"

徐敬业目光炯炯地扫视着众人，其弟徐敬猷率先举手表态说："我坚决跟着大哥走，大哥连英国公的爵位都不在乎，我还在乎什么？"唐之奇捅了捅身边的杜求仁，用眼神问他，杜求仁瞅了瞅徐敬业眼神中的杀气，觉得躲是躲不了了，遂一口干了杯中酒，慨然地说："我杜求仁跟定明公了。明公指到哪我打到哪，即使死了也不过碗口大的疤瘌。""算我一个。"唐之奇也举手表态说。只剩下大诗人骆宾王没说话了，众人一齐把目光投向他。徐敬业眼盯着他问："骆公，你打算怎么办？"骆宾王眼望舱外，长叹了一口气说："事到如今，我也只有跟着诸位走了。""好！"徐敬业一拳擂在小饭桌上，盘子碗被震得乱跳。"……来！咱们歃血为盟！"喝完酒，魏思温几人分析：

一、武氏如吕后，其倒行逆施，不得人心，由来已久。我等振臂一呼，必四方响应。且我等师出有名，占尽天时，若里应外合，取武氏之首，实不为难事。

二、扬州乃东南第一重镇，乃南北运河与长江航道的交汇地，乃天下漕运所在，又是著名的工商业都会，也是东南的政治、军事重镇。古人云："淮海雄三楚，淮扬冠九州。"其地理位置之重要可见一斑。若在此地兴兵发难，自然占尽地利，自然能震动大江南北。进则直逼洛阳，一举平定中原。退则可分江而治，据守江东，或来个"南北朝"。

三、明公敬业乃宿将徐茂公之孙。茂公在世时，门生众多，手下带出的战将如云，故交旧朋如雨。这些人感茂公之德，必不与其孙敬业为敌。且敬业秉祖父之遗风，足智多谋，勇敢善战，破武氏之伪军实不为难事，可谓占尽人和。

一通商讨后，群情激动，众人纷纷摩拳擦掌，恨不得立即统兵杀到洛阳去。徐敬业走出船舱，叉腰挺立船头，严肃地看着远方，众人皆跟着走出船舱，极目远眺……

京都洛阳，裴炎的外甥、监察御史薛仲璋刚下朝回到家，就接到了魏思温派来的下属韦超送来的密信，邀请他带着夫人和孩子共同前往扬州。

看了信以后，薛仲璋马上明白是怎么一回事。魏思温原来在京为

御史时，两个人既是朋友，又是同事，整日相处甚契，无话不谈。那时密谋的事如今一下子就要去做了，薛仲璋心里不禁有些激动。他手拿书信又细细地看了一遍，然后在书房里不停地走着，是做还是不做？不做似乎不行了，这首义的计划酝酿已久，事发后你也难逃干系。且自己感高宗大帝旧恩，理应挺身而出，为李唐皇室锄奸。做了，就义无反顾，一旦迈出这一步，就覆水难收了。薛仲璋独自在书房里将近待了一夜，也没有合眼，及至天明，他长叹了一口气，才一咬牙，下定了决心。

第二天上午，薛仲璋去了中书令裴炎那里，裴炎是他的娘舅，跟他谈了一下自己想去扬州出差视察的想法。裴炎也比较赞成，点头答应了，还嘱咐了一番。

薛仲璋一家人，连同送信的韦超，专门买了一辆马车。于第二天一早出了洛阳，马不停蹄地向扬州进发。到了扬州，薛仲璋也不先去都督府，而是由韦超领着，先去徐敬业的秘密住所，会见了正在那里焦急等待的徐敬业、魏思温等人。住了一宿，经过一番密谋后，薛仲璋留下妻小在徐敬业处，自己和两个仆人换上了官服，乘车来到了扬州都督府衙门。进了都督府，薛仲璋也不歇息，也不准众官员的吃请，而是开始马不停蹄地工作。他首先一一单独召见了都督府的大小官员，详细询问了他们的个人情况和工作情况，然后又集体召见了衙役甲士等军事人员，一天之内，竟也让整个都督府的人，都认识了他薛仲璋，看见了监察御史的权威性。

第二天，薛仲璋又升堂听政，听取了都督府各部门的工作汇报，并命人贴出告示，受理民众上堂申诉，如此三番弄了两个时辰，还未到中午，就听得都督府外有人擂鼓，鼓声咚咚，震得大堂上的大小官吏们面面相觑。

不一会儿，守鼓的衙役飞奔来报："报……薛大人、陈大人，门口有一人说有非常事变，要求面见御史大人。"

陈敬之看着薛仲璋，见他点点头，于是传令："把擂鼓的人带上来！"

不一会儿，一个人跟着衙役走上堂来，扑通一声跪倒在书案前。

陈敬之喝道："来人姓何名谁，堂前击鼓是为何？"

此人不理陈敬之的茬儿，只是一再磕头，声称要见薛御史，并要单独向薛御史汇报。

薛仲璋打量了来人一番，方道："本官就是京城来的薛御史，你有什么话可当堂申诉。"

"小人不敢，小人要单独跟薛大人说。小人怕……"来人微微抬起头，害怕地看了陈敬之一眼。

"本御史是代表朝廷来到扬州，你有什么话但说无妨，没人敢对你怎么样。"薛仲璋在书案后一本正经地说。

"小人叫韦超，小人告……"此人说着，又偷看了长史陈敬之一眼，却从怀里摸出一张诉状，双手呈上："小人韦超所说的话都在这上面。"

"呈上来！"薛仲璋命令道。

薛仲璋接过状纸，未看两行，就大惊失色，又连连看了陈敬之几眼，遂站起来一拍书案喝令道："来人哪！"

"在！"两旁的衙役以为要抓这跪在地上的小子都以棍捣地，带着堂威答应着。

"给我把陈敬之拿下！"

"什么？什么？"衙役们以为听错了，大堂两旁端坐的其他官员们更是一愣，不知薛仲璋葫芦里卖的什么药。"来人哪！把陈敬之给我拿下！"薛仲璋索性手指着长史陈敬之喝道。衙役们还是迟迟疑疑不敢动。薛仲璋带来的身着监察院甲士锦衣制服的两个仆人，早已从两边跃上，一下子捋掉了陈敬之的官帽，又把他的胳膊往后一扭，从腰里摸出早备好的绳索，不由分说把这陈大人捆绑了起来。"薛……薛大人，这……这是干什么？"遭此猛烈的变故，连一向身居高位的长史陈敬之也不由得结结巴巴起来。"此人告陈敬之图谋造反，本御史不得不按律将其拿下。"薛仲璋一边说着，一边向众人亮了亮手中的诉状。"下……下官造反？这……这从何说起？"陈敬之眼巴巴地看着薛仲璋，叫道："薛大人，此下跪之人来历不明，其心叵测。怎可凭他一张纸，几句话，就逮捕一个都督府的长史。请大人明鉴！""请大人明鉴！"堂上的大小官员一齐跪地向薛仲璋请求说。"难道你们大家都不知道？按我大唐的律法，官员无论大小，只要有人告其谋反，即革职查处。至于是不是谋反，须等查明后再说。若是诬告，敬之自可官复原职，若反情是实，当按大唐律法，毫不留情，加以惩处。"说到这里，薛仲璋又威严地扫视了堂下的大小官员，说："各位官员不要在这事上多说话了，否则，难免有同案的嫌疑。"大伙儿一听，都不敢说话了，乖乖地坐回原位，一动不动。薛仲璋又命人把陈敬之押起来，严加看管，并革去其长史官职，由他暂代扬州都督府长史一职，等待朝廷定夺。其他各位官员仍各司其职，不得串联，否则，将严惩不贷。十几天后，薛仲璋召集都督府全体官吏会议，说经过严格审问，陈敬之反情是实，朝廷也派来驿报，决定了新任都督府长史，并称新长史将于明日上午到达扬州。

次日一早，薛仲璋就组织了合府的官员，来到了扬州城外，准备迎接新任都督府长史。这新长史到底是谁，大家心里都没有数，连薛仲璋也说他不知道新长史是谁。等了足有一个时辰，方见北方的官道上，有几匹驿马扬起黄尘，飞速赶来，及到了众人面前，几名骑者才蹁腿下马。其中一个长相不俗的人，把手中的马缰绳往别人手中一扔，大步流星地直向薛仲璋走来，还未到跟前，就早早伸出大手，呵呵地大笑着说："新任长史李（徐）敬业向薛御史报到！"薛仲璋望着徐敬业，嘴张得老大，好半天才缓过神来，一副万分惊喜的样子。他紧走两步，一把握住徐敬业的手说："原来新任长史是英国公，下官还一直猜测这新长史到底是谁呢？"

"怎么？不欢迎？"徐敬业微微歪着头，满面笑容地看着薛仲璋说。

"当然欢迎，英国公来主政扬州，实在是扬州民众之福啊！扬州的社会安定、经济发展，将大有希望了。来，来，我来介绍一下今天来欢迎你的扬州都督的官员们。"等到薛仲璋介绍完，徐敬业又神秘地压低声音对薛仲璋说（却又故意让其他人听见）："兄弟这次来扬州，奉密旨将有一件大事要办。"

"密旨？"薛仲璋一听，不敢怠慢，手一挥说："全体人员，马上回都督府，听新长史英国公传达朝廷的密旨。"众人望着徐敬业、薛仲璋不寻常的神态，不敢怠慢，上马的上马，坐轿的坐轿，跟着来到了都督府。到了大堂，大家各按官阶大小坐定，薛仲璋建议说："李（徐）大人，您先吃些饭，休息休息再说吧？"徐敬业显得一脸疲倦的样子摇了摇头说："国家大事，重于一切。本官乘驿马连日奔驰，就是急着办正事啊。"徐敬业转到堂后，换上长史的官服，然后回到大堂，在书案旁，和薛仲璋一起并排坐定。徐敬业指着身旁挺胸站立的徐敬猷，命令道："为加强都督府保安，现命令与我一起来的敬猷为都督府卫队队长兼衙役都头，立即上任！"

"是！"徐敬猷在堂上亮了一个相，朝众人点点头，阔步走到武官行列中。

接着又任命了一些官吏，还当堂将一个反对者斩首了。望着血淋淋滚到地上的人头，堂上的大小官员吓得一愣一愣的，都噤若寒蝉。薛仲璋望着地上的死尸，焦急地对徐敬业说："李（徐）大人，你怎么把他杀了？没有他签字，我们一个兵也调不出来。"

"杀一儆百！不杀不足以镇人心！"徐敬业眼冒凶光。

徐敬业当即又拟一道命令，盖上刚刚获得的长史大印，命令早已策反过的士曹参军李宗臣速去扬州府库，取出盔甲和武器，然后赶往扬州监狱，立斩原长史陈敬之，并放出囚犯，把他们和工匠一起武装起来，火速组织一支新军。一切都按原计划顺利地进行着。徐敬猷事先在扬州城里交结的几十个社会闲人也如约而至。敬猷命令他们换上衙役穿的皂服，并发给刀枪武器。当即把这些人分成四个小队，每队皆安排自己的家将任队正。其中第一队接管都督府的前后门岗，没有敬业敬猷签发的通行证，任何人不准出入都督府半步；第二队充当都督大堂站堂的衙役，并负责保卫徐敬业、薛仲璋的安全；第三队专司看押汇集在都督府内的大小官吏；第四队负责都督府内的武装巡逻，兼作机动分队。做完这一切，徐敬猷又跑回大堂上，对徐敬业耳语了一番。徐敬业听了，点点头，指示说："第一，你立即把都督府的警卫工作交由韦超负责。第二，你立即赶到扬州监狱，看看李宗臣把人组织得怎么样了。第三，你立即分派他们接管扬州城的四座城门。第四，你立即派人火速把魏军师接到都督府。"敬猷带着哥哥敬业的四个"立即"，翻身上马，领着从人疾驶而去。可刚到都督府前的街口，就见魏思温骑着一头大黑驴带着一个从人匆匆赶来。

"正好，俺哥叫你，你快去吧，都在都督府大堂上，我领人去接管四个城门。"敬猷勒住马招呼说。

"知道了。"魏思温说了一句，也驴不停蹄地奔向都督府。

魏思温赶到都督府，写了一份共约讨伐武后的盟书。徐敬业拿着盟书对这些软禁在大堂内的大小官员摊牌说："明告诉你们吧，太子雍王右卫大将军李贤根本没死于丘神勣之手，而是流落于扬州，现正住在本城的一个秘密住处。自高宗大帝死后，武太后更加肆无忌惮，改年号、易官名、变旗色、立武氏宗庙、建武家军，其司马昭之心，路人皆知，眼见先辈们辛辛苦苦打下的李唐江山就要落入她武氏之手。面对这一严峻形势，雍王贤命我以扬州为基地，带领大家举义兵，讨伐武后，匡复庐陵王。我们是正义之师，师出有名，振臂一呼，必四方响应。雍王和我估计不出三年两载，我义军必将铲除武氏，恢复李唐江山。功成之日，在座的各位都是复国的功臣，入相封将，指日可待。现在请各位在盟书上签名。"

"现在请各位在盟书上签名！"见这些人迟疑着不动，徐敬业又高声命令道。

"我先签。"薛仲璋过来签上自己的大名，然后又动员大家说："武太后在京都中很不得人心，文臣武将皆有反心，本御史早就想扯义旗造反了。女人当皇帝，这不是笑话吗？宁不见汉朝吕氏之败乎？"

费了半天口舌，还是没有人动，徐敬业气得一拍书案："你们到底签还是不签？"

"明公息怒，"魏思温过来劝解说，"这么大的事，大家考虑考虑再签是正常的。"

"不！"徐敬业制止说，"我料这些人当中，必有武太后的死党，必不愿签名，等最后剩下他们时，一并斩首！"经徐敬业这一吓唬，众人又望一下堂下血淋淋的尸身，都不禁头皮发麻，只得磨磨蹭蹭地偎上来，一个挨一个地签上了自己的名字。签完后，徐敬业满意地把盟书叠起来，又用手弹弹，对大家说："这下好了，一签上字，以后要有难同当，有福同享。"

"国公，能不能让我们见见雍王贤？"一个官员怯生生地问。

"没问题。现在先收编扬州都督府所属的兵马，建立匡复府，等这些事完成后，雍王贤自然会出来会见大家，给我们送行。"徐敬业很有把握地答应着。

都在盟书上签了字，调动军队的事就好办了。立即有人献出特殊情况下调动军队的口令。徐敬业接着派出敬猷和韦超等人分别去控制和传令扬州各地驻军，立即连夜开拔到扬州城外会合。与此同时，按预定计划，徐敬业下令设立三府：一曰匡复府，意取襄助中宗复位之意；二曰英国公府，这是表示自己的尊贵所在；三曰扬州大都督府，这是为了调兵遣将的便利。至于年号则使用李显退位前的年号，即嗣圣元年。

徐敬业对于这样任免当仁不让，自命为匡复府上将同时还自诩为扬州大都督，唐之奇和杜求仁分别担任了左、右长史；李宗臣、薛仲璋担任左、右司马。至于军师的职位，当然由足智多谋的魏思温担当。骆宾王担任了记事参军，具体负责机要文件和文案的工作。

第二十四章

武后平反叛　徐敬业兵败

　　驻守在扬州各地的军队都被裹挟到扬州城外，各部队的头领也都由徐敬业分派人担当。同时，徐敬业亲自带队，不知从哪里找到一个貌似雍王李贤的人，在军中诈称此人就是李贤，然后便带着他到各部队作巡回动员报告。一时间，倒也起到了一定的效果，伪李贤的讲述倒也博得了一部分官兵的同情。

　　九月二十九日，徐敬业亲自选定的一个非常吉利的日子。在扬州北校场召开出师前的誓师大会。这天正值秋头夏尾，天蓝蓝的，平野高阔。连夜筑成的三丈高的土坛上，正中龙案后，端坐着貌似雍王李贤的假李贤，下手端坐着一身上将戎装的徐敬业，左右依次是魏思温、徐敬猷、薛仲璋、唐之奇、杜求仁和骆宾王等人。大会开始后，首先由"李贤"讲太后阴谋篡唐，害死太子弘，又要害死他，还要害死太子显的事。后是大将军、大都督、英国公徐敬业讲。他讲得颇有气势，慷慨激昂，底下校场上的几万大军和周围看热闹的老百姓似乎都被感动了，都跟着一齐喊口号：

　　"匡复庐陵王！"

　　"收复京都洛阳！"

　　"还我李唐江山！"

　　最后由骆宾王宣读他连夜写就的《为徐敬业讨武檄》。文章写得十分精彩，堪称千古檄文典范。读完檄文后，群情激奋，敬业当即下令，派轻骑奔赴全国各地，把此檄文传贴天下。

　　且说武太后这日正在殿中批阅奏章，只见负责京城治安的五城兵马巡防使、侄子武三思匆匆赶来，手拿着一张写着字的纸，进来磕头后，就惊慌地说："太……太后，大……大事不好！""何事如此惊慌？"武太后眼皮也不抬地问。"太……太后，英国公徐敬业在扬州谋反，其檄文一夜之间，贴得满城都是。"武三思惊慌地说。

"徐敬业谋反？"武太后轻轻地笑了一下，"一个毛孩子，河沟里的泥鳅，能掀起多大的波澜。"

"太后，不能小看那姓徐的小子，他的檄文写得相当厉害，读起来令人胆战心惊。"

"檄文带来了吗？"武太后问。

"带来了，带来了。"武三思忙把手里的那张纸提溜过来，摆放在武太后面前的龙案上，说："太后，这檄文写得挺气人，您读了可别气着。"武太后伏在龙案上，逐字逐句地读着，当读到"入宫见嫉，蛾眉不肯让人；掩袖工谗，狐媚偏能惑主"之句时，武太后微微一笑，还轻轻地点了点头。当读到"一抔之土未干，六尺之孤何托"时，武太后忍不住地问武三思："这檄文是何人所写？"

"回太后，据……据说是骆宾王所写。"

"这骆宾王是什么人？"

"据臣刚才了解，这骆宾王是个大才子，有名的《帝京赋》就是他写的。他曾做过武功县尉、长安主簿、临海县丞。后来，他又嫌官小，弃官不做了，到处流浪，不知怎么他又和徐敬业混到一块去了。"武太后说："此宰相之过也，人有如此才，而使之流落不用！"等武太后读完檄文，武三思急切地问："太后，怎么办？"

"此事改日再议，谅徐敬业也弄不出多大的事。速督促兵部，多派探子潜入扬州，探明叛党虚实。"

"遵旨！"武三思答应一声，转身就匆匆往外走，刚至殿门口，又被武太后叫了回来。"太后，还有什么事？"

"三思啊，看你忙乱的样子，好像遇到什么大事似的。即使天大的事，也要冷静对待，喜怒不形于色。""太后教训得对，侄儿一定改过。"武太后摆摆手，武三思伏地上磕个头走了。过了两天，武太后跟大臣们讨论扬州的局势，以及朝廷的对策。兵部建议立即发兵征讨，防止事态进一步扩大，不可收拾。没等武太后表态，特约列席御前会议的武三思恭手说道："臣有本奏。""说吧。""臣这两日在京城巡检时，抓了徐敬业的好几个探子，截获了好几封徐敬业写给韩王元嘉、鲁王灵夔等人的书信，信中约这些亲王共同起事。臣和承嗣大人以为……""以为什么？"武太后坐在龙案后严肃地问。武承嗣上前一步，接口说："臣等以为为了保证京城的内部安定，为了剪除徐敬业在京城的内应，必须杀掉韩王元嘉和鲁王灵夔。"众人一听说要杀韩王和鲁王，忙把目光都投向武太后。武太后也不表态，问裴炎、刘祎之、韦思谦三人："你们三个人是宰相，你们认为杀不杀韩王和鲁王？"刘祎之和韦思谦低着头，噤若寒蝉，一声不吭。

倒是裴炎站出来奏道："臣以为绝不可以杀韩王和鲁王。徐敬业虽写信以为内应，乃敬业一厢情愿，韩、鲁二王并未与其联络。且二王乃高祖之子，年最长，德高望重，杀之必失天下人之心。"见裴炎连逆了自己的安排，武太后略为不快，冷着脸问裴炎："卿作为宰相之首，对扬州兵变，打算采取什么平叛措施？""回太后，皇帝已经年长，却迟迟不能亲政，作乱的竖子便以此作为造反的借口，若是太后还政于皇帝，逆臣无所凭借，其乱将不讨自平！"裴炎不识进退地直言道。武太后半天不说话，旁边的武承嗣不顾朝堂的礼节，手指着裴炎叱道："这哪里是退兵之策，分明是借扬州作乱要挟太后。你裴炎身受太后信任之恩，位居权相，不思回报，是何居心？"裴炎沉静地站在那里，不发一言。武三思又上前一步，添油加醋启奏说："太后，裴大人的外甥薛仲璋也是乱党的头目，这次扬州叛乱，也主要由他挑起实施的，他上次托名到扬州巡察，也是由裴大人点头同意才派他去的。""太后，"裴炎恭手说道，"叛党仲璋确实是经我同意才去扬州的，但其谋乱一事，臣事先一概不知。事发后，臣也已向皇上和太后打过报告，表明了我的态度和立场，望太后明察。"裴炎一向厌烦的监察御史崔察上前奏道："启奏太后，裴炎身受先帝临终顾命，大权在握，无计退乱，却为反叛找借口，若无异图，为何逼太后归政？"没等崔察说完，凤阁侍郎胡元范上前奏道："太后，现在御前会议主要讨论扬州兵变的对策，而不是其他事情。如今徐敬业兵势日炽，兵逼润州，请皇上和太后早下决心，早发大军，以拒叛军。"武太后沉默了一下，才抬脸问道："众卿认为派谁领兵去扬州平叛合适，派多少人马？"众朝臣纷纷议论，有的说非程务挺不可，有的说若老将裴行俭还活着就好了。至于该派多少兵马，有的说至少得五十万，有的摇头说十万足矣，半天议不出个结果，武太后不胜其烦，一拍桌子说："程务挺远在西域防御突厥，一时半会过不来，裴行俭死了，已不能用。我看还是派左玉钤卫大将军、梁郡公李孝逸为扬州道行军大总管，左金吾卫大将军李知十为副，率兵三十万以拒徐敬业，如何？"众人一听，纷纷称太后高见。武太后问一直站在旁边沉默不语的裴炎："裴卿，你认为这个安排合适不合适？"裴炎叹了一口气，说："让臣再为国家社稷献上最后一策吧。""裴卿说这话是什么意思？"

武太后问。"没有什么意思，"裴炎说道："孝逸虽系出将门，官居左玉钤卫大将军多年，外表意气轩昂，但其多算少谋，临敌怯阵，臣料其督军去扬州，亦不免倾败。不如改由英勇善战的左鹰卫大将军黑齿常之为行军大总管，领兵讨乱。"

武太后听了裴炎的建议不以为然，扛着脸说："朕派孝逸领兵讨乱，未必不克。""皇上，太后，"裴炎恭手说道，"若执意派李孝逸去，须由殿中御史魏元忠随其监督军事。"这时凤阁合人李景谌、纳言刘齐贤等人纷纷附言说："裴中书所言极是，夫兵革之用，王者大事，存亡所系，须任得其才，否则，苟非其任，必败国而殄人。"

"好了，好了，"武太后不耐烦地摆摆手说，"就派魏元忠为监军吧。兵部可立即着手准备，一是调派勇敢善战的部队，二是后勤供应要跟得上。三五日之内，大军可择日进发。"散会后，走在路上，凤阁侍郎胡元范悄声对裴炎说："裴公，今天的朝会上好险啊，差一点他们就要对你发难了。你以后要少忤逆太后，不然，祸不远矣。"

"谢谢胡大人的好意。"裴炎对胡元范笑笑，接着又叹一口气说："此次已经种下祸根了。无论我处于什么情况，什么地步，请胡大人转告其他几个关系要好的大人，千万不要为我求情，否则，不但救不了我，还将会连累大家的。请胡大人一定记住和遵守我的话。"听了这话，胡元范激动地握住裴炎的手说："裴大人，您不会有事的，您是先帝的顾命大臣，肩负托孤之重任啊！"

裴炎惨然地笑了笑，辞别胡元范，来到了中书省。

中书令宽敞的房子里，依然窗明几净。宽大豪华的几案后边，摆放着高靠背的红木太师椅，显示着它的主人"天下第一宰相"的威严。但裴炎看在眼里，却无奈地摇了摇头。他打开抽屉，拿出自己那使用了多年的旧包，收拾了几件属于自己的零碎东西，刚装进包里，就听见背后的门"哐当"一声响，一伙人冲了进来，裴炎头也不回，继续整理自己的东西。收拾好后，转身随着这帮人走了出去。

十月十七日，圣旨下，裴炎谋反，定为死罪，于十八日行刑，其家产充公，兄弟流放。胡元范皆因坐救裴炎之罪流放琼州。纳言刘齐贤贬吉州长史，吏部侍郎郭待举贬岳州刺史。与此相辉映的是，武太后又下达了一道任命的圣旨，诬陷裴炎有罪的骞味道接替了裴炎的职务，升为检校内史同凤阁鸾台三品，凤阁合人李景谌同凤阁鸾台平章事，皆升为宰相。

就在裴炎被害的前一天，徐敬业率部攻克了润州。稍稍安顿之后，徐敬业在临时大将军府召开了军事会议，主要讨论下一步的进军方向。会上，形成了两种不同的意见。薛仲璋认为金陵有王气，劝徐敬业先在润州称王，并以此为定霸之业，然后遂次向周边地区扩展。而魏思温则认为，应当始终以"匡复"为辞，贸然称王，必失人心。应该马不停蹄，率大军直指洛阳。

徐敬业倾向于薛仲璋的观点，对金陵称王的事很是倾心。

他说："打着匡复庐陵王的旗号我觉着效果不大。我们起兵都快二十天了，还不见四方有什么响应。不仅山东豪杰没有来助战，就连扬州本地的人投军的也不多。我看不如在金陵称王，一是把声势造得更大一些，让人从我们身上能看出将来的希望；二是建这么一个根据地，以此为起点，像滚雪球似的，把王霸之业越滚越大。四方豪杰看我们势力增大，不用打招呼，自然都会前来入伙。"

魏思温见状，忙又恳切地劝道："明公，看事不能看一时一事。咱们只要一心一意地打着匡复的旗号，天下人就知道明公志在勤王，必然四方响应。若留恋在金陵称王，则……"

"魏军师不必再说了。"徐敬业挥手打断了魏思温的话，说："我意已决，先选个好日子在金陵称王再说……薛司马？"

"下官在！"薛仲璋应声答道。

"由你负责，速着人置办称王之事宜，包括定什么名号，众卿都晋升什么官，穿戴什么样的服饰等等。记住，名号一定要响亮，服饰一定要鲜亮。"

"好的。"见徐敬业同意了自己的提议，薛仲璋异常高兴，自觉自己必当宰相，喜得嘴咧得老大。

这天，武太后在大殿里批阅各地的奏报，特意叫侄子武承嗣在旁边侍候着，教教他一些处理朝政的经验。武太后抽出一份密奏递给武承嗣说："这是程务挺在西域边关派快马送来的密奏，密奏替裴炎辩解，担保裴炎无罪，恳求释放裴炎，你对这个奏报有何看法？"武承嗣接过密奏看了一遍，说："裴炎已经伏法，奏报来迟了，已没有什么意义了。给程务挺说明一下，让他安心在西域领兵打仗就是了。"听侄子这样说，武太后连连摇头，说："程务挺非比徐敬业，此人带兵有道，能征善战，我斩了裴炎，他一定会心生不满。为防不虞之事，只有把这程务挺也斩了。"

"斩程务挺?"武承嗣瞪大了眼睛，"现在西域防务全靠着他，斩了他岂不是自毁长城?"

武太后叹了一口气，说："我何尝不知程务挺是不可多得的良将，何尝不知裴炎是一个少有的清官和好官。但我不能心慈手软，不能放过任何一个潜在的敌人。"

"怎么杀他，先把他调回来?"武承嗣问武太后。

"不需要。可以调程务挺回京任扬州道行军大总管的名义，让左鹰将军裴绍业前去西域接替他，等办完交接手续后，让裴绍业把程务挺斩于军中即可。"

"平白无故地杀他，恐人心不服。"武承嗣说。

"当然不能平白无故地杀他。你可使人奏告程务挺与裴炎、徐敬业有共谋之嫌，这样，杀之就有名了。"

武承嗣连连点头。

临走时，武太后又嘱吩他说："杀程务挺之前，要严格保密，绝不能走漏一点风声。另外，跟三思说说，让他派人密切监视韩王、鲁王几个王爷的动静。"

"太后放心吧，这事侄子都能够办好!"武承嗣又问，"太后，不知李孝逸讨伐徐敬业的事怎么样了。"

"据战报说，这一二月之内才可与敌正面交锋。徐敬业占了润州后，已举步不前，正张罗在金陵称王的事。我料徐敬业的灭亡也不过是十天八天的事。"

武太后说这话的工夫，李孝逸率领的三十万大军已顺运河南下，主力已抵达临淮，其先头部队已深入到苏北一带。在润州正在加紧筹备称王的徐敬业，在魏思温的一再劝说下，才不情愿地中止称王计划，亲自率军渡江北上，布阵在高邮的下河溪一带。根据魏军师拟定的作战计划，另命其弟徐敬猷率领一哨人马进逼淮阴，命韦超、尉迟昭率一部兵马驻守盱眙的都梁山，严阵以待来犯之敌。

李孝逸怕中了埋伏，行军时走走停停，瞻前顾后，没能赶在敌军的前面抢占战略要地——都梁山。都梁山号称东南第一山，是苏北通往江南的天然屏障，易守难攻。李孝逸的官军没能抢占都梁山，首先失去了与叛军初次对阵的战场主动权。

果然，李孝逸的偏将雷仁智初次进攻即告失利，被山上的叛军杀得丢盔弃甲，狼狈逃回大营。探马又报说，徐敬业的三路人马成互为掎角之势，以拒唐军。愁得李孝逸坐在中军帐里唉声叹气，不敢再派兵进攻。后来经过商议，李孝逸决定采取魏元忠的意见，留一部人马继续进攻都梁山，牵制韦超的兵马，自领大军进攻淮阴的徐敬猷。

果不出魏元忠所料，据守淮阴的徐敬猷部众从城头上望见如蚁而来、浩浩荡荡的政府军，心生害怕，无意恋战。没等官府兵爬上城墙，就扔下手中的滚石檑木，一哄而散，争相逃命。淮阴旋告攻陷。徐敬猷只得化装成老百姓，脱身而逃。

击破徐敬猷后，李孝逸大喜过望，踌躇满志，令大军乘胜进军，与徐敬业在下河溪一带隔溪相拒。李孝逸根据兵书所云，决定出其不意，攻其不备。当天夜晚三更天，他派后军总管苏孝祥率五千兵丁，偷渡下河溪，偷袭敌营。谁料徐敬业早有准备，一场伏击，杀得官府军丢盔弃甲，争相泅水逃命，溺死者过半，生还者无几。其中苏孝祥阵亡，左豹韬卫果毅尉成三朗被敌生擒。而后，魏监军利用火攻之计，徐敬业的叛军因连日军阵，疲惫不堪，又加上士气不足，当强风挟着火势、浓烟滚滚而来的时候，都惊恐不安，又望见河面上密密麻麻呐喊着渡河而来的官兵，都不顾一切地逃命不迭。徐敬业等督战军官，立斩上百人也无济于事。一时间，全军全线溃败，被官兵斩杀七千余人，溺死烧死者不可胜计。只剩下徐敬业、徐敬猷、骆宾王等人轻骑溃逃至江都。

李孝逸随之挥军南下追击。徐敬业等人见大势已去，只得弃江都，带着老婆孩子窜至润州，乘一条大船取海道，准备逃往高丽。后遇上逆风，被困于海上。前途茫茫，众人都悲观起来。

部将王那相恳求道："大将军，不如我们就此散了吧，各寻出路，也胜过在这破船上等死。"

徐敬业厉声叱道："不准胡说！等此逆风过后，不消两天，我们就可以到达高丽，到高丽后就好办了。当年我祖父征讨高丽，高丽人畏敬我祖父如神。如今咱们去，定可被当作上宾看待，说不定高丽王肯借兵与我，我们还可以杀回来，以雪败兵之耻。"

"大哥说得对，"披着一条床单，冻得直打哆嗦的徐敬猷说，"爷爷过去在高丽有好多熟人好友，在高丽国只要一提爷爷的大名'徐茂公'，肯定他们对咱都高接远送。"

突然船头上传来一串笑声，众人转眼一看，是骆宾王，只见他伫立船头，望着苍茫的大海迎风在笑，徐敬业不高兴地问："你笑什么？"

"我笑我自己！"骆宾王望着那遥远的天边不断翻涌而来的海浪，

摇了摇头说："我笑一个人在海的面前显得多么渺小，我笑在沉默的海的面前，人的躁动是多么可笑。想当初，咱们誓师扬州，传檄天下，是何等的壮烈！什么'班声动而北风起，剑气冲而南斗平。暗鸣则山岳崩颓，叱咤则风云变色，'什么'以此制敌，何敌不摧？以此图功，何功不克？'现在再想想，简直都是呓语。"

"怎么？宾王你后悔了？"徐敬业紧盯着骆宾王问。

"人生一世，草木一秋。我们虽没能像当初设想的那样，成就王霸之业，但毕竟大干了一场，毕竟没有窝窝囊囊地苟活世上，且胜败乃兵家常事，开弓没有回头箭，做了就没有后悔的事。"

徐敬业听了连连点头，竖起大拇指说："败就败了，也不枉做血性男儿。"

午后，逆风仍然很大，天也开始变得阴沉沉的，看情况是起不了锚了。徐敬业决定和骆宾王一起，带两个卫士上岸，打探一下外边的形势，看能不能找个有经验的渔民，问问从海陵县到高丽的航道情况，顺便找一些吃的。

临上岸时，徐敬业再三嘱咐敬猷说："你带一个人在船上巡逻，监视岸上的动静，其余人趁此好好睡一觉，准备明天的航行。别人睡觉，你可千万别也睡着了。"

"我明白，你放心吧！"徐敬猷答应得挺痛快。

等哥哥徐敬业和骆宾王等四人乘小船上岸后，徐敬猷立即催着各人到舱里睡觉，自带着一个卫兵，沿着船舷来回地巡逻。刚开始他还挺有劲头，转悠了七八圈他就觉得累了，哈欠连连，命那个卫兵继续巡逻，他一个人钻到背风处的帆布里，歪坐在那里，刚闭上眼，就看见东南方向的海面上，跑过来一队人马。正中间张紫盖，骑高头大马，头戴紫金盔，身着紫蟒战袍，狭面方颊，虎头鹰目，正是徐敬猷的爷爷、大唐开国元勋、一代名将徐茂公，来接他们回去。徐敬猷急忙迎了上去，谁知忙乱中一脚踏空，跌进了大海⋯⋯

惊醒后，徐敬猷摸了摸身边的风帆，心知是梦，想想梦中死去多年的祖父招手叫他，心里有些害怕，觉得不祥。于是爬起来，提刀在手，警觉地四处察看，打手罩眺望岸上。船舷那边忽然又传出声响。徐敬猷循声找去，只见一个人正解船尾拴小船的缆绳。

"谁？"徐敬猷喝道。

那人慌忙转身，面对着徐敬猷，挤出一脸笑容，结结巴巴地说：

"是……是我，我王那相，二……二将军您没睡觉？"

"是你小子。"徐敬猷手拈着刀走上去，又猛然喝道："你解小船的缆绳干什么，是不是想逃走去官府告密？"

"二将军哪儿的话，我王那相怎能干那种丧良心的事。我想大将军、骆主簿出去好一会儿，我不放心，想去找找他们。"

"谁批准你去找他们？"徐敬猷说着，把刀装回刀鞘，刚想狠狠训一顿王那相，却又看见他衣袖上有鲜红的血迹，惊问："你袖子上哪来的血？"

王那相不回答，却突然往岸上一指说："看！大将军和骆主簿回来了。"

"哪呢?"徐敬猷手扶着船舷，顺着王那相手指的方向极目向岸上望去，就在这一瞬间，王那相手持尖刀，狠命向徐敬猷后心插去，出其不意，一插正着。徐敬猷哼了一声，转脸不认识似的看了王那相一眼，就"扑通"一声倒在甲板上。杀掉徐敬猷，王那相又急急忙忙地解缆绳，把小船放到海面上。他刚想攀软梯下去，却又转回身来，抽出腰刀割下了徐敬猷的首级，同时也割下了另一个刚被他杀死的卫兵的首级，提着首级，急忙下到小船上，拼命地向岸边划去。徐敬业和骆宾王等四个人化装成商人，在海陵县城转了一圈，发现县城里也贴了抓捕他们的布告，没敢多停留，只买了些肉菜米粮就急急地出城，然后又到附近的渔村，找到一些有经验的渔民，了解了一下去高丽的航海情况。

直到傍晚，徐敬业几人才从渔村抄小路赶回藏船的海湾。刚转过一个长满密林的小山头，就听见前面藏船的地方有嘈杂的人声。徐敬业暗叫一声"不好"，急忙打手势让两个挑担的卫士隐蔽。他和骆宾王等几人则躲身在石头后面，露头向海湾望去……

海滩上，有二百多个民团的人和三十来个衙役官差，正在检视地上的二十多个头颅和金帛玉印，叛将王那相手指着这，指着那，不停地向人介绍。往海面上望去，只见那条大船上狼藉一片，几个差役正往甲板上倒着酥油，打着火镰，正准备放火烧船。二十多具无头的尸身横躺在甲板上。

徐敬业的眼泪刷地一下就掉下来了，他拔出腰刀，咬牙切齿，作势要往下冲，被骆宾王死死按住。

宾王说："明公，现在下去无异于送死。现在看来，船上的人除了那个叛徒王那相，没有一个活着的了。"

说话间，船上的火已经烧了起来。在岸上，一个当官模样的人，正命令王那相辨认尸首。王那相邀功心切，指着地上的首级说：这就是我上岸前杀死的叛首徐敬业，这是他的弟弟徐敬猷，这是伪记事参军骆宾王，这是……看到这里，骆宾王悄声对身边的徐敬业说："看来这王那相邀功心切，没有把我们上岸去的事告诉给官军。我们现在还是趁空逃走吧。"

徐敬业点点头，问骆宾王："你打算上哪去?"

"我还是想回苏杭一带，明公，咱们一起走?"

"一起走目标太大。"徐敬业说着，把布囊里的金条银两全部倒在地上，然后分成四份，对骆宾王和那两个卫兵说："咱四人一人拿一份，然后隐姓埋名，各奔东西，现在官军都以为我们死了。咱们以后也不要再提过去的事了，后半生，各自保重！"

几个人各掇起自己的一份金条银两。骆宾王握住徐敬业的手，问："明公，你打算去哪里?"

"居无定所，浪迹天涯。"

"明公，保重！"

"各位弟兄，都好好保重。"徐敬业说着，擦擦眼角的泪水，和骆宾王及两个卫士握手告别，而后四人散开，分别消失在丛林之中……在下河溪之战中，逃散的唐之奇、魏思温等人不久即被官军搜获，随即都被斩首示众，而后传首神都。自此，扬、楚、润三州均告平定。从九月丁丑到十一月乙丑，前后仅四十四天，徐敬业的十万叛军即告灰飞烟灭。大诗人陈子昂曾这样描绘这场争斗：扬州构逆，殆有五旬，而海内晏然，纤尘不动。武太后也并不在乎徐敬业所谓"匡复庐陵王"的起事。在杀裴炎那天，她还不避嫌疑，下诏追谥先人，其五代祖鲁国公曰靖，高祖北平郡王曰恭肃，曾祖金城郡王曰义康，祖太原郡王曰安城，考魏王曰忠孝。

十一月癸卯，左鹰将军裴绍业接到了武太后的秘密诏令，在军队之中就将程务挺斩了。事实上程务挺是一个不可多得的大将之才，他勇敢善战，精通兵法，知道变通。突厥人最害怕的大将就是程务挺，只要是程务挺带兵镇守边关，突厥人便不敢进犯，还得"相率遁走，不敢近边"。突厥人听闻程务挺死，各个欢呼雀跃，竟摆开宴席，欢庆数日。而后突厥人为了表达对程务挺这位大将的敬意，竟然为他建庙立祠。每逢出征作战，突厥人都会到敌将程务挺的庙里，虔诚上香，乞求他的亡灵能够保佑。

　　在处置程务挺的同时，与其连职亲善的夏州都督王方翼，也被武太后下令列为了谋反的人群，将他流放于崖州。

第二十五章

私自蓄男宠　薛怀义涉政

　　洛阳大集时，千金公主的侍女成儿在逛街市时碰到了一个在街头耍枪弄棒的男子，名叫冯小宝。她见其模样端正，就顺势将他带回了公主府。大家都知道千金公主好养男宠，当她得知成儿带回了一个俊朗的小伙子时，眉开眼笑，直接让成儿将冯小宝带了进来。

　　光线从窗棂间射进来，照在千金公主的胖脸上，千金公主笑得嘴都合不拢，把冯小宝揽在怀里，教他如何"按摩"。冯小宝借着酒劲，放开手脚，纵情揉弄着千金公主。虽觉其老态可憎，但一想到她是一位尊贵的大唐公主，于是，劲也就鼓足了……

　　千金公主搂着冯小宝，痛痛快快地过了几天。

　　这天是罢朝休息的日子，千金公主进宫看望太后。听说太后最近身体抱恙，一问才知道是阳明火盛，肝火上炎。开了些清热泻火的药，吃了不管事。千金公主当然知道太后的病源，于是就把自己新得的男宠冯小宝带进了宫。冯小宝第一次进宫伺候当朝的天后，不免有些紧张，但很快就放开了手脚。太后沉浸在做女人的幸福之中，将其留在了身边。

　　太后为了奖赏冯小宝，竟然命人花二百万两为其重建了一个规模中等的白马寺。太后为了掩人耳目，还让冯小宝剃度，并为其改名为薛怀义，与驸马薛绍（太平公主的丈夫）合姓，命他执义父之礼对待冯小宝。

　　"你让薛绍驸马喊我义父，薛绍大门大户的，能愿意吗？"冯小宝不相信地说。

　　"我是万乘之尊，出言曰旨，谁敢不遵。"太后说。

　　"太后您这么厉害，怎么整天让我扮什么金玉匠，偷偷摸摸地进宫？直接让我进宫侍寝不就得了吗？"

　　"我身为太后，对臣工的舆论，还是有所顾忌的，因而安排你秘密进宫。不过现在好了，你已经是白马寺的大住持了，可以以讲经为名，随时奉诏入宫伴驾。"

"太后，我看您后苑的御马不错，我去弄几匹骑骑吧？"

"行啊，"武太后抚摸着心爱的面首说，"你可以随便挑，我正要赐你几匹御马呢。"

已改名叫薛怀义的冯小宝一听，从床上跃下来，急着就要去御马厩挑御马。武太后也不生气，似乎更喜欢他这种急不可待、任性而为的孩子脾气。忙拽床头的响铃，唤上官婉儿进来，吩咐她安排几个宦官跟着这薛怀义。

然薛怀义自当上白马寺住持后，便狐假虎威、为所欲为，使得神都洛阳治安状况持续恶化，这引起了官府的注意。

在御史台的过问下，大理寺、金吾卫等接连召开了几次会议，讨论对策，但面对薛怀义通天的本领、炙手可热的势力，官员都干瞪眼，唉声叹气，一筹莫展，谁也不敢出这个头去碰这个钉子。

望着这些平日耀武扬威、却连一帮泼皮和尚都治不了的官员，参加会议的右台御史冯思勖坐不住了，他自告奋勇，表示要由自己亲自挂帅，惩治这帮无法无天的流氓和尚。

大家一看冯御史出了头，都纷纷拍手赞成，各拨出精干兵马，归冯御史指挥。

冯御史说干就干，在确定了抓捕名单后，中秋节前一天，即八月十四日夜，冯御史决定，抓捕白马寺这一伙乌合之徒。

无可奈何之下，第二天，薛怀义只得登门找武三思给说情，一些罪轻的和尚被放了出来，而罪证确凿的恶和尚，却被冯御史给投进了大牢，按律惩处，或流放或杖责。一时间，大得人心。白马寺流氓和尚的嚣张气焰不得不收敛了许多，洛阳城的治安秩序也恢复了许多。

东宫的后院里，皇帝睿宗李旦闲来无事，正和一群宫女一起玩投壶的游戏。所谓投壶就是用专门的箭往一个精美的壶中投，投中者为赢。投壶的箭用柘、苦棘去其皮制作而成。壶也都精美绝伦，或玉或金或瓷，颈为七寸、腹五寸、口径二寸半，容斗五升。投壶时，壶前设障，隔障而投。为防箭入壶中反弹出来，壶中装一些小豆。投壶游戏为搏戏的一种，在唐宫室中极为盛行。睿宗当了皇帝，却屈居东宫，常常在东宫里和宫女一块投壶自娱，消磨光阴。宫女们谁投中了，就能得到睿宗的一个长长的热吻，当天积分最高者，还能得以侍寝。该睿宗投箭了，睿宗三投三中，直乐得他合不上嘴。正在这时，院门口来了宰相刘之和武承嗣。刘之边走边道："皇上，皇上！"那急劲儿好像有什么大事，睿宗忙停下手中的活，问："有什么事？""皇上，喜事啊喜事。"刘之手拎着一张圣旨，激动地直抹眼泪。他来到睿宗的面前，展开圣旨以颤抖的声音宣读道：

皇太后懿旨：昔高宗大帝遗制，颁本宫临朝称制，今皇上李旦业已成人，本宫意欲退身修德，特诏令天下，还政于皇帝。

睿宗一听圣旨的内容，也大为意外，忙抢过来，翻来覆去地看，不大相信地问："太后真的要还政于我？"

"真的！"刘之撩起大襟擦擦眼角，拿过睿宗手里的投箭，一折两半，扔到一边，说："皇上，您以后就用不着再弄这些投壶的游戏消磨时光了。"

睿宗李旦激动地回顾左右说："这下好了，朕是真正的皇帝了，也用不着再住在东宫了，这偌大的皇宫，普天之下，真正属于朕了。"

君臣一行来到前院，又坐下来喝些茶，说了一会儿话，刘之说还要安排一下皇上明天早朝亲政的事，先告辞走了。

同来的武承嗣声称要陪皇上说会儿话，留了下来。

睿宗李旦望着坐在下手的武承嗣说："承嗣，你以后跟着朕好好干，朕不会亏待你的。你过去有时候自以为是太后的亲侄，见朕也不下跪，也不行礼，但这都是过去的事了，朕不怪你。以后，你只要好好听朕的话，朕还是愿意委你以重任的。"

武承嗣干笑了一下，端起盖碗茶，喝了一口，说："我说旦……"

听武承嗣喊自己的小名"旦"，睿宗皇帝惊地愣了一下，指着武承嗣责问道："你胆敢对朕如此大不敬！"

"我说旦……"武承嗣又是一声干笑，说，"你以为太后真会归政于你吗？"

"这，这……"睿宗李旦结结巴巴，"这懿旨上不写得清清楚楚的，还政于我。"

"那是扬州生乱，天下人乱嚼舌头，太后故意下旨还政于你。你最好赶紧奉表固让，不然，你要小心了……"

听武承嗣这么一提醒，睿宗这才明白怎么一回事，好似被兜头浇了一盆凉水，情绪一落千丈，闷着头不吱声。武承嗣从怀里掏出一张纸，往睿宗跟前的桌子上一抛，说："辞让的表都替你写好了，玉玺也都盖上了，明儿上朝，照本宣科就行了。想必你没有忘记李弘、李贤吧！"

武承嗣说完，倒背着手出门扬长而去。睿宗孤坐在屋中，陷入了沉思。

第二天早朝时，没等刘之等人山呼万岁，睿宗李旦就站起来向帘子后面的武太后奉表固让，说自己年轻，才三十来岁，还不懂事，恳请母后收回成命，继续摄政。

太后满意地望着老儿子，谦虚地说："皇上，你这在政事上，也锻炼得差不多了，还是你亲政吧。"

李旦哽咽着，再一次恳请皇太后收回成命。

武太后叹了一口气，无可奈何地对群臣说："既然皇上再三固辞，也不难为他了，只得权且再听政三五年吧。诸位爱卿以为如何？"

大臣们，包括刘之这才明白过来，皇太后演的是一出戏。既然昨天已下诏还政了，为何今日又来设帘上朝？既然想退身修德，为何张嘴就说再干个三年、五年？众大臣心中刚刚燃起的希望，眨眼间又被浇灭，都低头不做声。

这时，武承嗣迈步上前，恭手奏道："太后陛下，最近扬州生乱，月有蚀之。天下小民，不识好歹，议论纷纷。更有人趁机妖言惑众，潜图异谋。臣请太后颁制天下，广开言路，接待天下奏言，以褒善惩恶，扬美发奸，维护国家之一统。"

话音未落，刘之上前，连连摇手曰："不可。先帝太宗和高宗大帝均反对告密。太宗曾说：'无识之人，务行谗毁，交乱君臣，殊非益国，自今以后，有上书讦人小恶者，当以谗人之罪罪之。'高宗时，也曾下令禁酷刑和匿名信，并说：'匿名信，国有常禁，此风若扇，为蠹方深。'老臣以为万不可行告密之风。"

武太后摆手说："事无定制，当改则改，岂能墨守一时之规定。本宫决定，设立举报箱。"

武承嗣这时忙捅了捅身旁的侍御史鱼承晔。鱼承晔心神领会，急忙出班奏道："太后，臣的儿子鱼保家有巧思，设计了一个名为'铜匦'的举报箱，非常精巧实用，臣斗胆举荐于太后。"

武太后一听，颇感兴趣，当即传旨令鱼保家晋见。

鱼保家早已在午门外等候，一会儿就传进大殿。叩头施礼后，保家掏出一张设计图纸，恭恭敬敬地呈上去。

武太后看了看，看不懂，问："有样品没有？"

"回太后，有样品，是木头做的。"鱼保家从怀里掏出样品。武太

后特许他上御台指点给自己看。

"太后，这铜匦形成一个箱子，内设四格。箱子四面分设四个投书口。东面名曰'廷恩'，献赋颂，求仕进者投之；南面曰'招谏'，言朝政得失者投之；西面曰'伸冤'，有冤抑者投之；北面曰'通玄'，言天象灾变及军机秘计者投之。且表疏一旦投入铜匦，就无法收回，只有用专用的钥匙才能打开。"

听完鱼保家的介绍，太后拿着这个木制的样品，翻来覆去地看，连连称赞，问鱼保家："鱼爱卿现在官居何职？"没等鱼保家说话，他爹鱼承晔忙代为回奏说："犬子虽然有巧思，但仕运不佳，只是在工部临时帮忙。"武太后望着鱼保家，说："如此有才之人，本宫封你为从五品，即日起，在工部供职，监造这'铜匦'，三天之内完工！"

眨眼间被封了个从五品的官衔，激动得鱼家父子忙给太后叩头，千恩万谢而去。

垂拱二年（公元686年）三月八日，"铜匦"这个巨大的怪物，被正式立于宫门前，接受来自四面八方的密奏。

铜匦的日常管理工作由正谏议大夫、补阙、拾遗各一人担当，他们负责铜匦的开启，密奏的整理，直接向太后负责，收到的密奏也全部交给太后处理，他人不得过问。

为了让天下人都明白铜匦的作用，朝廷又专门向全国各地发出通知，并号召民众投递密奏。

凡有上京告密者，臣下不得问，沿途皆给驿马，免费供给五品官的饮食标准，免费住宿。虽农夫樵人皆得召见。

自此以后，全国上下告密之风盛起。

太后最信任的大忠臣、卓有才华的宰相刘之被贾大隐告密后关进了大牢，举朝皆惊。后纷纷探听缘由，知告密者乃贾大隐，皆鄙视之，其威信立时在朝中大跌。

有胆大的为刘之鸣不平的人，就上书为之求情。甚至整天不问政事的睿宗皇帝，觉得刘之曾当过自己的老师，一向也对自己比较看顾，遂决定也为他上书，请求太后宽恕刘之。

听到睿宗皇帝也为刘之抗疏申理后，刘之的亲友纷纷到监狱里说："这下好了，连皇帝都替你出面求情了，太后肯定会宽宥你，释放你的。"

刘之却发出一声叹息，说："皇上不为我上书倒好，如今，他为我说情，我必死矣。太后临朝独断，威福任己，皇帝上表，徒使速吾祸也。"

果然，太后在接到睿宗皇帝的抗疏后，连连冷笑，目露凶光，心道：你刘之让我还政，还政于谁？还不是这睿宗。如今睿宗为你上表，正说明你俩人一个鼻孔出气。将来若有机会，你们还不得联合起来对付我。现在不除了你刘之，更待何时？

垂拱三年（公元 687 年）五月庚午，一道诏令下达，将刘之赐死于家。

刘之被使者从监狱押到家里后，对使者王本立说："我先洗个澡，换上寿衣，干干净净地上路，省得死后再麻烦人给我净面换衣。"

王本立征求其他三个监刑官的意见。其中贾大隐也是监刑官之一，忙表示赞同说："刘公，你尽管沐浴，这点小事，想郭大人、周大人不会不同意吧。"

在一旁的监刑官麟台郎郭翰、太子文学周思钧鄙视地看了贾大隐一眼，对刘之说："刘大人，您请便吧。"

洗沐完，换上寿衣的刘之从里屋走出来，神态自若，他喝了两口茶，对一旁的儿子说："我说你写，给太后写个谢死表。"儿子含泪点点头，准备好了纸笔。刘之口述道："臣之不才，赖太后错爱，委以重任，今赐死于家，皆无憾也。然臣虽诳妄为辞，开罪官家，却从未聚人曰财，私人婢妾……"说着说着，儿子却在一旁哭出声来，伤心地无法下笔，手颤抖着，半天一个字也没写成。一旁的贾大隐对王本立说："时间不早了，太后还在朝堂上等信呢。"

"快点写，快点写。"王本立随即催促道。

刘之见监刑官在一旁催促不已，于是夺过儿子手中的笔，自操笔纸，刷刷刷，援笔立成，一篇词理恳至的谢死表呈现在众人的面前。刘之把笔一掷，端起桌上御赐的毒酒，笑着对一旁的贾大隐说："贾兄，这杯酒我就不请你喝了。"贾大隐羞得满脸通红，恨不得找个地缝钻去，心里直埋怨太后不该也让他来当这个监刑官。刘之端起毒酒，一饮而尽，从容赴死，时年五十七。刘之死后，周思钧和郭翰等人读着刘之的"谢死表"，无不为之称叹、伤痛。周思钧指着"仰天饮鸩，向日封章"等句，对郭翰说："刘大人太有才华了，我等不及。"

郭翰赞同地点点头，叹息着说："朝廷自此以后，又失去了一位栋梁之材了。"

第二十五章 私自蓄男宠 薛怀义涉政

郭、周两人的感言不幸传到武太后的耳里。不久，郭翰被左迁为巫州司马，周思钧被左迁为播州司马。垂拱四年（公元688年）正月，刚过完年，头一天上早朝。司礼博士周不等宰相说话，就抢先出班，恭手奏道："太后，臣对您有意见。"此言一出，满朝皆惊，武太后却探着身子，和蔼地间："周爱卿对本富有何意见？"周道："太后，您应该下个旨，在神都设立武氏宗庙。"武太后一听，哈哈大笑，说："是应该在神都设立武氏宗庙了。不光是你，好多大臣都向本宫提过这个建议。不过，公开在朝堂上提出的，你还是第一人，以爱卿来看，这武氏宗庙该起什么样的名字，又当设立几个室呢？"

"太后英威迈于百王，至德加于四海。武氏宗庙只有称为太庙，设立七室，才能慰天下人之心。"周的话音刚落，朝堂上就一片议论声，大臣们都觉得周的提议太过分了。凤阁合人贾大隐环顾左右，见反对声鹊起，觉得自己该首先出头露面，指责周，以洗刷自己卖友求荣的恶名。

主意一定，贾大隐出班，上前一步，连连摇手日："不可，不可。自古以来，只有皇帝家的宗庙才可称为太庙，才可立为七室。周明知故犯，居心叵测，欲陷太后于不义，此可斩也！"

周一听贾大隐的话，吓得脸色蜡黄，用哀哀的目光看着太后。

太后摆摆手说："周爱卿也是一片好心。众位爱卿可以讨论讨论究竟起什么名字，立为几室最为合适。贾爱卿，你既然提出反对意见，你先说说你的想法。"

贾大隐挠了半天头，才吞吞吐吐地说："要不然，立为王室吧，宗庙起名为'崇先庙'。"

贾大隐怕武太后生气，忙又加上一句："臣想列六室，但列六室不大好听，按古风俗，要么列七室，要么列五室。"

武太后见列武氏宗庙为七室的时机，确实也不成熟，只得快快地点点头，首肯了贾大隐的话。决定将武氏宗庙定名为"崇先庙"，建成五室，择日开工。

讨论完武氏宗庙的事，武太后环顾群臣，又问："有谁知道'明堂'是怎么一回事？"

见太后出言考问，众宰臣纷纷上前，各展才学，侃侃而谈，有说："明，犹清也。堂，高明貌也。明堂乃是上古祭祀上帝和祖先的场所。也是古之帝王宣明政教的地方，举凡朝会、祭祀、庆赏、选士、养老、教学，均在此举行。"

太后听了十分高兴，说："本宫欲仿效周制，建一明堂，以此为祭祀布政之所，何如？"

群臣一听，这才知道太后问"何谓明堂"的真正意图。

最后，太后下令将建明堂一事交由弘文馆的学士们讨论，三天以后，拿出建筑方案。

接受任务的弘文馆学士们不敢怠慢，吃住在弘文馆，查资料，绘草图。三天到期，终于做好了设计方案，呈请武太后圣裁。"设计的明堂建筑式样甚合我心，"武太后手拿着草图频频点头，又对众学士说，"不过，你们这个明堂的选址不好，'国都之南丙巳之地，三里至七里之间'，太远了，太不方便了。"

"太后，这是根据周朝定制，并按天文地理等推算出来的。"学士们奏道。

"过去的事就不能改了吗？"太后训斥了学士们两句，手一挥说："本宫决定拆乾元殿，在旧址上盖明堂。"晚上，太后躺在床上，笑着对薛怀义说："怀义呀，本宫决定建一明堂，这建设的总指挥，就交给你吧。""交给我？花费多少万？""也得几千万两银子吧。"怀义搓着手，笑着说："我又能再捞一把了。""你说什么？"武太后问。"我说我又得累一下子了。""累不着你。已命工部的人都上去了。有设计的，有管征的，有管土木的……本宫之所以安排你当这个总指挥，主要是改变一下朝臣对你的坏印象。等明堂建好了，本宫论功行赏，也好封你个爵位什么的，也少让人看轻你。"

"太后真疼我。"薛怀义往武太后的怀里缩了缩。

武太后叹了口气说："本宫整日价宵旰忧勤，操劳军国大事，有时候甚感无趣。只有你，才能让本宫体会到做女人真正的快乐啊。"

"怀义知道了。怀义以后会更用心地侍奉太后。"薛怀义挺了挺身子说。

垂拱四年（公元688年）二月十一日，明堂开始破土动工。在奠基仪式上，武太后特下了一道诏书，向天下人阐明了建造明堂的重要意义。

而作为太后关注的工程，朝廷上下对此也极为重视，要人给人，要物给物。但由于时间紧，任务重，又要拆迁，又要建设，因而在明堂的工地上，每天有上万人日夜不停地轮班劳作，喝号声不绝于缕。冬干三

九，夏干三伏。从深山中，运出一根巨木，就需上千人共同劳作。由于役使过度，整个明堂的建筑，累死了不少工匠，所耗用的钱物，更是不计其数。

经过工匠们三百多个日日夜夜的劳作，垂拱四年（公元688年）十二月二十七日，规模宏伟、巍峨壮观的明堂终于落成了。

明堂总高二百九十四尺，方圆三百丈，一共三层。下层依法四时，各随方色；中层法十二时辰；最上层是九条龙捧着一个大圆盘，圆盘上有一个展翅欲飞的铁凤，高约一丈。铁凤外表用黄金装饰，远远望去，熠熠生辉，撼人心魄。明堂中间有巨木十围，上下通贯，栌撑借以为本，下施铁渠，为辟雍之象。

落成之日，武太后在文武百官和薛怀义的陪同下，参观明堂。

她一边看，一边啧啧称赞，对左右说："只有在我们这样的盛世，才能创造出这雄伟的明堂。"

武承嗣一听，忙拦路跪倒，口称："怀义师监造明堂，贡献卓越，臣请太后重重封赏怀义师，以慰人心。"

武太后点点头，望着薛怀义英俊的脸，疼爱之情溢于言表，说道："封怀义为梁国公，拜左威卫大将军。"

话音刚落，太子通事合人郝象贤从人群中站出来，奏道："薛怀义只是名义上监造明堂，实际上并没起什么作用，有时嫌天热天冷，整月不来工地。如今无功受禄，贸然封赏，恐人心不服，且和尚拜大将，封国公，旷古未闻？

武三思拍拍郝象贤，诧道："太后金口玉言，封赏一出，岂可更改。"

武三思转而对武太后和薛怀义献媚道："明堂气势磅礴，独立在宫殿群中，它凝聚了薛师的多少心血啊……"

拍马者听了，纷纷附和，向薛怀义连连伸起大拇指。

薛怀义听到众人的赞赏，更是扬扬自得。武太后为其赐名为万象神宫。贾大隐听了，忍不住上前拍马说："'万象神宫'，真是一个好名字，'万象'，乃万象更新也，'神宫'，圣而通神之谓也。"武太后听了贾大隐的解释更是高兴，当即传旨全民庆贺万象神宫落成，因此要大赦天下。武氏子弟和那些善于拍马逢迎的人立即跪在地上，大呼"英明"。

第二十六章

薛怀义得势　武则天蓄谋

封国公武承嗣为了讨好薛怀义，接着以他被封为大将军的名义做东请酒，将游击将军索元礼、秋官侍郎周兴等人都请过来陪酒。席间，几个人举杯相交甚欢，不知不觉就有了醉意。坐在主席上的薛怀义乘着酒劲拍拍身上的将官服，无比自负地对着在座的众人开始自我吹捧，向众人立下保证，自己虽然没有上过战场，更没有军功。但只要自己领兵上了战场，一定旗开得胜，马到成功，将敌军杀得片甲不留，让那些反对者也对他刮目相看。众人不敢惹怒这个太后身边的红人，对他的话纷纷表示附和，武承嗣说："当然。薛师天庭饱满，地阁方圆，一看面相就知是个帅才，可叹那郝象贤有眼无珠，竟敢说'和尚拜大将，封国公，旷古未闻'。"

"这郝象贤胆子不小，听说他做过什么错事吗？"薛怀义问道。

"这事交给我办了。"索元礼拍着胸脯应承道。

"我办！"另一个酷吏周兴挺身而出，"我还没替薛师出过力呢。"

周兴是秋官侍郎，比索元礼的官大。索元礼只得退后，把惩治郝象贤的差事让给了周兴。周兴威胁郝象贤的家人苗中捏造了一份造反的告密书上报给武太后。见了太后，周兴却装出一副沉重的样子说："太后，郝象贤的家人密告郝象贤谋反。"太后诧异地看了周兴一眼，接过告密信急急地看起来。看完后，太后摇了摇头，说："这郝象贤是前朝宰相郝处俊之孙，家道富足，不缺吃不缺穿，造的是哪门子反？"

"太后，"周兴恭手奏道，"所谓人心叵测，所谓人心不足蛇吞象。许是那郝象贤依仗家有钱财，暗地里想招兵买马，图谋大事。臣请太后速下旨令，拘捕郝象贤。""好！你立即把郝象贤逮捕入狱，严加审理。"太后命令道。"臣遵旨！"周兴答应一声，告辞出宫。郝象贤此时请假在家，心里乱糟糟的，在书房里倒背着手，来回踱步，不祥的预感一阵阵袭来。在这时，外面天井里传来了人的吵闹声。郝象贤和管家急忙跑出去查看。只见有四五个刑部的甲士挣脱郝家家人的拦阻，直冲过来。郝象贤惊疑不已，喝问道："你们想干什么?!"甲士们也不答话，窜过来把郝象贤团团围住。这时，周兴也赶了过来，郝象贤急忙招手问："周大人，这，这是为何？"

"为何？"周兴冷笑一声，说："你的家人苗中已告你谋反，太后命本官前来擒拿于你！""谋反？我谋什么反？""有没有谋反得先跟我到刑部再说，在这没工夫跟你废话。"说着，周兴一挥手，命令甲士："把郝象贤带走。"

郝象贤入狱后，没能扛住周兴的酷刑，屈打成招了。案卷报到太后的龙案上。太后有点不大相信，小小的郝象贤也敢图谋造反。她手拿着朱笔，沉吟片刻，却迟迟不批。

周兴在一旁见状，悄声奏道："太后，当年高宗皇帝自觉能力不济，欲禅位于您时……就是这郝象贤的爷爷郝处俊，从中阻挠，这郝象贤和他爷爷一样，对太后不恭不敬。"

一番话提醒了武太后，她嘴撇着鼻孔哼了一声，大笔一挥，画了个圈。

四月戊戌这天，郝象贤和他一家大小十余人，被刽子手五花大绑，押到洛阳都亭驿的刑场上。

刑场周围，彩旗招展，人喊马嘶，早已站满了密密麻麻的看客。今天是休假日，除了贩夫走卒引车卖浆者之外，还来了许多官府中人。

在行刑台的北面，还有一个半人高的土台子，台上摆放着一排桌子。桌子后面的椅子上坐着几个肥头胖脸、衣饰光鲜的大员。周兴仰脸看看日影，从桌上竹筒里抓一把死签，往地上一抛，喝令："准备行刑！"立即有一个甲士跪过来，捡起地上的死签，飞奔到前面的死刑台上，手举着死签高喊着："时辰到，准备行刑！"

听到号令，刽子手们上去给郝象贤等死囚卸去枷锁和铁链。这边监刑台上的薛怀义诧异地问周兴："怎么？还给这些死刑犯松绑。"

"死囚临死前得卸去枷锁和铁链，以便他们的灵魂能顺利地渡过奈何桥，到达阴间。"

话音刚落，只见前台上一阵大乱，众人急忙站起来观望。

只见刚松开手脚的郝象贤，摆脱了刽子手，跳下行刑台，向围观的看客跑去，边跑边喊："太后是个十恶不赦的老淫妇、大淫妇，我得罪了她的小男人薛怀义，她才诬陷我谋反……太后整天搂着那个和尚睡觉，淫乱宫闱……大家睁开眼睛，看清你们所敬仰的皇太后究竟是什么样的人！"

郝象贤敢在大庭广众之下痛骂神圣不可侵犯的太后，可谓是冒天下之大不韪了。

监刑台上的周兴等人一见，大惊失色，急令金吾卫赶快上去砍杀那郝象贤。

郝象贤毕竟是一介书生，身无半点武功，没几个回合，就被蜂拥而上的金吾卫乱刀砍死。周兴、薛怀义等人也气急败坏，喝令刽子手立即斩杀郝象贤的家人，金吾卫赶快驱赶围观的人群。百姓们也一哄而散，现场只留周兴等人和十几具血淋淋的尸体。

武承嗣在一旁骂着周兴："让太后知道了还不得治你的罪。"

薛怀义在一旁说："我跟太后说说，不过你周兴也得跟我去。"

周兴转而跪倒在薛怀义跟前，抓住他的腿，感动地说："您好好地跟太后说说。只要太后不治我的失职之罪，我捐给白马寺二十根金条。"

"一言为定。"薛怀义说道。

一行人赶往皇宫。武太后起床晚了，正在用膳，几个人垂着手站在一边，由周兴小心翼翼地把刑场上的事说了一遍，武太后听了果然大怒，骂道："你是怎么当监刑官的？"

薛怀义想起那二十根金条，于是走上前去边给武太后轻轻地捶背，边劝解说："太后息怒，事情也不能完全怪周大人。谁知道那郝象贤是这样一个人。"

"传我的旨意，以后法官审刑人，都要先以木丸塞其口。"武太后说。

"承嗣马上去通知刑部，把这一条加在刑典上。"武承嗣也急忙应承道。

"这话不能上刑典的，你入朝多日，怎么不见一点长进！"武太后逮着武承嗣又是一顿训。

薛怀义见状，推了一把武承嗣："走吧，走吧。太后心情不好。"

武承嗣讨好不成，垂头丧气地回到家中，坐在书房里摔桌子打板凳，直生闷气。负责整理书房的小厮唐同泰在旁边，嘴张了好几次，似有话说，武承嗣怒道："你晃来晃去，有事吗？"

唐同泰忙走过来，撩衣跪倒，说："老爷，小的有件事想跟老爷说说。"

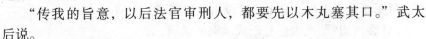

第二十六章 薛怀义得势 武则天蓄谋

"什么事？"

"老爷，近一阵子，毁乾元殿、造明堂，立武氏宗庙，小的觉得太后将有大动作，可能要改朝换代，自登大位。"

"就是这样的话，又有何不可呢？"武承嗣斜着眼说。

"小的犹记得《周易·系辞》云：'河出图、洛出书，圣人则之。'河是黄河，洛乃洛水，'图'也者，龙马身上的图像，'书'也者，神龟背上的纹象。此两件宝贝皆是帝王圣者受命之瑞。上古时代，尧爷就受过河图，禹爷也受过河图。如今太后德配天地，也不能没有河图。我们若能从洛水中再找出龙马神龟图，则势必加快太后登基的步伐，势必让太后高兴，对我们也有利，皆大欢喜。"武承嗣一听，眉开眼笑，问："好主意，可上哪儿去找这龙马神龟图呢？""老爷，万事不可拘泥于一点上，咱只要找一块好看的鹅卵石，上面刻上几个字就行了，就算是河图。"

"好！好！"武承嗣喜得直搓手，问："刻什么字？"

"小的想了好久，觉得'圣母临人，永昌帝业'最贴切，也保管太后高兴。"

"快，快叫厨房弄一桌好菜，咱哥俩整两盅，合计合计这事。"

"遵命！"唐同泰转身，一溜烟向厨房蹿去。

五月的一天，武则天正在朝堂上和兵部的人，商量征讨吐蕃的事。只见武承嗣匆，匆忙忙地赶来，一脸激动的神色："太后，太后，特大喜讯！"武太后问："什么事？""太后，洛水出河图了。自打尧、禹帝受过河图，这多少朝、多少代都没出过河图了，今回……"

"什么河图？"武太后打断武承嗣的话问。

"太后，"武承嗣气喘吁吁说，"有个叫唐同泰的人在洛水边捡到一块白石，上面刻着八个古色古香的大字。""什么字？""上写'圣母临人，永昌帝业'，臣一看这几个字，知道是宝图瑞石，不敢怠慢，就急忙跑来禀告太后了。"武太后这才明白了武承嗣的全部意思，于是大喜过望，忙问："瑞石在哪里？"

"在午门外。""快召见！"武太后激动地说。武承嗣转身飞奔出殿外，不一会儿，果然把唐同泰带进来。只见唐同泰戴个斗笠，身披蓑衣，打着赤脚，一副渔夫的打扮，手里捧着一块带字的白色鹅卵石。

"小民唐同泰拜见太后，太后万岁万岁万万岁！"唐同泰趴在地上，连磕三个头。

太后两眼盯着唐同泰手中的瑞石，说："平身。"

近侍把唐同泰手中的瑞石拿过来，呈递给太后。太后闪目观望，果见上面刻有"圣母临人，永昌帝业"八个暗红色的篆字。太后对这八个字凝视良久，才问唐同泰："你是在哪里拾到这块瑞石的？怎样拾到的，说来听听。"唐同泰咳嗽了两下，清了清嗓子道："小人乃嵩山人氏，每日以在洛水上打鱼为生。前两天正准备划船时，突见水面上现出一团红、黄、蓝三色祥光。祥光伴随着浪头，滚滚向我冲来，吓得我忙跪在地上，不住地祈告。这时，祥光来到岸边，停了下来，而后又徐徐消失。我再睁大眼一看，祥光消失的地方，有一块熠熠发光、异常显眼的白石。我于是颤抖地走上去，拾起它，也一下子看清'圣母临人，永昌帝业'这几个字。草民知道这是上天的旨意，不敢怠慢，急忙带上瑞石，背上两斤干馍，连夜奔京城来了，小的听人说武承嗣武大人为官清正，礼贤下士，小的就直接投奔武大人了。于是武大人把我带到皇宫了。"

武承嗣又接着说："臣一看瑞石，不同凡品，再一看字，更觉不得了。臣记得汉代大儒郑玄说过：'河出图、洛出书，乃帝王圣者受命之瑞。'臣不敢怠慢，于是带着唐同泰直奔大殿而来。太后您看看同泰，还是一身渔夫的打扮，连衣服也没来得及换，还请太后恕他不敬之罪。"

武太后喜得眼睛眯成一条缝，说："不怪。唐同泰，本宫欲封你个官当当，你有什么特长啊？"

唐同泰按捺住怦怦乱跳的心，奏道："臣虽为一介渔夫，然性好读书。常常搜寻一些兵书来看。臣的理想是当一名将军，为太后护驾。"

武太后一听哈哈大笑，立即下旨封他为五品游击将军，另发给赏钱十万。

夜里，都二更天了，武太后躺在床上，翻来覆去地睡不着觉。经过几个时辰的寻思，武太后想好了办法。她叫来内侍，说道："速传武承嗣进宫见我！"

约半个时辰，武承嗣才乘马气喘吁吁赶到皇宫，他心神不定地随内侍走进长生殿，小心翼翼地问："太后，半夜宣承嗣有事？"

武太后已穿戴整齐，端坐在龙椅上，笑眯眯地看着武承嗣，说："承嗣啊，深夜召你来，是为了那瑞石的事，下一步打算怎么办？"

"臣跟太常卿商议了此事，初步意见是想就瑞石之事，向全国发出一个通告，拜请太后下旨册封洛水之神，以扩大影响面。"武太后听了

摇摇头，说："我刚才考虑了一下。第一，命天下诸州都督、刺史及宗室外戚务于十二日之前毕集神都，由我降诏，亲自行拜洛水，受宝图仪式；第二，我预备给自己加尊号制新玺，具体事宜，你务于明天上午拿出个具体操作方案和日期来。""太后高见！"武承嗣心诚悦服地跪倒在地。武承嗣沉吟了一下，说："距十二日的封洛受图的仪式没有几天了。臣这就安排使者四下里去通知各地诸侯，届时前来参加盛会。"

"好，你去吧，有什么事随时向我报告。"太后命令道。

垂拱四年（公元688年）五月十二日，在神都洛阳南郊外的洛水河畔，人头攒动，彩旗飘展，一场规模盛大的"受图拜洛"仪式马上就要举行。河边新砌了一个一人多高的黄土台子，正前方是清波荡漾的洛河。土台子左边排班站立着前来聚会的全国诸州都督和刺史，右边则站立着皇室宗亲和社会名流。今天天气不太好，自清早开始，天空始终阴沉沉的，展不开笑脸。"受图拜洛"仪式总指挥武承嗣，不时地仰脸看着天空，脸露焦虑之色，考问身旁掌管天文计算的太史令。太史令不断地擦着额上的汗，一脸苦相，对武承嗣说："下官算着没有雨，但要真有雨也不能怪我，今天这日子是太后钦定的。"

"唐同泰……"武承嗣接着又喊道。

"有！"游击将军唐同泰急忙跑了过来。

"时辰快到了，太后马上就要驾临，让几个副指挥使速来报告各方面的准备情况。"辰时一刻，正北边的大道上，鼓乐阵阵，逦迤驶过来大队人马。两辆辇车，直趋到接引礼台的大红地毯边，才停了下来，武承嗣率领文武百官，上前跪地接迎，口称："恭迎太后，愿太后万岁、万岁、万万岁！"上官婉儿袅袅娜娜地走上去，撩起布帘子。武太后头戴九龙宝冠，身穿霞帔霓裳，手扶婉儿的胳膊钻出御辇。旁边的一个执事急忙把九曲柄费罗伞罩在武太后的头上。

"请太后登台受图拜洛……"武承嗣拉着长腔喊道。

武太后点点头，在手持凤扇的执事和文武百官的护卫下，沿着猩红的地毯，缓缓地走上礼台。上了礼台，她威严地扫视着台下的各路诸侯的皇亲国戚们。台下的众人伏在地上，颂道："太后万岁、万岁、万万岁！"

大会首先由凤阁侍郎同凤阁鸾台平章事张光辅宣读诏书。诏书宣读后，武承嗣才唱道："请太后登坛受图……"

武太后神色庄重，缓步登上前面的小台子，双手从龙案上的金盘子里拿过瑞石，端详了一番后交由后面的近侍收起来。而后，武太后擎起三炷香，望空拜了三拜，口中念念有词，把香插到案上的金香炉里。

此时，鼓乐声大作，四下里早已安排好的上万名羽林军将士，一齐爆发出雷鸣般的呼喊声……"天赐宝图！君权神授！圣母临人！苍生纳福！"

呼喊声此起彼伏，一浪高过一浪，站在礼坛上的武太后频频向众人招手致意……

呼喊声停下来以后，武太后乘兴让张光辅宣读封洛诏书：

洛水之神献宝有功，封其为"显圣侯"，洛水为"永昌洛水"。加特进，禁渔钓，祭祀比四渎；瑞石出现的地点名为"圣泉图"，于其侧，勒石曰"天授圣图之表"；将此泉沿岸一带改称为永昌县；洛水之东南嵩山改称为"神岳"，封其山神为"天中王"，拜太师、使持节、大都督，禁刍牧。赐酺五日。喧闹一时的"受图拜洛"仪式在文武群臣且惊且疑的目光中结束了。武太后率领着睿宗皇帝，下了礼坛，钻进了御辇，扬长而去。

武承嗣站在高台上高声向众人宣布："太后将在新落成的万象神宫接受群臣的朝贺，请大家马上赶到万象神宫。"文武群臣于是乘马的乘马，坐轿的坐轿，赶到城里的万象神宫。万象神宫高大宽阔，面积有数千平米之多，足以容下各州都督、刺史及诸王外戚的同时朝贺。朝堂的御台上，仅摆了一个硕大的龙案，武太后坐在中间，睿宗李旦却像个近侍，垂手侍立在旁边。众人不觉奇怪，依例山呼万岁毕，退到了一边。

这时，正为薛怀义写书立传的宗楚客停下了手上的工作，也不顾及在场的睿宗，直接上前表奏："太后圣明裁决，陛下应该为太后进封，将其封号改为'圣母神皇'。"武太后笑了这个提议，正合自己的心意，便点点头，也不理会睿宗李旦是否同意，直接为自己改了封号。说完后，武太后见宗楚客仍然跪在地上没有起来的意思，心里明白他这是在请赏，于是欣然将宗楚客封为凤阁侍郎。宗楚客听完，痛痛快快地磕了一个头，站起身来，直接步入了四品文官的队列中。

第二十七章

藩王相勾结　反叛被镇压

朝会结束之后，韩王李元嘉也就是高祖的第十一个儿子，按照辈分，他在皇室成员中是最为尊贵的一个人，因此纷纷躬身为其让路。韩王向众人颔首致谢，举步将要前行，却见游击将军唐同泰走了过来，直接在前面用身子挡住了韩王的去路，然后便冲着武承嗣溜须拍马道："武大人，请您先走！"

武承嗣倒也不客气，背着手，阔步就要向外走，当他走到李元嘉的跟前时，略微停住了脚步，鼻子里轻蔑地哼了一声才从韩王面前走了。众人敢怒不敢言，眼睁睁地看着武承嗣带着诸追随者，昂首率先出殿。

当众受到武承嗣蔑视的韩王李元嘉默默回到了韩王府。在书房里兀自愣坐，内不自安。

这时，青州刺史霍王李元轨、邢州刺史鲁王李灵夔、豫州刺史越王李贞及李元嘉的儿子通州刺史黄公李譔，一齐从外面涌进来。霍王元轨把帽子一甩，叫道："十一哥，这天下究竟是咱李家的，还是她武家的？今天在朝堂，看着那诸武小人得志的样子，当时就气得我手直哆嗦。"

元嘉的儿子通州刺史李譔也大声叫道："我们得想个办法，不然，先祖出生入死打下的江山，就白白落入他人的手中了。"

豫州刺史越王李贞忙摆摆手，让大家小声点说话，而后走出门外，望了一下，方把门轻轻掩上，回头对韩王元嘉说："十一叔，如今在皇室中，就数您老辈分最高，德高望重。别人不拿主意，您老人家心里可得有个谱，这一大家子人，就全靠您了。"

韩王元嘉仰天叹了一口气，说："若太宗文武大圣皇帝在世，何至于此。现在神皇羽翼丰满，军政大权集于一身，其称帝之心，昭然若揭。大亨之际，她必遣人告诸王密，大行诛戮，只怕皇家子弟无遗种矣。"

"父亲，"黄公李譔叫道，"与其坐以待毙，挺颈受戮，莫若铤而走险，兴兵发难。一则可以自救，二则可以匡复我皇唐。"

越王李贞一副愁眉不展的样子，接口说："话虽这么说，可我们都是些小小的刺史，无一个带兵的将军。手无重兵，亦无大将，若真是打起来，能行吗？别像徐敬业，折腾了两天就完事。"

"越王怎么这么说？"李谋站在正当门说，"我设想了一下，我们这些当刺史的皇室子弟，大部分都任职在洛阳周围。家父在洛阳西北面任绛州刺史；东北面有十四叔霍王任青州刺史，鲁王灵夔任邢州刺史；东南面有豫州刺史越王贞，申州刺史东莞公元融；西南方面有我这个通州刺史，和金州刺史江都王李绪……"

"这又怎么样？"越王李贞说。

"这样好啊！"李谋两手往中间一招，说："这样可以对洛阳形成合围之势。且咱们是为了匡复皇唐，师出有名，振臂一呼，必四方响应。"

听了李谋的一番分析，众人也觉着有理，纷纷点头，把目光投向韩王李元嘉，等他拿主意。

韩王沉思了一会，说："不起兵也没有办法。这样吧，大家明天就回到各自的治府。回去以后，再行联络，约定个时间起兵。大家现在心里有个数就行了。现在在洛阳来往太密切了，会让她的眼线侦知，将咱们一网打尽。本王的想法怎么样？"

"行，韩王说得对。"众人附和道，同时也表示：回去后，早做准备，早做工作，多动员一些人。一有韩王命令，皆同时举兵，进军洛阳。

垂拱四年（公元688年）八月的一天，琅琊王博州刺史李冲正在府中和长史萧德琮一起喝酒聊天。一个门卫进来报告说："王爷，大门外来了一个人，说有急事，要面见王爷。"

"哪儿人？叫什么？"琅琊王问。

"那人不肯说，听口音是西京人。"

"带他进来。"琅琊王命令道。

一会儿工夫，门卫带来一个风尘仆仆、一身行商打扮的人，那人见了琅玡王，磕头施礼后，却望了望旁边的萧德琮，嘴张了几张，欲言又止。琅玡王见状，指着萧德琮对来人说："这是博州长史萧大人，本王的属下，也是本王最好的朋友，不是外人，你有话但说无妨。"来人迟迟疑疑地翻开褚襟，撕开里面的一个暗口袋，从里面掏出一个小布包，双手捧着恭恭敬敬地递给琅玡王，说："小人是黄公李谋的家人李明，黄公特地派小人送来这个小包。"琅琊王点点头，神情肃穆，小心地打开小布包，只见里面裹的是尺把长的白绢。展开来，不看则已，一看，琅琊王竟情不自禁地失声痛哭起来，旁边的萧德琮急忙安排人款待信使，而后关上门，问："王爷，何事如此伤心？"琅琊王把白绢递给萧德琮，仍旧痛哭不止。萧德琮打开白绢一看，只见上面写着两行血书：朕遭幽禁，诸王宜各发兵救我！萧德琮一见是皇帝血书，慌忙供在案上，伏地磕头。而后爬起来问琅琊王："王爷，咱们该怎么办？"琅琊王李冲止住哭声，擦了擦眼泪，看着萧德琮说："如今武氏潜行篡逆，皇唐岌岌可危，你是我亲信，当随我举兵倡天下，以救皇上。"萧德琮伏地叩头，仰脸含泪说道："德琮身沐皇恩，敢不从命。"决心已定，萧德琮即到州府各部做思想动员工作，并火速召集所辖各县县令，前来州府议事。

会上，德琮向各县县令及州府官员，展示了睿宗皇帝的"血书"，阐述了出兵讨伐太后的紧迫。李冲道："本王昨天已分别致书诸王，言'神皇欲移李氏社稷以授武氏'。诸王接书后，必不善罢甘休，且诸王大都分布在洛阳周遭地区当刺史。一旦四方诸王响应，一时并起，事无不济。诸君只要同心协力，定能戮灭逆贼，迎还皇帝。到时在座的各位都是首义功臣，自当封将人相，光宗耀祖，立不世之功。"这时，堂邑县丞董玄寂在一旁担心地道："这可行吗？不如等别人动手了，我们再跟着起兵。"琅琊王一听，训斥董玄寂说："皇上被困深宫，危在旦夕，早一日发兵，便可早一日解救出皇上。"琅琊王见武水县令郭务令，手拿着血书，翻来覆去地查看，于是严厉地问："怎么，你不相信这是皇帝的御书？！"

郭务令假笑了一下，说："怎能不信。属下这是在体会皇上写血书时的心情。"

"是啊，"琅琊王走了两步说，"从血书的笔迹来看，可以想象，皇上当时的心情一定很痛苦。他也一定日夜焦急地盼望着我们这些做臣子的，赶快兴兵去救他……"

郭务令当即拍着胸脯表示说："王爷，请遣属下立即回武水，属下当以尽快的速度募集本县兵马，随王爷出征！"

"好！"琅琊王高兴地拍了拍郭务令的肩膀，对与会的县令说："大家回去后，务于后日午前，遣所部兵马赶到博州城，由各县县丞带队，县令本人则坚守各县县城，随时听候调遣。"八月壬寅这一天上午，博州城北校场上，旗帜招展，人喊马嘶。校场北边的点将台边，各竖起一杆九龙云缎鹅黄色勤王义旗；又左右金黄旗，一书"招纳忠义"，一书"延揽英雄"。点将台后竖起一杆销金王凤锦镶近降红号带，素绫心子元帅旗号，泥金写着"大唐琅琊东路元帅"。午时整，各县县丞均带本县兵马赶到，唯有武水县郭务令的人马没有来。已过午时二刻了，琅琊王实在等不及了，于是，传令击鼓，升台点将及兵士，共4297名，马320匹。点毕，琅琊王率萧德琮等人对天拜誓，将校皆随拜。焚表已毕，正待伐鼓出征，忽报武水县令郭务令遣使来见。琅琊王忙叫来使过来，问道："汝县郭大人，所派兵马何在？"来使显得有些害怕，颤颤抖抖地从怀里掏出一封信，双手呈给琅琊王，说："郭大人只是遣小人送来一封信。"琅琊王李冲疑疑惑惑，打开信，不看则已，一看几乎气炸了肺，大叫："反了！反了！"萧德琮忙接过信看，只见上面写着：琅琊王反贼，敢兴命犯阙，旬日之间必败。若能幡然悔悟，自锁来武水谢罪，本县令当申告朝廷，免汝死罪。武水县令郭务令。琅琊王仍在一旁气得跳脚，一迭声地喊："先不渡黄河，先拿下武水，宰了那个妄恩负义的反复小人再说。"萧德琮上前劝道："王爷，武水乃区区一小县，拿下也无补大局。且我军势单力薄，须直南渡黄河，与薛刺史的兵马汇合。"琅琊王道："不行！非捉住郭务令不可，不扫除后顾之忧，安能长驱洛阳……来人哪！""有……"应声蹿过来两名刀斧手。"把这个送信的小子砍了，祭旗！伐鼓出征！"且说郭务令正在武水县衙大堂上，坐在太师椅上，眯缝着眼做美梦，想象着琅琊王接到自己的信后，害怕带后悔地急忙来武水向自己负荆请罪的情景。却在这时，一个探子飞奔而来，还没进大堂就高喊："报……郭大人，大事不好！"喊声惊醒了郭务令的美梦，还差点把他吓得从椅子上闪下来，郭务令结结巴巴地问："所……所报何事？"

"郭大人，琅琊王已兴起大兵直扑我武水而来。送信的小梁子也被杀了祭旗了。"

"呀……"郭务令倒吸一口凉气，不禁后悔写那封信。当时写信的目的，也不过是想当众声明要与琅琊王划清界限，以洗刷自己。但划清界限，自己又何必采取这种方式，弄得引火烧身。

"敌军离我武水还有多远？"郭务令问探子。

"还有八十多里路，小的见他们时，他们正在老山口处埋锅造饭，估计今天下午能赶到。""再探再报！"

打发走探子，郭务令想：虽然大敌当前，自己却不能弃城逃跑，只有一方面招募民兵，组织城防；一方面派人向相邻的魏州莘县求救。

下人快马带着郭务令十万火急的亲笔信，经过一个多时辰的奔驰，于午前赶到了莘县。县令马玄素接到告急文书，不敢坐视不管，忙派人向州府求救。而后向信使打探敌我双方的态势。听闻琅琊王才带数来人，马玄素振奋起来，决定立即出兵，邀击叛军，一旦成功了，也是件不小的功劳，官升三级没问题。

马玄素一刻不停，火速组织起由军队、保丁、民团组成的杂七杂八的队伍，计一千七百多人。在信使如簧巧舌的鼓动下，也来不及誓师，就仓促出发了。

马玄素生平第一次领兵打仗，想来想去，马玄素决定半路上打伏击，生擒琅玡王，以建不世之功。主意一定，马玄素不断地催动部队，火速前进。

马玄素把伏击叛军的主意和大家一说，众人皆大摇其头，连说不可。于是传令部队直接开进武水城，与郭务令汇合，据城死守。

下午申时，琅琊王带领大队人马，杀气腾腾地赶到武水城南门外，摆好阵势，弓箭手压住阵脚，令人向城上的郭务令喊话。郭务令也不甘示弱。

琅琊王见对方不降，便命令手下火攻破城。四五个军士冒着城上射下的飞箭，以腊条盾遮身，打着火镰放火，干柴烈火，火借风势，霎时间，噼噼啪啪地燃烧起来。

望着渐渐燃起的大火，琅琊王哈哈大笑。然笑声未落，风向忽然大变，南风转成北风，大火冒着浓烟，反向南边冲来，烧得放火的一千军士须发皆尽，号叫着狼狈地逃回本阵。部队连连后退，士气大为沮丧，好不容易摆好的阵脚，也陷入了一片混乱。

琅琊王被情势弄得头上直冒汗，手足无措，正待静下心来想办法，只听得堂邑县丞董玄寂对周围人说："琅琊王与国交战，此乃反也。"

一席话说得军士人等人心惶惶，不少人东张西望，意欲瞅机会逃走。

琅琊王李冲气得咬牙切齿，亲自持刀，带领家兵家将，旋风般地赶过去，立斩董玄寂。

董玄寂所属人马，见势不妙，一哄而散，这一闹不要紧，引得别部人马也跟着四散逃匿，有的藏于草泽，有的匿于树丛。一时间，四五千号人，逃得光光的，只剩下十几个家丁还围在琅琊王的身边没有走。

城中的郭、马二人见状，大喜过望，乘机令兵士鼓噪，声称要打开城门冲出去，生擒琅琊王。

琅琊王李冲万般无奈，只得望了广水城一眼，翻身上马，三十六计走为上，率领十几个家丁，退回博州城。

博州城内，早有逃兵逃了回去，满城人也早已得知琅琊王的所为。全城人心惶惶，风言风语，秩序大乱。

因战事紧张，长期赋闲在家的吴大智被起用，安排在西城门当差，主管该城门防务。琅琊王败回博州城，西门是其必经之路。吴大智把杀琅琊王以避祸带建功立业的想法跟其他守门的军士说了。大伙经不住吴大智的威胁利诱，最终只得表决赞成。但在决定由谁杀琅琊王时，却没有一个人愿意出头。而吴大智本人又是个文官，身无半点武功，真要和琅琊王对打起来，没有胜算。于是找到了在家习武的邻居孟青。孟青禁不住吴大智的连哄带骗，答应了杀琅琊王一事。傍晚黑天的时候，琅琊王李冲带了十几个随从，垂头丧气地来到博州城西门外，叫了半天门，吴大智才在城楼上懒洋洋地问："来者何人？""连琅琊王都不认识了，快快开门！"几个琅琊王的家丁在城外恼怒地骂着。"琅琊王走时好几千人马，怎么就剩你几个人回来？"吴大智明知故问道。

一个瘦高个打马上前，叫道："废话少说，我就是琅琊王，快开门！""挨黑天了，离这么远，谁能看清你是琅琊王？"吴大智冲着那骑马的瘦高个喊道："你说你是琅琊王，你先进城，其他人退后，等验明正身后，其他人再进。非常时期，职官不得不谨慎从事。"琅琊王跑了一天的路，又饥又渴，疲惫不堪，恨不得立即入城，回到舒适的王府里歇歇。只得命令随从退后，自己单人单骑入城。

城门"吱呀"一声，打开了一条缝，仅容一人一马通过。琅琊王牵着马，好容易才挤进去，但见吴大智热情地迎上来说："哟，真是王爷，刚才在城楼上，天黑，没认出来。"

"快把其他人放进来。"琅琊王没好气地说。

话音刚落，城门再次被关上，琅琊王还没回过神来，刚要责问吴大智，就感觉到自己脑后"呜"的一声风响，后脑勺便被某个重物砸了一下，还没反应过来，便已经站立不住，无力地跌倒在地。

吴大智趁机扑上去，抽出腰上的佩刀便朝着琅琊王身上乱戳，再加上孟青频频挥舞的重棒，可怜琅琊王还没来得及挣扎就被杀死了。

第二十八章

武太后发兵　越王亦无力

再说洛阳城里，武太后听到李冲造反的消息，立即召集朝中的武官进行商议，调兵遣将，任命丘神勣为清平道行军大总管，率领着十万大军前往博州平复叛乱。负责平叛的大军，一路上耀武扬威地来到了博州边境，先在附近安营扎寨，然后便派出探子去打探叛军的消息。

吴大智听说丘将军带领的平叛大军已经兵临边境，丝毫不敢懈怠。急忙征集了上百头猪马牛羊、许多金银财宝，亲自带领着一队人前去慰劳大军。丘神勣的严酷，天下尽知，他连废太子都敢下手，遑论一般官员和百姓。

丘神勣得知吴大智等杀死了琅琊王，便吩咐吴大智率领所有博州城的大小官吏于下午时刻列队举行入城仪式。

中午，丘神勣的大部队杀猪宰羊，饱餐一顿后，拔寨起营。大摇大摆地向博州城开来。五里以外，就能看见博州城南门外锣鼓喧天，旗帜招展。丘神勣骑着高头大马，身着金盔金甲，在众将官的簇拥下，笑容满面地来到欢迎的人群跟前，还不断地招手致意。吴大智磕头如捣蒜，而后捧出金印、银印各一枚，呈给丘神勣裁处。丘神勣鼻子里哼了一声，令人接过金银印。正在这时，突然间后军一声炮响。军士们抽出砍刀，端起长枪，朝欢迎的人群直冲而来，见人就杀。一时间，博州城南门外，鬼哭狼嚎，手无寸铁的人们被追杀得四处逃窜。吴大智惊得张口结舌，没想到丘神勣会突然发难。就在吴大智惊讶之时，得到丘神勣暗示的孟青从背后窜上来，手拎着那条大棒，排头向吴大智横扫而来。吴大智被打得捂头满地乱滚，连声哀求，惹得丘神勣从马上跳下来，从一个士兵的手上夺过一把柳叶刀，一个突刺，戳了吴大智一个透心凉……大队人马一路砍杀，直冲进城里。按丘神勣的最新命令，士兵四处搜杀文武官员。凡高门大户有钱人家，全部杀光，不留一人。城外是炮声连天，城内是杀声鼎沸。大街小巷到处横亘着零零星星的尸首。

至晚，所抄得的金银财宝堆满了州府偌大的院子。望着这么多亮闪闪的黄白之物，丘神勣喜得哈哈大笑，命令身边的师爷："与本帅向朝廷报捷，平叛成功！"

豫州刺史、越王李贞这天正在书房里教授小儿子李规读书，一个仆人在门外轻声说："王爷，驿站刚才送来一封信，是通州刺史黄公李谟寄来的。"

李贞把门开了一条缝，接过信，复又把门关上。撕开信封，抽出信笺，只见上面写着：内人病重，当速疗之，若至今冬，恐成痼疾！

李规问："父亲，这信写的是什么意思？"

李贞凑近儿子耳边小声说："这是你谟叔叔约咱起兵，讨伐武氏的信号。"

李规笑道："我早就想领兵打仗了，我想跟先祖一样，勇猛善战，再打出一个新的李唐江山。我也能当个马上皇帝。"

"有志气！"李贞满意地说。

八月庚戌，各县县令、县丞齐聚豫州城。州府大堂里，越王李贞声泪俱下，控诉了武太后一番，而后说："凡举大事，全以忠义二字为主，使天下之人咸知我等真为国家之难，不是私有所图以侥富贵。庶可以倡之于始，而收之于终，不做乌合之众，聚而忽散，方是大丈夫的事业。"

众官员听了，各坐在位子上，低头，默默无语，心里打着疙瘩，独有一个三十多岁的黑脸大汉慨然起立，大声应道："守德愿奉大王为主，悉听指挥，虽赴汤蹈火，亦在所不辞！"

话音刚落，旁边又站起一个人，恭手说道："王爷，大军未发，粮草先行，马匹车辆军器等项，皆不可少，须预为酌定。"

越王李贞转脸一看，是新蔡县令傅廷庆，说："傅公，粮草兵器，库里还有不少，也好筹备，现在最缺乏的是将士啊！"傅廷庆一拍胸脯说："请王爷速派廷庆回新蔡募集勇士。某等定誓死效力于李唐。"越王拍着傅廷庆的肩膀说："本王第一日就得豪杰，大事可成。来人哪！"一个管事的应声跑来。越王命道："大摆宴席，本王与诸公痛饮一番，边吃边谈。"很快诸公依次序就座，不一会儿，凤鸡酒蟹、黄雀熏蹄、板鸭羊羔，装盘子装碗，都端上来了。

宴席中，除裴守德、傅廷庆等人之外，众官员一改往日贪吃的样子，皆小口闷筷，勉强消受，全场没能出现"酌酒同盟，慷慨涕泣，以死自誓"的感人场面。越王李贞看在眼里，难过在心里，他突然灵机一

动，想起了好点子，忙叫过一个贴心家仆，在一边叽叽咕咕地交代几句，家仆心神领会，频频点头，领命而去。

喝到二八盅，大堂门口传来一阵吵闹声，来了个瘦八仙。但见这老小子身穿淡青袍，一身皮包骨，山羊胡子翘。他手拿一个白布幡，用红圆圈，括写一个大大的"卦"字，下有横写的"王半仙"三个墨字。王半仙见过众人后，掏出卦筒，嘴里念念有词，开始为征讨一事卜卦。王半仙突然跪在地上，"嘭嘭嘭"磕了三头，正色地说："恭喜王爷、贺喜王爷，此卦乃大吉大利之卦也。王爷此番起事，顺天应人，筮从，卿士从，庶民从，是之谓大同，而且身体康强，子孙其逢吉，说句不该说的话，此卦实乃天子之兆也。"王半仙一席话哄得越王心里暖洋洋的，喜得眼睛眯成一条缝，叫道："来人哪，给王神仙呈上两千两银子！"酒宴继续。众人被王半仙一番神吹，面前的越王影像变得模糊起来，变得高大神秘起来。突然大堂门口踉踉跄跄跑进来一个盔歪甲斜的队正，满脸是血，胳膊上还缚着血染的白布。受伤的队正"扑通"一声跪倒在越王的面前，带着哭腔说："王爷，上蔡县令、县丞带着几个人，斩将夺关，从北门跑出去了。"众人转脸一看，果然坐席上空着两个座位，不见了上蔡县令、县丞。越王大怒，裴守德起身请战，携着越王之子李规点起一千人马，进军上蔡。

时序已到了阴历八月，夜深了，本该凉爽的天气却闷热得叫人难以呼吸。宫闱局的人不敢怠慢，紧急到宫外数丈深的冰窟里，取出一夏天还没用完的最后几块冰，放在冰盘里，摆在了神皇武太后的床前。两个宫女手持大蒲扇，一下一下地扇着冰块，让清冷的凉气给床上的太后降温。武太后躺在寝床上，不停地翻动着身子，显得烦躁不安，不知道这烦躁从何处来，又向何处去。这时，隐约传来由远及近轰轰隆隆的闷雷声。上官婉儿在旁边小声地说道："这么闷热的天，有些不正常，可能有雷雨。"

武太后不置可否，了无心绪，问："和尚来了没有？""已派人去叫了，马上就到。"上官婉儿答应着。突然，殿外闪起一道耀眼的蓝光，照彻了大殿，照彻了整个世界。不寻常的光亮让武太后、薛怀义的动作陡然定格，正惊异间，龙床忽然左右摇晃起来，像浪尖上的船。桌上摆的、墙上挂的各种物件，都哗啦哗啦往下掉。大殿也发出巨大的咯吱咯吱声，殿顶的木雕泥塑，有好几块砸在了寝帐上。这时，外面冲进来四五个身高马大的卫士，也没有忌讳了，扛起武太后就往外跑，三下两下跃到了殿外。蓝光闪闪，大地似乎还在晃动。远近一串又一串沉闷的暴雷声，闪电像一把双刃剑，在乌云密布、翻滚的天空中，一个突刺，又一个突刺，雨点子开始紧一下慢一下地往下洒。卫士们紧急扯起一件衣服遮住武太后，武太后缩着身子，簌簌发抖。其他的太监、侍卫都从各处急步赶来，很快在殿前的空地上，撑起一个帐篷，又抬来一张床。裹着一床被子的武太后蜷缩在床上，惊魂未定。

宫闱令上前奏道："太后且莫惊慌，是地震，已经过去了。"

一个时辰以后，雨也渐渐地停了。文武百官从家里赶来，齐聚在皇宫门口，前来给太后请安。宫闱局在玄武门外的空地上搭起大帐，安排太后在帐里接见朝臣。"城中有什么损失没有？"武太后问五城兵马使武三思。

武三思忙上前跪奏："臣一路过来，只看见倒塌了几处旧房屋，压死了几个人。据报，神都东大家洼一带，地面裂开了十几里长尺把宽的大口子。臣正派人打探详情。"

"太史令何在？"武太后怒问。

太史令提了提朝服，哆哆嗦嗦地走上来，跪倒在地。

"这地震你怎么没给本宫预报出来？"武太后问。

"回神皇太后，地震乃天灾人祸，不可预料。此次地震，损失不大，或预示着圣朝改天换地，也未可知。"太史令应道。

武太后对他不感兴趣，见凤阁侍郎兼凤阁鸾台平章事张光辅走近来，乃问："你有什么事？"

张光辅跪地奏道："今晚臣在内侍省值班，豫州上蔡县有告急文书，说豫州刺史、越王李贞举兵造反了，上蔡县令不服调遣，上蔡县城估计现在已被越王攻陷了。"

"叛军有多少人马？"武太后问。

"估计最多有万儿八千人。"

武太后倒背着手，在帐篷里来回走着，少顷，她狠狠地说："令左豹卫大将军崇裕为中军大总管，岑长情为后军大总管，张光辅为诸军节度使，统兵十万，以讨越王。削越王贞及琅琊王冲的宗室属籍，改其姓为虺氏。"

且说裴守德、李规领着一千兵马，顺利地拿下了上蔡城，但上蔡县令、县丞一帮人，却化装逃跑，没能捉到，殊为可惜。打了个胜仗，占领了一个县城，越王李贞却高兴不起来。这天，在豫州城商讨下一步行

动计划。与会的官员大部分都默默无语，不肯发言，问急了，有的说领兵向琅琊王靠拢，有的说固城死守，静待变化。有的干脆悲天悯人，暗地里抹泪，对前途毫无信心。越王李贞也愁眉苦脸，来回地踱步，拿不定主意。

这时，有家仆悄声来报，后堂有人等候。越王招呼一下裴守德、李规，三个人急忙赶到后堂。

后堂厅里，一个四十多岁、衣衫褴褛的人，正狼吞虎咽，显然是饿急了，见越王进来，撇下碗筷，"扑通"一声跪倒在地，扯住越王的裤腿，吐掉嘴里的饭团，伏地大哭……

越王被哭得心里发慌，忙扶住那人问："李良，别哭，别哭，快说说你们那边怎么样了。"

"老王爷啊……李良该死。没……没能保护好少王爷啊……少王爷他……他……"

"琅琊王他怎么啦？"越王抓住李良的肩膀摇晃着。

"少王爷他……他被奸人吴大智害死了。"

越王一听，两腿一软，坐在地上，两眼直愣愣的。

李规一把揪住李良问："哥哥到底怎么啦？"李良这才缓过气来，一五一十地把琅琊王起兵的经过说了一遍，说琅琊王在城门洞被吴大智害死后，在城门外的其他家将见势不妙，都打马各寻出路去了，独有他李良潜伏在附近的小山上，观察着城里的动静，想伺机进城，抢出琅琊王的尸首，可惜未有机会。后来又目睹了丘神勣大军杀戮的情景，觉得实在没有指望了，他才一路乞讨，来到豫州城。

浑身瘫软的越王被扶到床上歇息，裴守德在一旁劝道："王爷节哀顺变。琅琊王死于国事，是为忠烈。且胜败乃兵家常事。大敌当前，望王爷振作精神，到大堂继续主持军事会议，确定下一步行动计划。"

越王闭着眼睛躺在床上，无力地摆了摆手，说："你们先到大堂去吧，我一个人静一会儿。"

裴守德等人无奈，只得退了出去，轻轻地把门带上。

这时，匆匆跑过来一个校尉，对裴守德耳语了几句。裴守德抓抓头，寻思了一下，复又推门进去，在越王床前小声说："王爷，朝廷派来了特使，现已到了北城门外，请王爷示下。""特使？"越王从床上坐起来，"朝廷派特使来干吗？""王爷，不妨把他放进来，探听虚实，再作打算。"裴守德说。越王想了片刻，说："让使者在大厅见我。"越王李贞换上朝服，端坐在大厅里，又安排了十几个膀大腰圆的军士，手持戈矛，挺立在大厅两旁。不一会儿，朝廷的使者来了。使者来到门口，看了看越王摆的阵势，轻蔑地冷笑一声，昂首直入大厅，见了越王也不行礼，兀自展出一张黄绢纸，朗声念道："贞兴兵犯上作乱，即日起，削其属籍，改姓为虺。接旨后，速自锁来阙请罪，不然，十万平叛大军将至。汝乌合之众，不异驱羊斗虎，何堪一击，钦此！"念完圣旨，来使大喝一声："虺贞！愣什么愣！还不跪倒领旨？"越王李贞心里一震，不由自主地跪倒在地，双手接过圣旨。裴守德忙过去搀起越王。越王招呼使者坐下，命上茶，而后颤声问："朝廷派多少兵马来？"坐在上手的使者骄傲地说："整整十万大军，由能征善战的左豹韬卫大将军崇裕统领，一两日之内，就可赶到豫州。十万大军，比你整个豫州百姓还多。赶快自锁诣阙请罪，神皇太后许能饶你一命。否则，你也知道太后是怎样一个人。"越王被说得有些心动，眼往裴守德这看。裴守德忙摇手道："不可，不可。以太后的严酷，即使诣阙请罪，也免不了一死，况王爷乃堂堂皇室贵胄，先帝太宗之子，怎可向那篡权辱国的武氏乞首。请王爷早早组织大军，准备抗击来犯之敌。""抗击来犯之敌？"使者不屑地说："就凭你们这几个人？"裴守德欲抽腰刀，让越王伸手禁止住了。越王李贞赔着笑脸，对使者说："我若自锁诣阙，太后能饶了我全家人吗？""那要看你的态度了，态度好的话，本大人替你在神皇太后跟前求求情。态度不好的话，虺贞……"

听使者"虺贞、虺贞"地叫老爷的名字，李规早在旁边按捺不住。他悄悄绕在使者的身后，擎出钢刀，抡圆了，冷不防照使者的脖子砍过去，使者闪躲不及，半边子脸给削下来了。

越王不知所措，这不断了越王诣阙请罪的路吗？

李规反转手腕，一刀捅去，结束了傲慢的使者的性命。

越王正待责骂儿子，新蔡县令傅廷庆从外面大踏步地来到大厅。越王抓住傅廷庆，好似抓了根救命稻草，在得知傅廷庆募得两千多个的棒小伙子时，一咬牙，一跺脚，说："全体北校场集合！"北校场上，连同傅廷庆募来的两千余人，计有兵将五千余人。站在点将台上的越王李贞，望着台下服色各异、参差不齐的几千人马，暗自叹了一口气，道："列位将士们，琅琊王已率兵占领了魏州全境，已和济州刺史薛大人以及其他王公联合起来了，共有二十万大军，不出五六天，就能来到豫州。另外，京城里还有我们的许多内应，本王估算，打下洛阳，消灭武

氏的日子不远了。等功成之日，列位都将封妻荫子。"越王李贞随即指着裴守德说："裴将军对我李唐最忠义。本王因而封他为大将军，统帅全军。本王已决定将小女儿银屏郡主，许配给裴将军为妻。从今以后，他就是我大唐的皇室宗亲了。各位只要忠于我皇唐，奋勇杀敌，本王也同样不会亏待大家的。"

回到王府，裴守德给越王连磕三个头，跪在地上，热泪盈眶，泪眼看越王，说："守德感谢王爷知遇之恩，敢以死相报。"说话间，一个打扮成樵夫的探卒，手拎个斗笠，跟着李规急匆匆地走进来，报告说太后派来的十万大军，在崇裕的带领下，其先头部队距豫州城不到六十里路了。打发走探卒，越王急得团团乱转，裴守德说道："王爷且莫惊慌，兵来将挡，水来土掩。守德愿带一班人马，在豫州城西北、老山口一带，伏击敌人，给崇裕一个下马威再说。"

"我也去！"李规初生牛犊不畏虎，也积极请战。

"若吃了败仗怎么办？"越王愁眉苦脸地说。

"实在不行，就退到东边的大别山去暂时栖身，等待时局的变化。"裴守德说完，又接上一句，"总有熬出头的一天。""对，豫东山多人少，适合藏身。"李规说。越王拍了拍脑门，说："只有这样了。你二人带三千人马，前去老山口伏击敌军。能战则战，不能战就赶紧回来。我在家里安排好车马，组织好家眷钱粮，一等你们回来，我们就转移。"

秋风瑟瑟，秋阳如血。在九月冷漠的天空下，广阔的豫西大地显得出奇的寂静。打眼望去，官道两边全是光秃秃的玉米地，几头无人看管的牲口在地里来回地走动。越王李贞按剑站在城楼上，翘首向西北观望，想象如风。风里儿子和女婿骑在战马上，呐喊着挥刀向敌人猛冲。三千人马融入十万大军中，如泥牛入海……

越王摇了摇头，深深地叹了一口气："假若智慧神勇文武双全的大圣皇帝太宗在世，李姓又何尝流落到这个地步，李氏宗室怎么也不会沦落到"人如刀俎，我为鱼肉"这种任人宰割的地步。父皇，您老人家在天之灵，保佑我吧，庇护您的亲儿亲子孙吧！救救大厦将倾的李唐江山吧……"越王微闭双目，心里头默默地祷告着。三五只乌鸦扑闪着凌乱的翅膀，从愁云惨雾中飞出，由南至北，飞到了越王头顶，竟"呀，呀，呀……"地叫个不停。越王悚然而惊，心知不祥，急令身边的军士放箭。箭簇带着哨音，飞向乌鸦，但箭箭落空。越王命令身边的副将："把全城的道士、和尚，立即集合在城楼上，别忘了让他们带上家伙落子，一齐诵经，以求事成。"副将答应一声，一挥手，带领几十个士兵，搜寻和尚道士去了。城里的和尚、道士有很多，加在一起不少于二百人，大多披着袈裟，穿着青袍。众人鱼贯而入，全部登上城楼，席地而坐，然后便开始诵经。一直念到晌午西斜的时候，只见西北方向的官道上，百十余骑狂奔而来。这一行人马全部盔歪甲斜，狼狈不堪地进了城，越王赶紧迎上去，急切地询问情况。

裴守德跑得上气不接下气，接连喘息了一会，才断断续续地说出话来。他告诉越王敌军的实力实在太强，全军覆没，他也是拼命厮杀才侥幸逃脱。

越王一听，知道大事不妙，连忙下令，让大军启动第二套方案。

第二十八章　武太后发兵　越王亦无力

第二十九章

张光辅争功　狄仁杰断案

一行人赶到王府，带上自己的家眷和所有的金银财宝，乘马、坐车，从东城门逃了出去。因为大家意见不统一，瞻前顾后，因此行进速度很慢。刚走了三里地，就见前方旌旗招展，人喊马嘶，漫山遍野分布的全是官兵，就像蚂蚁搬运似的，从前面呈扇形向自己包抄过来。

王爷一行人此时算是无路可逃也无处可藏，只得调头往城里跑，希望能闭城自守，支撑一段时间。

其他几个城门也分别报告，敌军已兵临城下，将豫州城包围了，城中人如瓮中之鳖，插翅难逃。

豫州城内人心惶惶，几个别有用心的官员，开始悄悄地串联，而后齐聚到王府里，陪着越王唉声叹气。

越王嘴唇哆嗦着，心如刀绞，泪如泉涌，跪在高祖、太宗的牌位前，伏地大哭："天哪，难道真不予我李唐子孙一条生路吗？"

越王决定自杀，他叫人找来裴守德、李规和银屏郡主，说出了这个决定。裴守德和李规默默无语，似不愿死。银屏郡主见状道："人生天地间，为忠义而死，古来有几？死则死尔，更有何惧！"说完，郡主疾步奔出门外，纵身跳进院子里的一眼深井里。守德等人含泪推墙掩埋了深井。

越王李贞、李规、裴守德等数十个追随者，最后望了一眼人世间，一齐拔剑自刎。

众官员见王爷死了，纷纷甩掉身上的官服，争先恐后地跑去开城门，献城出降。平叛大军兵不血刃，昂首阔步地进了豫州城。

大军在豫州住了一天，总管邀功心切，第二天就携上越王李贞、李规及裴守德等人的首级，班师回朝了。留下一半人马，交由张光辅处理善后。

张光辅为了给自己的功劳簿上多加几笔，不惜使斗争扩大化。在豫州全境诬杀所谓越王李贞的余党。短短两三天的工夫，当坐者竟六七百家，籍没者五千余人。另一方面，张光辅还纵将士四处暴掠，杀人以为功。一时间，整个豫州城鸡飞狗跳，人人自危。

张光辅正坐在豫州刺史大堂上发号施令大施淫威，一个守门的军士窜进大堂，手指着身后的大门向张光辅报告：“大人，新任豫州刺史狄仁杰来了。”

众人把目光一齐投向大门口，只见一个个子不高、身着布衣、身板硬朗的老头，领着两个随从，大步而来。

张光辅也知道这狄仁杰不是一般人，忙离座相迎。

“呀，呀，呀。不知狄大人今日到任，有失远迎。这一段时间，豫州的大小事务，可把本平章事给忙坏了。”

按说，张光辅的官衔比狄仁杰大，对张大人这一番热乎乎的话，狄仁杰理应受宠若惊，上去施礼才对。而狄仁杰却在鼻子里哼一声，从随从拎的一个布袋子里，掏出一大叠纸，往书案上一抛说：“下官人未到任上，这状纸就整整地收了一布袋了。”

张光辅见狄仁杰不识抬举，怏怏不乐，指着案上的卷宗说：“狄大人既然上任了，这些就交给你了。”

狄仁杰换上官服，往刺史官椅上一坐，对张光辅说：“刺史府乃刺史办公的地方，请张大人立即搬走，也把你所有的部队迁驻城外，城内治安秩序依例由刺史府负责。”

张光辅张了张嘴，欲待发作，又找不出什么反驳的理由，只得在一旁喘粗气，生着闷气。

狄仁杰，字怀英，并州太原人。祖孝绪，贞观年中为尚书左丞。父知逊，夔州长史。后来，狄仁杰通过科举考试，亦步入政坛，先是被授为汴州判司。由于他坚持正义，后为吏人诬告，当时工部尚书阎立本为河南道黜陟使，负责调查狄仁杰，但他发现狄仁杰是被人诬陷的，而且他还是一个难得的好官。于是，狄仁杰被阎立本荐授为并州都督府法曹。

仪凤年中，仁杰官拜大理丞，头一年就断滞狱一万七千多人，其断案之准确、公正，无一个冤诉者。此次出为豫州刺史，人未到任，狄仁杰就先行微服私访，了解到不少张光辅的不法行径，因而见了面并没给这张平章事好脸色看，且把他的军队全部赶到了城外。到任以后，狄仁杰一方面恢复起官府建制，贴出安民告示，劝令民众各归本业；一方面着手对被张光辅判为死刑的五千余人重新加以审理甄别。

这天，狄公正在公堂里忙着复查案件，门房赶来报告："狄大人，大理寺派来的司刑使到了。"

"来得好快。"狄公说着，放下案宗，起身去迎。

司刑使急急火火，寒暄以后，开门见山地对狄公说："狄大人，朝廷对越王造反一事非常重视，太后亲自批示，要求把豫州的五千死刑犯从速行刑。大理寺此次派本官来，限令三天之内办妥这事。"

狄仁杰指着案上厚厚的卷宗对来使说："经本官初步复查，这五千名连坐入狱者，皆为无辜之人，他们受越王的胁迫，非真心反叛朝廷，判他们死刑，太不合理了。"

"狄大人，此乃太后督办的叛乱大案。咱们还是依照判决，赶快处决这些人，早日向朝廷交差。"司刑使说。

狄公一甩袖子，慨然说道："人命关天，岂可草草行事，待本官一一审理以后，再作决定。"

司刑使一听，急了："狄大人，你怎么能这样，戡乱之际，一切从简。况且这五千人中，又没有你的亲戚故旧，你管这么多干什么？三天之内，必须把这些人处决完毕，否则，你一个小小的刺史，吃不了兜着走，这包庇反贼的罪名，可不轻啊。"司刑使连哄带吓地说。狄仁杰不为所动，正色地对司刑使说："岂可以一人之得失，而轻五千人之性命。司刑使大人请勿再言。本官既为豫州刺史，就必须对这五千余口的性命负责。"说完，狄仁杰命令左右："马上送司刑使大人到驿馆休息。"司刑使无招可使，只得气冲冲地往外走，走到门口，又甩下一句话："你可要考虑后果，要负全部责任！"狄仁杰望着司刑使气急败坏的背影，冷冷一笑。完成一天的公务后，夜里，狄仁杰躺在床上，为那五千多人的生命思虑万千，翻来覆去，彻夜无眠。作为一个刺史，权力毕竟是有限的，暂时挡住了司刑使，却挡不住以后朝廷的旨令。如今唯有直接给太后上书，说服太后，才有可能保住这五千多人的性命。给太后上书，方式生硬，太后肯定生怒，唯有采取太后喜欢的"打小报告"的方式密奏。想到此，狄公披衣下床，来到书案前，铺开纸张，擎笔在手，思想再三，提笔写道：臣到豫州，微服私访，当堂审理，其被判死刑的五千余口人，皆为凶威胁从，非真心反叛朝廷，罪不当死。臣欲显奏，似为逆人申理；知而不言，恐乖陛下原恤之旨。表成复毁，意不能定。此辈成非本心，伏望哀其诖误。写完后，狄公当即叫醒正在酣睡的两个家仆，把封好的密奏交与他们，吩咐将密奏当面交与太后。两个家仆把密信贴肉放好，整理停当，飞马而去。豫州城郊区的一个小镇上，几个官兵骑着马在街上来回飞奔，吆喝着要找保长，嘴里还不干不净地骂着，弄得街上鸡飞狗跳，人人唯恐避之不及。一个长官模样的人骑在马上边说边从怀里掏出一张纸，抛给保长说："照单子上所列的东西，筹齐了，明天上午送到营里去。"保长接过单子，看了看，苦着脸，说实在供不起十头猪、二十头羊。那长官听说没有，二话没说，扬起马鞭，就照着保长劈头盖脸地抽去。"住手！"一个布衣老头拨开人群，厉声喝道。那军官一愣，而后摇着马鞭走上来，歪戴着帽，斜着眼，不屑地说："你是哪里的？想找死不是？"旁边一个腰扎草绳、一身农民打扮的棒小伙子，一把抓过那军官，噼里啪啦地教训了他几巴掌，旁边几个兵士一看长官挨打了，都"哗"的一声抽出腰刀，猫着腰围上来。那棒小伙一个扫脚，将军官打倒在地，而后用脚踩住，从腰里摸出一个腰牌，伸手一亮，说："狄大人在此，谁敢乱动，要谁的脑袋。"一听是刺史狄大人，老百姓"呼啦"围上来诉苦，诉说这些官兵依仗权势，向地方上要这要那，地方上不堪其扰、不堪重负的事。狄仁杰听了，神情严峻，对身边的师爷说："豫州之乱早已平定，讨叛大军仍滞留不行，彼骄兵悍将，自恃有功，暴掠之余又多方索取，是何道理？马上给各地下个通知，对军队所要求的事一律不应，有事叫他们上刺史府找本官理论。"张光辅听说狄仁杰下令切断对军队的所有额外供应，暴跳如雷，气势汹汹地带人赶到刺史府，找狄仁杰算账。见了狄仁杰，张光辅却表现出很有礼貌的样子，寒暄以后分宾主坐下。张光辅从怀中掏出一张纸递给狄仁杰，假惺惺地说："大军平叛讨乱，至为辛苦。请狄大人按单子上所列，每日把这些供应之物按时交付到部队上，免得……嘿嘿。"

狄仁杰扫了一眼单子，把它撇在书案一角，说道："豫州百姓遭此动乱，生活已经不堪，且军队自有粮饷，平常生活也比百姓好多了，再让百姓供应军队，于理不通，张大人所列的单子，本官实难从命。"

张光辅一见狄仁杰果然不给面子，气得暴跳起来，指着狄仁杰叫道："你小小的州将敢轻视我元帅吗？"

狄仁杰不为所惧，手点着张光辅说："乱河南者，仅是一个越王贞，今一贞死而万贞生。"

张光辅不明白什么意思，质问道："你这话是什么意思？"

狄仁杰慨然说道："明公董戎三十万，平一乱臣，不戢兵锋，纵其暴横，无罪之人，肝脑涂地，此非万贞何耶？且凶威胁从，势难自固，及天兵暂临，乘城归顺者万计，绳坠四面成蹊。公奈何纵邀功之人，杀归降之众？但恐冤声腾沸，上彻于天。如得尚方斩马剑加于君颈，虽死如归！"

一席话说得张光辅脸憋得跟猪肝似的，张口结舌，手指着狄仁杰，说："你……你……你……你不怕丢官罢职吗？"

正在这时，派去京城的两个家仆风风火火地赶进大堂，递上一个黄锦盒，向狄仁杰报告说："大人，太后给您的亲笔信。"

狄仁杰双手接过黄锦盒，拜了两拜，取出信观看，看了以后长出一口气，脸露欣慰之色，说："能救出这五千多人的性命，我狄仁杰虽死何憾，又怎惜这区区职位。"

张光辅见状，不明就里，不敢动粗，只得支吾了两句，领着广班将佐灰溜溜地走了。

经过狄仁杰的努力，太后下了新的指示，原先被张光辅判为死刑的五千连坐之人，悉皆免死，流谪丰州。东都皇城内玄武门外，锣鼓喧天，热闹非凡。丘神勣、崇裕等人，胸戴大红花，身披红缎带，挺胸凸肚，一个个像功臣似的，列队等候着神皇太后的到来。一阵环佩声，太后在宫女宫扇的簇拥下，满面春风地走过来了，众人仆倒在地，山呼万岁毕，复归本位。武太后额首向众人致意，问："众爱卿对朝廷给予你们的封赏还满意吧？""谢太后赏赐。"众将官挺胸叫道。"好，好……"武太后笑容满面地说，"前后才二十四天，博、豫两州既告平定。你们勇猛善战，为国为君分忧，为民造福，好，好……"

"请陛下御览叛军的凶器。"丘神勣上前请道。

"好。"武太后高兴地说。

玄武门外的一间偏殿里，收拾一新，靠墙处搭了许多木板架，上面摆放着在博、豫缴获的文书、盔甲刀枪、旗帜等物。武太后饶有兴趣地一一看过，不断地问这问那，点头赞许。

参观完，武太后旋即召开御前会议，要求各部门举一反三，加快越王、琅琊王叛乱案的审理工作。叛乱案无论涉及谁，无论他有多么高的爵位，一律拿下，严惩不贷，务必穷治乱党，一个不留。

武承嗣最能明白太后的意思，他一边听着，一边点头附和着，末了还上前奏道："陛下，监察御史苏珦根本审不了这么大的案子，审来审去，都审八九天了，还没审出个头绪来。听说他把韩王李元嘉、鲁王李灵夔给放回家了，说什么无罪释放。臣觉得这苏珦和那些反王可能有什么瓜葛，臣请陛下……"

武太后挥挥手，止住了武承嗣，沉吟了一下，说道："宣苏珦上殿来见本宫。"

一个内侍闻声跑出去，不一会儿，把监察御史苏珦带了进来。

苏珦叩头拜见毕，武太后问："苏爱卿，交给你的案子审得怎么样了，韩、鲁二王等人招供了没有？"

"回太后，案子已审理完毕，现正进行复核，正准备具表向太后奏报。"苏珦叩首答道。

"说来听听。"

"太后，据臣调查，贞、冲父子兴兵叛乱，纯属个人所为。虽提前去信联络诸王刺史，但无有应者。由于事发仓促，诸王刺史惊惶不安，反应迟钝，未能及时向朝廷报告。唯有东莞公李融，率先向朝廷告密。臣认定韩王元嘉、鲁王灵夔、黄公等人与贞、冲父子叛乱无关，臣已依法将韩王、鲁王等人释放回家。"

听了苏珦一番话，武太后竟一时无言以对。

武承嗣却指着苏珦叫道："你是怎么审的案子，明明是叛乱者，你却判人无罪，还把人给放了，你分明是他们的同谋！"

面对武承嗣的威胁、诬陷，苏珦微微一笑，毫无惧色，理直气壮地说："平生不做亏心事，半夜不怕鬼敲门。我苏珦办案，从来一是一、二是二，以事实为依据，以典律为准绳，从不捕风捉影，诬人清白，只要求上对得起天，下对得地，中间对得起自己的良心。"武承嗣刚要发作，武太后扬手止住了他，对苏珦说："卿大雅之士，当别有任使，此狱不必卿也。你告退吧。"苏珦刚想分辩，又觉得分辩也不起作用，只得叩头退了下去。散朝后，武太后独留下武承嗣，问："依你看，谁接手这个叛乱案子最为合适？""周兴！"武承嗣脱口说道，"审理这样的叛乱案，正堪驱使此辈为之。"武太后点点头，对侄子说："这些年，你也有长进了。本宫任用这些酷吏，让他们掌管刑狱，正是要他们的心狠手辣为本宫对付政乱，镇压叛乱。只有这样，才能灭掉李氏的反叛之心。""太后，您老人家应应顺应天意，早日登基呀。"武承嗣搓着手说。"不灭掉这些李氏宗室子弟，不灭掉李氏的忠臣死党，本宫当上了皇帝也坐不稳啊。现在当务之急就是利用贞、冲父子的叛乱案，把李氏宗室一网打尽，从重从快，来个……"武太后挥掌做了一个砍头的动作。

"侄儿明白了，侄儿马上去办。"武承嗣刚想走，又想起什么似的，对武太后说："苏珦与太后分心，也不能饶了他。"武太后摇了摇头说："本宫已安排苏河西监军。苏珦正人君子，说话有他的道理。改朝换代之时，既少不了周兴之辈，也少不了苏珦这些大雅之士。要善于忠邪并用，冰炭同炉，用其所长，明白本宫的意思吗？"武承嗣不但明白，而且还佩服得五体投地，跪在地上，再三拜道："太后太高明了，太高明了。"武太后对侄儿说："你是武氏的后嗣，这偌大的江山，以后还要靠你来支撑呢。""侄儿知道了。"武承嗣跪在地上，激动得身体微微颤抖。太后的话无疑是透出一个信息，武承嗣将来有一天，也能当上至高无上的皇帝。告辞出宫，武承嗣浑身是劲，命令车驾直奔刑部，去找秋官侍郎周兴。周兴的官阶在众酷吏中品级最高。此刻周兴正召集索元礼、来俊臣等人在一起完善酷刑技艺。听门房报告说武承嗣大驾光临，众人急忙拥出门叩头迎接。武承嗣打发走索元礼、来俊臣等，对周兴说："周大人，我在神皇太后那里，给你争取了一个立功封赏的机会，不知你能不能完成？"

"什么事？"周兴凑到跟前问。

"就是贞、冲父子叛乱案。神皇太后想借着这个案子，把李氏诸王刺史一网打尽，一个不留……"武承嗣嘴贴着周兴的耳朵小声说，"没问题！"周兴拍着胸脯说，"他只要入了咱周兴的门，不管他是铜头铁臂，还是皇亲国戚，不消数日，咱都能审理得'清清楚楚'，谋反是实，杀他没商量。""好！"武承嗣赞道。两个人又头对头，密谋了一会儿，方才散去。

夜的天空蔚蓝而深邃，眨动着那神秘的眼睛俯视一切，俯视着大千世界的喜怒哀乐。

二更天的时候，一队二百多人的甲士，蹑手蹑脚，沿着墙根，悄悄地摸到韩王府。四面包围之后，一个当官的一招手，上去两个甲士，狠命地砸着韩王府的大门环……

"咚，咚，咚……"砸门声在夜色中传得很远，很清晰，很惊心。

"谁？"韩王府的门房在门里边紧张地问。

门外的人高声叫喊自己乃刑部的人，奉命调查户口。门房里的人听完也不甘示弱地以韩王的身份相压，并没有开门的打算。周兴也不再多费唇舌，一挥手，早有准备的几个身轻力健的甲士，就顺着墙边的那棵老松树，没几下就爬上了墙头，拴好一根绳子，下到院子里。然后几个人一齐上前，将守在门口的卫士制服，直接打开了大门。

第三十章

周兴谋私权　武太后除奸

上百个甲士手拿火把，一拥而进。韩王府顿时热闹起来，王府里的看家犬见有人闯入，也大声咆哮起来，几间屋子赶紧掌了灯。四五个王府的仆人手持木棒，衣衫不整地跑过来护卫，边跑还边问院落中站着的人到底有何贵干。周兴懒得和这些下人废话，一挥手就将这几个家仆拿下了。众甲士按照周兴早就做好的吩咐，直扑后厅韩王李元嘉的卧房。

这时，韩王李元嘉已闻声披衣起床，他挺身站在门口，对冲过来的众甲士厉声喝道："尔等不及宣召，就擅闯王府，难道不怕杀头！"

众甲士见韩王白衣白裤、银须飘飘的样子，有些打怵，都不知不觉地往后退了两步。

这时周兴赶过来，奸笑了一声，对韩王说："本官奉命来拿你，你也别摆什么王爷的架子了，乖乖地跟我走吧。"

"周兴，你凭什么抓本王？"

"凭什么？有人告你参与贞、冲叛乱。"

"有什么事白天不能说？"

韩王气愤地指着周兴："你深更半夜带人闯进王府，是何道理？你还是不是我李唐的官吏？你眼里还有没有皇亲宗室？"周兴"嘿嘿"笑了两下说："现在是神皇太后当政，你王爷的牌子不顶事了。你还是乖乖地跟本官走吧，免得自找难看。"

周兴一招手，甲士们持刀围了上来。

韩王李元嘉感叹了一下，转身进屋，特意换上亲王朝服，随周兴等人走了。

到了刑部，韩王被直接带到刑讯室，周兴坐在主审席上，喝道："来人哪！先扒去他的亲王朝服，照老规矩，先来个醋灌鼻！"亲王朝服是护身服，周兴也敢扒。韩王从怀里摸出一面四方方的小金牌，举在手中喝道："这是先帝太宗赐予本王的免刑免死牌，任何人都不得动本王一个指头。""免死牌？"周兴起身离座，踱到韩王的面前，一把抓过"免死牌"，细细观看，嘴里"啧啧"地赞道，"乖乖，还是纯金的，以前光听说就是没见过。"

"此乃太宗御手亲赐，太宗朝一共赐了五块。本王这是第一次亮出此牌。"韩王说道。周兴望着手里的免死牌奸笑了一下，随手把它丢进了旁边的火炉里。韩王大惊，欲跃身去抢，被两个打手死死摁住。

韩王叫道："周兴，你蔑视先帝的免死牌，你犯了欺君之罪，当满门抄斩！"

"什么'欺君之罪'？本官眼里只有神皇太后，没有他人。来人哪，给老王爷来个醋灌鼻。"

打手们不由分说，把韩王塞到了木架里，用套子固定了韩王的头部，然后一扳把手，酸醋"咕咕"地直冲韩王的鼻孔。可怜年迈的韩王被呛得涕泪横流，连连咳嗽，浑身直颤，喘不过气来。

周兴看韩王被折腾得差不多了，才命令停止。而后周兴亲手把韩王放出来，给韩王捋捋背，问："老王爷，要想不受罪，赶紧招供算了。"

韩王好容易才喘匀气，气愤地问周兴："你想让本王招供什么？"

周兴笑着说："承认你是贞、冲叛乱的主谋人，还得至少招供出十个同党来，这十个同党还都得是宗室子弟。怎么样，能不能做到？"

"没门！"韩王吼道："想借贞、冲一案灭我李氏宗室，天理不容，也绝没有好下场。"

"不给你点厉害瞧瞧，你不知道马王爷有三只眼。"

周兴把韩王李元嘉带进重刑室，只见重刑室内排班放着铁锥、铁笼头、带刺的木棒等刑具，上面还血迹斑斑，地上、墙上也血迹斑斑。周兴又一脸奸笑地道："你是个王爷，金贵得很，是千金之躯，赶快招了吧，免得落个皮开肉绽，尸首不全。"

"你敢对本王行刑，绝没有好下场！"韩王颤抖着身子说道。

"什么好下场不好下场，来人哪，给老王爷上刑。"周兴命令打手道。

"大人，先给他上什么刑？"一个打手上来问。

"挨着试，什么时候按要求都招了，什么时候算完。我先到前面睡个觉去。"说着，周兴冲着韩王一笑，转身走了。

来到前厅，周兴和衣躺在床上，睁眼望着黑洞洞的帐顶，想象着韩王李元嘉等囚徒受刑时的痛苦样。黑暗中，周兴禁不住哈哈大笑，他决心借着这个案子，把一些平时和自己过不去的人都罗列进去，置其死地而后快。同时，将那些李氏宗亲，一个个一步步地铲除。到那时，自己就是太后的功臣，就可以青云直上，最多三五年，自己就能弄个宰相当当，一人之下，万人之上，积极积攒势力，待太后老到糊涂了，我周兴就可以……

周兴迷迷糊糊，正做着升官发财梦，一个人来到床前轻声叫着："周大人，周大人。"

周兴揉揉眼睛，见床头站着师爷，就问："进行得怎么样？"

"招了，"师爷笑眯眯地说，"当王爷的都细皮嫩肉的，十大枷还没用两个，就受不了了。"

周兴满意地点点头，下了床，从旁边的抽屉里摸出一张纸，用手指点着纸说："该指供谁我都安排好了，这是第一批黑名单。"

连夜炮制完谋反者的材料后，第二天早朝前，在武承嗣的陪同下，周兴去见神皇太后。一场腥风血雨就此开始。

见了太后，武承嗣指着周兴夸道："周侍郎办案真是神速。才一天工夫，事情就有了重大突破。"

太后接过名单，看了以后，喜上眉梢，不住地点头道："不错，凡有反叛之心的宗室都让周爱卿给揪出来了，甚合本宫之意，甚合本宫之意。"

周兴又分出一勺羹给武承嗣，谦虚地说："这都是在武大人的直接训导下才取得的。"

"神皇太后，"周兴紧接着又叩首奏道，"这些谋反的宗室亲王大都分布在洛阳周围地区当刺史，相当危险，臣请太后立即下旨，收捕他们。"

"好！事不宜迟，马上布置人马，按名单，立即把这些反贼逮捕入狱。本宫现赐你尚方宝剑一把，如有不从者，先斩后奏。"太后一招手，上官婉儿捧出一把金鞘宝剑，授予周兴。

"李氏宗亲对本宫不服，常怀篡逆之心，周爱卿一定要尽心办案，举一反三，除恶务尽。"武太后说道。

"臣明白，臣一定一查到底，为神皇分忧！"

辞别神皇太后，周兴怀抱着尚方宝剑，气宇轩昂地往外走，到了朝堂外，见了那些等待上朝的文武大臣们，周兴更是目空一切。过了十几天，黑名单上的鲁王李灵夔、黄公李譔、常乐公主以及他们的亲党三百多人，先后被收捕到洛阳。一时间，刑部监牢里人满为患。周兴等辈大施淫威，或杖或压，哀号之声，外人所不忍闻。

当天，韩王元嘉、黄公譔、鲁王灵夔、常乐公主的宗党三百多人，皆被绑赴刑场。一声炮响，刽子手抡起鬼头刀，砍菜切瓜似的，三百多个人头落地。洗掉浑身的血腥味，周兴即赶到皇宫大内，向老太后汇报。太后饭后出浴，正半躺在坐床上，眯缝着眼，拿着牙签剔牙。旁边的十几个内侍，有条不紊地侍候着。奉传入殿的周兴见此情景，忙脚步轻轻，趋前跪倒在坐床不远处，轻声道："臣周兴叩见神皇太后，太后万岁万岁万万岁。"太后好半天才问道："交代的事都办妥了？""全办了，一个不剩。"周兴喜滋滋地答道，静待赏赐。"这些天你辛苦了，没收的韩王府就赏赐于你吧。""谢太后。"跪在地上的周兴，内心一阵狂喜，韩王被陷后，他早就瞄上了号称"小皇宫"的韩王府，曾多次私下里请求武承嗣帮忙，不想此次太后一口应允了下来。"几个反王虽然解决了，但还远远不够，"太后在坐床上欠起身子说，"还有许多暗藏的谋反者，要深挖穷追，扩大战果，你明白本宫的意思吗？"

"臣正是按照太后的旨意做的，臣又查出了几个谋反者，可是……"周兴装作为难的样子，欲言又止。

太后只是"嗯"了一声，周兴就忙把不想说出的话说出："太后，臣查出济州刺史薛顗也参与了谋反，不但与琅琊王通谋，而且还打造兵器，招募兵士，及琅琊王兵败，薛顗杀录事参军高纂以灭口。"

"把他抓来杀了。"太后说。

"太后，可这薛顗的二弟薛绪、小弟驸马都尉薛绍也参与了谋反，臣恐查办起来，伤及太平公主。"

武则天一拍身旁的小矮桌，说："王子犯法，与庶民同罪。别说薛绍谋反，就是牵扯到太平，也一样是死。马上调集人马，逮捕薛绍。"

"是！"

周兴精神抖擞地站起来，转身要走，太后又叫住了他，说："青州刺史霍王李元轨和金州刺史江都王李绪拥兵在外，也一样是大害，也一同收捕来神都。"

周兴答应一声走了。太后命令身边的一个近侍，骑快马从速宣召太平公主入宫。

公主府里的后花园，太平公主正和驸马薛绍一起逗弄幼子薛崇简荡秋千玩耍。近侍骑御马长驱直入，急唤太平公主，说："太后有旨，太

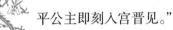

平公主即刻入宫晋见。"

见近侍骑马入府，太平公主知有急事，忙撇下薛绍爷俩，急步赶往前院，吩咐备车。薛崇简在背后哇哇大哭，非要跟着，太平公主心里已有了坏的预感，但又不知会发生什么事，烦躁地呵斥了孩子两声，钻进了马车，急驶出公主府。

拐过一条街，见一队队甲士提刀荷枪地跑过来，向自己家的方向冲去，心觉有异。于是令车驾停下，让一个家仆跟上去看看这些甲士是干什么的。

家仆答应一声，打马跟去，不一会就跑了回来，一脸的惊慌，对公主说："公主，那帮甲士把公主府给包围了。门房老刘刚想说话就被捆了起来。公主，你赶紧回去看看，什么人如此大胆。"

太平公主命车驾掉头回去，刚走十几步，公主又变了卦，命车驾仍按原计划直奔皇宫。

秋凉气爽，武太后正坐在殿前的小花园里，品茶观景，见太平公主匆匆地赶来，就迎上去冷着脸问："你知道本宫为什么急着把你召来？"太平公主磕头施礼毕，说："孩儿不知母后召孩儿何事。孩儿出门后，见数百名甲士赶去围住了孩儿的家。"

"有甲士围住了你的公主府，你怎么不掉头去看看怎么一回事。"武太后问。

"孩儿因母后急召，没敢停留。至于有甲士围住府第，想来是母后的旨令。孩儿因而没有别的担心，就先赶到皇宫来了。"太平公主内心里大潮涌动，嘴上却沉着地答道。

听了这话，武太后点了点头，问："薛顗、薛绪参与琅琊王叛乱的事你听说过吗？"

"孩儿一向不过问政事，除了在家就是来皇宫，孩儿实不知薛大、薛二参与了叛乱。"

"驸马都尉薛绍也参与了谋反你知道不知道？"武太后突然抬高了声音，厉声问道。太平公主心中一凛，复又平静地答道："江山是母后的江山，若薛绍胆敢反叛母后，孩儿必欲手刃之而后快。但在平时，孩儿一点也没看出他要反叛母后的意思。"太平公主的回答无懈可击。武太后起身走了两步，又问："反叛者要杀头的，薛绍也不例外，你对这事怎么看？""孩儿坚决听从母后裁处。"太平公主强忍住悲痛，大声地说道。"你心里是不愿意薛绍死的。"武太后过去扶住女儿的肩，淡淡地说道，眼睛却紧盯着女儿脸上的表情。

"他若无罪，被他的哥哥连累，夫妻情深，孩儿自然不愿意他死。他若真的是要反叛母后，就等于反叛孩儿，弃之又何足惜。"

听了女儿的话，武太后笑逐颜开，说："这几日你也别回去了，就住在宫里吧，孩子也接过来一起住。薛绍不行，为娘再给你找一驸马，皇帝的女儿不愁嫁，天下最有出息、最俊美的男人，任你选，任你挑。"太平公主心里苦涩难当，嘴里却不敢说，她深知母后为人苛刻的个性，自己稍有不慎，就会失去母后的信任，就会葬身于万劫不复之中。一提到谋反，母后就恨，谁都没商量，由自己出面替薛绍说情，去开脱薛绍，不但救不了他，恐怕最后也会搭上自己。太平公主谨慎地权衡利弊，决定忍痛割爱，与驸马薛绍划清界限。且说英俊潇洒的薛绍被绑到刑部监牢，起初还不在乎，以为最多是虚惊一场，不久就会把自己放出去。的确，看在天下第一公主太平公主的面子上，周兴也不敢怎么样对薛绍，好吃好喝地把他安排在一间舒适的监牢里，细声慢气地问他的案子："薛老弟，你是怎样与琅琊王他们通谋的，你说，说出来就没事了。"周兴亲手给薛绍递上一杯热茶，假惺惺地劝道。薛绍也不客气，接过热茶，顺手泼在周兴的脸上，问："你说什么我不懂！"周兴被热茶烫得龇牙咧嘴，再也按捺不住，跳着脚朝薛绍吼道："别给脸不要脸，进了我的门，你休想轻轻松松地出去！"

"来，打我呀！"薛绍指着自己的俊脸，招呼着周兴。

周兴真想叫人把那张脸打烂，但又怕日后太平公主探监，知道了忌恨自己，气哼哼地命令左右："先把他给我关起来。"摸着被烫得火辣辣的脸，初受此辱的周兴，眼里射出一丝阴冷的光。

"即日起，"周兴下令，"不许薛绍出牢门一步，不准给他送水、送饭。"周兴决定渴死饿死薛绍。同时，周兴也加紧炮制薛绍的黑材料，两日之内，竟搜罗了半尺高的材料。总而言之一句话，谋反是实。

同时，济州刺史薛顗及其弟薛绪也被押解到京都，他俩没有老三薛绍那样的身份，也就没有薛绍那样幸运。到了牢狱，就先挨了周兴一顿杀威棒，人还没缓过气，又被来一个鼻灌醋，接着又来……

接二连三的酷刑，薛大、薛二被逼得屈打成招。一盏茶的时间，两人谋反的材料就整理完毕。

周兴携着这哥仨的材料，兴冲冲地去见神皇太后。

见了这一尺多高的谋反案宗，太后恨得直咬牙，也不及翻看，就命令周兴："明天就把这三人绑赴刑场，开刀问斩。"

见太平公主在殿帐后若隐若现，周兴嘴上卖乖，叩手谏道："臣以为驸马薛绍身份特殊，不宜与薛顗、薛绪两人一起市曹问斩，臣以为……"

"嗯？你想放了薛绍？"武则天阴着脸问道。

"放了当然不可能，"周兴叩手道，"臣以为市曹问斩驸马，有损于太平公主的形象。臣想让他在监牢里自尽，悄悄地留他一个全尸算了。"

太后点点头，说："就照你说的去办吧。"

十月辛酉，济州刺史薛顗及其弟薛绪被斩于市曹，薛绍也于同日饿死在监牢里。十一月乙酉，司徒、青州刺史霍王李元轨以知情不告罪，废徙黔州，载以槛车，行至陈仓而死。江都王李绪、殿中监公裴承先皆戮于市。

在周兴大行淫威、大行杀戮之时，另一个酷吏来俊臣在一旁也摩拳擦掌。他不甘落后，欲分一杯羹。周兴将除尽李氏宗室一事交由来俊臣处理。连州别驾郡阳公李湮、辰州别驾汝南王李炜、广汉郡公李谧、汶山郡公李蓁、零陵郡王李俊、广都郡公李王寿等都在列。

来俊臣等人押着纪王李慎，挑着二百多颗人头，雄赳赳、气昂昂地赶回了京城洛阳。

来俊臣此行贝州，不但"破获"了二百多人的谋反大案，而且顺手又把纪王给押了回来，太后大为高兴，很快安排时间在朝堂接见了他们。

太后册封来俊臣为正五品御史中丞。

来俊臣升了三级兴奋异常，当即表忠心道："臣誓为陛下的江山社稷尽心尽力。"

武太后笑了笑，问："你打算怎么处理纪王？"

"回陛下，纪王李慎的案子已经审理完结，先是他密谋参与越王谋反案，再就是这次赵王李贞聚众谋反，纪王也逃脱不了干系。依律当将纪王处斩。"

"斩就斩吧，"武太后轻描淡写地说，"对谋反之人绝不手软。"

这时，魏玄同也上来恭手奏道："启奏太后。纪王谋反案查无实据，且越王叛乱时，虽与纪王联络，但遭纪王拒绝，独不与合。至于赵王李贞之地百姓谋反，案子本身就闹不清楚，更与纪王毫不相干，请大后明鉴。"

"请太后明鉴！"夏官侍郎崔等人也出班请道。

见这些大臣为纪王求情，武太后十分不高兴，鼻子哼了一声，忍忍气说："那就把纪王免诛，改流放巴州吧。"

散了朝，周兴和王弘义来到来俊臣的家中，摆开酒席，庆贺来、王二人的升迁。席中，来俊臣感激地对周兴说："幸亏周大人帮我说那几句好话，不然，我这次升迁的事就让魏玄同那老小子给搅黄了。"

周兴干了一杯酒，发狠道："当年我为河阳令时，高宗皇帝召见我，欲加擢用，不知谁背后说我的坏话，高宗又不用我了。当时我不知道这事，整日徘徊在朝堂前候命，苦苦等待简拔的消息。魏玄同诅我说：'周明府可去也。'"

来俊臣说："只要秉承太后的旨意，大杀李唐宗室，还愁没有高官做。"

这时，房门一下子就被推开，一个家人急步跑进来，报告武大人来了。

话音刚落，门口就窜进来好几个随行的侍卫，在厅内的两旁站立，随后走进来一个人，进门便朗声大笑，说道："下了朝就喝酒，来大人的日子倒是过得很滋润啊！"

来的这个人不是别人，正是武则天的亲侄儿，武则天当前第一红人，宰相武承嗣。来俊臣一见，急忙命令家仆撤下席面，重新摆上一桌好酒好菜。

第三十一章

武太后起疑　李氏全遭殃

等着上菜的空儿，武承嗣趁机从怀中掏出了一张纸，对来俊臣说太后已经批准了连州别驾鄱阳公李湮、辰州别驾汝南王李炜等十二人的案子。周兴问武承嗣是不是将这些人全部……他没有往下说，只是做了个杀头的手势。武承嗣意会地点点头，告诉在座的几个人，不用再大费周章地审问、选杀头日子了，第二天上午直接推到市曹问斩就行。

王弘义认为这是个机会，一定要抓住，便自告奋勇地想承担监斩官的职责。

武承嗣看看王弘义鬼头鬼脑的样子，说："那这监斩官就交给你了。""可惜便宜了纪王李慎。"来俊臣在一边说。武承嗣奸笑一下，凑近来俊臣的耳边说："明天就把他用槛车押往巴州，半路上做了他算了。"来俊臣伸出大拇指，在武承嗣跟前晃了晃，两人哈哈大笑。周兴见冷落了自己，默坐在一旁，有些不高兴。武承嗣见状，拍着他的肩膀，交给了他一个大要案。

却说光宅元年（公元 684 年），徐敬业起兵失败后，其三弟徐敬真因受牵连，被流放到绣州。在绣州，徐敬真被安排在采石场干活，生来娇生惯养的徐敬真不堪其苦，又听说哥哥徐敬业没死，逃到了突厥。于是徐敬真就从采石场趁机逃了出来，准备逃到突厥找徐敬业。路过洛阳时，徐敬真已身无分文，于是他斗胆去找其爷爷徐茂公徐世勣的老部下洛州司马弓嗣业、洛阳令张嗣明，请求资助。弓、张二人起初还不敢搭理他，但经不起徐敬真的一再恳求，最后念在故英国公徐茂公的面子上，资助了徐敬真一些钱物。有了银两，徐敬真就摆起谱来，雇了一辆马车，买了一个仆人，衣着华丽，招摇过市，投奔突厥。路过定州关卡时，把关的官吏见他不仕不商，一身公子哥儿打扮，盘问之下，徐敬真神情慌乱，露了马脚，被抓了起来，扭送到神都洛阳。洛州司马弓嗣业闻听此事，自知难保，自缢了事。洛阳令张嗣明也被武三思抓了起来，太后敕令将此案交由周兴办理。

第二天上午，洛阳都亭街的刑场上，连州别驾、鄱阳公李湮，辰州别驾、汝南王李炜，广汉郡公李谧，汶山郡公李蓁，零陵郡王李俊，广都郡公李王寿，以及李湮的岳父、天官侍郎邓玄挺等十二人，皆被五花大绑，押在受刑台上。

邓玄挺不断地叮嘱这些宗室子弟说："反正是死了，死了也不能丢李唐皇室的脸。你们都是王公，都要站直了，挺起胸，让围观的百姓看看，李氏子孙都是铮铮铁汉。"

听了邓玄挺的话，这些少壮派的王公们，果然不顾满身的伤痛，虽双手被绑，仍尽力挺直腰杆，神情庄严地面对着千百看客。

周兴令人把他要审问的徐敬真、张嗣明带了上来。

临来时被打了一百杀威棒的徐、张二人，被兵士提溜到受刑台上，周兴指着那五花大绑的王室宗亲，对徐、张二人说："只要你俩承认谋反，再多揭发出一些人，将功折罪，我周兴保你俩不死。"

张嗣明说："周大人，我不能诬陷好人。"

周兴索性不理他，坐在监斩席上，对王弘义说："看时辰到了吗，时辰到了就开斩！"

"周大人，那几个死囚，仗着是王公贵胄，头昂得多高，就是不跪。"王弘义焦急地说。

周兴笑了笑，拍了拍王弘义的肩头说："本官教你一招，命军士把死囚的脚筋挑断，然后照膝盖一脚，是没有不跪的。"

王弘义一听大喜，忙安排刽子手办这事。刽子手们熟门熟路，从腰里抽出解腕尖刀，一手抓住死囚的小腿，另一只手握住解腕尖刀，照准脚后跟，刷地一刀，死囚的脚筋就给挑断了。

被挑断脚筋的李湮等十二人滚在地上，哀号呻吟之声不绝，惨不忍闻。

周兴不住地提醒徐敬真和张嗣明说："两位，看好了，这是生挑脚筋，马上就是活砍人头。"徐、张二人吓得直打哆嗦。这时，王弘义过来向周兴说："周大人，时辰到了，可以开斩了吧。"周兴点点头，令人把徐敬真和张嗣明提到死囚的身边，谓之"陪斩"。"时辰到！开斩！"王弘义把一把竹签往桌案前的地上一抛，扯嗓嗓子叫道。腰粗背阔的刽子手深吸一口气，抡起锋快的大砍刀，瞄准不幸者的脖颈，呜的一声就砍下来了。刀光一闪，人头落地，血一喷三尺高，经验十足的刽子手们往后一个跳步，躲了过去。陪斩的徐敬真、张嗣明却被喷得满头满脸都是血。徐敬真吓得尿一裤子，张嗣明也吓得闭上了双眼。周兴上去拎一个人头，在张嗣明、徐敬真脸前荡来荡去，耐心地问："招还是不招？供还是不供？"

"我招，求大人饶了我吧。"徐、张二人一边躲闪着血淋淋的人头，一边不住地向周兴哀求着。

周兴和王弘义在一旁魔鬼般地哈哈大笑。

张嗣明还算良心发现，心道，既然不得不诬人，不如诬一些作恶多端的坏人，这样良心上也好受些，死了还不至于下十八层地狱。

张嗣明首先诬陷的是在豫州破千家的内史同凤鸾台平章事宰相张光辅。周兴一见头一网逮了个大鱼，高兴万分，急忙拿着招供材料来见太后。

"张光辅也敢反本宫？"太后自言自语，翻看供状，只见上面写着：

张光辅一向自诩足智多谋，勇敢善战，文武双全，是当今罕有的全才。征豫州时，张光辅引一些巫婆神汉，私论图谶、天文，预知天下大事……还没等看完，武太后把供状一抛，冷笑道："他以为他是谁？杀。"八月癸未，内史宰相张光辅、洛阳令张嗣明、流人徐敬真以及弓嗣业的兄弟、陕州参军弓嗣古同日被杀。丁未，相州刺史弓志元、蒲州刺史弓彭祖以及与之关系要好的陕州刺史郭正一、尚方监王令基皆被戮于市。杀了这么多人，案子还远远没有完，周兴又炮制出一个材料，云秋官尚书张楚金、凤阁侍郎元万顷以及原洛阳令魏元忠，当年皆与徐敬业通谋，依律当斩，武太后本着"宁愿错杀一千，不愿放过一个"的原则，大笔一挥，批了个"斩"字。

乙未这天，天阴沉沉的，魏元忠等人被绑赴鲜血未干的刑场，准备执行死刑。望着刽子手怀中的大砍刀和行刑台上未干的鲜血，大部分死囚都追念李唐恩惠，失声痛哭起来，独有魏元忠神态自若，迈着八字步，稳步登上行刑台。监刑官周兴见状，上前骂道："你还要什么威风。"魏元忠哈哈大笑，以蔑视的眼光看着周兴说："无耻小人，你以为人人都怕你这一手。"

周兴气得大叫："都给我跪下！行刑手准备行刑！"

死囚们背插"斩"字牌跪在行刑台上。刽子手们皆亮出大砍刀，吐口唾沫，站在死囚们的身后，拉开准备行刑的架势。就在这生与死的紧要关头，西边街道上人群一阵躁动，一个飞骑急驰而来，边打马飞跑，边高声喝道："刀下留人！太后有赦！"

周兴放下死签，传令停止行刑，给当刑者松绑。张楚金等当刑者也都甩掉绑绳站起身来，欢呼雀跃，激动不已。

独有魏元忠在地上，安坐自如，旁边的人对他说："魏大人，太后不杀咱了，赶紧起来吧。"

魏元忠安坐地上说："虚实未知，岂可造次。"

这时，那个飞骑已打马跑到刑场上，对迎上来的周兴说："太后下旨停止行刑，宣敕马上就到。"

周兴走过来，悻悻然地对魏元忠说："起来吧，太后不杀你了。"

魏元忠仍坐在刑台上说："等宣敕再说。"

这时，两个近侍亦打马急驰而来，到了刑场上，下马宣敕道："元忠平扬楚有功，免诛改流，其他人等，皆随元忠流于岭南。"

听了宣敕，魏元忠这才从地上慢慢站起来。望天拜了两拜，毫无忧喜之色。这时，刚才还阴云四塞的天空，突然间，云开日出，天气晴霁……

没能杀掉魏元忠等人，周兴心里十分不痛快，一打听，才知道是魏玄同在太后跟前为魏元忠等人求的情。

酷吏有的是陷害人的好办法。周兴想来想去，认为太后最厌恶的就是让她让位还政。于是周兴炮制了一份密奏，和王弘义一起，把密奏递到武太后的手中。武太后看了密奏以后，果然脸色铁青，问周兴："魏玄同真的这样说本宫？"

"真的！"周兴指天画地地发誓说，"不信陛下问王弘义，是我俩亲耳听他说的。"

旁边的王弘义急忙帮腔说："是，魏玄同说'太后老了，干不长了，不如奉嗣君耐久'。"武太后再也耐不住，一拍龙案说道："速将魏玄同赐死于家。"周兴拿着圣旨就出了殿，出了殿就往魏玄同家里赶。车轿临近魏玄同的家门口，周兴又停了下来，王弘义问："不去啦？"寻思了一会儿，周兴叫车轿到御史台去，路上他才向王弘义解释说："是我们污赖他说的'不若奉嗣君耐久'这句话，若当面和咱对质起来，传到太后耳中，怎么办？不如找御史台的人去吧。""找御史台的人去他就服气了？"王弘义问。"不给他说原因，光说是监刑。"

找谁？找的是御史房济，房济一听命他当魏玄同的监刑官，老大不肯，但也不敢拒绝，只得捧着赐死的圣旨赶到魏玄同家。

魏玄同饭后正在院中的大树下乘凉，见房御史来了，忙起身迎接，让座上茶毕，魏玄同问："房大人，此番来我家，有何贵干？"

　　房御史搁下茶碗，从怀里掏出赐死的圣旨，递与魏玄同，心情沉重地说："下官虽奉命而来，却实在开不了口，大人还是自己看吧。"

　　魏玄同展开圣旨，看了一下，摇摇头，叹了一口气，站起来，掸掸衣服说："正好我刚沐浴，不用临死前再洗一遍了。"

　　家中人听说老爷被太后赐死，都围拢在廊下，跪地失声痛哭。

　　魏玄同叱道："老夫七十多岁了，也到该死的时候了。且老夫一生未做亏心事，死有何憾！"

　　魏玄同从容自然，一点也不惊慌，令家人在旁边的一间小屋里挂上白绫，打好活扣，放好板凳。而后迈入小屋，临关门时说："人一辈子一定要问心无愧，死时才会坦坦荡荡。"

　　监刑官房济心里老大不忍，对魏玄同劝说道："大人何不也来个密告，冀得召见，可以申辩。"

　　可魏玄同老先生早已看破红尘，将生死置之度外，慨然浩叹道："人杀鬼杀，亦复何殊，岂能做告密人！"魏玄同为免家人伤心，轻轻掩上小屋的门，独自一人，从容赴死。

　　魏玄同，定州古城人也。举进士，累转司列大夫，坐与上官仪文章属和，配流岭外，上元初赦还。工部尚书刘审礼荐玄同有时务之才，拜岐州长史，累迁至吏部侍郎。弘道初，转文昌左丞，兼地官尚书、同中书门下三品。则天临朝，迁太中大夫，鸾台侍郎，依前知政事。垂拱三年，加银青光禄大夫，检校纳言，封巨鹿男。死时年七十有三。

　　时值破旧立新之际，武承嗣秉承武太后的旨意，每天变着法子铲除异己。

　　这天，刚上朝，武承嗣就指使宗楚客向武太后奏报左玉钤卫大将军梁郡公李孝逸有反心。

　　站在武官队列中的李孝逸一听就急了，扑过来一把揪住宗楚客的衣领说："你血口喷人！"宗楚客个小，被身材高大的李孝逸一提溜，缩着脖子，脚尖沾地，狼狈不堪。"放下他！"武太后寒着脸说道。被放下来的宗楚客整整衣领，跪在地上，仰脸看着武太后说："太后明鉴，在神皇跟前，他都敢动手打人。"李孝逸跪在地上，磕头哭诉道："臣一向勤勤恳恳，以奉太后，哪来的反心呀？"眼泪怎能打动得了武太后。武太后指着宗楚客道："你尽管说。"宗楚客又偷看了武承嗣一眼，见武承嗣点点头，才奏道："李孝逸曾跟臣说过，说他'名中有兔，兔，月中物，当有天子之分'。"李孝逸一听，就指着宗楚客说："你诬赖人，我何时跟你说过这样的话？"李孝逸又跪在地上，向武太后哭诉道："臣素来不和宗楚客来往，臣也从来没跟他说过这样的话啊。"

武太后一拍龙案叫道："无风不起浪，你不放出这个口风，也没人会诬陷你，看在过去讨徐敬业有功的分上，本宫就不杀你了。减死除名，流往儋州。"

见武太后发了话，武承嗣朝殿下一招手，上来两个殿前侍卫，摘掉李孝逸的官帽，剥去他的朝服，押了下去。

一眨眼工夫，几句话的事，一个四品大将军就这样变成了阶下囚。

散了朝，武承嗣没回去，而是跟在武太后的步辇左右，邀功讨好似的，一会儿指挥步辇轻点慢点，一会儿拿过宫女手中的扇子，亲自把扇。

过了中门，步辇被禁军将领黑齿常之给挡住了。黑齿常之直挺挺地跪在当路上，武太后欠欠身子问："将军有何事？"

黑齿常之方叩头奏道："臣闻梁郡公李孝逸刚才被削籍发配。臣比较了解李将军的为人。他一向是胆小怕事做事谨慎，绝对不会说出那种'名中有兔，当有天子之分'的大逆不道的话，请太后明鉴。"

武太后笑了一笑，对黑齿常之说："此非将军所问之事，你只管当好你的羽林将军就行了。"

黑齿常之一听，只得站起身，侍立在一旁，让步辇通行。

武承嗣走到黑齿常之的跟前，哼了一下鼻子说："看好你的宫门不就得了吗，管这么多闲事干吗？"

步辇走出老远，武太后侧脸对侄儿说："这个百济人不能再留了。"

武承嗣心神领会地点点头说："午后我就叫人去办。"

黑齿常之本是百济人，降唐后，历任禁军将领，曾出任河源军副大使。黑齿常之战功卓著，在军七年，吐蕃深畏惮，不敢复为边患。垂拱三年（公元 687 年），出任燕然道行军大总管，与副总管李多祚一起出击突厥，在朔州黄花堆大破突厥人。突厥人由此败走碛北。永昌元年（公元 689 年）被调回神都，与李多祚一起，同掌禁军。

黑齿常之是武则天时代的名将，极善领兵打仗，有名将之风。每次胜利后所得朝廷的赏赐，他总是自己无所取，全部分给部下，由是深得人心。

可就是这样一个深孚众望、战功卓著的一代名将，因为这次稍稍不顺武太后的心，即难逃杀身之祸。

永昌元年（公元689年）十月，武承嗣指使周兴以谋反罪拘捕了黑齿常之。身陷牢狱的黑齿常之将军，自知难保，也不屑与卑鄙小人多费口舌，当夜，就在牢房里自缢身亡。舒州，远在长安东南二千六百二十六里，至东都洛阳也有一千八百九十三里。许王素节，高宗第四子。永徽二年（公元651年），素节六岁，被封为雍王，寻授雍州牧。素节能日诵诗赋五百余言，受业于学士徐齐，精勤不倦，高宗甚爱之。后又转为岐州刺史。年十二，改封郇王。初，武氏未为皇后时，与素节母萧淑妃争宠，递相谮毁。永徽六年（公元655年），武氏立为皇后后，萧淑妃竟为武氏所谮毁，幽辱而杀之。李素节因之尤被谗嫉，出为申州刺史。乾封初，下敕曰：素节既有旧疾患，宜不须入朝。而素节实无疾，自以久不得入觐，遂著《忠孝论》以见意，词多不载。时王府仓曹参军张束之因使潜封此论以进，欲以感动帝心，岂知此书却落到武后的手中，武后读后不悦，使人诬素节赃贿，降封素节为鄱阳郡王。左迁到离京都更远的袁州安置。仪凤二年（公元677年），禁锢终身，又改为岳州安置。永隆元年（公元680年），转为岳州刺史，后改封葛王。武氏称制，又进封为许王，累除舒州刺史。

侯思止侯御史带领二十名甲士，分乘快马，经过半个月的急行军，赶到了千里之外的舒州城。舒州城不大，事务也少，政务之余，许王就在王府内教授几个儿子学习。最近，京城不断传来太后诛杀宗室王公的消息。许王怕有闪失，特派人把少子李琳、李瓘、李谬、李钦古送到雷州他们的外祖母家安置。这天，许王正在书房里和诸子研习书画，门"哐"的一声被推开了。一个家丁闯了进来，向身后指道："王，王爷，不好了，京城来人抓你了！"

许王到门口一看，什么都明白了，深深叹了一口气，回到书桌旁坐下。

侯思止领着众甲士如临大敌，都端着刀，围了过来。众甲士一拥而上，从腰里掏出绳索，把许王以及其子李瑛、李琬、李玑、李易全绑了起来。这时，王府和衙门的人都赶来了，堵住门口，一片哭声。一个甲士俯在侯思止的耳边说："老爷，在这里不可以动手。"见这架势，侯思止也不敢就地杀人。无奈之下，只得令人将许王及其子松绑。许王和几个儿子坐上马车，在侯思止和甲士的押送下离开王府，许多人跟在车后面要求同去。许王自知此行凶多吉少，性命难保，极力劝住大家，只带上一个年老的家人。众人只得伤心地跟在后面相送。侯思止押着许王等人来到黄河边上的龙门驿，见此处地势险要，人烟稀少，侯思止有了主意，命令车马停下来，歇息过夜。趁着天黑夜寒，他悄悄叫起众甲士，到他的上房密谋一番。而后，各人手持绳索，蹑手蹑脚来到许王和几个少王爷住的房门口。侯思止手中提着尖刀，将房间的门闩一点点地拨开。侯思止不愧为行家里手，没多大功夫便将门闩拨开了。他轻轻地推开门，对外面等候的甲士们一招手，一群人一拥而进，扑到床前，将沉浸在睡梦中的几个人死死地按住，手忙脚乱地把绳索缠在床上人的脖子上，然后几个甲士一起使劲，狠命地勒。少王爷李瑛虽然及时惊醒，但为时已晚，只是呼喊了两句，便不再挣扎了。

许王遇害时，年仅四十三岁。子瑛、琬、玑、易被害时，年龄都不过二十。许王的少子琳、瓘、璆、钦古虽没有被害，但最终被长禁雷州。神龙初年，武氏下台之后，瑾被封为嗣许王；开元初，琳被封为嗣越王，以继越王李贞之后；璆被封为嗣泽王，以继伯父泽王上金之后。当然，这些都是后话。

第三十二章

周兴意作乱　武后收千金

侯思止将许王等人的尸首全部拉回京都，武太后看到这个情景大喜，令侯思止以庶人的葬礼形式将他们葬于荒野。泽王本就被拘束在御史台，当他听到弟弟和几个侄子遇害的噩耗时，忧惧交加，因为承受不住痛苦的折磨，当夜就在牢房里自缢身亡了。泽王的儿子们义珍、义玫、义璋、义环、义瑾等人最终虽然保住了性命，却被发配流放到了显州等地。

立秋过后，周兴派家奴到深山之中弄了一些时兴的野味，请了皇宫之中最好的御厨，做成美味佳肴，在自己的府邸里宴请武承嗣。席间，周兴亲自为武承嗣把盏，言语极尽奉承，小心翼翼地探问武承嗣，武太后准备何时登基称帝。

武承嗣伸出一个指头，在周兴眼前晃了晃，笑而不答。

"还有一年就登基？"周兴伸着脖子问。

武承嗣点点头。

周兴忙双手奉上一杯酒，说："神皇太后即大位，公当为皇嗣。属下一向忠心追随大人。以后还望公多照顾属下。"武承嗣接过酒杯，一干而尽，打着酒嗝，志得意满地说："谁为我武氏江山做了贡献的，太后不会忘记他，我武承嗣更不会忘记他。你周兴在诛灭李氏诸王方面是立了大功的，太后大享之际，在宰相班子人选之事上，我会让太后考虑你的。"周兴一听喜上眉梢，忙拉开椅子跪地谢过。这时，武承嗣又"哼"了一声，拉长声调说："不过……""请大人指教。"周兴忙恭手说道。"唐之宗室虽杀得差不多了，但仍有少数人还存留在世上。"武承嗣掰着指头数道，"比如汝南王李颖那一支宗室，还有故太子李贤的两个儿子。"

"还有庐陵王李显，儿皇帝李旦。"周兴一边恶狠狠地说着，一边立起手掌作了一个砍头的动作。

"李显和李旦暂时还不能动，成大事也得考虑到天下舆论，得杀之有名。一步一步来，步步为营。这几天，你先组织人把汝南王和李贤的两个儿子解决掉。"周兴点点头说："这事好办，我马上就安排人告他们，明儿早朝时我就上表给太后。"周兴手下豢养无赖数百人，专门以告密为业。只要说要扳倒谁，周兴马上就安排他们共为告密，千里响应。欲诬陷一人，即数处别告，皆是事状不异，以惑上下。

果然，第二天早朝，众臣朝贺毕，周兴就捧着厚厚的一叠状子，出班奏道："启奏神皇太后，臣接到数份状纸，均告汝南王李颖及其宗党近日行动诡秘，整日聚在一起，密谋作乱。故太子李贤的两个儿子安乐郡王光顺、犍为郡王守义皆有不轨行为，常和汝南王凑在一块，说陛下的坏话，伏请陛下裁处。"太后一听，心里就有数，当即颁旨："既然如此，此案就由卿审处。这些谋反分子，要从重从快，决不手软。"这时，太子太保纳言裴居道出班奏道："安乐郡王、犍为郡王乃陛下之孙，一向安分守己，深居府中，足不出户。说陛下的坏话，不足为信，恳请陛下念故太子贤仅存此一线血脉，赦免二王。"武承嗣一听有人坏他的好事，忙出班奏道："王子犯法，与庶民同罪，光顺、守义身为皇孙，背后潜议主上，其罪当诛，岂可赦免。"

尚书左丞张行廉上前一步，恭手奏道："安乐、犍为乃陛下亲孙，或有不敬之词，当以家法论处，贸然下狱，至为不妥。"武太后于是点点头说："就依张卿所奏。安乐、犍为交由承嗣当面训诫。"散朝后，武承嗣望着裴居道和张行廉的背影，对周兴挤挤眼，周兴会意地点点头说："放心吧大人，一个都跑不了。"兵分两路，周兴带人去抓捕汝南王等人，武承嗣则到雍王府"训诫"故太子李贤的两个儿子光顺和守义。

自从李贤死后，光顺和守义就整日待在王府里，大门不出、二门不迈，没事就在家养鸟套鸟玩。最小的弟弟守礼因为年幼，在东宫里和睿宗的几个儿子一块儿念书，形同囚禁，和家里也好几年不通音讯了。武承嗣带人闯进雍王府，光顺和守义正在后院设笼捕鸟，见武承嗣气势汹汹地带人赶来，吓得站在原地，不知怎么办才好。

武承嗣嘿嘿笑了两下，喝令左右："把这两个逆贼拿下，用鞭子狠狠地打。"光顺一看势头不妙，壮起胆子问："本王到底有什么错，竟要鞭打？"武承嗣连解释也懒得解释，只是扯过一把椅子坐上，笑看这弟兄俩被按倒在地上的恐惧样，招手命令左右："开打！""大人，打多少下？"一个打手请示道。"打就是了。"打手们抢起牛筋鞭，照着地上的二人，没头没脑地抽起来。起初打手们还边打边数，数到最后数得不耐烦了，见武承嗣还没有叫停的意思，干脆不数了。打累了，就这手换到那手，不歇气地打。从小不事稼穑、不习武术、久居深宫的光顺和守义，哪禁得起如此毒打。两人开始还没命地叫唤，哀声讨饶，等过了小半个时辰以后，两个人就先后晕死过去了，只有出的气，没有进的气。其中老大光顺被打得小便失禁，口吐鲜血。武承嗣见鞭子抽在人身上，不见人有反应，于是招手说："停，摸摸口鼻还有气不？"

打手们一边揩着头上的汗珠，一边伸手去试试光顺和守义的口鼻，试了好半天，见没有动静，遂汇报道："一点气都没有了，完了。"武承嗣这才起身，掸了掸身上的灰尘，对一旁不断筛糠的王府仆人说："找个地方把他俩埋了吧，不要装棺材，也不要致祭。"待武承嗣一伙人走后，王府的僚属急忙上前，抢救两个少王爷。安乐郡王光顺两软肋被打烂，面色青紫，已告不治。犍为郡王亦昏迷不醒，气息奄奄。

安乐、犍为所住的雍王府紧挨着千金公主府。这边的惨况很快传到了隔壁。千金公主吓得手捂着胸口，坐立不安，先前引荐薛怀义的侍女成儿忙宽慰她说："公主且不要害怕，您和宗室其他王亲不一样，您是高祖皇帝的第十八女，是辈分最高的大长公主。再说，您曾荐薛怀义以侍太后，单单念您引荐之功，太后也不会对您下手的。"千金公主摇摇头说："这些算什么，太后连亲儿子亲孙子都敢杀，又何况我这个不值一文的大长公主。不行，我得快想办法，不然，我这把老骨头也得跟着玩完。"

"不行去找薛怀义，"成儿出个点子说，"薛怀义如念旧情，肯定会帮您在太后跟前为你说好话。"

"他的枕头风再好，不如我亲自行动，以实际行动讨太后的喜欢。"千金公主说着，叫成儿："快给我梳妆，我要进宫去见太后。"千金公主是将近七十的人了，还梳着朝云近香髻，化着梅花妆，即眉心上贴一个用金银锡箔制成的梅花。穿着开到半胸的薄而透明的百花裙。打扮好后，千金公主在大铜镜前扭扭身子，感觉还不错，而后对成儿说："带一个名帖，上面写着我的生辰和八字。"

"公主，拜见太后，带生辰帖子干吗？"成儿好奇地问。

千金公主叹了一口气说："我准备拜太后为干娘，求太后收我为义女。"

"拜太后为干娘？"成儿捂着嘴想笑，说："公主的辈分长于太后，反拜太后为干娘，这这不让天下人笑话么？"

"顾不上这么多了，活命要紧。"千金公主接过侍女递来的帖子，吹了吹上面的土，说："把往年高祖赐给我的七宝溺器也带上，作为献给干娘的礼物。"

"送礼物哪有送溺器的？"成儿不解地说，"送什么不好送人溺器。"

千金公主笑笑说："太后喜欢打破常理的事物。我送溺器就是让太后每天都想起我，那我就会在太后心里占有一定的位置。"三、六、九上朝，今日不上朝，后殿里武太后歪坐在坐床上正想着心事，人报千金公主求见。武太后正好没事，让侍卫出殿把千金公主给带了进来。

"臣妾叩见神皇，神皇万岁万岁万万岁。"千金公主走到床前，纳头便拜。

李唐子弟当面称自己为万岁，听着千金公主这悦耳的声音，武太后心里很熨帖。于是说："赐座。"近侍搬来个黄锦凳，放在千金公主的身旁，千金公主看了一眼锦凳，扭扭捏捏，愣是不坐，嘴里吞吞吐吐地说："万岁，臣妾有……有一事相求？"

"何事？"武太后问。

千金公主道："如今天下合该姓武。臣妾日夜盼望着神皇能成为古今第一女皇，为女人争脸。臣妾不只一次对人说过，臣妾心中最崇拜的就是神皇。臣妾也早想，早想……"

千金公主故意欲言又止。世人也没有不喜欢听奉承话的。千金公主这几句话，哄得武太后脸皮也舒展开了："有话就说。"

千金公主忙跟着笑一下，复又跪在地上，磕了俩头说："启奏万岁，臣妾不想姓李了。最近诸李氏王公，老是给万岁添乱，臣妾愈觉着耻于姓李。"

这话武太后也爱听，于是饶有兴致地问："不姓李，你想姓什么？"

"求万岁赐臣妾姓武。"

"姓武？"武太后笑着点点头说，"那本宫就赐你武姓吧。"

"臣妾还有一件大事相求。"千金公主跪在地上仍不起身。

"但说无妨。"

"臣妾想认万岁为干娘。"

"认本宫为干娘？"武太后倚在绣枕上哈哈大笑，笑得千金公主心里没底，等笑完了以后，武太后才说："你千金公主的辈分长于本宫，反拜本宫为干娘，有些不合适吧。"

千金公主恭手，正色说道："您老人家乃当今万岁，九五之尊，至高无上，天下之母，天下之父。臣妾拜您老人家为干娘，理所应当！"

武太后听了频频点头，千金公主趁热打铁，再一次叩首请道："求万岁收臣妾为干女儿。"

"好，难得你一片诚心，本宫就收你为干女儿吧。"

千金公主一听这话，喜上眉梢，从怀里摸出帖子双手呈上。武太后示意近侍收下，而后说："既然收了干女儿，本宫有礼物相送。来人哪，把本宫的百鸟裙拿一件来。"

近侍答应一声，到内殿去了，一会儿转了回来，手里捧着一个檀香托盘，托盘上覆锦布，锦布上有一件闪着神奇亮光的织品。武太后令近侍打开百鸟裙，当场给干女儿换上。老太婆千金公主穿上百鸟裙后，整个人看起来不伦不类。武太后却盘脚坐在床上拍手大笑，连声叫好，千金公主趁势转两个圈子，又作了个万福说："谢母皇厚爱，小女也有一件礼物回送母后。""什么好东西，拿来看看。"千金公主往门口一招手，一个近侍引成儿进来。千金接过成儿手中的锦盒，小心翼翼地打开，从中捧出一个闪着宝石光的伏虎状的东西，恭恭敬敬地捧到武太后脚下。武太后没认出来，指着那东西问："这是什么玩意？"

"启奏母后，这是'七宝伏虎'，民间叫尿壶，文人叫溺器，再文一些叫伏虎或虎子。"

武太后听了，不禁大笑，指着千金说："你竟送本官一个溺器。"

千金公主指着手中的溺器，一本正经介绍说："母后，这可不是一般的溺器，是用猫眼石和珍珠饰成的蓝玉做成，虎头上边有一条蜿蜒而上的小金龙。此'七宝伏虎'乃女儿三岁那年，高祖亲赐的。如今已相伴女儿六十多年了。女儿献此伏虎的意思是期望母皇每日多想女儿几回。"这一会儿工夫，千金公主就把武太后逗得非常开心。太后平时政务很忙，生活中缺乏亲情，缺乏幽默，而千金公主最善于插科打诨，说些坊间俗事。几句无伤大雅的粗俗话自然令武太后龙心大悦。

"你既然已归武家，就不要叫千金公主了，本宫封你为延安大长公主，加实封一千户。内门参问，不限早晚。"武太后说道。

"女儿谢母后。"千金公主磕俩头以后，跑过来给武太后轻轻地捶着腿，边捶边找话奉承："呀，母后的脸面越来越光滑了，看起来越发年轻了。呀，母皇的前额宽阔饱满，印堂隐隐约约似有神光，是帝王之相啊，当年我爹高祖的额上也似有光辉。"

武则天微闭着眼，不置可否，兀自轻轻叹了一口气。千金公主急忙凑近问道："母后有什么烦心的事吗，请让女儿来分担一二。"

"还不是为了太平，自从薛绍被处死以后，她就独身一人，虽然她表面上不说什么，但本宫考虑怎么也该给她找个男人了。"

千金公主掩口"扑哧"一笑，说："我妹妹太平是何等聪明之人，身边还能少了男人，不过，她年纪轻轻就守了寡，也不是个常法。"

"难找啊，"太后叹了口气说，"俯视宰臣子弟，又有谁能配得上太平。"

"不如画一个圈子，找一些漂亮的有出息的子弟，让公主自己选。"千金献计说。

武太后摇摇头说： "太平是本宫的掌上明珠，我不想让她嫁给外人。"

"在武氏儿郎里挑选也行，"千金公主掰着指说道，"比如武攸绪、武攸暨、武懿宗、武承嗣、武三思……不都行吗？"

"可惜他们都已成家立业、都有妻子了。"

千金公主干笑了一下，说："皇帝的闺女不愁嫁，母后选中了谁，就把谁的妻子杀掉不就得了吗，这是多么难办的事吗？"

武太后一听大喜，夸千金公主道："不白收你这个干女儿，一句话解了本宫多少天的思虑。不过，这几个武氏子弟中，选谁最合适呢？"

千金公主又掰着指头数到："承嗣和三思年纪偏大，不太合适。攸绪虽有少貌，但其性好琴书饵药，整天想当隐士，也不适合公主。而懿宗个子矮小肥胖，公主肯定瞧不上眼。看样子只有攸暨还能说得过去，人俊美，为人也不错，还是羽林军的右卫中郎将，太平公主一定会喜欢他的。"

听了千金公主的一番对比，武则天也觉着武攸暨配太平公主比较合适，于是说："本宫令攸暨的妻子到你府上跟你学绣花，而后叫人把她弄到城外埋掉算了。"

"妙、妙！"千金公主说，"事不宜迟，马上就干，等完事了再和太平公主说。"

武太后点点头，说："你先回家等着吧。"

且说武攸暨的妻子刘氏正在家里逗儿子玩耍，忽然来一个太监传太后的口谕，让她到千金公主府学绣花。刘氏甚感奇怪，问丈夫攸暨：

"千金公主是有名的风骚人，正派人家根本不和她打交道，平时也唯恐避之不及。千金公主连针都不会使，太后让我到她家去学什么绣花，这不是让我去学坏么？"

攸暨跟着唉声叹气了一番，说："既是太后的旨令，去也得去，不去也得去，你赶快过去看看吧，不行，就找个借口早回来。"

刘氏无奈，只得略为妆扮了一下，叫家人备轿。儿子一见母亲出门，也哭着闹着要跟去，抓住刘氏的裙子不丢。攸暨跟过来说："就带上他吧，带上他也有理由早回来。"

就这样刘氏也带上了自己唯一的儿子。母子俩乘着一顶轿子来到了千金公主的府邸。千金公主府的门口静悄悄的，根本就没有停别的车马。刘氏心里虽犯嘀咕，却也不敢往回走，正在她犹豫的时候。府里出来了一个小丫鬟，过来接洽。刘氏母子只好下轿跟随着向府内走去。刚进入府门，就走过来一个四十多岁的婆娘，手里还拿着一块大红手帕，来到刘氏的跟前笑眯眯地对她说："夫人请，千金公主已在客厅等你哪！"刘氏随口问是不是还有别的人到访。

"旁人倒没看见。"那婆娘一边答话，一边弯腰抱起刘氏的儿子，径直向府内走，刘氏没有办法，只好带着两个随行丫鬟，跟在那婆娘的后边，直接进了千金公主府。

第三十三章

强行嫁太平　薛怀义领兵

　　刘氏被那婆娘带到客厅里，房间里空空荡荡，根本没有别人，刘氏转过头，疑惑地看着那婆娘，那婆娘赶忙上前赔着笑脸，让刘氏在客厅稍等片刻。刘氏以为公主摆架子，于是也不便抱怨，就在旁边的一个椅子上坐了下来。那婆娘从屋外喊过来一个丫鬟，给刘夫人看了茶，然后又满脸堆笑地让刘氏随行的两个丫鬟带着刘氏的儿子去后花园里玩，以免小孩淘气在这里影响夫人和公主学绣花。两个丫鬟冷眼望了一那婆娘，见刘夫人点头，于是便领着四岁的小公子出去了。

　　刘氏在客厅里坐了半天，等得有些不耐烦，就在这时候，客厅的门"哐"的一声被撞开，四个太监模样的人走了进来，打头的一个太监指着刘氏说："麻烦你跟我们走一趟。"

　　"跟你们走？上哪？"刘氏诧异地问。

　　太监们的脸冷冰冰的，并不回答。打头的太监一招手，三个太监变戏法似的，亮出绳子，向刘氏冲了过来。

　　"你们想干吗？"刘氏边往后退，边愤怒地指责道。

　　太监们一拥而上，把刘氏的胳膊反剪在背后，三下五除二，捆了个结结实实。刘氏急得大叫："救命啊，救……"两句"救命"的话没喊完，嘴里就被塞上了一块桌布。刘氏急得眼里沁出了眼泪，奋力挣扎。无奈，一个弱女人哪是四个太监的对手，刘氏被拉扯着拽出客厅。门口停着一辆马车，刘氏脚蹬着车帮，死命地挣扎着，不愿意上。恰在这时，刘氏的两个丫鬟带着小公子回来了，见状大吃一惊。健壮的丫鬟救主心切，尖叫着直冲过来，与几个太监厮打起来。太监们难以对付两个疯了似的丫鬟，急得大叫躲在远处墙根的千金公主："快点！快叫人来帮忙。"

　　千金公主一招手，几个奴才冲上去，帮助太监们把两个丫鬟给捆了起来。两个丫鬟和刘氏仍在奋力挣扎着，旁边的小公子也在哇哇大哭，一个太监凑近太监头儿说：“不如就地结果了吧，省得路上再惹出麻烦。”

太监头儿早已被弄得不耐烦，于是朝其他太监使个眼色，几个太监从腰里各摸出一条麻绳，出其不意地从背后勒住了刘氏和丫鬟的脖子，狠命地勒，死命地勒，照死里勒，不一会儿，刘氏和两个丫鬟就眼珠翻白，瘫软下来。刘氏的儿子哭叫着举着小拳头擂打着太监。一个太监不耐烦，一把抓过孩子，举起来，头朝下往地上一掼，孩子登时被摔得气绝身亡。

千金公主走上来，不满地说：“不是说出去以后再处死她们吗？怎么在我家就动起手来了。”

太监头儿一瞪眼，说：“你若多话，把死尸也留在你家。”

千金公主见势不妙，忙赔上笑脸，点头作揖道：“公公们辛苦了，在舍下用完膳再走吧。”

太监头儿哼了一声，伸出手来：“饭就不吃了，就请千金公主赏我等几个一点茶水费吧。”千金公主无奈，只得令人捧出一百两银子给了这些太监。太监收了银子，这才把四具尸首收进马车，扬长而去。

傍晚天黑时，久等妻儿不归的右卫中郎将武攸暨，亲自来到千金公主府接人。面对武攸暨的厉声质问，千金公主赔着笑说：“下午的时候，宫里来了四个太监，说奉神皇太后之命，把尊夫人和贵公子接走了。”

“接走了，接到哪里去了，宫里？”武攸暨问。

“这我可不知道。”千金公主说着，又凑过去拍拍武攸暨的肩膀说：“我说小兄弟，太后做的事你最好别管，妻儿回来就回来，不回来也就算了。”

“你说这话是什么意思。难道我妻子和儿子……”武攸暨只觉得浑身冰凉。

“攸暨，老身给你透露一个消息。”

“什么消息？”

“太后准备把太平公主配给你，你的好运就要来了。”千金公主笑着说。

“啊！”武攸暨只觉得头一阵发晕，几乎站不稳身子，惊恐地问千金公主，“此话当真？”

“老身一大把年纪了，岂能骗你。上午太后才亲口对我说的。”

武攸暨手捂着头，长叹一声，说：“如此，我妻儿的性命休矣。”

第二天，武则天召见了武攸暨，见面连个客气话都不说，出口就让武攸暨准备一下，过两天迎娶太平公主。跪在地上的武攸暨一个劲地磕头谢恩，自始至终，连妻儿的去向都不敢探问。武攸暨真是个明白人。他知道太后是个什么人，他知道自己该怎样夹着尾巴做人。这期间，薛怀义也没有闲着，除了不定时的奉诏入宫侍候太后外，如今老薛正领着数千人，在洛阳龙门奉先寺前的山崖上，依山傍崖造佛像。这天，薛怀义来到工地视察。站在奉先寺前，他手搭凉棚，望着那高大的山崖发愁道："这么高的佛像，哪一辈子才能做好啊？"旁边的喽啰宽慰他说："又不让薛师您亲自干，自有工部的人领班干，什么时候干好什么时候算。您老人家何必操这个心。走，咱们到寺里喝酒去。"这时，一阵狂风刮来，薛怀义头上的僧帽也被风刮了下来，沿着台阶骨碌碌往下滚，一个喽啰赶紧跟在僧帽后边追。追了几十步也没能追上。

"乖乖，风这么大。"薛怀义摸着自己的秃头赞叹道。

"薛师快看！"一个喽啰指着崖上的脚手架惊叫道。

薛怀义打眼一望，只见庞大的脚手架晃晃悠悠，不一会儿就疾速地向众人压来。"不好"，薛怀义大叫一声，抱头鼠窜，刚跑十几步，就见那数百丈高的脚手架惊天动地地砸在众人的身后，扬起满目的烟尘，脚手架上和地上的上千名民工死的死，伤的伤，狼藉一片……人们惊叫着，从远处跑过来救援。可作为总指挥的薛怀义却无动于衷，捂着胸口不住地庆幸道："我的命真大，亏我跑得快，仅仅损失了一顶僧帽和一个小卒子。"旁边的小喽啰摸摸自己的脑袋还在，脑子还能使，立即恭维薛怀义："薛师是罗汉下世，它脚手架再大再能也砸不倒咱薛师。"这时，负责工程的工部侍郎跑过来，跪地磕头道："禀薛师，佛像外围的脚手架全部被风摧毁，求薛师示下。"薛怀义有些不耐烦地说："倒了再建，没有钱直接到府库里支，没有就跟地方上要，死伤的人该埋的埋，该治的治。"工部侍郎抹抹眼泪，说："薛师，这工期太紧了，一两年根本做不成，能不能给太后说说，作十年八年的长期打算？"

"我不管，"薛怀义没好气地说，"反正到时候建不成，太后砍你的脑袋不砍我的脑袋。"

工部侍郎刚想再请示些别的事，薛怀义却转身走了，边走边气哼哼地说："都当将军当御史的，却让我来干这费力不讨好的活，我不干了。"

薛怀义领着一帮和尚，骑马赶回了城里，他要找武太后辞去这苦差事。其实这雕像动工将有半年，薛怀义一共也没过来看过几回，也根本没费心思。

城门口，一队银甲耀眼的金吾卫正在盘查行人。薛怀义一行人是特别的人，并不下马接受检查，而是放马直往前走。一个将官见是薛怀义，忙在路边恭手道："薛师，从哪里来？"

薛怀义定眼一看，见是武三思，于是勒住马，说："哟，是三思，又在这忙乎什么？"

"近来边境又不大安宁，太后命我加强京城的治安工作。薛师，刚才听人说你的工地出事了，死伤不少人。"

"别提了，"薛怀义摆摆手说，"差点没把我砸死，我这就找太后，辞了这差事。"

"太后正在召集兵部的人开会，商讨讨伐突厥骨笃禄的事，恐怕一时半时不能见您，不如咱爷俩到前面东升酒楼喝两杯小酒，也给薛师您压压惊。"武三思牵住薛怀义的马缰说。薛怀义心情不好，此刻正想灌两杯酒，于是随武三思来到前面著名的东升大酒楼，

两个人端起酒杯开喝，二杯酒下肚，薛怀义羡慕地看着武三思的将官蟒服说："像你似的当个五城兵马使多威风，人面前也有光，怎么也强似我。"

"其实薛师你可以当将军，你跟太后要，太后心一软，事不就成了。"武三思笑着说。

"关键是没有好职位，"薛怀义挠挠秃头说，"好职位都让你们占去了，剩下小的我又不想干。"武三思干了一杯酒，伸过头来说："薛师，现今有个好职位。""什么职位？""如今突厥犯边，太后正在物色新平道行军大总管，以击突厥，薛师何不向太后请缨？""领兵打仗？"薛怀义忙摆手说，"当个太平将军还可以，真要真刀实枪地上战场，我不干。"

"没那么严重，"武三思凑过来说，"突厥兵一共才几万人，薛师可以多向太后要兵马，只要把突厥兵赶出边境，就算你赢了。这事还不好办吗？再说你是主帅，驻在后军又没什么危险。见势不妙，你也可以往回跑。"武三思的一席话，说活了薛怀义的心思，他连连点头，说："有理，有理，回来我也能立些军功，在京城老百姓面前长长脸，省得人家背后都不服气我。"喝完酒后，别了武三思，薛怀义直接到皇宫的长生殿，躺到武太后的龙床上，等武太后。天黑后，武太后回来了。见

薛怀义正在床上等待自己，满心喜悦，说："本宫正要叫人去召你进宫，你自己先来了。"薛怀义抚着武太后的手说："我想当新平道行军大总管。"武太后诧异了一下，随即笑了："行军打仗你可不行。"薛怀义翻身下床，一把抱起武太后，二人立刻在床上滚成一团，薛怀义一番力气使出，武太后果然答应了。

"好，好，让你当，让你当。"武太后呻吟着。君无戏言，一场重大的人事任命就这样决定下来了。

三天后，洛阳城外，锣鼓喧天，鼓号齐鸣，新任新平道行军大总管薛怀义，率领二十万大军，出征边关，以击突厥，文武百官都赶到城外给薛怀义送行，望着薛怀义趾高气扬的模样，送行的朝臣们心道：此去败得一塌糊涂才好呢，死于敌手最好，好让太后关起门来哭。

打不打仗，先造造声势再说，薛怀义传令沿途地方，把辖区内所有的吹鼓手都编入出征大军。一下子募集了二三千名吹鼓手。薛怀义分配给他们的任务是，天天在军中敲鼓打锣吹军号。军号锣鼓震天响，大将军八面威风。到了幽州，薛怀义不敢再往前进了，命侦察兵分三路前去侦察。半日的工夫，侦察兵们陆续回来了，都说前方没有突厥兵。薛怀义这才传令大军继续前进，一直深入到紫河，果然没有敌军，薛怀义高兴地哈哈大笑，旁边的师爷副将上前恭维道："将军兵不血刃，已渡紫河，其功非浅，当效法沙场前辈，在单于台刻刀纪功。"

"好主意，好主意，也让我的功业流芳百世。"薛怀义说着，指示军中的刀笔吏赶快办理。刚刻完后，有哨探来报，说前方山包间发现有小股突厥兵，薛怀义大吃一惊，急令大军退回关内。

边塞气候太差，生活太苦，住了两天，薛怀义就不耐烦了，下令班师，并派快马把捷报先行报给太后。

一月不到，薛怀义的北伐军就打了一个来回，且二十万大军毫发未损。太后也大为高兴，趁热打铁加薛怀义为辅国大将军，改封鄂国、上柱国，赐帛二千段。

这天晚上，太后设御宴款待薛怀义，她爱抚地看着薛怀义说："怀义啊，你这次北伐突厥，大获全胜，可给本宫争气了。"

薛怀义仿佛真打了胜仗似的，晃着膀子说："小小的突厥兵，一听我薛师的名头，都吓得望风而逃，我大军顺利渡过了紫河，来到了单于台。"

"你说你没碰见敌军？"武太后疑惑地问。

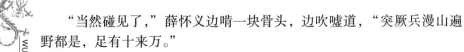

"当然碰见了，"薛怀义边啃一块骨头，边吹嘘道，"突厥兵漫山遍野都是，足有十来万。"

"你是怎么打的，将士们怎么都没伤着？"

"我采取迂回的战术，集中兵力，猛冲猛打，突厥兵都被压到紫河里去了，伤的伤，亡的亡……"武太后将信将疑，说："本宫准备过了年正式登基，本宫想让你跟高僧一起编一部经书出来，明确地阐述本宫是弥勒佛下生，为本宫的登基大造舆论声势。"

"我……我不大识字，再说那些高僧大德能听我的吗？"薛怀义担心地说。

"这不要紧，本宫派人协助你，你只要指示他们怎么做就行了。"

"我哪有那么多精力，我还得和我的那些小哥们一块玩玩哩。"

"好，好，随你的便。"武太后笑着说。

只有薛怀义敢说拒绝武太后的话，也只有对薛怀义，武太后才一笑置之，不以为怪。

永昌元年（公元689年）十一月武则天下诏大赦天下，始用周正，改元载初，以永昌元年十一月为载初元年正月。

中国自汉武帝以来，历代都使用夏正，所谓夏正就是夏历，即夏朝流行的历法。而周正，亦即周历，也就是周朝使用的历法。夏历建寅，以阴历正月为岁首；周历建子，则以阴历十一月为岁首。岁首的月建不同，四季也随之不同。

武则天为什么下诏改变沿用了两千多年的历法？原因不言而明，那就是用周历的周朝，乃武氏的祖先。夏历改周历，就是要告诉天下人，天下本来是武氏的，我武氏马上就要复兴周朝了。更改历法，当然引起天下一片混乱，用了多少辈子的老皇历一下子变得不名一文。老百姓闹不清何时是春，何时是夏，何时是秋，何时是冬，何时过年，何时下种，何时收获，人人稀里糊涂。

载初元年（公元689年）正月一日，武太后大享万象神宫，服衮冕，搢大圭，执镇圭为初献。以周、汉之后为二王后，舜、禹、成汤之后为三恪，周、隋之嗣同列国。

凤阁侍郎河东人宗秦客，改造"天""地"等十七字以献。其中"曌"为武太后特别欣赏，拿过来作为自己的名字专用，任何人不得使用这字。从字形上看，"曌"象征着日月当空，象征着女皇君临天下的气势。"曌"字拆开来看，又成"明空"或"空明"，颇含几分佛理禅机，切合武太后向佛的心意。会意造出的字，也有错会其意的时候。比如"国"字，宗秦客开始秉承武太后的意思，造成"圐"字，意思是"口"中安"武"以镇之。但字刚推行，没有一月，有人上书说，"武"字关在"口"中，与"囚"字无异，不祥之甚。武太后大吃一惊，慌忙下令追回前道诏书。启用了新字，武太后又将"诏"改为"制"，原因是"诏"与"曌"音近。新字的推行，首先从朝廷开始，然后派快马传递到全国各地。诏令天下，无论是制敕公文、奏书、报告，以及其他文字的东西，从落款到行文，都要毫无错误地使用新字，不允许有一丁点儿差错。

乙未，司刑少卿周兴奏除唐亲属籍。

春一月，戊子，在李唐宗室王公被清洗出朝廷之日，武太后大封诸武。

武承嗣是武太后同父异母的哥哥武元爽的儿子，和武太后最为亲近，被迁为文昌左相，同凤阁鸾台三品，兼知内史事。武三思是武元庆的儿子，也算武则天的亲侄子，由右卫将军累进夏官（兵部）尚书、春官（礼部）尚书，并监修国史。

武则天姑妈的儿子、表兄宗秦客因改造新字有功，被擢升为凤阁侍郎。其二弟楚客、三弟晋卿亦被重用。

环视偌大的朝堂，几乎有一半是武家的人。但武家毕竟就那么几个人，天下的官还要有外姓人当。但唐家老臣，新朝不取，李氏宗室及一些追随者被酷吏整死后，朝廷的各个部门、各级官府急需大量的官员。选用才俊成了当务之急。

载初元年（公元689年）二月十九日，经吏部考试初选的数百名贡人，齐聚洛阳殿，参加太后武则天亲自主持的殿试。此前历朝历代，大都推行的是九品中正制，即以门第为考校官员的主要标准。而今以文章诗赋取士，重才学而不重门第，它使一大批卓有才华的寒门之士得以文章显达。自武太后朝往后，涌现了一大批通过科举而走上政坛的贤臣和一大批文坛巨擘，如姚崇、宋璟、张九龄、陈子昂等。

此次考试，还有一个重要的发明，即糊名制度，考试时把考生的名字糊住，可以有效地防止一些贪官污吏作弊。直到如今，糊名制仍应用到各类考试中。

开除唐宗室，任用诸武，夏历改周历，文字改革，殿试选拔干部，这一系列令人耳目一新的动作，就是要向众人宣示，人间要改朝换代

了，一个新的皇帝就要诞生了。

在新皇帝诞生之前，光有一些改革措施还不行。新皇帝尤其是女皇帝面世，还需要有神明的支持，还要通过某种手段，来取得民众的认可。儒家语"牝鸡司晨，唯家之索"，女人当政在人们的脑海中没有合法性。武太后要平平安安地顺利登基，还需要在自己的头顶上安放一个神秘的光环，让小老百姓们在港移默化中向自己顶礼膜拜。因此武太后指示薛怀义，在易姓前夜，加紧炮制一篇她是佛祖化身的经书来。

离武太后预定的登基日子还有两个月的时间，在武太后的直接过问下，薛怀义招募的九位僧人终于把《大云经》译好了。《大云经》早在后梁时就有昙无谶的译本，全称《大方等无想经》或《大方等大云经》，此经原本不太引人注目。此次重译也非正常的佛事注译，几个僧人主要是秉承武太后的意思，赋予《大云经》以新的内容，已期达到为武所用的目的。

这天薛怀义领着魏国寺僧法明等九位僧人，捧着"新版"四卷《大云经》入宫谒见武太后。武太后笑容满面，降阶来迎接这九位僧人，并在朝堂上赐座。薛怀义道："陛下，臣等在重译《大云经》时，有一个十分重要的了不起的发现，所以把《大云经》献给陛下。"

"什么了不起的发现，说来听听。"武太后一副饶有兴趣的样子。

薛怀义从袖筒里摸出一张小纸片，想照着上面写的字回答，发现几个生字又忘记读音了，有些不耐烦，把纸片递给旁边的法明禅师说："还是由你来给太后汇报吧。"

法明遂恭手当着众人的面开始信口雌黄，他说大白马寺的九位得道高僧，通过对《大云经》进行注译，考证出当今的武太后根本就非同凡人，而是弥勒佛转世，当代唐为阎浮提主。

他的话音刚落，站在朝堂西边的文武大臣面面相觑，但很快就完全明白了这场闹剧的目的。但在这节骨眼上，谁也没有胆量站出来，当面忤逆武太后，大部分人都冷眼看着，在那里听着，不发表任何看法。

第三十四章

劝进武太后　百官齐劝谏

坐在龙椅上的武太后听着法明的解释，听得心花怒放，她高兴地探身询问这样的说法是否有凭据，法明和尚往前迈了一步，继续侃侃而谈，他将事先早已准备好的说辞拿出来，他们仔细地研究过佛法，将其中的佛法歪曲理解，最终得出的结论就是根据佛祖的指示，菩萨现女身要当国王。而武太后登基的想法正好可以以此为根据，成为当代唐为阎浮提主。

听了法明的一番背诵，武太后假装谦虚，摆摆手说："本宫何德何能，以菩萨化女身而君临天下。"

法明恭手论道："此乃佛祖之意，谁也不可以反对，反对者即遭天谴，经云：女既承正，威伏天下，所有国土，悉来承奉，无违抗者。此明当今大臣及尽忠赤者，即得子孙昌炽。如有背叛作逆者，纵使国家不诛，上天降罚并自灭。"

听了法明这一番话，朝臣们心道，这哪里是经书，这简直是咒人骂大街。

武太后则频频点头，表示认可，法明接着又吹嘘道："陛下的前生乃是神通广大的弥勒佛，在过去、现在、未来三世佛中，陛下是属于未来佛。《佛说弥勒菩萨下生经》云：'弥勒出身，国土丰乐。'如今，陛下君临中土，中土也必将成为一个极乐的世界。"

一等法明说完，武承嗣急不可待地出班奏道："听高僧一席话，胜读十年书。臣这才明白了为什么陛下这么神武，这么英明。臣请陛下降诏，将薛师监译的《大云经》颁示天下，并在诸州各建大云寺一座，以藏《大云经》，且使高僧登堂升座，讲经解道，让天下人人都学习《大云经》，明白《大云经》。另外，法明等高僧大德译经有功，当赐爵县公。"

武太后连连点头，说："就依卿所奏，将《大云经》颁示天下。法明等九位高僧注译《大云经》有功，皆赐县公，仍赐紫袈裟，银龟袋。"

"谢主隆恩。"九个和尚排成一行，齐刷刷地跪下，喜不自胜。

九品主簿傅游艺迈着沉重的脚步往家走，走在路上，有些愤愤不平，有些悲凉，有些怀才不遇的感觉。从老家汲水，赶到京城当官，却当了这么个猫狗一般的小官，上下班连个车轿都没有，不得不天天安步当车。走过两条街，快到家门口，傅游艺却不进去，拐个弯到他哥哥家去了。哥哥叫傅神童，官居冬官侍郎，官比弟弟傅游艺大。这天回到家，傅神童叫厨子做了几个好菜，弄了一壶老酒，正准备自斟自饮。见老弟游艺一头撞了进来，忙拉过一张椅子，邀弟入座。

"哥，我这个九品主簿实在是当够了，整天受人的气。哥，你得考虑考虑我的问题，看托托人能不能给我升一升。"傅游艺一坐下就向哥哥嚷嚷着。傅神童端起一杯酒，轻轻地啜了一口，咂咂嘴，才慢声慢语地说："游艺啊，不是哥不想帮你，实在是帮不上忙啊，现在马上就要改朝换代了，各方面都比较乱，一些关系也不好处理，哥想等等再考虑你的升迁问题。"

"等？等到什么时候，再等黄花菜都凉了。"傅游艺端起酒盅一干而尽，气哼哼地说。"老弟，干什么事都要慢慢来，想一步登天，不太容易啊。除非你能让太后高兴了。""让太后高兴？"傅游艺垂头丧气地说："我这个九品芝麻官，连太后的面都见不着，上哪去让太后高兴？想学王弘义、侯思止他们告密吧，现在也不好学了，李唐也被杀得快死绝人了。"兄弟俩无语，喝了一会儿闷酒，话题又扯到一边了。傅游艺说："太后也真是，整天让天下人学习《大云经》，把俺这些小卒累得够呛。她老人家想当皇帝直接当不就行了吗，又没有人敢阻拦她。"傅神童微微一笑，说："游艺啊，有些事你还不大懂，太后这是，等人来劝进呢。""劝什么进？"傅游艺问。"劝进嘛，"傅神童放下筷子，解释说，"自古以来，凡夺位得天下的君主，在登基之前，总要搞一些百官上表劝进的把戏。然后想当皇上的人推辞再三，显得实在推辞不掉了，才答应下来，正式登基。你明白了没有？""那现在有谁劝进？"傅游艺伸着头问。"尚无。""那现在由谁出头劝进？"傅游艺紧追着问。"目前还没有人出头，除了那些姓武的人不好劝进之外，其他的朝臣怕当李唐的罪人，被后人戳着脊梁骂，都不敢出头。"傅游艺兴奋地一拍大腿说："那我们弟兄联合百官，先来个劝进，太后一高兴，兴许能赏个御史当当。"

傅神童叹了一口气说："这何尝不是一个升官发财的捷径，但我们官职微小，人微言轻，难以说动重臣、皇亲显贵啊。"傅游艺笑着对哥哥说："百官劝进不行，咱搞个万民上表，老百姓上表劝进，岂不让太后更喜欢！"傅神童一听，也兴奋起来，连连击节赞叹，说好主意。高兴了一会儿，他又发起愁来，说："又不是一地的父母官，上哪找这么多上表去。"

"没关系！"傅游艺跳上了椅子，拿着筷子指指点点地说："傅家在汲水大门大户，动员几个乡亲百姓又有什么难的。"

"老百姓无利可图，怕他们也不敢干啊。"

"这好办，用钱来开路。愿意在劝进表上签名的，我们给银子，愿意跟着去京劝进的，管吃管喝。"

"来京劝进，怎么也得千把几百人，这得破费多少钱啊，再说我也没有这么些钱。"傅神童担心地说。傅游艺喝了好几盅酒，此刻已热血沸腾，他一拳擂在桌子上，发狠道："砸锅卖铁，老子也得把这事干成。不行，我就把老宅子卖了，再借一部分钱，不信这个宝我押不上！"傅神童见弟弟这个劲头，知道事不可阻，也觉得这是个千载难逢、升官发财的好机会，于是也表态说："那好吧，哥哥这些年也积攒了不少钱，都拿出来资助你吧，不过，事成后，你可得还我。"

"当然还你了，到时候老弟还在乎你那几个小钱。"傅游艺拍着胸脯道。

第二天，傅游艺就带着哥哥资助的钱两，乘车奔回老家汲水了。来到家里，傅游艺立即令人赶集买酒买菜，请了个厨师，置办了一桌丰盛的宴席，亲自一一把族长、三老四少和里正等乡里有头有脸的人物请到了家里。大家伙团团围坐，喝了几盅酒，傅游艺开门见山地说："各位叔叔大爷，老少爷们，我游艺这次回老家，有一个重要的事想请三老四少帮帮忙。现在全国上下都在学习《大云经》，不用说你们也知道，这《大云经》讲的是什么。用不了多久，太后就要登基君临天下了，大唐马上就要完了。在这关键的时刻，我游艺有个想法，就是咱们不失时机，大家联合起来进京上表劝进，太后一见咱百姓也来上书，一定会龙颜大悦，说不定一高兴免了咱汲水的赋税哪！大家伙觉得我这个主意怎么样？"桌子旁围坐的三老四少默默无语，族长等人还渐渐拉长了脸，傅游艺见冷了场，忙说："路费我出，不让大家破费一文，大家只要跟

着我到京城走一趟就行了。"这时老族长已胡子直颤，突然他"叭"的一声砸了一下桌子，鼻子里"哼"了一声，起身离席而去，其他三老四少见老族长走了，也都站起来，一个个离席而去。"哎，哎，都别走啊，好好的，怎么说走就走。"傅游艺拦住了这个，拦不住那个。其中一个姓傅的本家叔叔，临走时拍拍傅游艺的肩说："小子，在京城混了几年，越混越没有人样了。"几句话把傅游艺说得一愣。请来的客人差不多都走光了，只有那个里正坐在原位上没有动，大概是看在傅游艺是京官的面子上，没好意思走，毕竟都是官府中人吧。傅游艺面对里正，摊着手，哭丧着脸说："喝得好好的，正说着话呢，怎么说走就走了。我，我哪点得罪他们了。"里正欠了欠身子，招呼傅游艺到跟前坐下，然后说："我说傅大人，太后废唐自立，天下人心里跟明镜似的，但这些人都是李唐的老人，怎么也不愿意拥立一个女人当皇上。你刚才动员那些族长、三老上表劝进，是瞎子点灯白费蜡。"

"那，那怎么办？"傅游艺急得直搓手，末了又给里正满满斟上一杯酒，双手递上说："老哥，这事你得帮帮我，我可是大老远从京城赶来，想干点事的。"

里正笑了笑，喝了一杯酒，又拿起筷子不停地夹菜吃。

傅游艺觉着有门，在一旁鼓吹道："事办成了，到时候老哥也有一功，太后一高兴，最少还不得赏你个县令当当。"

里正又笑了笑，说："有这个里正当着，我就比较满足了，至于县令什么的，留给别人干去吧。"傅游艺一听里正话音里不想帮他，心里凉了一大半，却也不死心地说："老哥，您就帮帮我吧，和尚不亲帽子亲，咱一是老乡，二又都是官府中人，事成了，我绝对不会亏了您。您不想当官，我给你钱也行。"

就这样，在祖籍里正的帮助下，傅游艺领着近千人的队伍到了洛阳。

坐在南衙里的武承嗣，听见门外人声鼎沸，起初还吓了一跳，以为外面起了暴动，慌忙登上城楼观看，才知道有人在诣阙上表。武承嗣喜滋滋地迎出来。

傅游艺一眼看见了武承嗣，忙停止喊口号，跑过来，跪倒在地，手举着劝进表说："下官合宫主簿傅游艺率关中百姓诣阙上表，劝进太后登基、改国号为周。请武大人代为奉表。"

武承嗣笑容满面，接过劝进表，说："你们先在宫外休息，我立即奉表进宫，报与太后。"

武承嗣捧着表，三步并作两步，一路小跑，跑向大殿。大殿上的武太后也早已接到报告，知道有人聚众上表，但她仍坐在龙案前，静静地批改文书。

"太后！"武承嗣激动地声音里带着哭腔，跑进大殿，气喘吁吁地说，"有人上表劝进了。"

"都是些什么人啊？"武太后头也不抬地问。

"关中百姓，好几千人呢，由一个叫傅游艺的人领着。"说到这里，武承嗣连连感叹道，"多么善良淳朴的关中父老啊，只有他们对太后忠诚！"

武太后不为所动，慢慢地把一个奏章批完，才抬起头说："传本宫的旨意，上表劝进，不许！"

"什么？"武承嗣简直不敢相信自己的耳朵，焦急地说，"陛下不是时常在侄儿面前念叨说该有人上表劝进吗，这会有人劝进了，陛下又不愿意了？"武太后笑了笑，说："本宫要效法古帝，非三请不可。再者，傅游艺官职微小，劝进的分量还不够。本宫要等待更有影响力的人来劝进。"

武承嗣若有所悟地点点头，说："侄儿明白了，侄儿估计明天准会有百官及帝室宗戚、远近百姓、四夷酋长、沙门、道士等各界人士一齐来上表。"

武承嗣转身往外走，又让武太后给叫住了："传本宫的旨意，封那个傅游艺为正五品的给事中。来京诣阙上表的关中百姓各赐纹银百两，安排到京都各大客栈住下。"傅游艺由九品主簿一跃成为五品给事中，一贫如洗的转眼间有了百两银子，人们有目共睹，整个洛阳城和京郊地区几乎都动了起来，人们奔走相告，彻夜不眠。

第二天天还没亮，洛阳宫外就像开了锅似的，锣鼓喧天，彩旗招展，口号声一浪高过一浪，响震天地。文武百官及帝室宗戚、远近百姓、在京的四夷酋长、沙门、道士合六万余人，一齐上表如傅游艺所请，劝太后龙登宝位，改国号为周。

人多势众，到处乱糟糟的，五城兵马使武三思怕出乱子，指挥士兵，布起了三道封锁线。一直闹到中午，宫中才传来消息，百官及百姓所请，太后不许。文武百官及帝室宗戚这才三五成群地散去。剩下的百姓们闹腾了一夜，早已疲惫不堪，饥肠辘辘，见太后也没有赏赐下来，也都散去了。

下午，武承嗣在南衙召开会议，商讨再次上表劝进的事，会上有人说："太后既然不愿意做皇帝，臣子们也不能勉强太后，我看上表的事就算了吧。"

武承嗣朝那人一瞪眼，吓得那人赶紧闭上了嘴巴。武承嗣威严地扫视了文武百官一眼，说道："我们上表劝进，太后不许，那是她老人家的谦虚，说明太后大地一般宽阔的胸怀和高风亮节。但我们也应该明白，太后是弥勒佛降生，老天注定她老人家要代唐登基为天下主。太后若不当皇帝，咱们这些做父母官的人必遭天谴。因此，必须要太后当皇帝。"

武承嗣说了半天，见群臣还没有反应，忙拿眼色示意宗楚客，宗楚客会意地站起来，大惊小怪地说："武大人，我今天发现了一件奇怪的事。"

武承嗣忙伸着脖子，问："什么事？"

"上午，我在明堂里值班，见有一只好大好大的金色凤凰，驻足在明堂前面的屋檐上，我正觉得奇怪，那凤凰又从明堂屋檐上飞走了，我忙跟在后边撵，见凤凰又飞入上阳宫了，在上阳宫展翅亮羽，又飞向东南去了。"

武承嗣叫道："吉兆啊，吉兆，凤凰飞入朝堂，合该太后登基。"

话音刚落，一个宦官气喘吁吁地跑进会场，说："武大人，各位大人，朝堂上发现一件奇怪的事，成千上万只赤雀在朝堂里乱飞，各位大人赶快去看看吧。"

武承嗣腾地一下站起身来，对着百官一挥手说："走！都到朝堂上去看看，看看到底是怎么回事？"百官们也觉稀奇，跟在武承嗣的后边，急步赶到朝堂，进了朝堂，果然见上千只颜色赤红的鸟雀在朝堂里欢快地啾鸣着。

明眼人一看就知鸟雀是被人工抓来的，身上的红羽毛是人为涂上的，但大家都不说出口，武承嗣拍手叫道："好啊！好啊！又添了一个吉兆。"

宗楚客凑上来说："明堂上飞凤凰，赤雀齐集朝堂，这两件事应该写进劝进表里。"

武承嗣叫道："马上写，明天早朝时再次联名上奏。"

第二天早朝，山呼万岁毕，群臣就发现太后今天不一般，头上盘个高高的双髻，双髻插了个长长的步摇，脸上化的是佛妆，所谓佛妆就是整个面部涂成黄色，以拟金色佛面。身着上黑下红的玄衣纁裳。整个人显得庄严神秘。武承嗣手捧着"劝进表"上前奏道："陛下，昨上午有凤凰自明堂飞入上阳宫，还集左台梧桐树上，久之，飞东南去。下午，又有数万赤雀云集朝堂。天降祥瑞，势不可违，万望太后可群臣及百姓之请，早登大位，改国号为周。"

"请太后答应臣等所请！"文武百官也一齐上前拱手唱道。

儿皇帝睿宗李旦在武承嗣的事先点拨下，也脱去了衮服摘下了皇冠，跪在堂下叩头奏道："请陛下赐儿臣姓武。"

武太后坐龙椅上，还是一本正经地不出声，武承嗣急了，一招手，文武百官全跪了下来，武承嗣咬着牙，叭叭叭地磕了三个响头，奏道："陛下若不依臣等所请，臣等就跪倒在堂下不起来了。"

良久，武太后才叹了一口气，显出一副无可奈何的样子，开口说道："众爱卿让本宫欲罢不能，如今上天又降下祥瑞，恭敬不如从命，众爱卿都起来吧，本宫答应你们的请求了。"

"吾皇万岁万岁万万岁。"跪在地上的百官并不忙着爬起来，而是不失时机的祝贺一句。

此时的武太后脸色平静，沉声问道："太史令何在？"

平时没有资格上早朝的太史令，今天却来了，听见女皇叫他，忙从文官队尾中站出来。

"太史令，给本宫算算，本宫何日出阁登基为天下主？"

太史令默想一会儿，回奏道："新皇帝登基当在九月九日。"

"九月九日有什么讲头吗？"武太后笑着问。

太史令摇头晃脑地解释起来，他认为九月九日是传统的重阳节，用民间的话说就是九九乃久久，意味着国运久远，是大吉大利的日子。根据天相来看，这一天也是一个好日子。武太后听完太史令的解释，觉得有道理，于是便将登基大典选在了这一天。

其实在武太后的心里，越早登基越好，武太后盼望这一天都盼了五十多年。为了这一天，武太后可算是披荆斩棘，尝够了辛苦，手上也沾满了鲜血，她从一个小小的才人一直到现在的圣神皇帝，是一步一个血印踩出来的。终于达成了自己的心愿，成为天上地下唯我独尊，拥有至高无上的权利，成为前无古人的一代女皇帝。

第三十五章

武则天称帝　武家人称霸

　　马上要改朝换代了。武承嗣和武三思奉武太后的命令，去看望一直称病在家卧床调养的宰相韦方质。一大清早，韦方质的家门口和四周围就布满了警卫，整条街都被戒严了，禁止行人从此通过。老宰相韦方质听说这件事后，摇摇头，冷笑着想自己当了多年的宰相，从来没像这样摆过谱。看来，自己的宰相算是白当了。

　　巳时，远处就传来官兵的喝道声，一个二十多人的马队率先开了过来，接着就是两排手持回避牌的仪仗兵。武承嗣、武三思各坐着八抬大轿，一前一后，前呼后拥地来了。

　　到了韦家门口，二武下了轿，环视左右，不见韦方质来迎接，正纳闷间，却见一个管家模样的人急步走过来，单腿跪地，向二武恭手道："小的是韦府管家，老宰相卧病在床，不能亲自迎接，还望两位大人恕罪。"

　　那管家站起来，一伸手相让道："两位大人请！"

　　武承嗣鼻子里哼一声，跟着管家往大门口走。院子里冷冷清清，连人影都没有。"请，两位大人请。"管家唯恐开罪了二武，点头哈腰，一路相让。进了内室，也不见韦方质出来迎接，武承嗣两人心里那个气呀。

　　只见管家紧走两步，来到床前，叫道："老爷，武宰相、武大将军来看望您了。"

　　床上的人哼了一声，表示知道了，而后转过脸来，吩咐道："看座。"

　　家人忙搬来两个板凳，请二武坐下。要是在平日，武承嗣、武三思碰到这样的事，早已骂骂咧咧，拂袖而去，但今天是奉旨而来，马虎不得，只得强忍住这口恶气，柔声探问："老宰相，最近身体感觉怎么样啊？"

"老样子，"韦方质在床上欠了欠身子说，"感谢二位大人百忙中来探问老夫。"

"应该的，应该的，"武承嗣接着说，"太后定于九月九日正式南面称帝，不知老宰相能不能主持那天的登基大典。"

"老夫病体在身，实难从命！"

"太后还是希望老宰相能出面主持大典的。"武三思在旁边帮衬一句。半天没有回声，再一看，床上的人已微微闭上了眼睛。

武三思气得一拉武承嗣的衣袖说："大哥，我们走！"

武承嗣也站起来，还没忘说一句："告辞了。"

"恕不远送。"床上的人回应了一句。

二武出了门，就骂骂咧咧，武三思说："老东西看不起我们，是活得不耐烦了。"

武承嗣恶狠狠地说："这是对新朝不满，回头就叫周兴想点子整死他。"

其后，没过多久，韦方质果然被周兴等人构陷罗织，被罢官入狱，流放到儋州，后又被籍没全家。一家老小都因他受尽苦难。

载初改元天授，天授大命也。天授元年（公元690年）九月九日，则天门外，人山人海，彩旗招展，文武百官、皇亲贵戚、四夷酋长、沙门道士、百姓代表，排着班肃立着，参加太后的登基大典。

九点整，宫门口的仪仗鼓吹开始奏起钧天大乐，官内、城里各寺的铜钟，同时撞响，空气中回荡着一种恢弘的震撼人心的气势。数万只各色鸟雀从午门两旁的宫墙上冲天飞起。四下里，适时地爆发出一阵又一阵的欢呼声："圣神皇帝万岁！万万岁！""弥勒出身，国土丰乐！"

当中还夹杂着尖厉的口哨声，煞是热闹。

则天门上人头抖动，只见头戴通天冠，身穿绣有十二章纹的朱红色的大衮服的圣神皇帝，满面笑容地出现在人们的视野里，频频向人们招手致意。

"圣神皇帝万岁！万万岁！"

呼喊过以后，人们不由自主地跪了下来，向城楼上的女皇顶礼膜拜，祝贺一代女皇的闪亮登场。欢呼声过后，主持典礼的宰相岑长倩宣读女皇的诏令：……改国号为周，大赦天下，赐酺三日；加尊号曰圣神皇帝，降皇帝为皇嗣，赐姓武氏，皇太子为皇孙；立武氏七庙于神都。追封：周文王曰始祖文皇帝，姒姒氏曰文定皇后；四十代祖平王少子武曰睿祖康皇帝，姒姜氏曰康惠皇后；太原靖王曰严祖成皇帝，姒曰成庄皇后；赵肃恭王曰肃祖章敬皇帝，姒曰章敬皇后；魏义康王曰烈祖昭安皇帝，姒曰昭安皇后；周安成王曰显祖文穆皇帝，姒曰文穆皇后；忠考太皇曰太祖孝明高皇帝，士比曰孝明高皇后；追封伯父及兄弟之子为王，堂兄为郡王，诸姑姊为长公主，堂姊妹为郡主。

司宾卿史务滋为纳言，凤阁侍郎宗秦客为内史，给事中傅游艺为鸾台侍郎，同凤阁鸾台平章事。

以洛阳为神都，长安为西京副都，除唐宗室属籍，改旗帜尚赤，玄武氏七庙为太庙。

宰相岑长倩、傅游艺、右玉铃卫大将军张虔勖、左金吾大将军丘神勣、侍御史来子等并赐武姓；改天下州为郡。

宣读完一连串的诏书，一声炮响，鼓乐齐鸣，在羽林军的护卫下，武太后移驾万象神宫，在那里接受群臣的朝贺。众臣参拜完毕后，女皇在万象神宫摆开上百桌酒席，大宴群臣。百官中，最兴奋的人当数傅游艺，作为首倡劝进的功臣，一年不到，傅游艺从合宫主簿（正九品上），再为给事中（正五品上），再拜为鸾台侍郎（正四品上），其后又加为凤阁鸾台平章事（从三品），连升八级，真是官运亨通，盖了帽了。一年之内，换了四种颜色的官服，由九品芝麻官的青色，变为五品的绿色，再变成四品的朱色，最后定格成现在三品宰相的紫色。不久，又改任为七品司礼少卿。

转眼间新朝建立一周年纪念日到了，九月初九，皇家举行隆重的祭天大典，此是新周朝建立的第一年，大享太庙，祀昊天大帝，百神从祀，武氏祖宗配享。唐三帝高祖、太宗、高宗被法外施恩，允许配享。早在几个月前，女皇武太后就诏令撤除唐宁陵、永康陵、隐陵的属官，唯留少量守户。唐代规定，唐诸陵有署令一人，从五品上，府二人，史四人，主衣四人，主辇四人，主药三人，掌固二人，又有陵令一人，掌山陵，率陵户卫之。

废唐陵属官的同时，女皇又诏令其始祖墓曰德陵，睿祖墓曰乔陵，严祖墓曰节陵，肃祖墓曰简陵，烈祖墓曰靖陵，显祖墓曰永陵，改章德墓曰昊陵，显义陵曰顺陵。别设属官以守之。

武氏太庙里香烟缭绕，鼓乐阵阵，数丈高的祭坛上，摆放着整猪整羊，整鸡整鱼，时令鲜果，以及成坛的美酒。祭坛前的空地上，武氏诸亲王、文武百官依次站立，四周围彩旗招展，羽林军沿甬道两旁排班而立。隆重的祭祀仪式马上就要开始了，大家翘首以待女皇的到来。

主持仪式的地官尚书格辅元走过来，悄悄地对皇嗣武旦（即李旦）说："待会儿祭祀开始，殿下要紧紧地跟在皇上身后，千万不要让别人超过你。"

武旦点点头，说："格大人的意思我明白，我是皇嗣，理应位居第二。"

辰时三刻，女皇武则天从旁边的休息室里昂然而出，武氏诸王各按级别跟在女皇的后面，走上祭坛。武旦刚想抢步上前，紧随母亲的背后，却被旁边的九江王武攸归伸胳膊给拦住了。武旦眼睁睁地看着武承嗣、武三思等人尾随皇帝去了。武攸归是太子通事合人，理应帮助武旦，但他却假惺惺地拍着武旦的肩说："随皇上登上祭坛的都是武氏诸王，你一个外姓人上去不大合适。"

"我也姓武，皇上也赐我姓武了，我还是皇嗣，理应随皇上祭天。"武旦愤愤不平地说。武攸归干笑一声，说："你的'武'字不是正牌，魏王他们才是正宗。至于说你是皇嗣，当初皇上登基时，只是降你为皇嗣，并没有正式册封，你现在连太子的玺绶都没有。"

"我，我……"

武攸归讥笑着看了武旦一眼，快步去赶他的王兄们去了。

祭祀仪式结束后，送走女皇武则天，诸武齐聚魏王武承嗣家喝酒。桌上，武承嗣笑着问武攸归："怎么样，九江王，今天你不让李旦上去，李旦没敢生气吧？""没有。"武攸归晃了晃膀子说。

武承嗣又转向梁王武三思他们，问："都没见皇上说别的话吧？""没有。"诸王纷纷附会道："皇上烦姓李的还来不及呢。她见李旦没上来，根本没说什么。"武承嗣的狗腿子，正在旁边献殷勤拿抹布擦桌子的凤阁合人张嘉福，插上一嘴说："魏王也该考虑自己的问题了。""是啊！"诸王也跟着纷纷说道，"大哥该当面向皇上讲清楚，请求皇上立大哥为皇嗣。"武承嗣挠挠头说："我自己说这事不太合适，张不开口。诸位王弟找皇上说这事还差不多，三思、攸归都可以找皇上谈谈这事嘛。"武攸归缩了缩身子说："我一到皇上跟前，就不由自主地直打哆嗦，话也说不成句，这事不如让三哥去说吧。"

"都一样，"武三思喝了一杯酒说，"谁见了皇上谁也害怕，皇上太威严了。我虽然是五城兵马使，手下兵马十几万，可我每次见了皇上，心里也打战。立大哥为皇嗣的事，我不敢跟皇上提。"这时，小矮个子河内王武懿宗站起来说："你们不敢说，我和皇上说，我胆子大，不就说说立大哥为皇嗣的事么。"诸王纷纷赞同道："三哥行，三哥谁都不怕。年上冀州剿贼时，三哥每次杀人，先生刳其胆，流血盈前，犹谈笑自若。"

"那当然。"武懿宗撇着嘴说。

武承嗣隔桌指着武懿宗叱道："坐下来，没有你的事！"

"大哥，"武三思叫一声，把椅子往武承嗣跟前拉一拉，说，"记得当年傅游艺带领关中百姓上书劝进不？现在你也得这么干，花两个钱，组织些老百姓诣阙联名上表，请立你为皇嗣。这一鼓噪，皇上准得好好地考虑考虑，我再找几个大臣在旁边一帮腔，这事就成了。"武承嗣赞许地点点头，对武三思说："还是你脑瓜灵，不过，找谁办这事合适？"武三思指了指旁边的张嘉福，说："我看这小子行，对你也挺忠心的。"武承嗣招了招手，说："嘉福，过来，过来。""什么事，王爷。"张嘉福颠颠地跑过来，蹲在武承嗣的脚跟前问。"你也别忙乎了，拉把椅子坐下来，陪梁王爷他们喝几杯，本王也有话跟你说。""不啦，"张嘉福谦恭地说，"等会吃点剩饭就行了。"武三思招了招手，一个丫鬟搬来一把椅子，武三思推给张嘉福，说："你是个凤阁合人五品官，老忙乎那干什么？有下人忙着，你就不用操心了，来来来，陪二爷我喝两盅。"

张嘉福受宠若惊，这才坐在椅子上，拿一双筷子小心翼翼地夹了一口菜吃，又喝了一小口酒。

"老张，老家是哪里人啊？"武三思问。

"回梁王，下官是京城本地人。"

"本地人好啊。"武三思端起一杯酒，让了让张嘉福，两人一起干了，接着说："有件事想交你办办，你能办到吗？"

张嘉福忙起身恭手道："为王爷办事，是我的荣幸，下官坚决完成任务。"

武三思笑了笑，拍着椅子让张嘉福坐下，说："没那么严重。我和魏王商量一下，想让你组织一些人诣阙上表，请立魏王为皇嗣，这事你行不？"

"行，没问题，不过……"张嘉福挠挠头说，"得花不少钱。"

"钱你不用操心，需要多少，现支现付。但你得把这事办妥。你自己还不能出头，还得再找个无官职的人。"

"有钱能使鬼推磨，王爷放心吧，一切包在下官的身上。"张嘉福拍着胸脯说。

天授二年（公元691年）九月下旬的一天，武则天正埋头在宣政殿批阅公文，隐约听见宫门外有吵吵嚷嚷声，问："何人在宫外喧哗？"上官婉儿忙示意一个近侍出去看看。不一会儿，该近侍手拿一折奏章，匆匆而回，汇报说："皇上，有个叫王方庆的洛阳人，领着好几百人聚集在午门外，要求立魏王武承嗣为皇太子。"

"竟有此事？"武则天搁下毛笔，抬起头问。

"这是他们联名的奏表。"近侍跪在地上举着奏表说。

上官婉儿刚想去接奏表，转给女皇，女皇武则天挥一下手说："把奏表交与南衙，让几个宰相传阅一下，拿个意见，再上报于朕。"武则天说完，仍埋头继续她的手头工作。

近侍拿着奏表，来到月华门外的南衙。对于宫门口突然聚集了这么多人，鼓噪武承嗣为皇太子，南衙里的人议论纷纷，凤阁合人张嘉福上蹿下跳，正拦着人大谈立武承嗣为皇嗣的好处。见近侍拿着那奏章来了，张嘉福忙迎上去问："公公，皇上对这事怎么说？""皇上要几位宰相大人将此事讨论一下，再报给她。""好，好。"张嘉福接过奏章，说："公公，您先回去吧，这事我给您办了。"张嘉福拿着奏表，先跑到昔日的同事，现任夏官尚书兼平章事欧阳通的办公室，进了门张嘉福就嚷嚷着："大事！大事！"欧阳通见张嘉福如此冒失，但看在昔日同事的份上，没有呵斥他，只是白了他一眼，没理他。张嘉福拿着奏书，径直来到欧阳通的办公桌前，说："欧阳大人，皇上让你在这奏表上签字。""签什么字？""你在这表上写个'同意'就行了。"张嘉福把奏章铺开在欧阳通的面前说，"这是洛阳人王方庆请立魏王为皇太子的奏章，大人若同意，就请在这上面签字，皇上吩咐的。"欧阳通这才明白是怎么回事，看也不看，就把奏表拿起来扔到张嘉福的怀里，说："我现在没空，你找其他宰相去。"

"那，他们签了字，等会儿你也得签？"张嘉福不放心地问。

"去去，我没工夫跟你啰唆这无聊的事。"欧阳通不耐烦地说。

"这是正事，怎么是无聊的事？"张嘉福梗着脖子说，早有欧阳通的秘书走过来，一把把张嘉福推出了门外。头一下子就放了哑炮，张嘉福始料未及，垂头丧气地来到了岑长倩的府衙，进了门先点头哈腰，双手把奏表呈上说："宰相大人，皇上请您在这上面拿个意见。"岑长倩接过奏表，看了一遍，问："午门外那些人还在鼓噪吗？"张嘉福忙说：

"听王方庆他们说，皇上若不答应立魏王为皇嗣，他们就天天来宫门外请愿，直到皇上答应为止。"这时，新任地官尚书兼平章事格辅元走进来说："那些泼皮无赖在外鼓噪不已，得想个办法。""格大人来得正好，"岑长倩站起来说，"走，咱们登上城楼，看看去。"俩人登上了南衙的门楼，往西望去，只见午门外的空场上，有数百人聚在那里，其中有一个人看样子是头，站在一辆马车上，挥舞着拳头，带头喊着："不立魏王，誓不罢休！武氏江山，武氏为嗣！"岑长倩指着广场上那些人对格辅元说："这是有组织、有预谋的行为，不可等闲视之，得赶快向皇上汇报。"格辅元点点头，俩人急步下楼，赶往内宫，张嘉福还跟在后边催着问："两位大人到底是签字不签字？"

到了月华门口，因为官职小，不是常朝臣，张嘉福被把门的羽林军挡在了门外。张嘉福探头探脑往里张望了一会儿，知道不妙，忙飞奔找武承嗣去了。宫外改立皇嗣的喧哗声一浪高过一浪，幽居东宫的皇嗣李旦面对这公然的挑战，自然不敢应战，只是躺在床上不住地唉声叹气。李旦的三儿子、年仅八岁的楚王李隆基愤愤地说："吾家江山，岂能落外人之手，爹爹何不找皇帝说说去？"

"说又有什么用？"李旦叹了一口气，抚摸着爱子的头说："三郎啊，你年纪还小，不知这里面的厉害，万事还以少说为妙啊。爹爹就因为少说不说，才平安地活到现在啊。"与此同时，武承嗣也从内部消息得知，岑长倩和格辅元去见女皇，极力反对更改皇嗣，岑长倩还向女皇上书，要求切责宫门外的王方庆等人，勒令其自行解散。武承嗣气得咬牙切齿，赶紧来找武三思商议对策。武三思沉吟良久，对武承嗣说："不除掉岑长倩、格辅元这些绊脚石，武氏兄弟难有出头之日。"

"岑长倩为相十几年，皇上尤为信任，想除他怕不容易。"武承嗣说。

"只有我亲自出马了。"武三思恶狠狠地说。

当即，武三思收拾一番，赶往宫中去见女皇，女皇也正想召见他，见面就问："三思啊，你对老百姓诣阙上表，请立承嗣为皇嗣有什么看法？"

武三思垂手侍立，恭恭敬敬地说："臣没往这方面多想，但武氏江山，当立武氏为嗣，老百姓的请愿还是很有道理的。"

"朝中文武群臣，对这件事的反应如何？"

"臣宰们大多数还是倾向赞成魏王为嗣的。"武三思扯了个谎说。

"可岑长倩、格辅元等几个宰相却坚决不同意啊。"

"岑长倩、格辅元不同意立我武氏也还罢了，可他们千不该万不该出言伤我武氏，着实令人可恨。"武三思恨恨地说道。

"他俩说什么啦？"武则天问。

"三思不敢妄议大臣。"

"说！"

"回皇上，岑长倩和格辅元在南衙里密谋，说千万要保住李旦，阻止武家承嗣为皇嗣，不然，唐朝的天下就永无复原之日了。"

女皇听了，果然勃然大怒，把手中的茶碗往地上一摔："他俩真敢这么说？"

"皇上若是不信，让来俊臣推问一下就知道了。"

女皇把手往桌上一拍喝道："你马上传令来俊臣，把岑长倩、格辅元抓起来，问明真相，若果有反武复唐言行，可立即斩首。"

且说酷吏周兴被人告密，被赐死以后，来俊臣便当上了酷吏的头头。这天武三思出了宫，就马不停蹄地去找来俊臣。半夜三更天，人睡得最熟的时候，从刑部大院里悄悄开出了两支人马，一支由来俊臣亲自带队，一支由侯思止带队，兵分两路，直扑岑长倩、格辅元的相府。其实岑长倩并未休息，面对当前复杂的政治局面，岑宰相常常食不甘味，夜不成眠，此刻他正凭窗眺望夜空，思虑万千。屋外不寻常的响声惊动了他，他点亮了灯烛，走到门口，喝问："什么人？"

来俊臣见岑长倩发问，这才说："我，来俊臣。"

只见来俊臣和一伙手挥刀枪的甲士，岑长倩明白了怎么回事，他沉静地问道："是不是皇上叫你来的？"

"你猜对了，"来俊臣奸笑了一下说，"宰相大人，跟我走吧。"

岑长倩进屋拿了一件长褂披上，走出来说："我跟你们走，请不要惊扰我的家人。"

来俊臣干笑了一声，挥手命令手下："给我带回刑部。"

被先后投进刑部大狱的岑长倩和格辅元，进了牢房，先劈头盖脑挨了一顿皮鞭。岑长倩苦笑着对格辅元说："反正是活不成了，又何必再受这些罪，他让承认，就承认吧，反正反武复唐也不是什么丑事。"格辅元擦去嘴角的血，说："我听老宰相的。只可惜我当了宰相还没有一个月，还没来得及施展自己的抱负，就要被奸人害死了。"俩人写好了自供状，打手呈给来俊臣。见事办得这么顺利，来俊臣也很高兴，叫人

把岑、格两个关进监牢，正想收工回家睡觉，一个甲士匆匆地走进屋子，一句话不说，递给了来俊臣一张纸条，来俊臣打开纸条，只见上面写道："务必把欧阳通也引入案中去。"

来俊臣一看明白了，对那甲士说："放心吧。"

送走甲士，来俊臣返身回去，让打手们重新把岑长倩、格辅元从牢里提出来，大刑伺候，让他俩务必诬引欧阳通是他俩的同谋。岑、格二人坚贞不屈，异口同声呵斥道："要杀要剐，悉听尊便，让我俩妄诬别人，天理难容！"

来俊臣气急败坏地让侍卫将牢房之中用到的那些刑具全部搬来，什么"蚂蚁上树""驴驹拔橛""凤凰展翅"等恶毒刑具全部搬了出来。两位宰相位居高官，何时受过这样的苦头，这可把俩宰相折磨得死去活来，但没想到两位丞相的气节很高，无论身体受到什么样的折磨，两个人坚决不松口。最后来俊臣也无奈，正在焦躁的时候，门卫报告说岑长倩的儿子岑灵原过来了。来俊臣眼睛一转便有了主意，于是便命人将他带了进来。

第三十六章

武氏欲揽权　创立选才制

岑灵原被带到了刑讯室，他看到父亲和格叔叔被折磨的惨样，心里十分辛酸，眼泪止不住就哗哗地流了下来。他来到来俊臣的衙署，毕恭毕敬地将自己随身带来的五百两银子和两块家传玉佩交给来俊臣，只希望他能手下留情，对自己的父亲和叔叔能够网开一面。来俊臣对着站在旁边的视为一挥手，手下的人就把银子和玉佩全收下了。来俊臣脸上堆着笑告诉岑灵原，他父亲的案子由皇上亲自审问，他也是没有办法，不过要想救自己的父亲，就只能按照他说的去做。岑灵原毕竟还年轻，不懂得官场上的阴谋，满口答应下来。

来俊臣往前凑了凑，对岑灵原说："你只要写个供状，承认宰相欧阳通曾到你家中，和你爹商议反武复唐的事，我马上给皇上打个报告，说你爹是无辜的，开脱你爹。"

"真的?"岑灵原问。

"我收了你的银子，还能不替你消灾。"

"那，那我写，不过你说话可得算数。"

来俊臣一招手，有人拿来了纸笔，交给岑灵原。来俊臣说一句，岑灵原写一句，写完后，又郑重其事地在上面签名摁手印。来俊臣把供状看了一遍，奸笑了一下，一挥手，身后的打手窜上来，把岑灵原反转胳膊，抓了起来。

"来大人，这，这是干什么?"岑灵原惊慌地问。

"阴谋叛乱，与尔父同罪!"来俊臣一挥手，叫道，"给我关起来。"

"来大人，你可不能言而无信啊……"岑灵原喊叫着，挣扎着被打手们拖走了。

岑长倩、格辅元被捕的消息很快传开来，第二天上朝时，欧阳通率先出班奏道："岑大人为相十几年，一向对皇上忠心耿耿，出言谨慎，从无大过，不可能和格辅元一起说谋反的言语，其中定有隐情，请皇上详查。"

没等欧阳通说完，来俊臣手拿一叠供状窜上来奏道："启奏皇上，经臣连夜突审，岑长倩、格辅元确实说过不利于我大周朝的话，而且岑、格二人和欧阳通一起密谋造反，这是他们的亲笔供词。""奸邪小人，血口喷人！"欧阳通指着来俊臣骂道。只要涉及谋反的事，女皇是宁信其有，不信其无，她指着欧阳通当堂喝道："在朕的面前犹敢出言放肆，给我拿下。"立即有殿前侍卫扑上来，不由分说，把欧阳通反剪双手押了下去。另一个宰相，鸾台侍郎平章事乐思晦，不顾自身危险，毅然出班奏道："自陛下当政以来，大用酷吏，制狱设于丽景门。入是狱者，非死不出，酷吏呼为例竟门。由是朝士人人自危，相见莫敢交言，道路以目。或因入朝密遭掩捕，每朝辄与家人诀曰：'未知复相见否！'如今一日之间，竟连陷三位宰相，古今罕有。此等朝堂，何敢为臣，臣请陛下，放臣卸职还乡！"乐思晦一番义正词严的话，让女皇一时不知说什么才好。来俊臣见状，急忙奏道："乐思晦蔑视皇威，出言不逊，大逆不道。且其一向与欧阳通有所勾结，臣请收乐思晦入狱，以绝后患。"女皇这才醒过神来，恼羞成怒，挥手叫道："抓起来，抓起来，统统抓起来！"这时，右卫将军李安静，摘下官帽，当堂一甩，说："我李安静一刻也不愿站在这酷暴之朝堂，愿与诸公同死！"

李安静是唐朝名臣李纲的孙子，女皇称帝前，王公百官，皆上表劝进，安静独正色拒之。如今，武则天见李安静又出来叫板，更是火上浇油，大吼大叫道："都给我杀了，杀了，全杀了。"

天授二年（公元 691 年）十月十二日，岑长倩、格辅元、欧阳通以及被来俊臣妄指为同伙的数十位朝臣，一同被斩杀于洛阳街头。

几位宰相同时被杀，诸武及其同党欣喜若狂，以为有机可乘，每日不但在午门外呐喊示威，而且还花钱请来一个吹鼓班子，每日里敲锣打鼓，打板吹笙，鼓噪不已。女皇被闹得心烦意乱，叫人把领头的王方庆召进宫里，当面问道："皇嗣我子，奈何废之？"

王方庆对女皇问这句话早有准备，早有人暗中为他排练好台词，遂引用《左传》里晋大夫狐突之言，正色对答道："神不歆非类，民不祀非族！今谁有天下，而以李氏为嗣乎！"

听王方庆这一说，还真有些道理，女皇不禁有些心动，可接班人问题是关系千秋万代的大计，不好贸然决定，于是对王方庆说："你先回去吧，容朕考虑考虑再说。"

"皇上不答应，小民就不起来。"王方庆趴在地上，咬咬牙，铆足劲，嘣嘣嘣连磕了几个头，哭道："望皇上能明白小民的拳拳赤子之心，立武氏为嗣。"

　　女皇被缠得无计可施，无可奈何之下从抽屉里摸出一个腰牌说："别哭了，起来吧，也别带人在宫门口闹。想见朕的时候，拿着这印给守门的看看就行了。"

　　王方庆心里非常高兴，嘴上却说："皇上不答应我，我以后还会来的。""好了，好了，你走吧，朕还有许多事要忙呢。"女皇不耐烦地挥挥手说。出了宫门，王方庆直奔旁边的客栈，早已在房间里等候多时的武承嗣急忙迎上来问："怎么样，方庆，皇上跟你说了些什么？"王方庆说："皇上虽没马上答应我，但也八九不离十了。皇上还给了我一个腰牌，说我随时都可以去见她。"武承嗣也很高兴，鼓励王方庆说："要趁热打铁，隔一两天去一次。事成以后，我送你十万安家费。"

　　王方庆非常高兴，问武承嗣："武大人，宫门口那些人还撤不撤？"

　　"不能撤，告诉他们，都打起精神来，每日工钱照旧，另外再加二十文钱的补助费。"第二天，王方庆趾高气扬，大模大样地进了宫，惹得围观的人们一片艳羡之声。到了朝堂，女皇正在和兵部的人研究出兵吐蕃的军国要事。王方庆不识好歹，走过去就喋喋不休地说："魏王乃武氏正宗，理应立为皇太子。李旦乃外姓之人，旧党余孽，不杀他就算高抬他了，让他做皇嗣，实在是家国的不幸……"见女皇不理他，王方庆抬高声音说："皇上，您不能不考虑民心民意啊！"女皇不胜其烦，挥挥手说："你先回去吧。"第二天，王方庆又去了，又喋喋不休，颠三倒四翻来覆去地说了一番。"女皇又说："朕日理万机，立皇嗣的事，暂时还不能考虑，你还是过一段时间再来吧。"过了两天，王方庆觉得拿人钱财，替人消灾应该趁热打铁，于是又入宫了。武则天因为连杀了几个宰相，朝中空空荡荡，急需人才，正和风阁侍郎李昭德商议开科取士的事，见王方庆又来了，不胜其烦，没等他开口，女皇就对李昭德说："把这个讨厌的家伙拉出去，赐他一顿棍杖。"李昭德早就想除掉这个无赖了，一挥手，上来两个侍卫，把王方庆脚不沾地地拖了出去，一直拉到先政门，听说李昭德要杖打王方庆，不一会儿，先政门前就围满了看热闹的朝士，李昭德指着王方庆大声宣布道："此贼欲废我皇嗣，立武承嗣。"

　　武承嗣就在旁边，此话分明是说给武承嗣听的，躲在屋子里的武承

嗣脸上一阵红一阵白，坐立不安。

"把这个逆贼给我狠狠地揍一顿。"李昭德喝道。

立即窜上来几个卫士，抡起练过朱砂掌的蒲扇般大的手掌，照着王方庆的嘴脸噼噼啦啦地打起来，打得王方庆耳鼻出血，杀猪般地号叫，嘴里还喊着："武大人啊魏王爷，快来救救我啊……我快要叫人打死了。要不是你花钱请我……我怎么也不会受这份洋罪……武大人啊，你得讲究点仁义道德，千万不能见死不救啊……"

朝士们一听，都明白了怎么回事。大家议论纷纷，朝武承嗣办公的方向投去鄙夷的眼光。李昭德见打得差不多了，王方庆也没什么力气叫喊了，遂喝令左右杖杀王方庆。聚集在宫门外数百名市井无赖，听到王方庆被杖杀的消息，吓得立刻作了鸟兽散。

女皇听说王方庆被杖杀的消息，有些惋惜，对李昭德说："其实这个王方庆说得也有些道理啊。立子？立侄？朕确实也拿不定主意啊。"

李昭德恭手进言道："天皇，陛下之夫；皇嗣，陛下之子。陛下身有天下，当传之子孙为万代业，岂得以侄为嗣乎！自古未闻侄为天子而为姑立庙者也！且陛下受天皇顾托，若以天下与皇嗣，则天皇不血食矣。"

昭德之言，晓以君臣大义，夫妻之情，母子之情，可谓是情理交融，无懈可击，不由得女皇不连连点头，说："听卿一席话，了结朕数日之思虑。如今宰相位置空缺，你就领一角吧。"

"谢主隆恩。"

谢恩毕，李昭德又恭手进言道："臣举荐一人，可为宰相。"

"何人？"

"洛州司马狄仁杰，怀忠秉正，有安人富国之才。仪凤中，为大理寺，周岁断滞狱一万七千人，无冤诉者。俄转宁州刺史，抚和戎夏，人得欢心。如今知洛州司马，颇有善政，是不可多得的宰相之才。"

女皇点点头，说："朕也久有起用狄卿之意，可速发特使，召其还京。"

"遵旨。"李昭德答应一声，转身走了。

不一日，狄仁杰赶赴京城，朝中，女皇当即颁诏：封狄仁杰为地官尚书，与冬官尚书裴行本并行平章事。武则天微笑着，看着狄仁杰，爱才之心溢于言表，说："卿在汝南，甚有善政，卿欲知谮卿者名乎？"

狄仁杰恭手谢道："陛下以臣为过，臣当改之；陛下明臣无过，臣之幸也，臣不知潛者，并为善友，臣请不知。"女皇听了，深加叹异，以为狄仁杰有长者风。

这时，大学士王徇之，因害怕酷吏，不想在朝中待了，因出班请奏："臣父母年迈多病，臣请乞假还乡照顾双亲。"女皇得了狄仁杰，心情不错，于是答应道："难为你一片孝心，朕就准你的假。"御史中丞知大夫李嗣真深知王徇之告假的真正原因，于是手拿奏书，出班奏道："今告事纷纭，虚多实少，恐有凶慝险谋离间陛下君臣。古者狱成，公卿参听，王必三宥，然后受刑。比日狱官单车奉使，推鞫既定，法家依断，不令重推，或临时专决，不复闻奏。如此，则权由臣下，非审慎之法，倘有冤滥，何由可知？况以九品之官专命推覆，操杀生之柄，穷人主之威，按覆既不在秋官，省审复不由门下，国之利器，轻以假人，恐为社稷之祸。"女皇听了，不以为然，说："没这么严重吧，朕觉得他们只是杀了该杀的人。"狄仁杰也拱手说："生杀之权应由司部掌管，丞相及主簿的死令，亦应由圣上亲赐，请圣上立制以约束别有用心之人。"

听了狄仁杰的话，女皇也觉出了群臣对酷吏纵横的不满，于是点头应道："狄卿所言，可令刑部讨论定制。"御史中丞魏元忠亦手拿奏本出班奏道："当今朝廷用人，请圣上下诏，遍选有才之人，为百姓谋福，为圣上出力。"女皇听了，连连称善，当即指示吏部说："新朝肇基，理应广求天下逸才。可向各地州府，发十道存抚使，以存抚天下，辑安中国，举贤任能，务要做到野无遗贤，万不可辜负朕思贤若渴之心也。"

长寿元年（公元 692 年）正月，由十道存抚使推荐来的各地举人，云集神都洛阳殿，接受女皇的亲自接见。这是继"殿选""南选"之后，女皇的又一次"抢材大典"。

望着殿下站立着的林林总总、口音各异的四方人才，女皇龙颜大悦，传旨，让他们一个一个地上来，近前问话。第一个上来的是并州录事参军徐昕，见是自己家乡的父母官，女皇和蔼地问道："你在并州，曾有善政？"

参加面试的人，谁不早有准备？徐昕不慌不忙，奏道："臣职高皇帝故乡，缮修三陵，增峻城隍，组织文人大儒，编写《并州地方志》，扬我皇族先贤美德，臣躬自巡检，未尝休懈。"女皇听了，满意地点点头说："卿益彰忠恳，奉家为国，当擢升为著作郎。"第二个上来的是州瑕丘人徐彦伯，彦伯少以文章擅名，河北道安抚大使薛元超表荐之。

女皇摸出一个小纸条，照着上面，出一个题目问："卿且以'慎言语'试论之。"

徐彦伯不愧为河中三绝，略一思索，侃侃而言："《书》曰：'唯口起羞，唯甲胄起戎。'又云，'齐乃位，度乃口。'《易》曰：'慎言语，节饮食。'又云，'出其言善，千里应之，出言不善，千里违之。'《礼》亦云：'可言也，不可行也，君子不言也，可行也，不可言也，君子不行也。'鸣呼！先圣知言之为大也，知言之为急也，精微以劝之，典谟以告之，礼径以防之。夫言者，德之柄也，行之主也，志之端也，身之文也，既可以济身，亦可以覆身。故中庸镂其心，右阶铭其背，南容复于白圭，箕子畴于洪范，良有以也。"

女皇听了，大喜，说："人闻野老有野贤，诚不欺也。徐卿文词优美，寻章摘句，从容雅度，亦难得之才，可授为评事。"

女皇又问了几个选生，感觉有些累了，一挥手对魏元忠说："这些人卿看着办吧，高者试风阁合人，给事中；次者授员外郎、侍御史等，无问贤愚，悉加擢用。"

魏元忠奏道："是不是组织一次考试，优胜劣汰，从中选拔官员？现在是选人太多，朝中没有这么多空余的职位。"

"没有空余的职位，让他们任补阙、拾遗、校书郎等职，作为预备官员，随时候用。"

魏元忠只得答应一声，退了下去。依照女皇的旨意，石艾县令王山龄等六十人擢为拾遗、补阙；怀州录事霍献可等二十四人为御史；并州录事参军徐昕等二十四人为著作郎及评事；内黄尉崔宣道等二十二人为卫佐。女皇不但重视文章豪杰，而且还特开武举，遴选"武功英杰"。其选举方法是：

由兵部全权负责，课试方法如举人之制。取其躯干雄伟，应对详明，有骁材艺及可为统帅者。有文史求为武选，取身长六尺以上，藉年四十以上，骁勇可以统人者。考试的项目有平射、马射、步射、马枪、负重等。选人不拘色役，高等者授以官，其次以类升。

长寿元年（公元692年）一月的一天，女皇正在午后小憩，近侍报说左台中丞来俊臣紧急求见。刚过了年，有什么大事吗？女皇忙欠起身子，传来俊臣入宫晋见。

来俊臣入了内殿，三拜九叩之后，气喘吁吁，一脸惊慌的样子，郑重其事地向女皇奏报："启奏陛下，新任凤阁鸾台平章事地官尚书狄仁杰、凤阁侍郎任知古、冬官尚书裴行本，以及司农卿崔宣礼、前文昌左丞卢献、御史中丞魏元忠、潞州刺史李嗣真七人合谋造反。"

女皇一听，吓了一跳，刚任命没几天的几个宰相也要造反，女皇一拍床帮喝问道："果有此事？"

"臣只是收集了部分材料，但谋反大事，不可不察，臣请收此七人入狱推问鞫讯，有无谋反，一问便知。"

只要涉及"谋反"二字，女皇总是心惊肉跳，极为敏感，恨不打一处来，当即颁诏准奏，令来俊臣从速审理此案。

出了皇宫门，来俊臣一蹦三尺高，兴奋地直搓手，嘴里骂道："我来俊臣当不上宰相，你们几个也别想干成，非把你几个搞死不可。"

回到左台，来俊臣立即招集几个死党，布置任务，他指着侯大侯思止说："你，负责抓捕审讯魏元忠。魏元忠是个倔种，你一定要负责从他的嘴里掏出谋反的口供来。"侯大拍着胸脯，大包大揽地说："没问题，他魏元忠骨头再硬，硬不过我侯大的孟青棒。我保证一天之内结案。"

来俊臣又指着判官王德寿说："你随我抓捕审讯其余几个人。"

当天下午，六位重臣连同因公滞京的潞州刺史李嗣真被抓捕入狱。来俊臣也深知狄仁杰和魏元忠都是些不好惹的硬汉。为了从速结局，避免夜长梦多，来俊臣公布了一条坦白从宽的条文：问即承者，例得免死。刑讯室里，炉火熊熊，油锅里的热油被烧得翻着花儿向上冒。各种刑具一字儿摆开，地上、墙上、刑具上血迹斑斑，打手们光着上身，气势汹汹。空气中弥漫着一股逼人的杀气。狄仁杰、任知古、裴行本、崔宣礼、卢献、李嗣真六人被铁链锁着，牵进了刑讯室。来俊臣走过来，一一向几个要犯介绍他的独门刑具。介绍完刑具，来俊臣蹓到狄仁杰的面前，说："狄公，这里头数你官高，你是怎么考虑的？"

狄仁杰早就看透了他们的手段，心中暗想，落到这种人沐猴而冠的禽兽手中，就好比秀才遇到兵，有理也说不清。不如先来个一问即承，起码少受一些皮肉之苦。先留下自己的命要紧，要想解救自己，唯一的办法就是见到皇上。于是狄仁杰很痛快地承认了谋反的罪名。其他五个人见狄仁杰都"招供"了，于是也学着狄仁杰的样子，来个好汉不吃眼前亏，纷纷承认了谋反的罪名。

来俊臣没想到这个案子办得如此顺利，高兴得拍手叫好，当即就让判官王德寿给几个人录下了口供。

第三十七章

来俊臣作乱　狄仁杰脱身

　　且说侯大把魏元忠抓到刑讯室后，审问了半天，都没有问出个头绪。侯大感觉肚子饿，于是便命人看着魏元忠，自己到一边吃火烧去了。正在这时，一个小令史走进来告诉侯大，狄仁杰等几个案犯都已经如实招供，就剩下这边的魏元忠没有招供了，来俊臣派人催他加快速度。

　　侯大一听这话就着急了，其他案犯都招供了，这么说唯独自己这边落后了。侯大顾不得品尝爱吃的火烧了，三下两下就将一整个火烧塞进了嘴里，噎得他直翻白眼。大叫着让狱卒把魏元忠带上来。

　　魏元忠被铁链锁手带上堂来，刚刚站定，侯思止一拍惊堂木，劈头吼道："快招！"魏元忠是曾陷过周兴狱，诣市将刑，临刑而神色不改，又被太后召回的视死如归、死不夺志的硬汉，岂在乎一个小小的笼饼御史，遂指着侯大骂道："无耻小人，大字不识一个，敢在我魏爷面前耍威风！"

　　侯大因告密有功，骤得高官，平日骄横惯了，见魏元忠敢当面顶撞自己，揭自己老底，气得扑上去，把魏元忠推倒在地，倒提双脚，在地上拖来拖去。拖了一会儿，累得侯大呼呼直喘，方停下手问："你招还是不招？"

　　魏元忠被拖得头晕脑胀，痛苦不堪，但心中锐气丝毫不减，他慢慢从地上爬起来，指着侯大继续挖苦道："我运气不佳，乘恶驴坠，双足在镫，被恶驴牵引。"

　　侯大不再提审魏元忠，又迫于来俊臣的催逼，只得叫人伪造一份魏元忠自承谋反的供状呈上了事。

　　关在监牢里的狄仁杰深知，即承反状，依法当死，等一天就离死亡更近一天，得尽快想办法诉冤于女皇，借以自救。狄公在牢房里走了两个来回，眉头一皱，计上心来，他敲敲牢门，叫来狱卒。

"狄公，什么事？"狄仁杰曾经当过大理丞，其断案公正传奇，人所敬仰，连狱卒也很佩服他。狱卒来到牢房门口，客客气气地问狄公。

"老陈，能不能给我拿些笔砚来，我想写些字。"狄仁杰说。

"笔砚？"狱卒老陈抓抓头，说，"这小人可不敢做主，纸墨笔砚进监牢控制得很紧，必须当班的判官批准才行。""谁当班？""王德寿王大人。""麻烦你给王判官说一声，就说我有一些事情想交代一下。"狱卒老陈答应一声走了。王德寿听说狄仁杰尚有未交代完的事，也非常高兴，忙带上纸墨笔砚来到监牢里。"狄尚书，你想写些什么？"狄仁杰站在牢里，隔着栅栏门作揖道："自从入狱以来，判官对我照顾得非常好，吃穿都没受什么委屈。仁杰心中感动，想多交代一些事情，以报答判官大人。"王德寿大喜，急忙问："尚书还愿意牵杨执柔？"狄仁杰摇摇头说："执柔是皇上母亲的侄孙，是皇上亲手提拔的国戚，若牵之不成反受其害。不如检举一些其他人。"王德寿一听，连连点头，说："好，好，还是狄公虑事周到，狄公牵谁都行。"王德寿即命狱卒打开牢门，把笔墨纸砚递进，还特意让狱卒弄来一张小桌子，放在牢房里，让狄公沉住气地书写。见王德寿眼巴巴地看着自己，站在旁边不走，狄仁杰笑道："我得慢慢考虑考虑，慢慢写，判官有事就先忙去吧。""好，好，你忙你忙，我走我走。"等王德寿和狱卒走后，狄公拆开被头，撕下一块布帛，铺在桌上，援笔写道：光远吾儿：父陷牢狱，为人所诬，旬日之间即死。可速持书赴阙，以告皇上，求今上召见为父，以鸣我不白之冤也，父字。写完后，狄公把帛书叠起来，从线缝间塞进棉衣里，整理完毕，然后敲敲门，叫远方看守的狱卒。"狄公，又有什么事？"狱卒走过来问。"天热了，麻烦你把棉衣交给我家人，去掉里面的棉花，改成夹袄。"狱卒面有难色，说："按规定这事也得跟王判官汇报。""请务必帮忙。"狄仁杰说。王德寿正有求于狄公，听说狄公想换件单衣，岂有不同意的，手一挥，命令狱卒："跑步前进，速把棉衣送到狄公家。"

狱卒答应一声，拿着狄公的棉袄一路小跑，穿过几个街区，来到狄公的家中，把棉衣交给狄公的儿子狄光远，说："狄尚书说天热了，让速把棉衣拆了，去其棉，做成夹袄，做好后马上送到狱里去。"

狄光远给了狱卒一些谢银，把狄卒打发走了。回到后堂，狄光远把这事跟家人一说，狄光远的母亲泪就下来了，数说道："如今才二月天，时方寒冬，如何说热，难道是狱中生了火炉不成，按理说寒狱更冷。"

狄光远的妻子也说："何必再拆去棉絮做成夹袄，现成的夹袄，拿去一件不就行了。""不对，"狄光远觉得有些蹊跷，忙叫过妻子说："赶快拆开棉衣！""拆棉衣干什么，现成的夹袄子。"狄光远也不搭话，拿过棉衣一把撕开，翻检一下，果然在夹层里找得帛书。捧读父亲的手书，光远的眼泪也流了下来，和母亲说了一下，当即决定持书诣阙诉冤。

狄光远急急火火赶到官门口，向值班的内侍说："我是地官尚书狄仁杰的儿子狄光远，有非常事变，要紧急求见皇上！"

内侍一听说有非常事变，不敢怠慢，急忙上报给女皇陛下，女皇当即传旨狄光远晋见。入了朝堂，三叩九拜之后，狄光远把父亲写的帛书呈上，请求女皇召见父亲，允其当面诉冤。女皇一听是如此的非常事变，懒洋洋地说："你回去吧，朕会慎重处理这事的。"狄光远无奈，只得含泪再三磕头，离开了朝堂。见女皇陛下对这事无动于衷，一旁的上官婉儿进言道："七位重臣，共谋造反，甚为蹊跷，皇上不如召来俊臣当面问问。""那就传来俊臣。"女皇陛下发话道。

一盏茶的时间，来俊臣就赶来了。磕头晋见毕，女皇问："卿言仁杰等造反，今其子弟讼冤，为何？"来俊臣是何等奸猾小人，鬼点子比谁都多，哄女皇的鬼话也多得很，当即振振有词地说："仁杰等人下狱，臣未尝褫其巾带，官服还都让他们穿着，住处和生活待遇都很好，不打他们、不骂他们、不歧视他们，他们在狱中生活得很舒适。若无谋反事实，他们安肯承反？"女皇听了来俊臣一番谎话，疑疑惑惑，一时难下决断。上官婉儿近前小声说："不如派个人赴狱中看看，虚实一看尽知。"女皇点点头，叫人召来通事合人周琳，对他说："周卿跟着来中丞到狱中看看，看看狄仁杰他们在狱中生活得怎么样？有无冤情。""遵旨。"周琳和来俊臣并马前往监狱。来俊臣叫过一个从人，悄悄叮嘱道："告诉王德寿，马上让狄仁杰他们换好衣服，衣冠楚楚，站在南墙根，迎接钦差大人的检查。"从人答应一声，打马先自赶去。周琳也是个胆小鬼，平时见了酷吏来俊臣心里就打怵，到了狱中，周琳吓得两眼都不敢四处看，只是跟在来俊臣的身边唯唯诺诺。来俊臣指着南墙根的几个晒太阳的人说："看见了吗，周大人，你看狄仁杰他们衣服穿得多齐整，脸吃得多胖，回去可要跟皇上好好说说，就说狄仁杰他们一点也没受委屈。"

周琳正眼都不敢往前看，只是稍微瞥了一眼，又急忙低下头，嘴里答应着："是，是，挺好，挺好。回去一定按中丞大人的意思，汇报给皇上。"

周钦差看见来俊臣就如芒刺在背，怕待的时间长没有好处，敷衍了一下，就想溜之大吉，说："我这就回去向皇上汇报去，免得皇上多心。狄仁杰他们确实是自己承认谋反的。"

说完，周琳拔脚就想走，却让来俊臣给一把拉住了："你先别走。"

周琳吓得一哆嗦，期期艾艾地说："还有什么事，来大人？"

来俊臣拍拍周琳的肩膀说："别害怕，你又没造反你怕什么。稍等一会儿，我让他们几个写谢死表，请你代为呈给皇上。"

"好，好，好。"周琳忙拉过一个板凳坐下来，一步也不敢动，连下人给他递上一杯水，他都吓了一跳。

不一会儿，王德寿就拿来了七份谢死表。来俊臣接过来看了看，递给周琳，半是威胁地说："好好跟皇上说说，有什么差错你我都不好交代。"

周琳接过谢死表，小心地收起来，给来俊臣鞠了个躬，给王德寿鞠了个躬，甚至给旁边的打手们鞠了个躬，嘴里还连连说道："一定照办，一定照办。"

望着周琳的背影，来俊臣哈哈大笑，对身旁的喽喽们说道："小鬼还能哄了老家钱，想要翻案，没门！"

周钦差出了监狱，抹了抹额上的汗，心道好险，这个差使可不是一般人干的，幸亏我周大人随机应变，方没惹着了这个魔头。

回到皇宫，周钦差据"实"向女皇陛下汇报说："臣奉命探狱，见仁杰等人衣冠楚楚，罗立于南墙根下晒太阳，皆欣欣然无一丝忧惧之色，来中丞所言不虚。另外，仁杰等七人写了谢死表，托臣以呈陛下。"

听了周钦差的汇报，女皇已先自信了三分，又见有狄仁杰等人署名的谢死表，更加深信不疑。于是说道："可传语来俊臣，对仁杰等七名谋反之人，速速宣判，择日处斩。"周琳答应一声，忙又出宫拨转马头跑去向来俊臣传话去了。

周琳把女皇的指示一字不漏地传给来俊臣，来俊臣听了，笑了，命令王德寿："速作好准备，明日对狄仁杰等七人当堂宣判死刑，而后报给刑部核准，后日准备刑场问斩！"

"遵命！"王德寿打一个敬礼，忙去办这事去了。

"来大人，没我的事我回去了。"周琳作揖道。

对狄仁杰等七人宣判完死刑，没等刑部核准，来俊臣就急不可待地

命人把布告贴了出来。

听说又有七位朝廷重臣被判处斩刑，官吏百姓们都觉稀奇。死刑布告前围满了看热闹的人们，大家指指点点，议论不一。

看布告的人群中，有一个十一二岁的少年，他打着赤脚，颈戴项圈，手捏一柄钢叉，钻到人群前面，稚声稚气，一句一句地念布告：

原凤阁鸾台平章事、地官尚书狄仁杰，凤阁侍郎任知古、冬官尚书裴行本，以及原司务卿崔宣礼、前文昌左丞卢献、原御史中丞魏元忠、原潞州刺史李嗣真七人合谋造反。经本台审理，其案件事实清楚，证据确凿，依法判处此七人死刑。特此公告。大周帝国左台御史中丞来俊臣。

少年不看"来俊臣"三字犹可，一看见"来俊臣"三个字，怒不可遏，气不打一处来，手拿钢叉，上去把"来俊臣"的名字戳了个稀巴烂，接着把整张布告也戳了个稀巴烂。众人大吃一惊，唯恐惹祸上身，纷纷躲得远远的。有人指着那小孩问："这是谁的孩子？这么大胆，敢把来俊臣的布告戳了。"熟悉小孩的人说："这是前凤阁鸾台侍郎、平章事、前宰相乐思晦的小公子，叫乐金钊，他爹乐思晦去年就是被来俊臣杀死的。他爹死以后，他全家被籍没，目前这小孩大概在司农寺为奴，干些砍柴、种菜的杂活。"

"乖乖，宰相公子沦为奴仆，仍不改其高贵的锐气。"

只见那少年郎戳烂布告以后，又上去狠狠地踏上几脚，而后，手提钢叉，向皇宫方向跑去。父亲被杀，家为酷吏所毁，自己又由宰相公子沦为奴仆，少年的乐金钊对酷吏怀有刻骨的仇恨。见如今又有这么多的重臣被罗织入狱，性命危在旦夕，不由激起他的侠骨义胆，他冲到了皇宫门口，对值门的内侍说："有非常事变，我请求皇上紧急召见。"值班的内侍见少年手捏一柄钢叉，站在那里英气逼人，背后又有群人跟着，以为真有什么大事，不敢怠慢，急忙入宫报给女皇。武则天听说一个小孩要求紧急召见，也觉奇怪，忙令快快传人。内侍让乐金钊把钢叉寄存在门口，而后带着少年入宫来到朝堂上。朝堂上文武大臣见一个十岁左右的孩子，打着赤脚来到朝堂，甚觉稀奇。

"臣乐金钊叩见皇上，愿吾皇万岁万万岁。"乐金钊推金山、倒玉柱，有板有眼地给女皇施礼。

武则天见小孩小小的年纪，如此懂礼貌，心里高兴，和蔼地问道："你是谁家的孩子，见朕有何事要奏？"

"启奏陛下，臣是前朝宰相乐彦玮的孙子，本朝宰相乐思晦的儿子。臣告左台中丞来俊臣苟毒害虐，欺君枉法，包藏祸心，罗织构难，毒陷良善。前者残害数百家，今又凭空诬陷狄仁杰等七位重臣谋反。臣请将来俊臣收狱伏法，以谢天下！"

见这小孩说话虽稚气未脱，但口齿伶俐，义正词严，在场的人都暗暗称奇，武则天问："你说来俊臣诬陷良善，有何根据？"

乐金钏拱了一下手，毫不畏惧地说道："臣父已死，臣家已破，但惜陛下为俊臣等所弄，陛下不信臣言，乞择朝臣之忠清，陛下素所信任者，为反状以付俊臣，则无不承反矣。"众大臣听了，也都不由自主地点点头，暗暗地欷歔不已，心道，确实如此，可惜我等都不敢说罢了，亏这个小孩胆子大，敢当面向女皇陈述。俗话说"小孩嘴里掏实话"，况且乐金钏又说得如此恳切，女皇亦为之动容。忙令近侍找来小孩穿的鞋袜给小金钏穿上，又命宫女拿来宫廷糕点给小金钏吃。小金钏鞋也不穿，宫廷糕点也不吃，揖手道："仁杰等忠义之臣，性命危在旦夕，臣岂有心绪品评官糕也。"女皇想起狄光远的告变，觉得此事确实有些蹊跷，于是决定亲自审理此案，传旨说："速把狄仁杰等人押至朝堂，朕要御审此案。"

当值殿中御史急下朝堂，去提狄仁杰等人。皇上交办的事没人敢拖延，须臾之间，狄仁杰等人就被提到朝堂。上了朝堂，七人跪在地上，大呼冤枉。武则天问："既称冤枉，何承反也。"狄仁杰答道："不承，则已死于拷掠矣！"武则天又问："那为什么又要写谢死表？"七人一听，忙异口同声地说："无之！""无之？"女皇冷笑一声，命上官婉儿拿出谢死表，抛到七人的跟前，问："这是什么？明明上面都有你几个人的签名。"七人抢过谢死表一看，大喊冤枉，说："这谢死表是伪造的，是假的，是想欺蒙皇上的。""假的？"女皇忙命上官婉儿对七人的笔迹。上官婉儿拿来纸砚笔墨，让七人各写一行字，仔细地一一核实，向女皇报告说："启奏陛下，谢死表确不是此七人所写。"女皇一听，怒问尾随七人而来的来俊臣："这谢死表是怎么回事？"来俊臣早在一旁惶惶不安，见女皇喝问，忙"扑通"一声跪在地上，连磕几个响头说："此七人承反以后，拒不写谢死表，臣又不敢动刑，不得已而私伪之。"

"不敢动刑，你也不能伪造别人的谢死表！"女皇训道。

"臣知错必改，下次，下次一定不敢了。"来俊臣擦着额上的冷

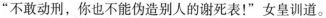

汗说。

　　群臣一见来俊臣犯了欺君之罪，心道这下有门了，不斩了你来俊臣，最次也得把你撤职流放。哪知女皇却道："来俊臣身为御史中丞，办案不慎，扣其两个月的俸禄。"武则天借助来俊臣凶残的个性，杀了许多唐家子弟大臣，认为来俊臣有功于国，自然不舍得拿他开刀，只是象征性地给个处罚，尽尽人意罢了。狄仁杰几人见案子已翻，只是眼巴巴地看着女皇，等待女皇下赦令，官复原职。

　　女皇指着几个人沉声呵斥，将他们全部贬职。狄仁杰等人虽然对这样的判决愤愤不平，但好歹总算保住了性命，也不敢再继续争辩，赶紧跪地谢恩，一齐下殿去了。来俊臣见自己一手炮制的反叛案件就这样被推翻，他贼心不死，和武承嗣相互对视一眼，两人便心有灵犀似的，一齐上来添油加醋说狄仁杰等人潜行谋逆，理应处斩。秋官侍郎徐有功素行正义，他深知来俊臣等人心怀不轨，于是便挺身而出为狄仁杰等人辩护，他上前奏道："来俊臣乘明主再生之赐，亏圣人恩信之道，为臣虽当嫉恶，然事君必须顺其美。"徐有功的这番话可谓是颇有策略，他一方面称赞了武则天是一位"明主""圣人"，另一方面又斥责了来俊臣等人不能"顺其美"。武则天听了这话果然非常高兴，说："朕好生恶杀，志在恤刑。涣汗已行，不可更返。"武承嗣、来俊臣二人见大势已定，也不愿意在此纠缠，只得恨恨地退了下去。

武则天传

WUZETIANZHUAN

第三十八章

武帝求长生　李昭德显才

如意元年（公元 692 年）四月的一天，到处都是一派春意复苏的景象，有雅兴的年轻人们都趁着大好的春光纷纷出外郊游踏青。耐不住寂寞的女皇也春心荡漾，带着一行人以"视察工作"的名义来到薛怀义所在的白马寺。

白马寺里共有二三千个僧人，事实上却没有一个真正意义上的和尚，大多都是薛怀义收罗的一些地痞流氓、社会的闲人，大家聚在佛寺之中，都僧不像僧，道不像道。此时，这些光头无赖们正在白马寺中要混，有喝酒的，赌博的，甚至还有打架的。弄得白马寺里到处乱糟糟的，乌烟瘴气。但见那角落的垃圾成堆，臭气熏天，殿角的地上尿液横流，骚气扑鼻。"皇上到！"众无赖闻声往大门口一看，果见色彩斑斓的龙凤罩扇下双髻高高耸立、身穿大红绣龙描凤衮服的女皇驾临了。众无赖还算懂事，连忙就地跪倒，口称万岁万万岁。女皇慈眉善目，环视一下周围，禁不住地皱了皱眉头，说："秩序有些乱。"

这时，白马寺的副住持、《大云经》编撰人之一的云宣和尚匆匆跑过来，双手合十，道一声阿弥陀佛，说："白马寺副住持云宣接驾来迟，死罪、死罪。"

"没这么多死罪。"女皇说着莞尔一笑，问："怀义法师呢？"

云宣踌躇了一下，还是如实汇报说："大当家的中午多喝了几杯酒，尚在禅房里困觉。"女皇一挥手说："带朕去看看。"云宣哈着腰，头前带路，一行人来到大雄宝殿旁边的方丈禅房。禅房的方桌上，残杯剩盏，鱼刺鸡骨，乱七八糟，尚未收拾。禅床上，薛怀义敞着大肚子，张着嘴，酒气熏天，呼呼大睡。云宣过去推了推薛怀义，轻声唤着："国公、国公，醒醒、醒醒，你看谁来了，国公、国公……"

"老子睡得正香，喊什么喊，活腻了不是？"薛怀义"扑腾"一下坐起来半睁着眼骂道，及睁开眼，见床头站着的是女皇，这才止住骂，挠了挠秃头，打着哈欠说："皇上来了。"

云宣端过来一把禅椅，女皇坐下来说："你整天挺忙的吧，怎么好几天也不到我宫里走走了。"

"可不挺忙！"薛怀义下了床，扯了一件袈裟披在身上，说："这二三千人的大庙，吃喝拉撒，念经学佛，我都得管着，能不忙吗？"

看着大和尚两眼似睁不睁，醉意未醒的样子，女皇指着桌上的残羹剩酒，嗔怪地说："当了和尚还喝酒吃肉，亏你还是个号称国师的高僧呢。"

"皇上要能颁旨让天下人都不杀生吃肉，我立马戒了。"薛怀义说。

女皇问薛怀义："你最近又读了什么经书，参了一些什么禅啊？"

没等薛怀义答话，云宣就在一旁说："薛师虽没参研多少经书，但薛师最近又结交了几个有影响的高僧大德民间异人，薛师和他们一块谈经论道，甚为相得。"

女皇一副满有兴趣的样子，问："都是些什么人呀，朕也想结识结识。"

云宣掰着指头数道："有神都麟趾寺的人称净光如来的河内老尼，有万安山的韦什方韦道人，还有一个老胡人。三人皆是得道的神仙异人，中午薛师还和他们一起吃饭呢。"

"人在哪儿，快召来见朕。"女皇一向喜欢结识些民间异人。

"在后院歇着呢，贫僧这就召他们见驾。"云宣说着，一路倒退着出去了。

"你似乎不大喜欢朕了。"女皇望着薛和尚，幽幽地说道。

薛怀义一听，忙凑过去，边为女皇捶背边说："我最近正在和几个道友一起探讨长寿之道，准备献给皇上，因为讲究心静，所以不大常往皇宫去。"

"你为朕研究长寿之道？"女皇听了，大为高兴，挥挥手，让上官婉儿等随从退了出来。而后示意薛和尚把自己抱到禅床上。怀义一见，知道又是推脱不了的差事，只得强颜欢笑，强打精神，把女皇端到了禅床上，为她宽衣解带一番……望着禅房佛帐，躺在禅床上的女皇十分满足，感慨地说："朕这一生，和我佛十分有缘，人言我是弥勒下世，我自己也有些信了。见女皇陛下整理好了衣服，薛怀义走过去打开房门，见老尼老道已等着，于是挥手让他们进来。一位老尼头戴僧帽，脸上虽有沟沟汉汉，但其面色白净绵软，一时看不出有多大年龄，估计也就六十多岁。另一个老道，长得鹤发童颜，手持拂尘，一走一晃，一副仙风道骨的气质，看样子也得七十多岁。另一个老胡人胡子拉碴，蓝眼球、高鼻子，面貌皆不寻常，更难分辨贵庚几何。三个进了禅房，拜揖完以后，各各赐座。女皇拢了拢刚才弄乱的发髻，问："三位仙人仙风道骨，面貌清奇，敢问年岁几何？"

河内老尼摇摇头说："吾乃净光如来，虽能知未然，却唯独不知自己年龄是多少，估计也有三百多岁了吧。"

女皇惊异地看着，又问老道："道长你呢？"

"贫道韦什方，隐居京郊万安山，生于三国孙吴赤乌年间，曲指一算，吾今年整整四百五十四岁整。"

女皇听了，又吓了一跳，又把脸转向老胡人。老胡人亦不敢示弱，抖了抖宽大的袍袖，上前一步，朗声说道："贫道已虚度五百个春秋了，二百年前，贫道就曾见过怀义法师一面。"

女皇且惊且疑，问薛怀义："真有这事？"

薛怀义应道："好像见过他。"

老胡人"哼"了一声，捋着黄胡，看着薛和尚说："你那时小，才五六岁，不大记事。"

见几个人体态飘逸，言词泠泠，有林下风气，加上女皇渴望长生不死，于是道："你们都是怎样活到这么大年纪的？"

韦什方摇了一下拂尘说："吾平日身居深山，修身养性，只吃些自己炼制的草药丹丸而已。这位河内神尼，平日里，只吃一颗米粒，一粒芝麻，过午不食。"

"是吗？"女皇惊异地看着河内老尼。河内老尼含笑地点了点头。

女皇心道吃草药丹丸还是可以的，于是问韦老道："敢问草药丹丸都是怎样配制的？"

韦什方道："采合人生不老之药，讲究四时阴阳，五行八卦，博大精深，非一日一时所能说清，容臣以后细细给皇上讲讲。"

"手头有没有现成的丹丸拿给朕看看？"女皇紧追不舍地问。

"丹药均在山上的道观里，身边没带，带的几颗都让贫道吃完了。"

看着女皇一脸惋惜的样子，薛怀义说："你想吃，去他观里拿不就行了，况且又不远。"

韦什方亦恭手道："神仙必须度世，妙法不可自私，况皇上乃是弥勒下界，也是能具得仙骨，结得仙缘的。皇上若能幸临小道观，贫道当面修炼仙丸，包括内丸外丸，以奉皇上。"

女皇心道反正今天也没有大事，去就去，全当去找乐子，于是点头说："好，好，带朕到你住的仙观去看看。"

女皇一心想见到长生不老之药，说走就走，立即传旨起驾。在飞骑的簇拥下，一行人各乘轿马，呼呼隆隆，前往万安山凌霄观。

万安山果然是座好山，虽不十分高大，但也古木干霄，新篁夹径，怪石嶙峋。尤其是那通往山上道观的山路，更是曲曲弯弯，十分陡峭。韦什方指着山上丛林中若隐若现的屋舍说："曲房邃室，岩洞几重，正是贫道所栖之处。奈何山径危悬，皇上怕攀不上去。"女皇遗憾地说："既如此，朕就不上去了，烦老道长把你的仙药和丹炉等搬到皇城，朕要和老道长一起谈经论道，以圆相见恨晚之意。"一听说要起驾回宫，飞骑兵不敢怠慢，忙又一路紧张地把女皇等人护送回宫。女皇一路坐软轿，乘大轿倒不觉得辛苦，进了皇宫，就嚷嚷摆御宴，把刚刚结识的世外仙人奉为上宾。一句圣旨吩咐下来，忙坏了御膳房的老厨师们，砍的砍，剁的剁，蒸的蒸，煮的煮，终于以最短的时间，最快的速度，保质保量地完成了任务。一队队宫女，穿花拂柳，迈着小碎步，把御膳端上了桌。

河内老尼说："阿弥陀佛，贫尼吃不下，贫尼一日唯食一麻一米足矣。"

女皇听了，钦佩不已，忙令厨下各精选一颗个头最大色泽最亮的芝麻、米粒端上来。片刻工夫，尚食令亲手用御盘端上来了。一麻一米放在盘底，几乎看不见，众人啧啧地赞道："乖乖，比鸟吃得还少，跟蚂蚁的食量差不多。"老道韦什方从怀里摸出几颗黑色的丸子，放在面前的托盘里，说："贫道只吃自己炼制的仙丹，余皆不食。"

女皇伸手向老道要了一颗仙丹，放于口中，果然绵软香甜，入口即化，且有一股淡淡的草药清香。女皇指着桌上的美味佳肴问："看几位高僧大德的行为，莫非人寿之道，咸以清淡少食为主？"

韦什方叩手说道："然也，夫素食者高寿，古来已然。但须长期坚持，日饵百草，渐成习惯，谢绝烟火之物，不数年，就可发白更黑，颜色如童子。"

"道长的头发怎么这么白，而不转白为黑？"女皇问。

韦什方编个瞎话说："贫道头发已几度转白，几度转黑。"

"如果朕也吃素，能长寿不？"女皇问道。

"当然了，"韦什方肯定地说，"皇上乃弥勒佛下世，理应身体力行，素食修身。皇上也应禁天下屠杀牲畜及捕鱼虾，令天下军民亦不准吃肉，则功莫大焉，天下苍生幸焉，万物生灵，成为皇上祀福，此我皇皇祚永久也。"女皇频频地点头，说："听道长说话，高屋建瓴，令朕耳目一新，道长若不弃，烦请道长留在朝中，负责朕之饮食，朕也好时时讨教。"

"山人无官无职，留在朝中恐有不便。"韦什方假意推辞道。

"你若能保朕长寿千年，朕定保你永生富贵，朕现在就封你为正谏议大夫同凤阁鸾台三品。"

女皇可能觉得自己已近七十岁了，渴望长生不老的心越来越强烈，以致张口把一个信口胡吹的野老道封了大官。再说这天深夜，月光如银，草虫唧唧，树影幢幢，夜风吹过来。皇宫城墙外，一队巡逻的羽林军，荷枪提刀，睁着警惕的眼睛，缩头缩脑地向前走。突然，前边拐角处有一个黑糊糊的影子，打了一个极响的喷嚏！

"谁?"羽林军士抽刀在手，后退一步，喝道。

"我省庄王三守，"那人拍拍土，点头哈腰地说，"我来给皇上献宝的。"

一听说是献宝的，众军士放下心来，收起刀枪，走过来说："你献的什么宝?"

那人从怀中摸出一个布包，搁在腿上打开，露出一个团蛋子。一个军士举着火把凑过来，还是看不明白，问："这是个什么? 跟石头蛋子似的。"

"让总爷你说对了，"那人一边说，一边像宝贝似的重又把那东西裹上，"它可不是一个普通的石头蛋子。"

说话间，紫宸殿的钟声响了一下，紧接着，午门方向传来"吱呀呀"开门的声音，军士们指点着王三守说："献宝的，开始上早朝了，赶快到宫门口报事房点个名去吧。"

"哎。"王三守痛痛快快地答应一声，夹着布包，拔脚向午门口跑去。到了午门口旁边的报事房，王三守点头哈腰地向值班的内侍说明了来意。内侍一听说是来献宝的，不敢难为他，马上作了登记，并把此事报与殿中监察御史。监察御史心中有数，单瞅女皇陛下和宰臣讨论军国大事的间隙，向女皇报告说："启奏陛下，有京郊省庄的王三守，在殿外等候，说有宝物要面呈陛下。"

"宝物?"天尚蒙蒙亮，就有人来敬献宝物，女皇心里有些舒坦，当即传旨道："可召献宝人晋见。"旨令传出去不久，一个鼻直口方的人，手捧奇石，阔步走进朝堂，到了丹墀下，三叩九拜之后，此人自我介绍说："小民王三守，于洛水边拾获一奇异白石，不敢自匿，特来献于陛下。"说罢，这王三守冲着宝座止的女皇，双手高高地捧起奇石。王三守对自己的表现十分满意，礼节路数早在家里演练多遍。

女皇满意地点了点头，近侍接过王三守手中的奇石，呈给女皇。女皇接石在手，没瞧出什么新鲜来，又不愿屈尊询问，遂又递与近侍说："可颁群臣先事察看。"近侍又把石蛋捧给堂下的众宰臣看。众人围过来仔细端瞧，发现也就是一块普通的鹅卵石，白色中带些红印子，实在无甚奇异处。众臣以内史李昭德强直自达、常有深论，因之上前纷问道："德公，您看这石祥在何方，异在何处？"李昭德冷笑一下，一脚把皮球踢出去，貌似奉承，实则讽刺，指着武承嗣说："魏王学识渊博，多次组织人进献祥瑞，此石非魏王不能解。"武承嗣的脸白了一下，说："本王也不是百事通，问问献宝的人不就得了吗？"

众宰臣又把目光转向献宝的王三守，王三守见诸位执政高官皆不能解破此石祥瑞，更加摇头晃脑，得意之色溢于言表。王三守故意停了一下，拿过石头，环顾周围，得意地指点着对大家说："此石赤心，所以进献皇上。"众执政闻听此言，一时噎住，无言以对，独有李昭德在一旁大声呵斥道："此石赤心，洛水中其他石岂尽反邪？"话音甫落，举朝哄堂大笑，连九五之尊的女皇也跟着大笑起来。献"宝"的王三守被笑得讪讪着，站在那里，捧着石蛋不知如何是好，李昭德接着喊道："投机取巧的无耻之徒，还不快滚，招打不是？"

王三守这才吓得揣起白石，顺着墙角溜走了，朝堂上又爆发出一片大笑声……

李昭德上前奏道："都城洛水天津之东，立德坊西南隅，有中桥及利涉桥，以通行旅。上元中，司农卿韦机始移中桥置于安众坊之左街，当长夏门，都人甚以为便，因废利涉桥，所省万计。然岁为洛水冲注，常劳治葺。臣思虑再三，觉得以积石为脚，锐其前以分水势，可绝城内洛水之患。如今，雨季将临，臣请立即施工。以绝中桥护堤之漂损。"

女皇满意地看着李昭德，爱才之心溢于言表，当即颁诏道："中桥堤防工程迫在眉睫，就请爱卿挂帅，责成工部立即组织人施工。"

"遵旨！"李昭德答应一声，雷厉风行，立即下朝组织人员去了。

洛阳洛水中桥两旁的工地上，车来人往，一派忙碌的景象。早已禁止行人往来的中桥上，民工们推着满满一车土的独轮车，一路小跑，石匠们一手抡锤，一手掌凿，叮叮当当地裁剪着石块。洛水堤脚修造工程正在热火朝天地进行着。

这时，只听宣教坊那边一阵鸣锣开道声，一队人马举着回避牌，打着旗帜，汹汹而来。一个小吏一边敲锣，一边扯着嗓子吆喝："魏王车驾，闲人回避！"

车驾直奔中桥而来，桥面桥头正在搬运石料的民工停住手中的活，不知如何办才好。回避吧又没有命令，不躲又怕冲撞了车仗，惹来祸端。正在愣神间，一个带工的工部侍郎挺身而出，当中拦住车驾，恭手说道："奉内史李大人命令，此桥专供工程所用，其他行人车辆禁止通行。请王爷车驾绕道而行。"

打前的武承嗣的管家，刚想发作，但一想这洛水修桥工程乃朝廷急办工程，且是宰相李昭德亲自督工，不敢拿大，忙扬手止住车驾，碎步跑到轿前，隔帘叫道："启奏王爷，前面修堤，中桥上满是干活的民工，不让通过，咱们是不是绕道而走？"

话音刚落，骂声就从轿帘内甩出来："无用的东西！是本王过桥事大，还是他修堤事大？赶快叫他们把桥让出来！"

有了主子这句话，挨了骂的管家一挽袖子，命令手下："把这些民工都给我赶走，石块车子等都掀到河里去，立即把桥面清理干净，慢了唯你们是问。"

众侍卫平日就欺负人惯了，闻听此令，抢鞭在手，窜到桥上，见人就打，见东西就扔，嘴里还不住地叫骂着："滚，滚，他妈的滚……"

旁边的那个工部侍郎刚想解释几句，脸上早挨了几记鞭子，眼睁睁地看着码好的石料、小车被掀到了桥下的洛水里，一个民工跑得慢些，竟被武承嗣的一个卫士一脚给踹到了桥下的硬地上，摔断了一条胳膊。

工地上的民工都放下手中的活，眼里冒火，愤怒地望着这伙仗势欺人之徒。群情激愤，胆大的骂声不绝，掂起锹锤，跃跃欲试。监工的工部侍郎见事不谐，怕闹出乱子，自己承担不起，忙打发一个手下飞马报与内史李昭德大人。

及至李昭德赶到现场，武承嗣等人早已扬长而去。昭德令人把伤者送医好生救治，又向民工解释了一番，安抚大家继续施工，办完这些

事，李昭德赶至皇宫，面见女皇弹劾武承嗣。

听了李昭德一五一十的汇报，女皇似有护短之意，沉吟半晌说："承嗣为魏王，一人之下，万人之上，滋生骄意，也是人之常情。朕定要好好地训斥他一番。"

李昭德进一步地奏道："魏王承嗣威权太重，恐与皇上不利。"

女皇摇摇头说："承嗣吾侄，故委之腹心。"

李昭德近前半步，密奏道："正因为承嗣乃陛下之侄，又是亲王，才不宜更在机权，以惑众庶。且自古帝王，父子之间，犹相篡夺，况在姑侄，岂得威权与之？脱若乘便，宝位危矣。"

闻听昭德这番话，女皇矍然道："我未之思也。"

为了防患于未然，武则天当即作出决定：以文昌左相，同凤阁鸾台三品武承嗣为特进；纳言武攸宁为冬官尚书；夏官尚书、同平章事杨执柔（武则天的本家外甥）为地官尚书，并罢政事。三人明升暗降，一齐被解除相权。

做完了这项新的人事安排，武则天对李昭德说："卿胆识过人，遇事处置得当，常有深论，朕想任命你为凤阁鸾台三品，你意如何？"

李昭德听着女皇的任命，真诚地说道："臣的忠心可鉴，但微臣好强直自达，立朝有色，不吐刚以茹柔。日后一定会被小人谗嫉。微臣死不足惜，只希望陛下能够明臣之心迹。"

女皇听了李昭德这一番肺腑之言，也深为感动，点点头告诉李昭德让他放心做他的宰相，保证朝廷政事顺畅便可，忠奸善恶，她自有分寸。李昭德听完，对女皇深揖一躬，答应了女皇的任免，随后便告辞离去了。

第三十九章

韦团儿施计　东宫埋桐人

　　天授三年（公元692年）九月的一天早晨，女皇刚刚睡醒，就感觉到自己的嘴里好像有什么东西似的，伸手一摸，牙床上有两个硬东西。吓得女皇赶紧叫来自己的贴身女官上官婉儿，上官婉儿一看，只见女皇光秃秃的牙床上竟然长出了两颗米粒大小的新牙。上官婉儿激动地跪倒在地，连连叩头贺喜。女皇一听，也非常高兴，眉开眼笑，伸手不住地摸弄自己长出的两颗新牙，老脸上竟然泛起两坨红晕。上官婉儿继续称贺道："古人云'齿者，年也，身之宝也'，齿落更生，意味着皇上青春永驻，我大周皇朝江山永固。皇上应以敕文的形式把这一奇迹通告天下，让天下人也为皇上高兴。"

　　"好，好，"女皇不住地点头说，"明天就是重阳佳节了，朕在则天门接受文武百官的朝贺，你马上安排承嗣、三思他们办理这事。""遵旨。"婉儿愉快地答应一声。齿落更生，适逢九月重阳佳节，也是女皇登基三周年的纪念日，则天门上，张灯结彩，彩旗飘飘。武则天身着大红衮服，在众多侍卫宫女的拥护下，健步登上门楼。楼下朝贺的文武百官，四夷酋长，爆发出一阵又一阵的欢呼声。武则天的心情也特别好，启齿一笑，挥手频频向人们致意。望着这热闹的人群，想着大好的局面，老阿婆改元之心又起，当即宣布，把这一年改为长寿元年。大赦天下，赐宴群臣。万象神宫宽大的宴会厅里，文武群臣，众星捧月，围着女皇依序而坐，举杯相庆。素好表忠心的武承嗣、武三思当堂上表，请加"慈氏越古金轮圣神皇帝"的美号。武则天含笑纳之。拾遗朱前疑不甘落后，躬身上前，磕头施礼说："臣昨夜做梦，梦见陛下发白更黑，齿落更生。如今'齿落更生'已验，想'发白更黑'不远矣。"

　　女皇听了朱前疑的说梦，果然大为高兴，当即颁诏说："前疑宴前说祯祥，朕心愉悦，即授其为都官郎中。"

　　"谢主隆恩。"朱前疑为讨好女皇而灵机一动编排的一个好梦，果然收到了预期的效果。

万象神宫，君臣欢宴，东宫里却有一个寂寞的人儿仰面朝天，唉声叹气。他虽贵为皇嗣，但一些重大场合，却没有他的身影，高墙之内，他只有寂寞地来回转悠。墙外的阵阵笙乐，群臣的欢笑，让他备感人世的凄凉，李氏皇族的彻底没落。

这时，一个身穿大红五彩通袖罗袍儿、下着沙绿百花裙的户婢，云一样地飘过来，到了这李旦的跟前，轻轻地扯动他的衣袖说："殿下，天凉了，在外面待长了不好的，快回屋里吧。"

李旦一看是户婢韦团儿，还是伫立不动。韦团儿不由分说，半拉半搀地把李旦弄到了屋里，韦团儿向另一个门里一招手，变戏法似的，三四个侍女手捧一盘盘热气腾腾的御膳，鱼贯走进屋里，把香气扑鼻的饭菜摆到桌子上。李旦心道刚吃过饭没多久，这又是干什么？惊诧地望了望韦团儿。韦团儿妩媚地笑了一下，挥手让侍女们出去。亲自把盏，倒上两盅酒，而后把李旦按坐在桌边的凳子上，说："皇上派妾来照顾你，已三个多月了，我还没独自陪殿下喝过一杯酒呢，今天是良宵佳节，让臣妾好好地侍候侍候殿下吧。"

李旦深知这韦团儿是母皇跟前的红人，不敢得罪她，只得心神不定地坐下来。韦团儿已经精心打扮过，胸衣低矮，露出一大片白白的胸脯，头上珠翠堆盈，粉面贴钿，湘裙越显红鸳小。她眼波流转，面若桃花，跷起兰花指，双手捧上一杯酒，呈到李旦的面前，娇声娇气地说："殿下虽居深宫，但日后必有发达之时。团儿早在皇上身边，就对殿下心仪已久，请殿下饮下这杯酒。"李旦干笑一声，只得接过酒杯，一饮而尽。韦团儿一见，欢喜不尽，忙拿起筷子，夹了一块鹿鞭，塞到了李旦的嘴里。李旦无可奈何，只得吃了。

韦团儿又斟下两杯酒，一杯留给自己，一杯端给李旦，而后韦团儿举起酒杯，两眼热辣辣地看着李旦说："让团儿和殿下喝个交杯酒。"

"我……我酒量不行，我，我，还是不喝了吧。"李旦躲闪着韦团儿的目光说。

"殿下是不是有些头晕？"韦团儿放下筷子，伸出葱葱玉手抚摸着李旦的额头，关切地说："让臣妾扶殿下到床上歇歇去。"

韦团儿生拉硬扯，李旦不敢不从，只得挪到了床边坐下，韦团儿返身把门闩上，过来把李旦按倒在床上，双眼热辣辣地望着，手搁在李旦的身上摸来摸去。李旦身子一颤，心里嘀咕道，这韦团儿步步进逼，其

武则天传 WUZETIANZHUAN

真正目的想干什么？要是想主动荐枕席，也未尝不可，怕就怕这韦团儿另有目的，说不定是母亲大人搞的"美人计"，来考验自己是否合乎皇嗣的规范，果真如此，漫说尝一下，恐怕连碰也不能碰。念及于此，李旦决定做一回柳下惠，坐怀不乱，坚守到底。

韦团儿的手渐渐漫游到李旦的私处，李旦紧咬牙关，沉声静气。"殿下何必这么紧张，我又不是老虎，又不吃了你。"韦团儿轻轻地拍打一下李旦说。

"除了我两个皇嗣妃刘氏、窦氏，多少年了，我都没沾过别的女人。"

"啧，啧，啧，"韦团儿咂着嘴说，"殿下也太委屈自己了。一个皇嗣太子，有个三妻四妾也是正常的，有什么大不了的。"说着，韦团儿脱鞋上床，解开褂扣，酥胸直逼到李旦的脸前。李旦以袖掩面，提高声音，仿佛在说给母亲大人听："除了刘、窦二妃，我是不随便碰别的女人的。"

"不要紧啊！"韦团儿俯身揽住李旦，抓着他的一只手放在自己的巨乳上揉弄着，脸也贴着李旦的脸，嘴里说道，"你可以奏明皇上，收我为皇嗣妃啊。"李旦心道，我决不要你这样居心巨测的老婆，先皇李治不就是一个活生生的例子吗？把大好的江山，众多的唐之宗室子弟，断送得干干净净。想到此，李旦的胸中升起一种凛然正气，往里撤了撤身子，指着韦团儿正色地说："请你放尊重点，不要乱了礼制。"韦团儿粉脸一白，索性一不做，二不休，三下二下把上身衣服都扯了下来。李旦顿觉头晕眼花，惊问道："你这是干吗？"韦团儿俯身扑上，紧紧地搂住李旦不放，手扯着李旦的衣服，嘴在他的脸上乱啃，哼哼唧唧地说："臣妾就看上你了，非做你的皇嗣妃不可。"

李旦奋力挣扎，无奈身子骨薄弱，不是户婢韦团儿的对手，正在李旦无计可施的要紧关头，门"嘭嘭"地被敲响了，有两个女人在门外叫着："殿下，殿下！"李旦一听是刘、窦二妃的声音，奋不顾身从床上扑下来，踉踉跄跄地奔到门口，抽开门闩拉开了门，带着哭腔叫道："二位贤妃。"刘、窦二妃忙挺身接住丈夫李旦，往里一望，果见韦团儿坐在床上没事人似的穿着衣服。刘妃骂道："骚货，不知天高地厚，欲私殿下。""小小的官婢，竟敢如此放肆，是何道理！"窦妃也指着韦团儿厉声叱道。韦团儿挑衅似的仰起头，"哼"了一声。刘、窦二妃欲待发火，让李旦给按住了。李旦息事宁人，怕惹着了这位皇上的宠婢，拉着二妃悄声劝道："算了，算了，别跟她计较了，幸亏你俩来得及时，不然，我可就让她闹着了。"

门口围满了看热闹的宫婢太监，对着韦团儿指指点点，捂嘴耻笑。韦团儿的俏脸一阵白一阵红，穿上鞋子，捡起扯烂的罗裙，挤开人群，慌忙地跑走了。

韦团儿跑回房间里，倒在床上，双颊潮红，两耳发热，怨恨之火在体内腾腾燃烧，止不住地向外冒，牙咬得咯咯直响。自己苦心琢磨了多少天的计划一朝竟破产，一团热情的火焰竟被一盆冷水所浇灭。此仇不报，焉可为女中丈夫？手段不毒，岂能做到人上人？自己所敬仰的女皇陛下为了将守寡的女儿太平公主嫁给已有妻室的武攸暨，不惜潜使杀其妻。既然皇上能这么做，我韦团儿何不如法炮制，除掉绊脚石刘、窦二妃？

关起门来，躲在屋子里的韦团儿拿定主意，要害刘、窦二妃，她寻了两块桐木，刻了两个桐人，一个上刻"武"字，一个上刻"周"字。而后乘夜潜到二妃的院中，用花锄在墙角挖了一个坑，将俩桐人埋入土中。

神不知鬼不觉地做完这一切，韦团儿还真能沉住气，过了两个月，等到草枯叶落苔藓生之后，地上一切平复如昨，韦团儿才跑到女皇的面前，密告说："皇上，臣妾昨天晚上从皇嗣妃刘氏的窗口过，听刘氏妃和窦氏妃一块密谈什么厌咒的事。臣妾觉得事情蹊跷，趴在窗口留心一听，才知道她俩埋了两个桐人在北墙根，但不知在诅咒何人。"

"你把桐人挖出来没有？"女皇问。

"没敢挖，我是先来报告皇上的，请皇上定夺。"

女皇面无表情，停了一下，叫过一个近侍说："你跟韦团儿一块，把桐人取出来带回，全当什么事也没发生。"

"遵旨。"韦团儿和近侍答应一声出去了。走在路上，韦团儿想着女皇无所谓的表情，心里有些沮丧，难道连厌胜这样大逆不道的事也不管了？

想归想，韦团儿还是领着那个近侍，熟门熟路地来到二妃的院中，从北墙根起出桐人。近侍把桐人用布包起来，带回宫向女皇复命去了。

正月初二这一天，按照礼仪，刘、窦二妃联袂入宫，到德嘉殿向自己的婆婆、女皇恭贺新年。

二妃临行前，李旦婆婆妈妈，千嘱咐万嘱咐要行止有礼，要看母亲大人的脸色行事，拜贺完以后，没事就赶紧回来。李旦啰哩啰唆一大篇，大异于平日，刘氏妃奇怪地问："殿下今儿是怎么啦，何劳这么多嘱咐，我姐妹俩入宫拜见婆婆又不是一回两回的事了。"

"殿下且请放心。"窦妃过来摸了摸李旦的头，把李旦扶到床前，侍候他躺下，说："殿下大概昨夜受凉了，身子骨不大舒服，还是躺在床上歇歇吧。"

刘、窦二妃接着辞别丈夫，出门登车而去。

日影一点点地移过去，从北墙根到东墙根。望着日影，李旦心中祈祷着，盼望着二妃快快平安地回来。他眼盯着日影不放，盯得眼疼，看得发涩。

于是又跑到大门口，向德嘉殿的方向翘首张望。

"怎么还不来。"李旦自言自语，打发一个小太监前去探问。小太监得令，快步而去。约有小半个时辰，小太监转了回来，说："刘、窦二妃还没出来呢，车仗还在内宫门口等着，问门口的公公，说二妃可能在和皇上叙话，让再等一会儿。殿下还是到屋里等吧，寒冬腊月的，小心受凉。"

李旦也觉手足发麻，只得回到屋里，枯坐了一会儿，吃饭的时间到了，侍女们把热气腾腾的饭菜摆上了餐桌，过来请殿下李旦用膳，李旦摆摆手说："再等一会儿，等二妃回来一起吃。"

"再等一会儿，菜就凉了。"侍女说。

"凉了再热。"李旦不耐烦地说。

又过了半个时辰，二妃还没有回来，餐桌上的饭菜已热了二遍。李旦只得又打发那个小太监再去探问。小太监遵命，飞快地跑走了。过了好一会儿，小太监才回来，报告说："二妃的车还在宫外等，那里的公公说，皇上可能留二妃在德嘉殿吃饭了。殿下还是先吃些饭再说吧。"

李旦只得迈着沉重的步子，来到餐桌旁坐下，却依然毫无胃口，喝了一小碗汤，心里还觉得空落落的，只得把饭碗推开，来到寝床上躺下。

不知不觉，日头落了；不知不觉，暮色四伏。也不知什么时候起，天阴了起来，寒冷的天空中悄然飘起了片片雪花。东宫的大门口早早地点亮了大灯笼，给那晚归的人儿照路。

又到了晚饭时间，侍女们又把热气腾腾的饭菜摆上了餐桌，一个宫女袅袅娜娜地走过来，道了个万福说："请殿下用晚膳。"

李旦仿佛没听见侍女的话，自言自语道："难道母皇又要留二妃吃晚膳，这可是从来没有过的事啊。"

"小卓子！"李旦高叫一声。"哎。"名叫小卓子的小太监跑过来，俯首听命。"快去德嘉殿那边看看，若不见二妃，也务必问明情况再回来。""是。"小太监答应一声，摸了个斗笠戴在头上，蹿出去了。一会儿的工夫，却又蹿了回来，一脸喜滋滋地说："殿下，回来了，二妃回来了。"

"真的！"李旦忙得连锦袍也不披，只穿件中衣就冲出门外。跑到大门口，果见二妃的车，轧着薄雪，吱吱扭扭而来。站在门洞里的李旦，兴奋地直招手。打头的太监小德子跳下马，踉踉跄跄地跑来，老远就问："殿下，殿下，刘、窦二位皇嗣妃回来了没有？"李旦心里一沉，忙跑下台阶，抓住跑过来的小德子喝问："刘、窦二妃在哪里？""没先回家吗？"小德子哭丧着脸问。"不是早上和你一起去德嘉殿了吗？"李旦焦急地问。小德子张望着四周，喘着粗气说："二妃是进殿朝贺皇上了。我和车仗在外头等着，等到中午还不见二妃出来，一问，值门的公公说，可能皇上中午管饭。我们几个又等，等到快天黑了，内宫要关门落锁了，值门的公公才跟俺们说，让俺们回去，别再等了，说二妃早就回东宫了，俺几个一听，这才驾着车仗赶紧回来。"

"难道二妃真的没回来？"小德子疑疑惑惑看着各人的脸。

"什么时候回来的？"小卓子说，"二妃丢了，唯你小德子是问。"

"我再去接。"小德子忙指挥人掉转车头，再去德嘉殿。

"回来！"李旦怒吼一声，噔噔噔转身进屋了。

屋内炉火熊熊，饭菜飘香。李旦出神地望着那跳跃的炉火，先前心烦意乱像刀子搅的心却出奇地平静。他冷静地告诉自己，越到这个时候越要冷静，越要沉住气，越要装成没事人儿似的。二妃神秘失踪已无可挽回，自己若行事不慎，惹恼了母皇，下一个失踪的就可能是他自己，是自己的几个年幼的儿女。

以后的几天，李旦像没事人似的读书，写字，在院内闲逛，和小厮们一起玩游戏。东宫里的人见殿下如此镇静，也都循规蹈矩，全当什么事也没发生，全当两位皇嗣妃回娘家去了。入夜了，李旦把太监侍女们都打发走了，独自一人伫立在窗前，望着寒冷的冬夜，思念着二妃。泪，不知不觉淌满了他的脸颊，他拼命忍住，决不让自己哭出声。人前人后不一样，只有在晚上这独处的时刻，他才表露出对二妃深深的思念。李旦见天不早了，才来到了床前，准备睡觉。他慢腾腾地扒掉了靴子，脱掉了褂子，脱掉了裤子，刚想掀开被筒往里钻，猛然间见枕头上有一片瀑布似的头发，一个雪白耀眼的身子，正头朝里静静地躺着，李旦伸手摸着那女人的肌肤，激动地叫着："爱妃，你在这儿！"

"殿下！""爱妃"转过身子，娇滴滴地叫着，一下子抱住李旦，簇起红嘟嘟的艳唇直往李旦的脸上凑。

李旦清醒过来，闪目一看，认出眼前的人原来是韦团儿，于是指着她气愤地问："你，你怎么跑到我的床上来？"

"殿下！"韦团儿抛了个媚眼，说："团儿见殿下独守空房，所以来伺候殿下。"

"我，我不要人伺候，你走！"李旦指着门口吼道。

"干吗这么凶？"韦团儿翻个白眼说，"我可是能在皇上面前说上话的人，你若对我好，收我为你的皇嗣妃，凭我韦团儿的能耐和手段，我会保你平平安安，日后顺利地登上大位。你若是忤逆于我，哼！恐怕还会有人死无葬身之地！"

李旦心里一激灵，好像突然明白了许多，怒问道："刘、窦二妃是怎么回事？是不是你陷害的？"

韦团儿轻佻地一笑，抚摸着白白的大腿说："死了两个妃子算什么，值得你这样大惊小怪。"

李旦对韦团儿厌恶到极点，韦团儿妖艳的脸庞在他的眼里就是一个髑髅。他愤怒地冲着门外叫一声："来人哪！"

偏房值班的小太监德子和卓子听见皇嗣殿下的叫声，忙翻身起床，推门而入，跳下了床的李旦提着裤子，指着床上的一堆白肉说："快把她给我赶走！"

小德子小卓子眯缝着眼，见是韦团儿，走过去笑嘻嘻地说："韦姐姐，你梦游了吧，怎么睡到殿下的床上来了？"

韦团儿"哼"了一声，三下两下把自己的衣服套上，跳下床，趿拉着鞋，示威似地出门走了。

李旦跌坐在旁边的座椅上，手捂着头，长长地叹了一口气。一介宫婢，竟把他这个堂堂的皇嗣搞得人不像人，鬼不像鬼，乱七八糟。韦团儿设计除去了二妃，见李旦独守空房，满以为有机可乘，没想到皇嗣殿下竟铁了心的不要自己。韦团儿由爱生恨，气不打一处来，索性恶人做到底，连李旦一起害。第二天，韦团儿跑到女皇那里，又告了阴状：

"桐人厌咒之事，皇嗣殿下早就知道，他不但不加禁止，暗地里却怂恿二妃。皇上对他这么好，让他做皇嗣，他却潜怀逆心，真是大逆不道，请皇上明察。"

听了韦团儿的谗言，女皇半信半疑，决定召来儿子李旦，亲自查问。李旦听说母亲大人相召，忙换了一身衣服，赶到内宫。见了母皇，李旦忍住内心的凄苦，容态自若，向母皇施礼道："孩子拜见母皇，愿母皇万岁万岁万万岁！"高坐在龙椅上的女皇半晌没吱声，她在仔细地观察着李旦的一举一动、面部表情，见没有什么异常，于是拉着长脸问："旦儿，你最近在东宫都做了些什么事啊？""回母皇，孩儿除了平日看书、写字学习以外，基本上没有其他的爱好。"

女皇从案上拿起那两个桐人，抛到李旦的面前，问："这东西你认识不？"李旦捡起桐人，端详了一下，摇摇头说："孩儿才识学浅，不识得这是什么文物。"女皇冷笑一声，拍案吼道："有人用它做厌咒害朕，你难道不知道？"李旦吓得打个冷战，但很快地调整好自己，从容地答道："孩儿深居东宫，足不出户，的的确确不明白这桐人作何用处，请母皇明察。"女皇见李旦矢口否认，更为震怒，叫道："传小德子、小卓子。"殿门外等候皇嗣的小德子、小卓子立即被带了进来。

两个小厮见女皇陛下生气，吓得战战抖抖，伏在地上不敢抬头。只听得女皇在头上喊道："仔细看看，这是什么东西，若有半句假话，乱棍打死，拖出去喂狗。"在近侍的指点下，二人哆哆嗦嗦接过桐人，仔细辨认了一番，脑子里还是一片茫然，却又不敢说不知道，张着嘴，只是支支吾吾。头上又是一声吼："东宫搜出的东西，竟然不认识。派你们到东宫何用？拖出去乱棍打死！"

闻声扑上来几个侍卫，架起小德子、小卓子就往外走。生死关头，还是小德子急中生智，没命地回头叫着："我想起来了！我想起来了！"女皇一招手，两人又被拖了回来，小德子磕头道："我想起来了，一次我见韦团儿拿了两块桐木，在厨房里偷偷地用刀刻，我问她刻什么，她说做一双木拖鞋。过后俺却从来没见过她穿什么木拖鞋，保不准刻的就是这俩桐人。"女皇一听这话，愣了一下，暗自沉吟。李旦趁机磕头道："韦团儿自以为是母皇的宠婢，屡次自荐枕席，让儿臣收她为妃，均被儿臣严词拒绝。儿臣怀疑她恼羞成怒，陷害儿臣，还请母皇明察。"

女皇听完了李旦的解释，心中已经明白自己杀错了人，但为了保全自己的面子，只好强撑着死不认错。但她又害怕外人看出她枉杀二妃的行径。于是便蛮不讲理对着李旦怒吼，说他作为东宫的主人，竟然让自己的宫人做出如此大逆不道之事，最终也难逃罪责。命令他回宫自省。李旦等人一听女皇的话，知道她已经得出了答案，虽然委屈却也不敢多说什么，只得伏地磕个头，向女皇告辞，然后便默默地离开了。当晚，女皇就派人把韦团儿秘密捕杀。

第三十九章　韦团儿施计　东宫埋桐人

第四十章

母疑子作乱　斩草欲除根

长寿二年（公元694年）正月，回乡过完年的少府监裴匪躬带了一些自己家乡的土特产，按照约定来到了内常侍范云仙家喝酒。数年前，来俊臣与徐有功争斗之时，范云仙因为徐有功辩驳而被来俊臣斩去了半截舌头。

此时范云仙和裴匪躬对桌饮酒，二人把酒言欢，数杯酒下肚，都有了些醉意。当二人谈起国家现状之时，两人不禁热泪横流，长吁短叹。裴匪躬更是伤心，提议二人去探望刚刚痛失二妃、蜗居东宫的太子。范云仙也同意，于是两个人又连干数杯酒，仰面长叹："皇帝不皇帝，太子不太子，又姓李又姓武，不明不白，不伦不类，何时是个头啊。"

第二天，二人带些土特产，来到了东宫门口，着看门的公公递上了拜帖。

皇嗣李旦一听说大过年的有人来看他，也很高兴，忙叫人把俩人请进门。

二人进了东宫，见皇嗣殿下迎出门来，殿下也比以前又消瘦了许多，心中不觉泛出一阵酸楚，撩起衣襟擦了眼泪，而后跪地行礼道："少府监裴匪躬、内常侍范云仙给殿下拜个晚年，愿殿下安康。"李旦点点头，好久没听见这样恭敬的声音了，心中有些感伤，一手一个把他俩扶起，君臣携手走进内殿。

裴、范二人把随身带来的土特产呈上说："过年了，臣无以孝敬殿下，特把家乡的土特产带来一二，以飨殿下。"

李旦似受了风寒，连连咳嗽了几下，才说："难为你俩一片忠心，我非常感动，但目前情形看来，二卿还是少来东宫为好，以免受我之牵累。"

裴、范两人慨然道："臣拜储君，理所应当，又如何在乎其他。"

君臣之间又说了一些贴心的话语。太监小德子匆匆地跑进屋，小声地对李旦说："殿下，东宫门外发现了几个可疑的人，往咱东宫内探头探脑，很可能是刑部推事院的密探。"

李旦一听，坐立不安，起身对裴、范二人说："我也不留二卿多坐了，咱们后会有期。"

裴、范二人也觉东宫门口的便衣是冲着他俩来的，不敢久留，遂起身离座、拜倒在地，含泪看着李旦说："殿下，您要多多保重自己啊！只要殿下您好好的，天下人就有盼头啊。"

李旦不敢多说话，忙令小德子把二人护送到宫外。

辞别皇嗣殿下，走出皇城，二人犹自感伤不已，顺着洛堤一路行走，默默无言。走到闸口的一个拐弯处，突然从旁边的树林里走出七八个人，皆歪戴着帽，斜愣着眼，呈扇形，不怀好意地围拢过来，范云仙见势不妙，厉声喝问："你们想干什么？"

为首的一个家伙奸笑一下，一挥手，说："给我抓起来。"

七八个人一拥而上，裴、范二人欲作挣扎，但哪是这些暗探的对手，俱被反背手，按倒在地，飞快地绑了起来。裴、范二人大喊大叫，两块破布又塞到了嘴里，这时，两辆马车从树林里赶出，两人又被扶持着推进车厢里。驭手照马脖子上甩一个响鞭，马蹄嘚嘚，马车绝尘而去。

马车七拐八拐，来到了丽景门旁边的推事院。左台侍御史王弘义挺着肚子，在院子中间站着，见执行任务的马车回来，于是喝问道："人抓回来没有？"

那个小头头模样的人跳下车，跑到王弘义跟前，打一个立正，报告说："人全被抓获，一个不少。"

王弘义撇着嘴，不可一世地点点头，命令道："马上带到刑讯室，我和来大人马上就去。"

"是！"小头头答应一声，一挥手，手下人押着裴、范二人进了东院的刑讯室。

进了刑讯室，望着沿墙根摆放的各类血迹斑斑的刑具，裴匪躬、范云仙知道这回必死无疑，于是相互鼓励道："人总有一死，臣为君死，死得其所。""至死也不枉诬他人，绝不能让他们的阴谋得逞。"刑讯室的大门开了，来俊臣和王弘义一前一后，走了进来。来俊臣像见了老熟人似的，进了门就哈哈大笑，对二人说："老朋友了，尤其是云仙兄，不止一次和我打交道了。"裴、范二人面无表情地站在那里，正眼也不瞧来俊臣。来俊臣讨个没趣，悻悻然转身对王弘义说："开始审讯！"来俊臣、王弘义在案子后坐定，王弘义一招手，四个打手，两个挟一个，把裴匪躬、范云仙提到案前，令其跪下。裴、范二人打定主意，抵抗到底，硬是不跪，王弘义气得哇哇大叫，拿一根竹签扔到地上："打，把腿先给他打断！"

打手们得令，从墙根拿过木棍，"呜"的一声，照两人的小腿砸来，两人当即跌倒在地上，乒乓二十五，腿上挨了一顿棍杖。趴在地上，紧咬牙关，仍一声不吭。来俊臣见杀威棍不奏效，于是从案子后转过来，对地上的两人说："推事院刑具俱全，备诸苦毒，入此门者，百不全一，你俩要想活着出去，就要乖乖地招出和皇嗣李旦谋反的事，不然，哼哼，我不说你俩也知道。"

王弘义也在一旁跟着叫道："丽景门就是'例竟门'，入此门者，例皆竟也，你的人生路就算走到头了。"裴匪躬坐在地上头一昂说："要杀要剐，悉听尊便，若害皇嗣，苍天不容。"范云仙挣扎着坐起来，手指着来俊臣骂道："多行不义必自毙，总有清算的时候，总有报应的一天。"来俊臣见二人不但不招还敢当面骂他，勃然大骂，上去一脚一个，把两个踹倒，一迭声地对王弘义说："上刑，上刑，零刀碎剐，让他俩受活罪，活受罪。"

"是！"王弘义精神抖擞地答应一声，指挥打手们操作去了。

来俊臣来到推事院的一间贵宾室，武承嗣跷着腿正在那里等，问："怎么样？有戏不？"来俊臣摇摇头，坐下来说："又碰了两个死硬的。不过，大人请放心，裴、范两人不承认，再安排别人告李旦，我手下告密的人多得是，安排两个人告他就行了。"来俊臣关上门，和武承嗣头对头，密谋了一些细节，决定这次要把李旦治死，以彻底达到武承嗣夺取皇嗣之位的目的。正在密谋间，王弘义满头大汗地闯进门头。武承嗣急着问："审得怎么样？"王弘义端起一杯水咕嘟咕嘟地喝下，才说："别提了，死也不招。"武承嗣甚觉无味，说："我看你们的苦刑也就这么回事。""大人请放心，"来俊臣趋前半步说，"这边不亮那边亮，俊臣一定按大人的意思，三天之内把事情办好，大人就擎好吧。"武承嗣咬牙切齿地说："也不能轻饶裴匪躬、范云仙这两个家伙。待我进宫奏明圣上，先砍了这两个人的头再说。"来俊臣倒了一杯水，递给武承嗣，跟着说道："这两个老家伙可恶之极，见我就骂。大人请给皇上说说，给他俩来个厉害尝尝，最好是腰斩，镇镇天下亲唐之人的心。"武承嗣嘿嘿地冷笑着，目露凶光，手做了一个劈柴的动作，说："敢跟我武家作对的，都没有好下场。"武承嗣来到宫中，把裴、范二人妄图复辟、私谒皇嗣的事，添油加醋地一说，女皇果然大怒，一迭声地说："杀、杀。我就不信杀不完这些亲唐的人。"

"皇上，"武承嗣在一旁哈着腰说，"为了绝天下人向唐的心，我意把裴匪躬、范云仙处以极刑，也就是腰斩，看天下人谁还敢想入非非。"

"你看着办吧。"女皇有些心烦意乱，心里恨恨道，"真是杀不尽这些亲唐的人。"

办完裴、范二人，来俊臣立即组织人密告皇嗣李旦，称李旦潜有异谋。告密信由武承嗣亲自送到皇宫，递到女皇的手中。

武承嗣忧心忡忡地对女皇说："皇上既然赐旦以武姓，旦就应安分守己，以武家皇嗣自居，如今却念念不忘李唐，三番五次交通外人，图谋不轨，外人也唯旦马首是瞻。不查清旦的问题，皇上您也甭想睡个安生觉。"

女皇一想到李旦连杀鸡也不敢看的老实样，如今也潜有异谋，不大相信，踌躇了一会儿，说："这案子交由徐有功办吧，有功审案一向也比较慎重。"

案子交由循吏徐有功，扳倒皇嗣李旦的事，岂不又是打水漂？武承嗣急了，趋前一步说："徐有功不行，审案子瞻前顾后，一点也不利索，此案非由来俊臣办不可。来俊臣执法如山，铁面无私，在办理大案要案方面，也有丰富的经验。"

女皇也觉得侄儿说得有理，点点头，应允此案由来俊臣办，但有以下两点指示：一、不准直接审问皇嗣；二、若审不出什么，从速收兵。

接了案子的来俊臣立即带着手下，拿着各式各样的来氏独门刑具，浩浩荡荡地开进了东宫。

阴雨天，皇嗣李旦正站在窗户前发呆，见来俊臣等一帮土匪，凶神恶煞地闯进殿来，吓得李旦一屁股跌坐在旁边的太师椅上，结结巴巴地问："你，你们想干什么？"

来俊臣刷的一下，抖开手中的圣旨，说："奉旨办案，如有不从，先斩后奏！"

"你……"

来俊臣不客气地指着皇嗣殿下李旦说："待在这屋子里别动。其余的人，一律跟我到偏殿过堂。"

来俊臣手一挥，打手们开始驱赶太监、宫女们。

小德子不愿走，说："我是专门照顾皇嗣殿下的，我哪也不能去。"

话音刚落，脸上就挨了王弘义一个大嘴巴，王弘义恶狠狠地指着小德子说："老子先拿你开刀，头一个过堂的就是你。"小德子只好随着人群到偏殿候审去了。

来俊臣留下几个打手，虎视眈眈地看住李旦。自己则来到旁边的偏殿，设起大堂，一字摆开刑具，开始大发淫威。

第一个被揪上来的果然是小德子。也不审，也不问，王弘义把一把竹签往地上一抛，喝道："先给我狠揍一顿再说。"

打手们一脚把小德子踹翻在地，抡起灌了沙子的竹子，劈头盖脸地打起来。内装沙子的竹子打人不见外伤，唯有内伤，让你有嘴难辩，有苦道不出。

刚开始还一五一十地数着数，最后打得兴起，也不数了。身体瘦小单薄的小德子被打得满地乱滚，哭叫着，举手告饶。

"叔叔，大爷，别打我了，叫我说什么俺说什么，千万别再打了……"

来俊臣一挥手，说："既然告饶，带下去，问他的材料。下一个！"

又一个太监被带了上来，照例是一顿毒打，照例是连连告饶，被带下去问材料了。酷刑之下，罕有勇夫。东宫的太监、宫女们不胜楚毒，咸欲屈打成招，妄引李旦入案。

这时，女皇身边的赵公公奉女皇命令来到东宫，来看看案子审问得怎么样了。来俊臣不无得意地对赵公公说："很顺利，无比顺利。皇嗣李旦反是实，不过，为了慎重起见，为了对皇嗣本人负责，本大人决定将东宫里的人，一个一个过滤，直到全部指认皇嗣谋反为止。"来俊臣说着，问王弘义："还有什么人没过堂？"

"差不多都过了，"王弘义说，"可能后院还有一个花匠没有来，此人终日在后院侍弄花草，审问他意义不大。"

"什么意义不大？"来俊臣看了一下赵公公说，"任何蛛丝马迹都不能放过。"

"是是是。"王弘义一招手，门口的两个打手，到后院把太常工人花匠安金藏带到偏殿。

有赵公公在场，来俊臣不便上头来开打，他背着手踱到安金藏跟前，假惺惺地问："你叫什么名字，皇嗣谋反的事，大家都已经承认了，你是怎么想的，用不着本大人多费一些周折吧。"

安金藏揖手道："小人安金藏，乃东宫太常花匠。皇嗣殿下谋反一事实属子虚乌有。金藏在东宫十余年，每见殿下或读书或写字或漫步后花园，鲜与外人交通。更别提谋反之事，纯粹无耻小人诬告。"来俊臣一听恨得咬牙，指着堂上各式各样的刑具威胁道："别人都承认，你敢不承认，本大人一声令下，照样把你给治得腿断胳膊折。"安金藏毫无惧色，说："真就是真，假就是假，皇嗣殿下乃国家之未来，岂可擅自诬其清白。"来俊臣勃然大怒，指着安金藏说："你一个小小的花匠，道道还不少哩，不给你些厉害尝尝，你哪里知道马王爷有三只眼。"来俊臣刚想喝令手下人动刑，安金藏却挺身而出，对来俊臣大声喊道："公不信我言，请剖以明皇嗣不反！"说罢，安金藏拔出修剪花木用的佩刀，撩开衣襟，一刀下去，剖开自己的上腹部，一时间，五脏并出，流血被地，人扑通一声昏倒在地上。赵公公一见，掩面失色，拔腿就走，一溜烟跑回皇宫向女皇汇报去了。女皇闻讯，也大为吃惊，没想到东宫还有如此忠烈之人，当即命人用舆辇抬安金藏入宫，同时安排御医紧急抢救。被舆辇抬到皇宫的安金藏面白如纸，气若游丝。御医使出看家本领，先将其内脏安放于原位，再用桑皮线，细细缝合好伤口，然后再敷上创伤药。几个御医也为安金藏的忠心侍主所感动，不敢合眼，守候在床前，密切观察着。直到第二天，安金藏才醒了过来，女皇亲临探视。安金藏用微弱的声音含泪对女皇说："皇天后土，金藏对神明起誓，皇嗣殿下老实本分，的确没有越轨的行为啊。"女皇点点头，叹息道："吾有子不能自明，不如汝之忠也。"安金藏的一腔热血，终于使女皇的母性复苏。当即命人通知来俊臣，撤出东宫，停推此案。李旦由此得以幸免于难。当时朝野士大夫谈起安金藏，无不肃然起敬，翕然称其谊，自以为弗及也。武承嗣、来俊臣激起的黑色旋风没有刮倒皇嗣李旦，大为抱憾。武承嗣更是对自己的前途悲观失望，坐在家里唉声叹气不止。前来探望的来俊臣坐在武承嗣身边，陪着叹了几回气，脑子一转，又冒出一个点子，忙对武承嗣说："现在搞不掉李旦，先动手杀尽他姓李的残渣余孽，让他李旦彻底地变成孤家寡人，让他以后连个商量的人都没有。"

"李姓王公宗室该杀的不都已杀光了吗？"武承嗣说。"许多王公宗室确实人头落地，但其家人亲属却还活着，大都被流放在岭南、剑南、黔中、安南等地，这些残存的龙子龙孙，不可小瞧。杀了他们，天下就彻底变成咱武家的天下了。"少一个异己，自己离皇位就能再近一些。

一想到这些，武承嗣心情又开朗起来。他站起来，摸了摸肚子，冲着堂下的管家喊："做菜，让厨房做菜，老子要和俊臣弟好好地喝几杯。"在武承嗣的授意下，第二天早朝，武承嗣的死党、补阙李秦授出班奏请下一道圣旨，去各处查看流人现状。但凡持圣旨所到之处，无不将当地流人大肆屠戮。这一下激怒了朝中百官，李昭德、纪履等人一齐拼着辞官不做，硬是将来俊臣、王弘义等人一本参下，流放他乡去了。武承嗣自然又是一番气急败坏，对李昭德恨之入骨，却又无可奈何。这天，正坐在家中唉声叹气，老弟武三思来了。三思心眼子比武承嗣多，知道老哥的心事，陪着叹了几回气，脑子一转，对武承嗣说："不灭了李昭德，太子你别想当。这一阵子，你连走霉运，全是这李昭德捣的鬼。"武承嗣愁眉苦脸地说："话是这么说，可李昭德这老滑头不好告，我告了他几次，都没告倒他。""看你怎么个告法。"武三思来回走了两步，胸有成竹地说，"必须设计一个连环告，三番五次地告，由不得皇上不相信。另外，对待李昭德这样的强手，必须从侧面入手，安排一些不相干的下级官员罗告，才能告倒他。"武承嗣一听，站起来一迭声地说："告倒他，谁告倒他，给谁钱。"武三思嘿嘿一笑，食指和大拇指搓了说："安排人罗告，得先给人钱，不然，人也不愿冒险出这个头。"

"给，给，要多少给多少，"武承嗣说，"我早就想搞倒李昭德了，我恨不得现在就叫他死。"武承嗣当即给了武三思十万大钱。得了钱的武三思马上行动。不久，前鲁王府功曹参军丘上疏言李昭德罪状。生性好疑的女皇览表后，不由得眉头直皱。

事情总是一件连着一件，一波未平，一波又起。上果毅邓注又著硕论数千言，上面讲述的全是李昭德任宰相之后的专权之事。女皇看着言辞恳切的奏章，不得不对李昭德起疑，于是便对姚祷说："昭德身为内史，备荷殊荣，诚如所言，实负于国。"

姚祷曾经因为进献符瑞遭到过李昭德的嘲骂，虽然并没有怀恨在心，但始终心有芥蒂。此时，他不愿意为李昭德说好话，于是便附和这些小人。女皇听着大家你一言我一语地攻击李昭德，半天都没有表态，但内心中已经有了主意，觉得是时候动一动李昭德了。

第四十一章

李昭德受陷　薛怀义图谋

这天，李昭德和娄师德下了早朝之后，两个人结伴到了南衙，娄师德好心提醒李昭德为国效忠，虽然忠心可表，但不懂得韬晦之术，最终很可能招致杀身之祸。娄师德还提醒他朝中已经有人开始上表弹劾他了。没想到李昭德好不意外，更没有显现出惶恐，而是淡定地叹息道："我岂不知，然以我的性格，又岂能容忍这些丑类横行。太后一朝，鲜有坐得稳、坐到底的宰相，要杀要剐，随她去吧。"

娄师德真诚地说："公近日少说话少做事，师德将尽力保公。过一阵子，我也要申请外放，长期待在皇上身边，是不大好啊。"

过了数日，李昭德被左迁为钦州南宾尉，数日，又命免死配流。不久，娄师德以宰相之职充陇右诸军大使，检校河西营田事。其弟亦除代州刺史，将行，师德谓弟曰："我备位宰相，你又升为刺史，荣宠过盛，向为人嫉，将何以自免？"

弟长跪曰："我一定谦虚待人，忍字在心，绝不令兄长担忧。"

师德愀然曰："我最担心的正是你呀，一定要敛锋芒，存仁心，不违小人之意。"

李昭德遭贬后，除娄师德外放外，宰相班子是这样的：豆卢钦望为内史，司宾少卿姚梽为纳言，左肃政中丞杨再思为鸾台侍郎，洛州司马杜景俭为凤阁侍郎，并同平章事。

一日，内史豆卢钦望为了显示自己拥军，突发奇想，上表请以京官九品以上者拿出两月的俸禄，捐给军队。女皇也想省个军费，批示以群臣百官签名为准。

豆卢钦望想把这事办成，书一个帖子，令百官签名，百官不知何事，唯有见帖签名而已。拾遗王求礼不满豆卢钦望的行为，拒绝签名，说："明公禄厚，捐之无伤，卑官贫迫，捐禄后一家大小衣食无着。"

当时制度是：一品月俸八千，食料杂用三千；二品月俸六千五百，食料杂用二千五百；三品月俸五千一百，食料杂用二千；四品月俸三千五百，食料杂用一千四百；五品月俸三千，食料杂用六百；六品月俸二千，食料杂用四百；七品月俸一千七百五十，食料杂用二百五十；九品月俸一千三百，食料杂用二百；一般工作人员月俸一百四十，食料杂用三十。

百官在帖上签上名后，豆卢钦望呈给女皇，女皇心里喜悦，览表叹道："难为众爱卿对皇家如此忠心，竟捐出两月俸银以赡军。"

王求礼上前奏道："此签名非百官本意。想陛下富有四海，军国有储，何藉贫官九品之俸而欺夺之！"

姚俦为值班宰相，上来呵斥道："求礼不识大体，还不退下？"

王求礼不吃他这一套，反唇相讥："你姚俦是宝仁君子吗！"

见王求礼这一搅乎，女皇颇不耐烦，摆摆手说："算了，算了。军供不足，自有国库拨付。朕也不想使众卿那几个小钱。"

率大军北讨突厥的薛怀义，班师回朝后，被加封为辅国大将军，改封鄂国、上柱国，赐帛二千段。吉人自有天相，薛怀义得意非凡，嚷嚷着叫女皇任命他为兵部尚书兼平章事。

望着薛师的急不可待相，女皇哈哈大笑，说："让你出去玩玩还行，真要领兵打仗，你还不够格。"

薛怀义不服气，说："我兵不血刃，已度紫河，其功非浅，这可是圣上御口亲说的。"

"好了，好了，"女皇揽住薛怀义说，"你还是到白马寺当住持吧，闲来入宫侍候侍候朕，就别想其他了。"

薛怀义赖着女皇说："我就得当兵部尚书和平章事。"

女皇捏着薛怀义的鼻子说："让你处置军国大事，朕怎能放心，再说让你当宰相，影响也不好。"

薛怀义一听这话，从女皇怀里挣脱出来说："什么影响不好，十几年了，我薛怀义在皇宫内进进出出，谁不知道？"说着，薛怀义拿起褂子就走了。

回到白马寺，薛怀义还留恋军队里那一呼百应，千军万马的生活，于是广开山门，广招门徒。京都附近的泼皮无赖闲人们，纷纷赶来投靠，一时度力士为僧达两千多人。这些人斗鸡走狗，吃喝拉撒，一时把白马寺及其附近闹得乌烟瘴气。薛怀义闲来无事，特地从部队里请来教官，教力士和尚们操练一二，谓之预习阵法，将来好为国上阵杀敌。

薛怀义好一阵子不去皇宫了，女皇有些惦念，这天，特派上官婉儿去请。上官婉儿到了白马寺，话刚说出口，薛怀义就指着院子里歪七斜八、正在操练的和尚兵说："我这一段时间忙于事务，无暇入宫。"上官婉儿在一旁轻轻地说："皇上相召，您怎么也得抽空去一次。"薛怀义撇着嘴说："有什么好去的，上次我想当兵部尚书，她都不让我当。光让我陪她，我早就受够了。"上官婉儿捂住耳朵说："薛师说的混账话，婉儿一句没听见。""听见没听见是你的事。"薛怀义大大咧咧地说。上官婉儿无奈，只得告辞说："既然薛师很忙，待我奏明皇上就是了。"薛怀义道："问皇上封我为兵部尚书不，封我我就入宫侍候她。"

　　上官婉儿自然不敢把薛师的混账话一字不漏地传达给女皇，只是说薛师挺忙，无暇入宫，女皇怒问道："他成天都忙些什么？""我也弄不清他干什么，"上官婉儿道，"就见一二千和尚又是唱戏打锣，又是耍枪弄棒的。"女皇依旧气咻咻的，上官婉儿试探地问道："是不是让御医沈南璆来侍候陛下？"女皇刚想答话，门外却闪进一个人来，女皇一见，高兴地嗔怪道："你不说你不来了吗？"来的正是薛怀义。薛怀义把棉袄一甩，说："我不来能行吗？您是大皇上，我是个平民。"女皇柔声说道："朕杀人无数，可朕戳过你一个指头吗？""这话不假。"薛怀义说着，跳上龙床，柔软的龙床上下波动起来。一番折腾后，女皇问枕边的薛怀义："你整天领着几个人，干什么呢？"薛怀义不满地说："我那是正事，替皇上训练兵马。最近经费有些紧，钱不够花了，您得从国库拨给我一些。"

　　"你来皇宫是问朕要钱的？"女皇说。

　　薛怀义说："我入宫是来看皇上的。"

　　女皇哑然失笑，说："要多少钱，明儿去国库现支。"

　　望着老态毕现的女皇，薛怀义心生厌倦，跳下床，边穿衣服边说："我得回白马寺，那里几千个徒弟还在等着我呢，晚上还有一次无遮大会呢。"说走就走，把床上一腔柔情的女皇丢在了身后。这天上朝，侍御史周矩上前奏道："白马寺僧薛怀义整日领着数千和尚，又是在街上操练正步走，又是在寺里喊杀之声不绝。臣怀疑薛怀义有不轨之谋，臣请按之。"女皇打哈哈道："就是一些和尚，在一块练练武，强强身，没什么大不了的。"周矩又请道："天子脚下，数千人聚在一起操练功夫，更应该详加查问，臣请陛下允臣按之。"女皇不得已，说："卿姑退，朕即令往。"周御史又到南衙办了一些其他事。赶着回肃政台本部

衙门，刚至肃政台，就见薛怀义乘马疾驰而至，一直骑到门口的台阶上，才跳下来。门里旁有个坐床，薛怀义毫不客气，大模大样地躺在床上，捋开衣服，露出大肚皮，压根儿没把旁边的周御史放在眼里。周御史见状，急忙向门里边喊人："来人哪，快将这个家伙捕拿住！"

话音刚落，薛怀义就从床上一跃而起，三步并作两步，冲出门外，翻身上马，而后，照着马屁股上狠抽一鞭，等肃政台的甲士们冲出门来，那马已载着薛怀义箭一般地冲出肃政台。马蹄嘚嘚，薛怀义已扬长而去。周御史气急败坏，赶往朝堂，一五一十具奏薛怀义的无理之状。女皇也处在两难之中，自己宠出来的面首，委实无法公开立案审理，只得打哈哈道："此人似已疯癫，不足诘，所度僧，唯卿所处。"一动不了薛怀义，却饶不了他那些手下和尚。周御史立即调兵遣将，包围了白马寺，数千力士和尚悉数被捕。周御史将这些泼皮无赖五个十个一起捆成一队，一齐打发到岭南开荒去了。

薛怀义老老实实地在皇宫里躲了一个月，才敢出来。女皇有他侍奉，也痛痛快快过了一个月，也不由得对御史周矩心生感激，周矩因此升迁为天官员外郎。

受此挫折的薛怀义不甘沉默，决定东山再起，于是在女皇跟前大吹枕头风，要求过年正月十五，在明堂前举行无遮大会，由自己当主持人。受用之中的女皇岂有不答应之理，连连点头应允。薛和尚因而要人有人，要钱有钱，很快又组织起一帮人马。

说干就干，还没过年，薛怀义就开始着手准备，整整折腾了两个月。到正月十五这天，明堂门口士庶云集，成千上万人赶来观看薛和尚的惊人之举。

只见高台上的薛怀义一挥手，旁边的乐队顿时奏起仙乐。接着薛怀义在高台上激动地来回走动，指着明堂前的一个大坑，叫喊着："请看啊！请看！奇迹出现了，千古奇迹出现了！"

众人顺着薛怀义手指的方向，引颈往大坑里观瞧，果见大坑里先冒几团黄色、红色的烟雾，接着一座结彩宫殿从大坑里徐徐升起，更为稀奇的是，一座佛像坐于宫殿中，与宫殿一起自地涌出。这时，乐队乐声大作，薛怀义和手下为自己的噱头所激动，口哨声、跺脚声不绝于耳。老百姓也像看西洋景似的，啧啧称赞，说："装神弄鬼，还真有两下子。"

这天，有挖土石方的来要钱，薛怀义这才发觉手头又没钱了。于是，梳洗打扮一番，赶往皇宫去跟女皇要钱花。

时已天黑，宫门已上锁，不过挡不了薛怀义，大门洞开，即刻放行。薛怀义长驱直入，一直赶到武则天住的长生殿，在殿门口，却让侍卫给挡住了。薛怀义指着自家的脸问侍卫："认得你薛大爷不？敢不让我进？"侍卫坚持原则，就是不放行，说："往日可进，不过，今日皇上有令，除本殿人员，谁人都不准入内。"

"真不让我进。"薛怀义在殿外叫起板来，冲着侍卫的脸先捣上两拳，又踹上几脚，侍卫知眼前的人是皇上的面首，强忍着不还手。薛怀义的吵闹声惊动了殿中人，上官婉儿走出来问道："何故在殿外吵吵嚷嚷，若惊扰了皇上，谁人担待？"薛怀义挺胸上前，指着侍卫说："他竟敢不让我进。"上官婉儿从台阶上走下来说："御医沈南璆正在侍候皇上，谁人都不许打扰。"上官婉儿怕薛怀义惊扰了皇上的美梦，吩咐侍卫道："请薛师父出宫，有事改日再来。"侍卫们巴不得有这句话，遂冲上两个人高马大的侍卫，一左一右架起薛怀义，脚不沾地地向皇宫外拖去。薛怀义一路上气急败坏，大喊大叫，什么难听的话都说出了口："你不仁，我不义，我服侍多年，被你一脚蹬了实在亏，我要传言天下！"侍卫见薛怀义敢高声骂皇上，实在听不下去，从旁边的阴沟里挖一把臭泥，抹在了薛怀义的嘴里，薛怀义被呛得直翻白眼，哇哇直吐，两眼瞪着侍卫说不出话来。到了皇宫门口，薛怀义被一把抛了出去。再想进宫，人已不让进，朱红的双扇大宫门紧紧地闭着，在宫灯暗弱的灯光中，显得冷酷和神秘。薛怀义气急败坏，拳打脚踢，里面悄无声息，门就是不开。

薛和尚气得咻咻直喘，旁边的从人走过来说："国师，洗洗吧，你看你的脸，都是臭泥。"

在从人的搀扶下，薛怀义走下洛堤，到洛水边，手撩起水洗了一把脸，擤了一下鼻子，捧两捧水，漱漱口，这才觉得好受些。他喘口气，望着波光粼粼的洛水河面，河面上有一对野鸭子，正在月光里交颈亲吻，这一动人的场面，竟又惹得薛怀义心头火起，在水边疯了似的找到一块大石头，"嗖"的一声扔过去。"嘎……"野鸭惊叫一声，扑闪着翅膀疾速飞去。龙床上男欢女爱的场面在薛怀义的脑子里怎么也挥之不去，他冲着洛水恶狠狠地吐了一口唾沫，骂道："妈的，我让你销魂，销你妈的魂！"

"走！"薛怀义一挥手，翻身上马，领着众人疾驰而去。

当初，明堂既成，武则天命薛怀义作夹纻大像。大像造成后，薛和尚又于明堂北面造一天堂，以贮大像。因而说，明堂是节日庆典布政之所，天堂则是顶礼拜佛的宗教场所，天堂自然归薛和尚所管辖。管理天堂的小吏一见薛师来了，急忙迎了出来，鞍前马后，极尽巴结之能事。

"薛师，吃饭没有，没吃饭叫厨子弄几个菜。"小吏恭恭敬敬把薛怀义迎到了贵宾室。

"气都气饱了。"薛怀义气呼呼地说。

"谁敢惹薛师生气？"

"少啰唆，快弄几个好菜，搞几坛好酒。"

"是！"小吏答应，急忙出去办去了。

热气腾腾的饭菜很快地端上来了。薛怀义骑坐在大板凳上，也不吃菜，只是一杯接一杯地喝酒，一会儿工夫，就喝得两眼通红，模样吓人。小吏见薛师喝得差不多了，赶紧央求道："薛师，最近天堂有几处漏雨，想请薛师批几个钱，修缮修缮，再说工匠们在天堂干了一年了，也想弄两个钱养家糊口。""钱？"薛怀义摇摇晃晃走到小吏的跟前，两眼直勾勾地看着小吏，说："钱，我有，要……多少，给……多少。"说着，薛怀义一歪头。从人熟知薛师的脾气，赶忙把钱褡提过来，钱褡里是薛怀义平日随身所带的零花钱，却也足有上千两之多。"拿，拿去吧，"薛怀义挥挥手说，"今晚我……我老薛在这看门，你和工匠们都放假回家吧。""哎！"小吏提起钱褡，愉快地答应一声，鞠了个躬，转身走了。小吏走后，薛怀义命令从人："给我搬些木柴，堆在这屋里。"几个从人不解，问："搬木柴干什么？烤火有现成的木炭。"薛怀义冷不丁暴叫一声："吃我的喝我的，叫干什么干什么，这么多废话！"几个从人不敢反嘴，忙从厨下抱来一捆捆木柴，堆放在房间里。薛怀义把喝剩的酒悉数倒在柴堆上，而后举着火烛笑着问身后的几个随从："你们说我敢……敢不敢点？""薛师，你要烧天堂？"几个随从惊问道。"烧，烧了这小舅子。"薛怀义嘴里喷着酒气说。几个随从交换了一下眼神，害怕地直往门口挪，薛怀义把手中的灯烛往柴堆上一丢，泼上了烈酒的柴堆"呼"的一声着了起来，大火映红了几张仓皇的脸，火头逼得人直往后退。"快跑，薛师！"几个随从反身拉着薛怀义，没命地往屋外窜。火势凶猛，又加上起了西北风，大火瞬间就着了起来。火势燎原，很快地就接上了主建筑天堂，大火烧得噼里啪啦，火头冒有三丈多高。附近的居民都惊动起来，摸出镗锣，乱敲一气，四下里人声鼎沸，高喊救火。远处皇宫报警的铜钟也撞响起来，皇宫边的几个军营也行动起来，集合的哨子声一声比一声急，尖利又刺耳……退到大门口的薛怀义也有些紧张，酒醒了大半，嘴里咕哝着："这火头怎么这么大。""薛师，咱赶紧跑吧。"几个随从慌慌张张地把薛怀义扶上马匹，而后打马抄小道，窜回白马寺去了。小北风呼呼地刮，大火噼里啪啦地烧，火借风势，风借火势，火光冲天，火势激烈，人已无法靠近，反逼得救火的人连连后退。众人等提着水，拎着工具，在旁边团团直转，干着急，救不了火。但见那火头顺着风势直往南走，紧挨着天堂的南边就是高二百九十四尺，方三百尺的巍峨壮丽的明堂，人们惊呼："完了，完了，明堂完了。"很快火势就逼近了明堂，明堂都是些木建筑，更加娇贵，见火就着，顷刻之间，明堂的大火就烧了起来，火势冲天，城中亮如白昼。全洛阳的人都惊动起来，手搭凉棚，痴痴地望着这场无名大火。大火整整地烧了一夜，比及天明，"饰以珠玉，涂以丹青，铁鸾入云，金龙隐雾"，空前雄伟的明堂，被烧得只剩下乌黑的架子。残砖烂瓦，断壁残垣，劫后苍凉，触目惊心。负责京城治安的五城兵马使武三思，不敢怠慢，当夜就把看守天堂的小吏从家中提溜出来，突审之后，武三思赶往皇宫，向女皇报告说："薛怀义薛师把人打发走后，独自在天堂。起火后，有人见他和随从匆忙逃往白马寺。据臣所查，起火原因很可能与薛师有关。"女皇披着被子坐在龙床上，寒脸挂霜，老脸拉得很长，半天不吱声，旁边的御医沈南璆插言道："应该找薛怀义问问，干吗烧天堂？"武三思看了沈御医一眼，点了点头。女皇说："这事你不用管了，对外就说工徒误烧苎麻，遂涉明堂。"

"侄儿明白。"武三思磕了个头，转身欲走，却又回头说："薛师在天津桥头立的那个二百米高的血像，夜里也被暴风吹裂为数百段。"天明上朝，众文武小心翼翼，一齐向女皇请安问好，见女皇在龙椅上沉默寡言，心情不好，左史张鼎上前劝解道："其实一场大火也没什么不好的，俗话说'火流王屋'，这场大火更弥显我大周之祥。"女皇一听这话，脸色舒缓了许多。通事舍人逄敏也上来凑趣说："弥勒成道时，也有天魔烧宫，所建的七宝台须臾散坏，今天堂明堂既焚，正说明弥勒佛乃皇上真实前身也。"女皇听了，心中大为舒坦。左拾遗刘承庆气不过，走上来毫不客气地说："明堂乃宗祀之所，今既被焚，陛下宜辍朝思过。"

女皇被说得脸上一阵红一阵白，在龙椅上坐立不安，宰相姚梼上来解围道："此实人火，非日天灾，至如成周宣榭，卜代愈隆。汉武建章，盛德弥永。臣又见《弥勒下生经》云：当弥勒成佛之时，七宝台须臾散坏。观此无常之相，便成正觉之因。故知主人之道，随缘示化，方便之利，博济良多。可使由之，义存于此。况今明堂，乃是布政之所，非宗庙之地，陛下若避正殿，于理未为得也。"女皇连连点头，表示赞同，说："姚爱卿所言极是，不妨重建一座。"姚踌奏道："要建就赶紧建，烧坏的天堂明堂狼藉一片，有碍观瞻。""马上建！"女皇指着姚踌说："这事你负总责，让那薛怀义也挂个名，做复建明堂、天堂的总指挥，他有一些建筑方面的经验。"姚踌知女皇死要面子，为掩人耳目，故意委派薛怀义为名誉总指挥，因而不作异议，退了下来。右拾遗王求礼不干了，上来说："外面风言，天堂明堂之火，与薛怀义有关，此次重建，决不能再让他当什么总指挥，再说他什么也不懂，光会贪污敛钱。"

女皇的脸再次变了颜色，为了掩饰自己的不安，她故意打了个哈欠，随后便声称自己一夜未睡，此时要去寝殿歇息。说完便不再理会众人，径直向内殿走去。朝虽退了，但一些正直的官员仍然不肯罢手，纷纷上书抗表，请求女皇能够依例责躬避正殿。女皇无奈，只能贴出布告，以明堂火告庙，下制求直言。

第四十二章

薛怀义嚣张　太平除祸患

　　纵火焚烧了明堂和天堂，不但没有受到任何处罚，反而又让其负责重建工作，薛怀义更觉得自己了不起，根本就忘了自己只是个市井卖艺的人，也闹不清自己到底有多少斤两，逢人便吹牛皮说自己就算是把整个皇宫，甚至是洛阳城烧光，女皇也不会怪罪自己。

　　薛怀义挺着大肚子装模作样地在建设工地上进行巡视，督作姚梼怕薛怀义不懂装懂，瞎指挥，专门派出几个人陪他在工地上唠瞌、喝酒。薛怀义却不甘寂寞，在工地上指手画脚。这天他在库房里见几个怪模怪样、高达数丈的大鼎，便召来姚梼问："这是什么东西？"

　　姚梼耐心地介绍说："这是铜铸的九州鼎，其中神都鼎曰豫州，高一丈八尺，受一千八百石。冀州鼎曰武兴，雍州鼎曰长安，兖州鼎曰日观，青州鼎曰少阳，徐州鼎曰车源，扬州鼎曰江都，荆州鼎曰江陵，梁州鼎曰咸都……"

　　"什么'曰'不'曰'的，"薛怀义指着墙角未拆封的铜制品问，"那几个团蛋子是什么？"

　　姚梼叫人拆开封，介绍说："此乃十二神铸像，皆高一尺，置明堂四方之用。十二神者，子属鼠，丑属牛，寅属虎，卯属兔，辰属龙，巳属蛇，午属马，未属羊，申属猴，酉属鸡，戌属狗，亥属猪。"

　　薛怀义指着十二神，耍开了总指挥的脾气，叫道："什么鸡狗猫妖的，这些铸铜得花多少钱，怎么不跟我提前打招呼，你还把我这个薛师放在眼里不？"

　　姚梼赔着笑脸说："这些都是根据皇上的意思做的，本督作见薛师事忙，所以没敢提前打招呼。"

　　"我什么时候不忙？"薛怀义愣着眼说，"我什么时候都忙，你老姚想越俎代庖，门都没有，从今以后，所有的钱款都由我批！"

　　姚梼见薛怀义无理取闹，拱手说："皇上可只是让你挂名，具体的承建工作可是安排我来做的。"

一句话惹恼了薛怀义，当即指着姚俦骂道："你立即给我滚蛋，明堂的建设工作老子全盘接管。"薛怀义一挥手，几个喽啰当即围上来，推推搡搡撵姚俦走。几个泼皮无赖小喽啰望着八面威风的薛怀义，竖起大拇指。薛怀义笑着说："那年我领兵挂帅西征，李昭德为行军长史，几马鞭揍得连连告饶，这可是人人知道有影的事。""薛师不听我的话，我听说一个御医叫沈南璆想夺薛师的位子。"一提沈南璆，薛怀义气不打一处来，恨道："他沈南璆算什么东西，我匹马单枪驰骋皇宫十几年，位子是别人能轻易夺得了吗？"几个小喽啰忙附和道："是啊，是啊，他姓沈的哪是薛师的对手。"门外的几个官员听不下去，悄悄地开溜了。姚俦更是气愤难当，翻身上马，一鞭抽在马屁股上，直奔皇宫向女皇汇报去了。到了皇宫，姚俦一五一十把薛怀义所言所行说了一遍，女皇果然脸拉得老长。姚俦劝道："应该约束一下薛怀义，此人不识时务，于宫闱秘闻多有泄露。"女皇正在沉吟间，人报河内老尼"净光如来"来访。女皇抬头一看，这净光如来熟门熟路，已入大殿了。但见净光如来念一声佛号，打一个稽首，说："明堂、天堂不幸失火，老尼慰问来迟，还望我皇恕罪。"

女皇早把脸拉下来了，厉声问河内老尼："你常言能知未来事，何以不言明堂火？"

河内老尼见皇上动怒，吓得腿一软，跪倒在地，忙不迭地叩头如捣蒜。

女皇一拍桌子，喝道："滚！"

河内老尼吓得一哆嗦，但尚还清醒，连爬带跑地慌忙走了。

姚俦在一旁说道："这河内老尼惯好装神弄鬼，白日里，一麻一米，过午不食，俨如六根清净的高僧大德；到了夜里，却关起门来，烹宰宴乐，大吃大喝。宴乐之后，又与众弟子群聚乱交，其淫秽奸情，实在令人发指。"

女皇惊奇地问："果有此事？"

姚俦说："河内老尼，还有自称五百岁的老胡人和正谏大夫韦什方都是些沆瀣一气、狼狈为奸的骗子，京城中谁人不知，哪个不晓，只是碍于皇上宠爱他们，不敢直说罢了。"

女皇有一种被骗的感觉，却嘴硬说："这些人都是薛怀义介绍来的，朕本信他们。"

"皇上应该下旨，铲除这些为害社会的旁门左道。"姚祷说。

女皇点点头说："你传旨召河内老尼等人还麟趾寺，令其弟子毕集，而后派使掩捕，把这些人都没为宫婢，让她们到南山上养马种地去。"

"遵旨！"姚祷答应一声，出去了。

大殿里只剩下女皇和旁边侍候的上官婉儿，女皇喃喃自语道："天作孽犹可，自作孽不可活，是到了动手的时候了。"

上官婉儿见女皇嘴里一动一动，一旁小声道："皇上都说些什么呀？"

女皇看她一眼，吩咐道："速密选宫人有力者百余人，加强朕的警卫。"

"是。"上官婉儿答应一声，刚想走，又被女皇叫住了："传旨让太平公主和驸马武攸暨见我。"

"是！"上官婉儿弯了一下腰，袅袅娜娜地出去了。

下午，太平公主和武攸暨进宫了，到了母亲所住的长生殿，太平公主颇感诧异，见眼前情景大非平日，数十名身强力壮的宫女，虎视眈眈地把守在宫门口，进门先仔细地验明正身，才放太平公主和武攸暨进去，进了二道门，又有十几名健妇立在门口。大殿里，女皇歪坐在寝床上，旁边也环绕着数十名健妇，一副如临大敌的样子。太平公主和武攸暨小心地走过去，磕头行礼后，问："不知母皇召孩儿所为何事？"女皇一挥手，上官婉儿率几十名健妇退到门外，轻轻地带上门。武则天这才说道："薛怀义辜负朕恩，前者密烧明堂，今又言多不顺，泄露宫闱。朕考虑着，想除掉他。"太平公主这才明白怎么回事，说："是应该给他一个结局了，他在宫外胡言乱语，辱了我朝清誉。"

武攸暨一旁说："下个圣旨，把他拉到街上问斩就得了。"

"不……"女皇摇摇头说，"要秘密处置他，最好人不知鬼不觉地把他杀掉。"

武攸暨道："他走哪都带着一大帮人，平时喽啰侍卫，刀枪剑戟不离身，想悄无声息地做掉他，还真不大好办哩。"

太平公主点子多，拍一下脑门就出来了，说："这事好办，明天上午，我密召薛怀义至瑶光殿议事，暗地里埋伏下人手，把他拿住后，拉到隐蔽处秘密处死，不就行了。"

女皇点点头，指示说："此事要做得秘密些，越秘密越好，薛怀义出入宫内十几年，如履平地，要防止他有耳目，防止他狗急跳墙。"

"放心吧，"太平公主说，"对付一个薛怀义，女儿还绰绰有余。"

天册万岁元年（公元695年）二月三日，这天上午，风和日丽，春风习习，两个打扮成花一样的妙龄侍女，乘坐镶花小轿来到白马寺，口口声声要见薛国师。

薛怀义缩在被窝里还没有起，闻听外面有小女子找他，忙传令床前晋见。

二女子来到薛怀义的禅房，温柔地弯弯腰，给床上的大和尚道了个万福，轻启朱唇说："太平公主差妾来给薛师带个信，公主在瑶光殿等着薛师，有要事相商。"

"太平公主找我有什么事？"薛怀义从床上欠起身子问。

"奴家不知，这里有公主的亲笔信。"说着，一侍女从袖筒里掏出一封散发着女子清香的粉红色纸笺。

薛怀义接过来，在鼻子跟前狠劲地闻了闻，展开纸笺，只见上面一个一个的蝇头小楷，薛怀义不识字，闹不清上面写的是什么，说："这写的是什么鸟字，我一个也不认得。"

"公主让薛师仔细看。"侍女说道。

薛怀义揉了揉眼，展开香笺，仔细观瞧，果见天头处有一个红红的唇印，薛怀义眉开眼笑，喜得心尖乱颤。

"太平公主希望薛师马上就到瑶光殿相会。"侍女在床前轻声说。

"好，好，好，"薛怀义一掀被子，跳下床来说，"你俩先走一步，我马上就去。"薛怀义特意把脸洗得白白的，换上一身新衣服，带上一帮喽啰侍卫，骑着高头大马，吹着愉快的口哨，向皇宫瑶光殿而来。来到午门，把门的羽林军见是常来常往的薛师，忙打一个敬礼，挥手放行。到了第二道门，内宫玄武门，按规定，薛怀义的骑从都得留下，只有薛怀义才能进去。玄武门内，早有太平公主的乳母张氏等在那里，见薛怀义到了，忙迎了上来。薛怀义认得张氏，说："可是等我的？"张氏弯弯腰，行个礼，说："请薛师随我来。"薛怀义跟在张氏后边，大模大样地往里走。瑶光殿在日月池旁边，地处偏僻，薛怀义边走边击掌赞道："还真会安排，弄到这么隐蔽的地方来了。"瑶光殿门口，空无一人，四处也静悄悄的，一只老鸹在旁边的老槐树上，突然发出"嘎"的一声叫，吓了薛怀义一跳。

"怎么到这么偏的地方，用得着吗？"薛怀义随张氏走进了大殿。大殿里帷帘低垂，光线极差，四周围黑洞洞的，薛怀义极目张望，问张氏："太平公主在哪？"

"在里面的寝床上。"张氏说。

薛怀义喜得打一个响指，弯着腰，轻手轻脚往里摸，边走边小声喊："公主，你在哪里，你在哪里？"

身后的大门"哐当"一声关上了，薛怀义惊得跳起来，问："关大门干什么？"话音刚落，就见周围朱红的帷帘闪动，钻出四五十个身强力壮的健妇，健妇们发一声喊，一拥而上，扯胳膊的扯胳膊，抓腿的抓腿，把薛怀义按倒在地，乳母张氏抽出扎腰带，指挥人把薛怀义结结实实地捆绑起来。薛怀义奋力挣扎，拼命大叫："这搞的是什么游戏？太平呢，让太平公主来见我！"

角门一开，年轻美丽的太平公主踱过来，薛怀义忘记自己捆绑的身子，两眼直勾勾地看着太平公主，口水不由自主流了出来。来到薛怀义跟前，太平公主冷不丁地照着薛和尚的裤裆踹了一脚，说："还想好事是吧？"

薛怀义疼得弯下腰，艰难地看着公主说："快放了我，否则圣上饶不了你。"

"堵上他的臭嘴！"太平公主命令道。

太平公主一挥手，众健妇拥着薛怀义来到瑶光殿的后院。后院里，建昌王武攸宁和武则天的远亲、武则天姑姑的儿子将作宗晋卿，正手拿利刃，杀气腾腾地站在那里。

"唔，唔……"薛怀义见势不妙，拼命挣扎。几个健妇按也按不住。

"闪开！"宗晋卿高叫一声，手挥利剑，一个弓步突刺，剑尖结结实实地扎进薛怀义的心窝里。剑一抽，鲜血喷泉一样地涌出来。健妇们惊叫一声，四散跳开，唯恐污了身上的衣服。

"好不要脸的，死了还往人身上倒。"

杀了薛怀义，太平公主直奔长生殿，向母皇汇报。女皇听说薛怀义死了，眼泪立马就下来了，长叹一声说："情之最笃者，亦割爱而绝其命矣。十年承欢，情不可谓不笃，而一朝宠衰，立加之于死，朕诚可谓千古之忍人也哉。"太平公主知她还心疼薛怀义，停了半天，才小声问："薛师的遗体怎么处理？"女皇指示道："把他的遗体运回白马寺，焚以造塔。""遵旨。"太平公主答应一声，出去了。

吏部有个小官叫刘思礼的，此公官虽小，却也非寻常之辈，为太宗麾下的功臣之后。但君子之泽，五世而斩，到了刘思礼这一辈，已无显宦可居，只能守着祖上留下来的国公府，拿着七品小官的俸禄。七品小官月收入千把铜子，平时又没有什么人给送礼，小日子委实入不敷出，捉襟见肘。

这天，刘思礼刚回家，管家就迎上来说："国公府的门楼有些漏雨，再不修，越漏越大，弄不好这百年门楼就要塌了。"

刘思礼口袋没钱，心里烦，说"知道了知道了"，就一头钻进屋里，把身子重重甩在床上，头枕胳膊望着房顶唉声叹气。小妾菜花在一旁摔摔打打，也没有好脸色，说："唉声叹气有什么用，也找个算卦的算算，看什么时候能熬到头，老过这样的穷日子，我也过够了，过了年我就得走。"

刘思礼怕菜花真走，忙跳下床来，揽住她说："你别走，再等一等，我正在吏部疏通关系，一旦我外放为官，那时候咱就吃香的喝辣的。"刘思礼冲着门外叫："管家，管家。"

管家颤颤地跑过来，问："什么事，老爷？"

"前街烧饼老王爷那儿来个算卦的，你把他喊来。"

管家手一伸说："得先支人两个钱，要不然人不一定来。"

"算了卦还不给钱吗？"刘思礼从腰里摸出两枚制钱交给管家，"看他算得怎么样，算得好，再多给他几个。"

管家看着手中的两个小制钱，摇摇头，出去了。不一会儿，管家转回来了，刘思礼忙问："人呢？"

"在门口，"管家说，"相面的到了门楼就止步不走，看着我们的门楼直咂嘴，又是摇头，又是点头的，不知他是什么意思。"

"待我出去看看。"刘思礼趿拉着鞋来到大门口。果见一个身穿青色中衣的山羊胡小老头，在那里远观近望，嘴里念念有词。刘思礼上前施礼，问："敢问先生贵姓？"

"某家姓张，张景藏。"山羊胡子还一礼道，又指着门楼对刘思礼说："此必王侯将相之家也。"

刘思礼笑了笑，作了一个里边请的手势说："先生有话里边说，里边请。"

两人来到里院客厅，分宾主坐下，侍婢沏茶毕，刘思礼说："不瞒先生，祖上曾是太原元从之臣，官封过国公。"山羊胡老头点点头，说："观此宅风水，当出数名朝廷重臣。"刘思礼苦笑地摇摇头："君子之泽，五世而斩，到了我这里，我不过是个七品小官而已。"

山羊胡老头不相信地摇摇头，又上下仔细打量了刘思礼一番，说："公虽官居七品，然以后必然发达。观公相貌，合为兴运之象。卦云：长生帝旺，争如金谷之园；有助有扶，衰弱休囚亦吉。公不久必迁美职。"刘思礼一听，眼睁老大，忙亲自给山羊胡续上一杯水，问："果如先生之言？"山羊胡捋捋山羊胡说："我一大把年纪，岂能骗你？"刘思礼喜得浑身直痒痒，问："先生请说清楚，我何时方能时来运转？"

山羊胡子掰着手指头，微闭双眼，嘴里念念有词，半天不说话，刘思礼见状，忙摸出一锭银子，放在山羊胡的跟前，山羊胡看了银子一眼，才说："历官箕州后，公将位至太师。"

刘思礼一听，把那锭银子塞到山羊胡张景藏的怀里，说："先生能不能在我家多住几天，让思礼也跟先生学一些相术，日后思礼做事也有个预测。"

自从刘思礼算卦算出日后有好运后，小妾菜花也对他亲热多了，这天云雨过后，菜花摸着刘思礼瘦骨嶙峋的胸骨，娇嗔地说："浑身没肉，怎么看也不像个太师样。如今女皇用人喜挑丰满周正之人，怎么可能看中你这个瘦猴。"

刘思礼摸了摸自己的排骨，心道也是，自己不是开国元勋，女皇如何懂得起用他这个七品官为相？如今女皇年事已高，天下亦李亦武，局面未定，说不定有真命之人要取而代之，我若提前寻到此真命之人，极力辅佐之，日后易元成功，何愁自己不位及太师？正所谓"太师人臣极贵，非佐命无以致之"。

想到此，刘思礼推开菜花，一骨碌爬起，蹬上裤子，披上长衫，往书房就走，菜花不解，半个光身子探出被子，追问："忙忙乎乎干什么去？"

"男人家的事，女人不要问。"刘思礼到了书房，摸出两枚铜钱，一反一正，排开六爻卦，他要测出这文武百官之中，到底谁是真命之人。刘思礼先来个"占姓字"，占姓字曰：以日配用，四象谁胜？若无象用，姓字何证？

刘思礼弄两个铜钱，边抛边记下反正来，口里还念念有词："卦立克字，以日配用爻，兼内外互卦，正化体象，取胜为主，然后合成字象。"

"但以干配姓，以支配合，以纳音配字，取象度量，尽其妙理，当慎思之。"

　　末了，刘思礼六爻合卦，得出一个"巽"卦，查山羊胡张景藏留下来的相书：巽为甘头，为健服、为长举、为绞丝，上长下短，为下点。当刘思礼看到这里的时候，不禁拍案惊叫出生，心想：看来这卦象上所说的真命之君就'綦'姓之人啊。

　　姓綦的人本来就很少，在朝中当官的就更少了。刘思礼拿出早已准备好的朝臣花名册，逐页逐页地排查起来，当他查到洛州录事参军綦连耀时，刘思礼心头一喜，暗暗说道：看来此人非綦连耀莫属了。"耀字光翟，言光宅天下"。

第四十三章

綦连耀欲乱　百姓庆来死

且说洛州录事参军綦连耀这天下了朝刚走进家门，就有人告诉他吏部有客来访。綦连耀一时想不起来自己与吏部的哪个人比较熟识，并且天都黑了，吏部的人这时候来干什么呢？没等到他多想，刚走进客厅便看见了一个人正蹲在地上逗弄自己的两个儿子。没错，来人便是刘思礼，他见綦连耀进来，连忙站起来，单腿跪地，向綦连耀施了一个半礼，綦连耀赶紧走过去将他扶起来。

宾主落座，沏茶上水，说了一番客套话，綦连耀见刘思礼老往自己脸上看，颇觉不好意思，探问道："刘大人找下官，可否有事？"

"没事，没事，"刘思礼说，"闲来无事，拜访一下綦兄。"

綦连耀见墙角刘思礼带来的一大堆礼物，有酒有菜的，知道刘思礼要在这吃晚饭，忙吩咐厨下准备酒宴。

工夫不大，厨子就把下酒菜整好了，端上了小方桌。綦连耀、刘思礼坐在炕上，不一会儿，便喝得面热耳酣。刘思礼这才咬着舌头，把来龙去脉说了一遍，称自己专门来访真命天子的。綦连耀一听，吓了一跳，跳下炕关上门，回头扯着衣服，打量了自己一番，说："我綦连耀果有这么神？你可别哄我。"

刘思礼直起腰，正色地说："我是根据祖传卦法，算了几遍，又用罗盘定了几次位，才确定明公是真龙天子的。今日刚见面时，我果见公体有龙气，且龙行虎步，仪表堂堂，一副人君之相。"

綦连耀真给唬住了，怔了半天，才说："里巷小儿歌曰：'大周国，不长久，子换丑，鼠代牛。'果有此事？"

刘思礼郑重地点点头说："正应了这小儿歌谣，明公属鼠，皇上属牛，当以鼠代牛。如今皇上老矣，根据目前的局势，江山落于谁手，还是个未知数，明公理当审时度势，借天地之恩赐，行王霸之伟业。"

一席话说得綦连耀更加心潮澎湃，浮想联翩。想起老人们说他刚生下来时，家门口的老楝树上，几十只喜鹊喳喳直叫；又想起去年一次领兵抗洪抢险时，大水冲桥，岌岌可危，自己大喝一声，指挥军士们先过，而后自己才过，刚过了桥，那桥就轰隆一声被水冲垮了。自己吉人天相是由来已久，种种不平常的事迹是越想越多。莫非自己真有真龙天子命？

"明公的祖坟建在哪里？"刘思礼问道。

"我老家在洛州少室山，祖坟在少室山之阳，一个叫白马洞的山谷里。"

刘思礼忙问："是不是背靠大山，左右枕着小山，前边是平地，旁边有河或溪水流过？"

綦连耀惊讶地问："你怎么知道的，你去过我老家少室山白马洞？"

刘思礼一拍桌子，兴奋地说："我当然没去过，可卦书上说有此阴宅的人，后代必光宅于天下。"

此言一出，綦连耀再不敢怀疑自己了，拽拽褂子，正襟危坐，摆出一副大人物样，正色说："公是金刀，合当我辅，日后取得天下，必以公为太师。"刘思礼微微一笑，心道：你不封我，我也会官居太师，一切都是命中注定。

未来的太师和皇帝又喝了几杯酒，越谈越投机，越谈越入港。綦连耀也俨然以真龙天子自居，霎时间觉得眼界也开阔多了，坐在炕上，小酒一端，好似站在高山之巅，俯瞰芸芸众生。他对刘思礼说："从现在开始就要结朝士、拉同党，秘密结社，广为宣传，等日后女皇驾崩之后好翻手为云，覆手为雨，顺利地接管大周江山。"

刘思礼说："臣明白，臣一定按照您的意思，广结朝士，效命于我綦氏江山。"

綦连耀长叹一声说："想不到我綦家，到我这辈，还出了这么个千古人物。"

刘思礼说："何怪之有？昔年汉高祖刘邦微时不过是个无业游民，以后当了官也不过是个小亭长。现在您官居洛州录事参军，掌握京都卫戍部队的参谋调动，比当年的刘邦强多了。"

綦连耀点点头说："是啊，世上无难事，只怕有心人，只要一闷头走到底，没有不成功的事。"

话说刘思礼、綦连耀相互解释图谶，即定君臣之契。刘思礼也凭借着吏部官员的职便，阴结朝士，广为宣传，逢人就送上三品官的高帽子，向人说綦连耀有天分，公会因之得以富贵。又加上刘思礼满嘴算卦的玄奥之语，还真唬住了不少人，个别热衷功名、官迷心窍的人，禁不住跟着刘思礼一溜神气起来。

其中刘思礼的好朋友，大诗人王勃的二哥，监察御史王助中毒最深，有事没事就跟刘思礼泡在一起，讨论天下时局，解释图谶，摇卦测字，预测下一步形势的发展。万岁通天二年（公元697年），王助的哥哥、凤阁舍人王知天官侍郎事，主管吏部的组织人事工作。刘思礼通过其弟王助的关系，花钱送礼，疏通关节，王知遂起用刘思礼为箕州刺史。当初山羊胡张景藏言刘思礼历官箕州后会位居太师，如今果然如其所言，刘思礼等人喜不自胜，以为应了符谶，以为易元的曙光就在眼前，因而活动更加频繁。其中刘思礼一到箕州上任，就开始招兵买马，扩充军队，加强城防，拉拢属下，大有山雨欲来风满楼之势。

王勃的二哥王助也不甘落后，也利用职务之便，四处出击，在朝臣中和朋友圈中积极活动。这天，王助出差到洛阳近郊明堂县，晚上有意留下不走，意欲做老友明堂县尉吉顼的工作，拉其反水。两老友喝过酒后，晚上照例抵足而眠，王助先打开话匣子，他说："天下局势看似平静，实则波涛汹涌，女皇陛下百年之后，必有真龙天子横空出世，取而代之。"吉顼反问道："你怎么知道这事？这话可不敢乱说。"王助索性披衣坐起，对吉顼说："天下的一些著名相术家已经算出来了，真龙天子已经出焉。"

吉顼问："谁？"

王助压低声音神秘地说："是洛州录事参军綦连耀。"

吉顼不屑地说："綦连耀有什么了不起。"

"话可不能这么说。"王助挪了挪被窝，往吉顼跟前凑了凑说，"綦连耀应图谶，有两个儿子，名曰大觉小觉，应两角麒麟也。故綦连耀有两角麒麟之符命，且耀字光翟，言光宅天下也。"见吉顼不相信的样子，王助又说："如今朝臣中都闹翻天了，纷纷投靠綦公，綦公投桃报李，封了不少三品官，其中箕州刺史刘思礼被封为太师了。我也被封为三品宰相。"

王助见吉顼沉默不语，似不开化，于是跳下床，从衣袋里掏出一本相书，对吉顼说："你说两个字，我给测测，看以后命运怎么样？"

吉顼躺在被窝那头仍不吱声，王助只好说："就测你的名字，'吉顼'二字吧。"也不管吉顼答应不答应，王助就翻开相术给人测。

　　"吉顼"共十八画，以六除之，三六一十八以应选"初九初爻上上"，即鹿逐云中出，人从月下归。新欣盈笑脸，不用皱双眉。算完后，王助指着上面这句话对吉顼说："你早年虽然以进士举，却做了一个小小的明堂尉，数年不得升迁。正所谓月在云间，昏迷道路，如今你若弃暗投明，必将云散月明，大有进步，新欣盈笑脸，不用再皱眉头。"

　　吉顼却早已睡着了，王助把书一甩，气愤地说："你吉顼真是个榆木疙瘩。"

　　说吉顼是榆木疙瘩，大错特错了。此吉顼乃洛州河南人氏，身长七尺，科班出身，能言善辩，阴毒敢言事。和王助一块儿默不作声，是他心里另有想法而已。

　　果然，第二天送走了王助，吉顼骑马来到了比邻的合宫县，找合宫县尉来俊臣。把刘思礼、王助谋反言行说了一遍，怂恿来俊臣去朝堂告密。

　　来俊臣一听，果然大喜。自己被贬合宫县，潜龙蛰伏，早就沉不住气了，一心想重找机会，重返朝堂，重整酷政，只是苦无夤缘而已，如今吉顼带来了这么一桩谋反大案，我来俊臣焉能不用？但来俊臣老奸巨猾，多个心眼，压住心中的窃喜，问吉顼："这么好的事，你怎么不去告，让我去告？"

　　吉顼叹口气说："我何尝不想亲自去告，但王助是我的老朋友，卖友求荣，不大光彩。再者，我一向在下面当官，在朝廷中没有人，不如您来大人轻车熟路。"

　　"噢，原来是这么回事。"来俊臣这下放了心。

　　来俊臣当即造了个状子，马不停蹄，持状赴阙告变。

　　合宫县管辖京兆城中的永乐坊，县府离皇宫也就是十多里路。半个时辰的工夫，来俊臣就赶到了皇宫。

　　皇宫内，女皇正在享受沈御医的全身按摩，人报合宫县尉来俊臣有非常事变要面见皇上。女皇好一阵子没见来俊臣的面了，也想了解一下他最近的表现，因而点头应允，让来俊臣入宫晋见。走进大殿，来俊臣一副气喘吁吁的样子，磕头行礼毕，一言不发地把状纸交给女皇。女皇接过状纸，浏览一遍，对刘思礼、綦连耀之辈心中有些不屑，当即命令身边的内侍："传河南王武懿宗晋见！"武懿宗是武则天的侄子，时任洛州长史。武则天这回指令他推按此案。见女皇不让自己推按此案，来俊臣好似当头被浇了一盆冷水，浑身凉个透，内心也颇不以为然，心道，这样的大案少了我来俊臣能办成吗？于是，斗胆向女皇要求道："臣在推鞫大案方面积累了丰富的经验，臣想接手办这个案子。"武则天看着这个曾为自己立下鹰犬之功的来俊臣，说道："朕不是不想用你，无奈你是贬官之人，上来接手这件大案，恐朝臣不服。不过，你发奸有功，案子告破之后，朕会论功行赏的。"来俊臣无奈，只得唯唯地告退。

武懿宗其貌不扬，身材短小，弯腰曲背，相貌丑陋，而且笨嘴笨舌。但此人推鞫制狱，打人杀人，却并不比来俊臣弱。接旨后，武懿宗二话不说，亲率一部人马，远赴箕州，把刘思礼抓了回来。一顿暴打之后，武懿宗假惺惺地问："思礼，你是想死，还是想活？"

思礼当然想活，他艰难地抬起头来，哀求道："河内王若能饶思礼一命，思礼甘愿为王爷牵马坠镫，下辈子变牛变马，也要报答王爷。"

武懿宗骑坐在大板凳上，俯下身子，笑嘻嘻对地上的刘思礼说："本王可以免你一死，但你必须安心招供。"

"我供，我供。"刘思礼擦擦眼泪。

刘思礼援笔在手，把所有与之相关的几个人悉数供了出来，其实也没有几个人，也就是刘思礼、綦连耀、王勖和三四个小官员，再加上一些方外之士、游侠剑客。

武懿宗揭过招供名单，颇不满意，拍桌子砸板凳向刘思礼吼道："皇上交给我这么大的案子，只有这几个虾兵蟹将吗？"刘思礼哭丧着脸说："确实只有这么几个人，本来也就是嘴上说说，算算卦，测测字，也没有什么大的行动。"

"来人哪！"武懿宗冲着门外喊一声，立即窜进三四个杀气腾腾的打手，武懿宗指着刘思礼命令道，"把他的心给我扒出来，我晚上做下酒菜。"

三四个打手答应一声，捧来一个托盘，拿来一把解腕尖刀，扒开刘思礼的外衣，用刀刮刮刘思礼的胸毛，作势就要动手。

刘思礼早吓个半死，裤裆里凉凉的，又黏又湿，不知是屙的还是尿的。

"招是不招？"武懿宗用指头弹弹刘思礼的胸脯问。

"啊……招，啊……招。"刘思礼的舌头都硬了。

接下来，事情好办多了，凡武懿宗平时不顺眼的人，武懿宗便命刘思礼牵引之。刘思礼为了不死，便望风攀指，广引朝士。武懿宗不费吹灰之力，就从刘思礼口中套出一大批"谋反者"的名单：有凤阁侍郎同平章事李元素、检校夏官侍郎同平章事孙元享、天官侍郎石抱忠和刘奇、给事中周諲、凤阁合人王抍、太子司议郎路敬淳、司门员外郎刘顺之、右司员外郎宇文全志、来庭县主簿柳璆等。凡三十六家，皆海内名士。这三十六个无辜的人和真正的谋反之徒悉数被捕入狱。武懿宗奋起淫威，几番拷掠，果成其狱。

武懿宗抱着一大叠谋反者的名单和材料，雄赳赳赶往朝堂，往龙案上一放，女皇吓了一跳，说："有这么多谋反之人？"

武懿宗头一扬，说："请圣上明察。"

女皇大笔一挥，批了三个字："斩无赦！"

壬戌这天，洛阳城内又是一回腥风血雨，三十六位海内名士，皆被绑赴刑场，嘴塞木丸，执行死刑。其亲党千余人，受其牵连，皆流窜岭外。

接下来该论功行赏了。武懿宗办案有功，由洛州长史升为左金吾卫大将军。

在论到谁发奸有功的问题时，已由九品合宫县尉擢升为正五品洛阳县令的来俊臣犹不满足，欲独擅其功，复告明堂县尉吉顼知情不报，应视同附逆之人。

吉顼得知这一消息后，忙不迭地赶到皇宫，称有非常事变，得召见。御阶前，吉顼眼含委屈的泪水，如实向女皇禀告实情，女皇听了，哈哈一笑说："也不能亏了你，听说你是科班出身，可升为右肃政台中丞。"

吉顼磕头谢恩不已，以后吉顼日见恩遇，步步高升，一直做到宰相，此是后话。

吉顼与来俊臣也从此分道扬镳，成为势不两立的死对头。后来俊臣因想罗告太平公主、李旦、李昱及诸武等人被揭发；再加上李昭德上奏他抢突厥女的事，不久被女皇赐死。

来俊臣死后，洛阳城内，鞭炮之声，数日不绝，如过年过节一般。深居皇宫的女皇不解其意，问："鞭炮声连日不绝，民间有何喜事？"

上官婉儿答道："百姓喜庆来俊臣死！"

女皇听后半天不吱声。来俊臣害人无数，固然遭百姓唾弃，可对来俊臣委以重任的毕竟是她女皇。第二天，在一次宴会上，女皇对侍臣说："顷者周兴、来俊臣按狱，多连引朝臣，云其谋反，国有常法，朕安敢违？中间疑其不实，使近臣就狱引问，得其手状，皆自承服，朕不以为疑。自兴、俊臣死，不复闻有反者，然则前死者不有冤邪？"女皇话里虽文过饰非，却也有自我反思之意。

夏官侍郎姚崇一听，赶紧对奏道："前者御史中丞魏元忠、秋官侍郎刘璿皆被来俊臣所陷害，流逐岭外。今应平反昭雪，召回朝廷。"

女皇当即答应道："速遣使召二人回京，官复原职。"

刘璿回京之后，面对女皇的任命他坚决拒绝，因为他实在是让酷吏整怕了，因此心有余悸，再也不愿在朝为官。女皇无奈，只好批准了他的请求。魏元忠回京之后，重新担任了肃政中丞。一次侍宴的时候，女皇问他为什么屡次都遭到别人的陷害，最终让自己或被弃市，或被流逐。魏元忠放下自己的筷子，回答道："臣犹鹿也，罗织之徒，有如猎者，苟须臣肉作羹耳。此辈杀臣以求达，臣复何辜。"神功元年（公元697 年）的下半年，唐朝的政治在魏元忠等人的治理下日见清明，娄师德也再次被召回京城，帮助治理。紧接着，幽州都督狄仁杰也再次被起用。

第四十四章

女皇收新宠　鸡犬也升天

　　来俊臣的问斩宣告着唐朝十四年的残酷政治终于告一段落，朝堂上的环境也顿觉宽松许多，几乎没有再出现过告密的人，更没有出现"反逆分子"，年迈的女皇耳根也得到了清净。再加上朝堂之上由几位富有从政经验的大臣帮助主持，女皇更是从许多繁杂事务中解脱出来。

　　每日早朝之后，女皇都会回到内殿，然后便躺在床上，召御医沈南璆前来服侍。女皇喜欢美男，沈南璆的姿容固然不会逊色，他生有一副异常俊美的脸庞，身材也十分匀称，看起来令人赏心悦目，可沈南璆是个银样镴枪头，每日忘我的奉献，已使他身体掏空，体力大大地不支。这日奉诏，竟是一副有气无力的样子。女皇不满意了，转过脸来问："南，你今儿是怎么啦？"

　　沈南璆冲女皇笑了一下，一酡红晕泛上他苍白的脸："难得侍奉陛下这样的千古奇女子，已属三生有幸。虽有病亦不敢退却，因而每日借大量的药顶着。但是，猛补反招损，今日一役，连药也不管用了，怕臣以后再也无福侍奉陛下了。"

　　女皇一听，又伤心，又感动，抚摸着沈南璆的胸脯说："卿之体力虽不如那死去的薛怀义，可卿之忠诚，过怀义百倍也。你身体有病，应该早给朕说，早说早让你歇着。"

　　"谢谢陛下的夸奖，臣至死愿效力于陛下。"

　　女皇动情地说："从今以后，卿安心休息，安心养病，不必再当御医了，朕封你为四品朝散大夫，带薪回家养病去吧。"

　　沈南璆惨然一笑，说："臣恐怕再也无福消受陛下的恩赐了。臣食补药过量，猛补反招损，已火毒攻心。近日常觉头晕眼花，望风打战，以我医生的经验，自觉离大去之日不远矣。"

　　沈南璆不愧为御医国手，对自己的病情发展预言的一点不差，过了十几天，沈先生果告不治，一命呜呼。

沈南璆死后，女皇心情抑郁，常常坐于宫中，望着窗外长吁短叹，脾气来了，就摔桌子打板凳，喝骂近侍。

　　上官婉儿体会出女皇烦心的原因所在，急忙出宫，来找太平公主。"公主，陛下每日政务繁忙，回宫后又冷冷清清，常常觉得人生无趣。自古以来，一国之君，都是三宫六院七十二妃，佳丽三千，可皇上现在却孤床无伴，殊不公平。公主作为皇上的唯一女儿，得替皇上着想才行，得想办法给皇上找一个开心的伴儿才好。"说到这里，上官婉儿又怕太平公主有什么误会，忙又补上一句说："此事原来我都找千金公主，可惜千金公主已经过世了，此事只有来找你了。"太平公主点点头，说："事不宜迟，我马上撒出人马去找，不能再让母皇空熬下去了。"

　　功夫不负有心人，万岁通天二年（公元 697 年）正月的一天，太平公主果然带着一个美姿容的少年，来到皇宫，行献"宝"之礼。那少年有二十岁左右的样子，不高不矮，不胖不瘦，白白净净，穿着一身新衣服，挎着个小包袱，紧紧跟在太平公主的后头，生怕丢了似的。进了金碧辉煌的皇宫，那少年东瞧瞧，西望望，嘴里还啧啧地称赞着："乖乖，这屋这么高，这么大。乖乖，地都是用玉砖铺的，墙角都用金子包的。"太平公主笑道："你只要好好地侍奉皇上，侍奉得皇上满意了，皇上就会留下你，你就可以日日在这皇宫大内玩耍了。"那少年不住地点头称是："我一定尽心尽力，决不辜负公主的殷殷期望。"进了长生殿，见到女皇，三叩九拜后，太平公主指着那少年介绍说："这位少年乃贞观末年宰相张行成的族孙，姓张名昌宗，以门荫为尚乘奉御。年不足二十，身体很健康，各方面都没有毛病。另外，他还善于音律歌词，吹一手好笛子，他是女儿特地从数百名候选人中，精选出来献给母皇的。"

　　好半天，女皇"哼"了一声，太平公主忙退了下去。张昌宗见公主走了，满眼都剩些不认识的人，有些不安，跪在那里动来动去。女皇招呼道："少年郎，过来，过来。"张昌宗抖抖索索地站起来，一步一步挪到床边，女皇拉起张昌宗一只手，一边抚摸，一边和蔼地问："今年多大了，家里还有什么人啊？"

　　张昌宗看了一下女皇，又急忙低下头，答道："臣属蛇的，今年虚岁二十整，家里有一个哥哥，还有一位寡居的老母亲。我哥哥排行第五，叫小五子，我叫小六子。"女皇点点头，拍拍床沿说："别害羞，来，坐在床上，陪朕说话。"张昌宗依命坐在床沿上，一个机灵的宫婢急忙过来给张昌宗脱掉鞋子，又把他的腿搬到床上。女皇细细打量着怀中的少年。少年五官端正，齿白唇红，皮肤细腻，比之往日粗犷型的薛怀义，别有一番新的滋味。女皇点点头，说："人虽嫩点，身上的肉还算结实。"女皇对旁边的上官婉儿说："让她们把炉火烧得旺一些。"

"已吩咐下去了。"上官婉儿说着，知趣地把帷帘拉上，躬一下腰，领着众近侍退到了外殿。

"昌宗啊，伺候得朕满意了。"女皇把身子往床上一躺说道。

张昌宗跪着身子，望着面前这个至高无上、浑身笼罩着神秘光环的老太婆，脑子里只觉一阵眩晕，险一些栽倒。

"别怕，朕也是一个凡人嘛。"女皇笑着说道，又伸出一只手，探向张昌宗的腰下。

张昌宗定了定神，赶紧呈上一脸灿烂明媚的微笑。一边轻轻地抚摸着女皇，一边从上到下，慢慢地给女皇除去衣服，在女皇老态龙钟的身子上，尽情地耕耘起来……张昌宗令女皇春风荡漾，大畅其意。

初次进幸，张昌宗自然在女皇面前刻意卖弄，结束后，张昌宗又从自己的小包里拿出一把玉笛，对女皇说："陛下且歇歇，听臣给陛下奏上一首《万岁乐》。"

女皇笑说："小的时候，朕也喜欢弄笛拂琴，这些年来，政务繁忙，几乎都忘记了。"

张昌宗果然是个弄笛高手，一曲《万岁乐》让他吹得余音绕梁，荡气回肠。女皇在床上听得如醉如痴，搂住张昌宗说："卿果是高手。"

"皇上，"张昌宗说，"臣兄易之器用过臣，兼工合炼。"

"是吗？"女皇忙欠起身子。

张昌宗点点头。

女皇得陇望蜀之心油生，忙拉了拉床头的响铃。上官婉儿撩起帘子，走到床前，问："皇上召臣何事？"

"速传昌宗兄易之晋见。"

昌宗在女皇面前力荐其兄易之，他有他的考虑，他素闻女皇需求强烈，他怕日子长了，自己孤军奋战，身子吃不消，难逃"药渣"的厄运。所以有意让老兄易之来分担进御之劳，一者同沐皇恩，二者兄弟在宫中也相互有个照应。

旨令一下，快马加鞭，约半个时辰，张昌宗兄张易之被接到了皇宫。这张易之和张昌宗简直是一个模子造出来的，也是细皮嫩肉，一表人才。女皇把他叫到床上一试，果然曲尽其妙，不同凡响，当即表示把张易之也留了下来。

太平公主从后苑回来，见一个张昌宗变成两个张昌宗，心下明白，又见女皇春风满面，笑逐颜开，知事已谐，便道："母皇，总要多赐人荣华富贵才好。"

女皇又是一通哈哈大笑，笑过之后说："婉儿，拟一圣旨。"上官婉儿忙拿过纸笔，静听女皇口述旨令。"迁昌宗为散骑常侍，易之为司卫少卿。"

二张一听，喜形于色。连着给女皇磕了三个头。张昌宗目如秋水，看着女皇，一揖到底，要求道："家里住的房子年久失修，下雨天即漏雨，家母为之忧虑，恳请陛下让臣把旧房翻盖成新的。"女皇笑道："皇宫东边的通天坊有几处空着的王府，皆高门大院，带后花园，你选一处，给自己用吧。"二张又是磕头谢恩，却迟迟不起，女皇心下明白，说："需要什么，可跟上官婉儿说一声，到国库里现支，什么锦帛、奴婢、驰马，缺什么拿什么。"

"谢皇上，我俩也代表我寡居多年苦命的老母亲谢谢皇上的恩赐。"二张叩头说道。

"你母亲用不着这么刻苦，可以重新再找一个男人嘛。"女皇说道。

"家母阿臧已六十多岁了，再找怕不合适吧。"

女皇哈哈大笑："朕今年已七十三了，况阿臧才六十多岁。为了让你兄弟专心侍朕，你母阿臧的事就包在朕的身上了，朕为她找一个如意郎君。"

张昌宗替母亲磕头谢恩毕，又探问道："陛下能不能也赏我母亲一个封号？"

女皇笑着点头说："封为太夫人。"

且说凤阁侍郎李迥秀是个大孝子。其妻崔氏自觉出身于名门望族，是大家之女，常动不动就呵斥媵婢。李迥秀母出身于穷苦人家，看不惯儿媳这一套，这日，忍不住劝说了儿媳几句，哪知儿媳顶嘴说："这些下贱胚子，生来就是挨训的，一天不训，就生了疯了。"李母一听这话，生了闷气，躺在床上，中午饭也没吃。李迥秀回到家，一听说妻子惹老母亲生气，二话没说，取过纸笔，"刷刷刷"写了一封休书，要逐妻子出门，有人劝道："贤室虽不避嫌疑，然过非七出，何遽如是？"

迥秀曰："娶妻本以养亲，今乃违忤颜色，安敢留也！"说罢，拿

起休书把妻子打发回娘家了。

女皇听说这事，大为赞叹，逢人就夸奖一番，且把李迥秀提升为夏官尚书。这日上朝，女皇光盯着李迥秀看，直看得李迥秀有些不好意思。

女皇才说："迥秀啊，是否又曾娶妻？"

李迥秀拱手道："谢皇上好意，臣已经又找了一个妻子了。"

女皇仿佛没听见李迥秀这句话，说："散骑常侍张昌宗、司卫少卿张易之的母亲阿臧，爵封太夫人，如今寡居在家，朕想给她找一个伴儿。朕觉得你最合适，你不仅人品好，而且家世优良，乃高祖、太宗两朝名臣李大亮的族孙。阿臧的公公张行成也当过贞观末年的宰相，朕觉得你俩门当户对，正合适。"

"皇上。"李迥秀可怜巴巴，眼泪都快要急出来了。臣僚也在一旁窃窃私语，指指点点捂着嘴笑。

女皇也觉着有些为难李迥秀，于是退一步说："这样吧，朕敕你为阿臧私夫，不算正室，不住你家里，她若有需要，你就到她那里去一趟。"

敕令一出，无可更改。李迥秀也不敢再说什么，只得点头默认。

下朝后，臣僚纷纷向李迥秀表示祝贺，说："李大人，你有了这么好的靠山，从今之后，就可稳坐钓鱼台，功名富贵尽收囊中也。""李大人，敕定私夫，这是何等荣耀之事，自古至今，你也是第一例啊！"李迥秀曲腰打躬："别再闹了，我心里已经够难受的了。"刚出宫门，就见张易之迎了上来，显然他已得到消息，见面就拱手道："李叔，等一会儿你到我家里去一趟，我妈正在家里等你。"李迥秀推辞道："我还有别的事，今天就不去了。"张易之说："头一天，咱一家人应该聚聚，这样吧，等一会儿我派人到你府上接你。"

"我……"李迥秀刚要说话，张易之已翻身上马，领着一帮喽啰扬长而去。

李迥秀想在外面躲躲，来到洛水边徘徊了一会儿，又想该给母亲煎药了，急忙返回了家中，刚把药罐坐在火炉上，就听见大门外锣声、唢呐声大作，大门也被敲得嘣嘣直响。管家飞奔跑来报告说："老爷，出怪事了，好像一个迎亲的队伍走错门了，到咱们家门口吹吹打打就是不走，我说俺们家小姐今年才四周岁，根本不可能出嫁，撵他们走，他们就是不走，说非要见老爷你不可。"

"有这等怪事？"李迥秀急忙随管家来到大门口，果见门口有上百人，左边有一群吹鼓手，卖命地吹打，右边有几十个人抬着几十架抬盒，中间有十二个杠夫围着一顶十二抬的大花轿。

李迥秀刚想发问，一个身着大红蟒服的人拨开众人迎了上来，李迥秀一看是武三思，忙问："梁王爷，这些人都是干什么的？"

武三思拱手笑道："昌宗、易之二位大人委托本王前来接迎李大人。"

李迥秀指着面前这些人，半天说不出话，气愤地说："去就去，用得着搞这么大的动静！"武三思说："这是昌宗、易之二位大人的讲究，连陪奁都给带过来了。那三十架抬盒里，有凤冠霞帔、龙凤喜饼，有金银首饰、被褥、衣服、锡器、瓷器，还有一些大大小小摆设。"不管李迥秀愿不愿意，说到这里，武三思回头喝令前来接迎的侍女们："扶新人上轿！"十几个侍女不由分说，上去按住李迥秀，把他拖进了轿里。大杠上肩，十二名轿夫抬着李迥秀，说一声"起！"大队人马后队变前队，在梁王武三思的带领下，吹吹打打，前呼后拥而去。

张家大院内，张灯结彩，红毡铺地，两廊奏乐，一派热闹喜庆的气氛。宽大的院子里，竟摆了上百桌酒席。大家开怀畅饮，吆五喝六，侍女们穿梭来往，不停地上菜倒酒，张家大院呈现出一派人丁兴旺，家族发达的喜庆气氛。李迥秀欲哭无泪，玩偶一般，任张氏兄弟安排。一时间，张氏兄弟成了武三思兄弟献媚的对象。武三思把珍宝一股脑搬到了张昌宗的家里，武承嗣则三番五次地给张易之送礼，武氏兄弟目的是一个：请二张在女皇面前美言几句，立自己为皇嗣。答应人家的事，不能不办，收了人家礼的二张，轮番在女皇耳边吹枕头风。这个说武承嗣为人稳重，又是武氏嗣子，当为皇嗣；那个说武三思也不错，心眼子多，善交际，做皇嗣最合适。直听得女皇耳朵起茧子，不无奇怪地问："你两个什么时候学会关心起国事来了？"二张答道："自古天子未有以异姓为嗣者。臣朝夕侍奉陛下，不能不为陛下考虑也。"女皇说："难为你俩有这份孝心，至于立旦立显还是立承嗣立三思，朕尚未仔细考虑。"

"立姓武的不就得了吗！"二张在一旁苍蝇似的，嗡嗡直叫。

此话题一向是女皇拿不定主意的老难题。二张聒噪不已，惹出女皇的烦心事来，不高兴地说："此事先不要再提了，快伺候朕睡觉吧。"二张一见女皇不愿听这事，忙收住话头，集中精力，使出浑身解数侍候起女皇来。

阴暗的空中只有层叠与驰逐的灰云，大地沉没在浓稠和潮湿的空气里。女皇手持一片刺刀状的红叶，像满怀心事的少女，在旷野中的大草甸上孤独的行走。走没多久，面前突兀现出茫茫湖水，女皇这才发觉走错路了，刚要转头往回走，身后却也已是湖水茫茫……波涛涌来退去，飘飘荡荡，女皇急抛下水中的红叶，以叶作舟。红叶撑不住女皇肥大的身躯，女皇摇摇欲坠。

　　二朵乌云飘来，女皇伸手去抓，却抓了一把水。身上的凤冠霞帔已被冰冷的湖水打湿。风吼声中，眼见女皇就要陷入灭顶之灾……"何人救驾？"情急之中，女皇大喝一声。

　　"哇，哇……"几声鸟叫从天际传来，女皇闪目观看，但见一只羽毛甚伟的硕大鹦鹉，振翅而来。遂招手高呼："救得圣驾，朕封汝为官。"

　　"哇，哇……"大鹦鹉答应着，飞临头顶，俯冲下来，接近女皇时，不幸的事情发生了……鹦鹉磨盘大的双翼，突然折断，一头栽进了水里，女皇随之也向湖里跌去……"啊！"女皇大叫一声，惊醒过来。

　　"陛下，您怎么啦？"正在旁边伴驾的二张，急忙爬过来问。女皇大汗淋漓，心有余悸，喘了几喘，定了定神，面如死灰。

　　第二天早朝后，女皇独留下宰相狄仁杰，把昨夜的梦境向狄仁杰讲了一遍，问："朕梦大鹦鹉两翼皆折，何也？"

　　"御前详梦者、卜祝之士甚多，陛下何不找他们详占吉凶。"狄仁杰恭手道。

　　"此等梦境岂能让外人窥探？"

　　听女皇这么一说，狄仁杰才从容地奏道："鹉者，陛下姓也，两翅折，陛下二子庐陵、相王也。陛下起此二子，两翅全也。"

　　女皇踌躇了一下说："有人说自古天子未有以异姓为嗣者，劝朕立承嗣或三思。"

　　狄仁杰听了女皇的话，赶紧趴在地上磕了一个响头，含泪规劝女皇大唐江山来之不易，再者唐高宗离世之时嘱托女皇一定要辅佐自己的儿子，假如把李唐江山转移他族，天意都不允许。狄仁杰继续对女皇讲道理，他认为姑侄的关系无论如何也亲不过母子。女皇知道狄仁杰的话有理，但见他眼含泪水，还想着死去的李唐皇帝，心生不满，冷冷地以家事为由搪塞过去了，立嗣之事也就因此拖了下去。

第四十五章

边塞起战乱　男宠始乱政

万岁通天元年（公元696年）之后，契丹、突厥等外族开始进犯大唐边界，边塞战争一触即发。这年的夏天，营州契丹松谟都督李尽忠联合归城州刺史孙万荣举兵谋反，攻陷了营州地区。李尽忠以营州为根据地，自称无上可汗。唐朝虽派兵镇压，但效果不是很好，只旬日之间，敌军便兵至数万，进围檀州。

边关告急，女皇再也不能清闲，这天刚一上朝，没等百官朝拜便开始发问："契丹作乱，突厥寇边，如之奈何？"

狄仁杰等人向皇帝请愿，希望能够准许自己带兵杀敌。女皇摇摇头说："卿乃首辅大臣，朝廷事多，须臾不可离朕左右，且卿年事已高，不宜远征。"

凤阁侍郎同凤阁鸾台平章事娄师德上前奏道："臣对燕北地形军事比较熟悉，愿率一军以击契丹。"

女皇看了看娄师德，爱怜地说："卿身体不好，最近又刚从边关回来，朕不忍再迁卿去。"

娄师德慨然道："人生立世，死生为国。能为皇上分忧，乃是臣最大的幸福。"

狄仁杰一向有些看不惯娄师德，认为他在一些大是大非的问题上，常常明哲保身。因此数次排挤娄师德，令充外使。这回狄仁杰又在一旁撺掇道："娄大人数年从军西讨，对边关战事颇为熟悉，前次又在素罗汗山大败吐蕃。契丹凶猛，非娄大人无以御之。"

武则天叹了一口气，说："如此，只有再劳驾娄卿一次了。"

左金吾大将军、河内王武懿宗见娄师德挂帅出征，知其足智多谋，此次出征，必胜契丹无疑。心里想：大哥武承嗣、二哥武三思均在家反省，我武懿宗何不趁此机会，随着娄师德出征边关，也好趁机捞得军功一二，弄好了，皇上一高兴，说不定安排我武懿宗接班当皇嗣。想到此，武懿宗窜到御阶前恭手，大声说道："侄懿宗愿为陛下分忧，随娄大人一起征讨契丹！"

武则天见一向愚钝笨舌的侄子，也说出这等慷慨激昂之话，大为高兴，说："朕也想让你去锻炼锻炼，你可为娄大人的副职，职清边道行军副大总管，以击契丹。"

武懿宗见自己为副职，有些不大高兴。娄师德在一旁请道："武大人爵封王爷，于情于理，这大总管一职，非武大人莫属。"

内史杨再思一向谀附武氏，也在一旁说："是啊，是啊，河内王年轻有为，放他为大总管，锻炼锻炼，也是应该的。"

女皇也不愿让人说她几个姓武的侄子都是庸人，也有意想拔高拔高武懿宗。于是假装很勉强地答应下来，同意懿宗为大总管、娄师德为副，同时安排卓有才干的天官侍郎吉顼为监军使，以协助武懿宗。

安排好征讨契丹的人马。紧接着，女皇又召开御前军事会议，研究突厥寇边的对策，同时任命司属卿、高平王武重规为天兵中道大总管，沙吒忠义为天兵西道前军总管，幽州都督张仁为天兵东道总管，左羽林大将军李多祚、右羽林卫大将军阎敬容为天兵西道大总管后军总管，以击突厥。

且说新任清边道行军大总管武懿宗，点齐军马后，择定吉日，浩浩荡荡地杀奔河北。行前，为讨个吉利，武懿宗奏明女皇，改契丹首领李尽忠的名字为李尽灭，改孙万荣的名字为孙万斩。

为讨得头功，武懿宗自领大军先进，命娄师德、吉顼各率一部为后军。二人互为友军，呈"八"字形跟在武懿宗大军后边。武懿宗认为，此等军阵最为保险，战则能进，败则可退。

武懿宗军至赵州，安营扎寨完毕，武大总管坐在中军大帐，刚想歇口气，就听一阵马蹄声自远而近，来到帐外。一个探兵跌跌撞撞地跑进大帐，边跑边一迭声地喊："报……"

"怎么回事？"武懿宗惊得站起来。

"启奏大总管，契丹将骆务整率数千骑兵将至冀州。"

"到我赵州还有多远？"武懿宗急问。

"七十里，对骑兵来说，约摸半天的路程。"

"你是说敌人下午就到这里了？"

"是的，大总管。"

武懿宗一听，头上冒汗，急忙指示行军参谋："传我的命令，大军立即拔营起寨，所有辎重都给我扔了，立即向南撤退，与娄师德、吉顼军会合。"有人劝道："骆务整区区数千骑，怎抵我十万大军？再说房无辎重以抄掠为资，若按兵拒守，势必离散，纵而击之，可成大功。"武懿宗道："契丹善骑，善于奔袭。俗话说，万军之中取上将首级如探囊取物，我军虽众，但若敌人收不住马腿，一下子冲进我中军大帐，你我都得完蛋！"

武懿宗命令甚急，大军急急慌慌，丢弃了不少军资器仗。契丹兵也乘势赶来，遂屠赵州。

娄师德见武懿宗如此不中用，找吉顼商议道："眼下不能指望河内王了，若连败几仗，你我回去都不好跟皇上交代。不如由我正面邀击敌军，你领兵袭其后，且分出一支兵马封住西口，逼孙万荣退至潞水，而后，你我合兵东下，一战可平也。"

吉顼一边点头同意娄师德的方案，一边大骂武懿宗怯懦。娄师德摇着手说："不可骂，不可骂，心里知道就行了。若传出去，岂不招惹河内王忌恨。"

是年五月，娄师德领兵正面与孙万荣对阵，经过几次交锋，大挫孙万荣。契丹军由此恐惧，奚人遂叛孙万荣。兵击其后，获其将何阿小。孙万荣军大溃，走投无路，率轻骑数千东走。前军总管张九龄遣兵邀之于道，万荣穷蹙，与其奴逃至潞水东，息于林下，叹曰："今欲归唐，罪已大。归突厥亦死，归新罗亦死，将安之乎？"其奴遂斩孙万荣首以降，余众及奚、皆降于突厥。

平定契丹后，武懿宗又赶来争功，善于顾全大局的娄师德力排众议，将首功归于武懿宗名下。

娄师德因健康原因，先期返京，武懿宗奉旨留下来安抚河北。好一个武懿宗，战场上畏敌如虎，临阵脱逃。战争结束后，他却要开了威风。为了多杀几个人，冒领军功，对战争中跑反归来的老百姓，一概诬为同反，总杀之、破家灭族者不知凡几。

武懿宗班师回朝，提了许多人头回来，令人挂在城门外的树上展览，以为军功。在朝堂上，他也自觉了不起，论功行赏时，他当仁不让，说："要论谁杀的敌人最多，没有比得上我武懿宗的。另外，我奉旨安抚河北时，也发现了许多协从契丹的漏网之鱼。我立即把这些坏分子全逮起来杀了。河北全境现在是一个坏人也没有了，已是朗朗乾坤，清平世界。"

女皇含笑地看着武懿宗，赞许地点了点头。

左拾遗王求礼在下边忍不住了，望着武懿宗大言不惭的样子，心里直冒火，遂走上前来，指着武懿宗，愤怒地对女皇说："此属素无武备，力不胜战，苟从之以求生，岂有叛国之心？懿宗拥强兵数十万，望风退走，贼徒滋蔓，又欲委罪于草野迕误之人，为臣不忠，请先斩懿宗以谢河北！"

武懿宗一时被驳斥得哑口无言。司刑卿杜景俭这时上来奏道："被杀百姓确实有些冤枉，最多也就是些协从之人，请悉原之。"

龙椅上的女皇挪了挪身子，说："既然如此，可赦这些人无罪。"

冤死的人得到平反昭雪了，杀人元凶武懿宗，因女皇护短，没有受到一丁点的处分。契丹虽平，西部边关的战事却不容乐观，突厥默啜大败唐军，攻城略地的同时，还遣使向朝廷发出威胁，要求给复丰、胜、灵、夏、朔、代六州降户及单于都护府之地，并种、缯帛、农器；另外以强硬的态度，要求和亲。御前会议上，姚椿、杨再思以契丹初平，国力兵力大损为由，请依突厥所求给之。麟台少监、知凤阁侍郎李峤以为不可，说："戎狄贪而无信，此所谓'借寇兵资资粮'也，不如治兵以备之。"姚椿、杨再思固请与之。女皇最终表示同意，说："天朝大国，不在乎这些小惠。可悉驱六州降户五千帐以与突厥，并给种粮四万斛，杂彩五万段，农器三千事，铁四万斤。"在讨论和亲的问题时，曾出使过突厥右冑曹参军的郭元振上言说："突厥百姓疲于徭戍，早愿和亲，可汗统兵专制，独不欲归款。若国家岁发和亲使，可汗常不从命，则彼国之人心怨单于日深，望国恩日甚，设欲大举其徒，固亦难矣。斯亦离间之渐，可使其上下猜阻，祸乱内兴矣。"

郭元振的一席话，女皇听了频频点头。

左卫郎将摄司宾卿田归道以为突厥默啜戎狄之人必负约，不可恃和亲就以为万事大吉，宜作和亲兵备两手准备。豹韬卫大将军阎知微不以为然，认为一个和亲就可以解决一切问题。

虽然有不同的意见，但和亲势不可免。在和亲的人选问题上，女皇自己拿了个主意，决定打破以往惯例。这次不派什么公主郡主去，而派武承嗣的儿子、淮阳王武廷秀入突厥，纳突厥可汗默啜女为妃。凤阁舍人张柬之见女皇别出心裁，恐事不谐，谏道："自古未有中国亲王娶夷狄之女者，再说，派一个亲王去娶他的公主，突厥默啜未必会答应。"

武则天刚拿出一个主意，就有人上来忤旨，心里不高兴，指着张柬之说："卿看人论事目光短浅，不堪在朝为官，可放为合州刺史。"

万岁通天元年（公元 696 年）六月甲午，女皇命淮阳王武廷秀入突厥，纳默啜女为妃；豹韬卫大将军阎知微摄春官尚书，右武卫郎将杨齐庄摄司宾卿，携金帛巨亿以送武廷秀。

果不出张柬之所料，突厥默啜听说武廷秀要来娶他的闺女，十分气愤，在黑沙南庭，摆开刀枪阵，来迎武廷秀的和亲队。

刀枪锃亮，杀气腾腾。可汗大帐外，突厥兵脸画迷彩，青面獠牙，脖子上挂着死人头骷髅，嘴里"嘿嘿"地叫着，一跳一跳的，耀武扬威。见此阵势，武廷秀早吓得哭起来，瘫在大车里起不来身。阎知微作为和亲团指事，忙捧着绯袍、银带、颤颤抖抖地走进大帐，跪倒在地，对可汗默啜说："这次我来贵国，不但带来数不清的金银财帛，而且还带来了敕封，光五品官以上就有三十多个呢。"

默啜二话不说，上去一脚把阎知微手中的绯衣、银带踢飞，说："不稀罕。"

阎知微见事不妙，忙忙匍跪拜。默啜这才满意地坐下，刚坐下，又见阎知微的副官、监察御史裴怀古长揖不跪，默啜大怒，令刀斧手把裴怀古推出去斩了。

默啜的副将阿波达干元珍劝道："大国使者，不可杀。"默啜怒稍解，命令除阎知微以及愿意投降的人以外，其余人等一律拘留起来。默啜得了大周国的许多敕赠，由是益强，窥视中原之心顿起。默啜对阎知微说："我欲以女嫁李氏，不是武氏。我突厥世受李氏恩，闻李氏尽灭，唯两小儿在，我今将兵辅立之。"说完，默啜当即封阎知微为南面可汗，赐三品之服，欲使阎知微作为将来傀儡政府的大臣。

监察御史裴怀古被突厥所囚，想方设法逃了出来。抵晋阳，形容羸悴。见到女皇，备述出使突厥之状，女皇恨恨不已，悉夺阎知微敕封、伪封的一切官职，裴怀古也被迁为员外郎。默啜亦移书朝廷，历数女皇的五条不是：与我蒸熟的种粮，种之不生，一也；金银器皆行滥，非真物，二也；我与使者绯紫者夺之，三也；缯帛皆是用过的旧物，四也；我可汗女当嫁天子儿，武氏小姓，门户不敌，罔冒为婚，五也。我为此起兵，欲取河北耳。默啜说到做到，时值收秋，尽发大军进取河北。诸州闻突厥入寇，强令百姓丢下待收的粮食，修城掘河，加固城防。卫州刺史敬晖，对僚属说："不种粮食，又怎能守住城郭？"悉罢之，使归田，百姓大悦。八月癸丑，默啜寇飞狐。乙卯，陷定州，杀刺史孙彦高

及吏民数千人。严峻的边疆形势，造成了朝廷上上下下的一片恐慌。时值岭南獠反，朝廷已分出一部分兵力前往征讨，再加上连年用兵，国力兵力大为损折，已无兵驰援征讨突厥的边防军。女皇不得不诏令天官侍郎吉顼为招军使，在皇宫门外及各城镇热闹处摆开桌子，招募志愿军。吉顼大张旗鼓，又是宣传，又是鼓动，弄了一个多月，才招了八九百人，不得不垂头丧气地向女皇报告。

御前会议上，女皇长叹一口气说："士民厌战，不愿出义军，如之奈何？"狄仁杰恭手奏道："前次契丹反叛，打出'何不归我庐陵王'之语，今次突厥又以辅立庐陵王、相王的名义寇边。以老臣之见，不如召庐陵王还京，立为储君，则突厥出师无名，不战自溃。庐陵王一出，上可安朝廷，下可安百姓，中可安外夷，且陛下晚年也有个依靠，于国于家于民都有好处。陛下何乐而不为之！"女皇听了，沉默不语，狄仁杰又叫了一声皇上，女皇仍沉默不语。已官复原职的武承嗣怕女皇真答应了狄仁杰，忙上前一步说道："庐陵王乃外贬之人，岂可造次召还京都？突厥寇边，也不过是借其名义罢了。至于军中乏兵，可恩制免天下罪人及募诸色奴充兵以讨突厥；军中乏马，可敕京官出马一匹供军，酬以五品。"女皇点点头，说："也只能这样了。"不料左拾遗陈子昂却跪奏道："恩制免天下罪人及募诸色奴充兵讨击夷狄，此乃捷急之计，非天子之兵。且比来刑狱久清，罪人全少，奴多怯弱，不惯征行，纵其募集，未足可用。况今天下忠臣义士，万分未用其一，突厥小孽，假命待诛，何劳免罪赎奴？损国大礼！臣恐此策不可威示天下。"女皇不听，依武承嗣所奏，下旨无误。

狄仁杰未能奏下迎还储君一事，心里忧虑万端，日夜长吁短叹。天官侍郎吉顼素有心机，看出了其中的苗头，也觉得一旦武氏子继位，天下必将大乱，且诸武一向嫉妒他吉顼，常常对他言词轻慢。遂决定乘机说服女皇，立李氏子为嗣，也为自己积下奇功一件，以备以后免祸之用。边关告急，天下忧事丛生，朝廷各部门有钱出钱，有人出人，高速运转，正忙得不可开交。唯有控鹤监一片歌舞升平，弹筝吐笙，宴饮正乐。在金碧辉煌的大厅里，张易之、张昌宗手捏酒杯，舒舒服服，心满意足地半躺在坐床上。这时，天官侍郎兼控鹤监副监吉顼走进大厅，径直走到二张的身边，小声说："我有一件心事要和两位明公说说。"二张见吉顼一副好像有大事的样子，挥挥手让其他人退出去了。

吉顼这才凑近二张说："顼一向佩服二公，也自以为是二公的心腹之人，有些心里话却不能不与二公说。"二张素佩服吉顼虑事周到，倚为股肱，忙说："老吉，有什么话你就直说。"吉顼这才正色道："公兄弟贵宠如此，非以德业取之，天下侧目切齿者很多。不有大功于天下，何以自全？我为二公担忧。"

吉顼之言，无异于当头棒喝，醉生梦死惯了的两个小白脸惊惧万分，慌忙从坐床上下来，说："我们一向亲密无间，何以得保自全？何以得久享富贵？请兄赐教。"见二张已入彀中，吉顼心中窃喜，坐在旁边的床上，严肃地道："天下士庶未忘唐德，咸思复庐陵王。主上春秋高，大业须有所付，武氏诸王非所属意。公何不从容劝上立庐陵王以系苍生之望！如此，非特免祸，亦可以长保富贵矣。"

二张听完吉顼的教诲，频频点头，握住吉顼的手说："吉兄，你说得太对了，事不宜迟，我俩赶紧找皇上说去。"

吉顼叮嘱道："要等皇上高兴了再说。"

二张应道："那是自然。"

到了晚上，二张悉心伺奉完女皇，果然吹开了枕头风，边给女皇按摩让女皇放松，边吞吞吐吐地说："皇上，有些……有些国家大事，想跟您老人家说一说。"

女皇听了这话感到好笑，微闭着双眼问："什么国家大事？"

张易之抓了抓脑袋说："如今外夷入侵，储君未定，国家不安，皇上何不召回庐陵王，以顺应人心。"

张昌宗也在一旁说："立皇嗣当选庐陵王，武承嗣虽姓武，奈何不是皇上亲子。"

见一向只知吃喝玩乐的二张，也关心起国计民生来，女皇十分惊奇，锐利地扫视着二张，半天才问："此话是谁教你们说的？"

二张只得讪讪地笑着，从实招来："是……是吉顼教我俩说的。"

女皇笑笑，闭上眼说："此等国事非你二人所能议论。"

二张摸不准女皇的意思，怕说多了惹女皇烦，只得讪讪着闭上嘴。第二天，女皇召吉顼，问："你有嘴不来说，乃劝二张，为什么？"吉顼磕头道："臣唯恐劝皇上不下，不得已辗转托昌宗、易之两位大人。""你认为立庐陵王比较好？"女皇问。吉顼又磕了一个头，道："庐陵王及相王，皆陛下之子，先帝顾托于陛下，当有主意，唯陛下裁之。"女皇"哼"了一声，对吉顼说："此事我知道了，你下去吧。"吉顼只得拱手告辞，走到殿门口，又回头看了一眼，见女皇坐在龙椅后，正托腮沉思。

九月，除增兵边关外，女皇下敕，改默啜的名字叫斩啜。但被御笔改了名字的默啜并没有被斩，其势愈张，九月上旬，即兵归赵州城下，把赵州城围个水泄不通。戊辰，突厥兵攻打赵州城甚急，赵州长史唐般若翻城投敌叛变，城遂陷。癸未，突厥默啜尽杀所掠赵、定等州男女万余人，自五回道去，所过，杀掠不可胜记。天兵西道总管沙吒忠义等但引兵蹑之，不敢逼。

当是时，默啜还漠北，拥兵四十万，据地万里，西北诸夷皆附之，甚有觊觎中原之心。边报传至神都，举朝震惊。御前会议上，作为首辅之臣的狄仁杰，慷慨敷奏，言发涕流，向女皇苦谏道："如今边关十万火急，陛下且请早下决心，迎还庐陵王，以绝夷狄窥我中华之心，不然，则天下势必乱矣，战争一起，士民百姓必遭祸害。"见狄仁杰一边说一边哭，女皇微微一笑，不发一言，只对左右使个眼色。左右打开殿后的一个帘幕，女皇对狄仁杰说："还卿储君！"

此四字真如雷声贯耳，狄仁杰立即抬起头来，果见帐后立着一个身穿锦袍、外表老成又有些木讷的庐陵王。十四年的流放生涯，洗去了这位倒霉王子的娇骄浮华；簇新的紫蟒锦袍掩盖不了他的落魄形象。

这真是高宗大帝的亲子？昔日的皇帝？今日的庐陵王李显？狄仁杰揉了揉眼睛，唯恐自己老眼昏花，看错了人。

"殿下！"狄仁杰趋前一步，含泪问道，"果真是殿下吗？"

"是我。"李显的声音显得遥远而又有些陌生。

原来在一个月前，二张在女皇面前吹着枕边风，后来又听信了吉顼等人的谗言，于是便下诏将庐陵王召回。虽然女皇自知这样的做法顺应世道人心，但事实上她的心中并不愿意如此，她不愿意将自己争夺半生的权杖重新递还到李姓人的手中，即便这个人是自己的亲生儿子。但没有办法，假如她不这样做，又找不到抵御外侮、安抚天下的万全之策。

第四十六章

庐陵王回朝　令武李同荣

　　虽然苦涩，但女皇是一个行事干练的人，只要下定了决心，就绝不反悔。女皇当即让人传来兵部职方员外郎徐彦伯，按照预先的想法让他去接回庐陵王，其王妃、诸子也一并诣行。另外，她嘱托徐彦伯一定要将此事保密。说完，女皇就亲手交给徐彦伯一个密敕。徐彦伯领旨走了。

　　且说身在房龄的庐陵王李显，此时被关在州府后的一所独门宅院里，那里院墙高约数丈，门口还有很多兵士站岗，并且一家人没有命令都不得外出，事实上就是被幽禁。这天，有几个兵在忙着打扫院子，修剪花木，李显觉得气氛有些不一样，刚想找个人打听，一个负责看管的州官走过来对他说："下午神都有敕使来，你换件新衣服等着。""敕使来有什么事？"李显惴惴不安地问。"我也不知道。此次敕使来不同于往日，快到房陵才派快马通知我，并且除了你以外，不让告诉任何人。总之，不管怎么样，你心里要有个最坏的打算。"州官好心地说道。

　　李显回房后，浑身无力，心里黯然神伤。大哥李弘死了，二哥李贤亡了，今次该轮到自己了。与其让敕使当面把自己杀死，不如先自行了断，讨个自在，也留个全尸。想到这里，李显解下腰带，往房梁上一搭，欲行自尽。这时，王妃韦氏一下子闯进门来，一把把腰带夺下，说："祸福无常，何遽如是！"

　　李显哭道："敕使秘密从神都来，恐我命休矣！"

　　韦氏妃素有心机，劝慰道："契丹突厥打着'复我庐陵王'的口号，抢边关甚急，朝中大臣咸劝当今圣上把你从房陵召回，以慰天下人心，此次莫非是敕使来召咱回京。"李显一听，方擦擦眼泪说："要真是这样，刚才不是你来得及时，我可就屈死了。"

　　李显说着，又搂住韦氏，深情地说："这么多年来，你跟我幽居房陵，备历艰危，却情爱甚笃。异时幸获见天日，当唯卿所欲为，不相

禁御。"

韦王妃亦笑言说:"等你真正地做了皇帝,真正地掌了权,我也来个垂帘听政,军国大事任我掌握。"

李显憨厚地笑笑,说:"你虽是个妇人,许多事上,却确实比我有主见。"

下午,敕使徐彦伯果然来到,身后带着百余名全副武装的羽林军。徐彦伯一副急匆匆的样子,见面就宣旨说:"召庐陵王进京疗疾,其王妃、诸子一并诣行。"

李显心道,我除了晚上有时候失眠外,没有别的病,疗疾一事从何说起?再一想,明白疗疾是个托词,便小心翼翼问徐彦伯:"召我全家返城,是吉是凶?"

徐彦伯说:"此事本官也不知道,你也不能再乱问,此事属一级机密。你现在马上收拾一下,今晚上咱们就出发。咱们秘密回京。"

李显听了心里更没底,然敕命难违,只得收拾一下,全家人分乘两辆大车,在徐彦伯等百余名羽林兵的卫护下,赶往京城。

由于保密工作做得好,李显回京一事,除了女皇和徐彦伯等个别人知道,其他朝臣都蒙在鼓里。

安排庐陵王戏剧性的复出,女皇本意一是缩小庐陵王的影响面,二是给臣下一个惊喜。没想到惊喜之后的狄仁杰,对此偷偷摸摸的召还行径大不以为然;认为有失大国风度,正色奏道:"太子还宫,人无知者,有污太子之威名!"是啊!泱泱大国,复立太子,形同偷窃,能不惹天下人耻笑?想到这里,女皇对狄仁杰说:"趁着天未黑,你赶快带显到龙门驿安置,具法架、陈百僚,打出全副太子的仪仗,我这就降旨,令文武百官前去列队迎接。"正坐在家中吃晚饭的天子脚下的子民,只听得城南门方向隐隐约约传来吹吹打打的鼓乐声。熟悉皇家仪仗的人说:"此等动静好奇怪,既不像皇上返京,又不似亲王还家,倒好比太子回归,却又为何安排在晚上?"李显回归,使折腾数十年的皇嗣之争,渐趋明朗。李显的弟弟李旦也十分识趣,上表固请逊位于庐陵王。一下子解决了令女皇感到棘手的长幼之序问题。

九月壬申,武则天正式降诏,立庐陵王为皇太子,复名显。为了让侄子武承嗣和太子显搞好关系,女皇特敕武承嗣为太子少保。李显虽复为太子,但女皇却把他当成摆设,不让他临朝视事,也不准他跨出东宫一步。四十多岁的李显也表现得像一个听话的孩子,老老实实地待在东宫，十四年前，自己曾因一言而痛失宝位，如今怎能不牢记教训！北部边疆，突厥人并没有因李显的复位而自动退兵，仍攻城略地，劫掠男女。闻鼙鼓而思良将，有人向女皇推荐蓝田县令薛讷，堪使军前效力。薛讷乃"三箭定天山"的名将薛仁贵之子。身为将门虎子，薛讷果受女皇的青睐，立即由一介县令，擢升为左威卫将军，安东道经略。薛将军走马上任之际，特来宫中拜陛辞行。与女皇交谈了一些用兵方略后，女皇说："丑虏以复庐陵王为辞，犯我疆土。今庐陵已复位，丑虏何又相逼甚矣。"薛将军叩了一个头，从容进言道："丑虏凭凌，以庐陵为辞。今虽有制升储，外议犹恐未定，若此命不易，则狂贼自然款伏。"见女皇沉吟不语，薛讷又说："若以皇太子为河北道元帅以讨突厥，则突厥不战自溃。"

"太子不谙军事，何以为帅？"女皇抬起眼皮问。

"陛下，"薛讷趋前半步说，"太子也只是名义上为帅，但仅此就已经足够了。"

"显果有如此奇效？"女皇不相信地问。

"陛下但信臣言。"

女皇沉思了一下，说："此事朕自有安排，你不要多说了。此次去边关，你须向乃父看齐，尽心尽职，荡平夷寇。"

薛讷知女皇出太子之心已动，于是唯唯应声，叩头而去。第二天早朝，内史、宰相王及善奏道："太子虽立，然深居东宫，外议汹汹，请出太子赴外朝以慰人心。"女皇正有此等心思，点点头说："太子年已不惑，是该让他出去锻炼锻炼了，另外，朕还想让他领河北道元帅，以讨突厥，如何？"见女皇能说出这等话来，朝臣惊喜万分，急忙表示赞同。狄仁杰说："太子刚刚回京，只可遥领元帅一职，不可亲征。臣愿为副元帅，领兵以击突厥。"女皇道一声"好"，说："朕正有此意，就以卿为河北道行军副元帅，知元帅事。以右丞宋元爽为长史，右台中丞崔献为司马，天官侍郎吉顼为监军使。另外，朕再从扬州、豫州调三万人马，归卿节制。"仁杰揖手道："扬、豫二州已调了不少兵马，不可再调，依臣之见，还是在京都附近征募义兵，以充后军。""不是不好募人吗？"女皇说。狄仁杰胸有成竹地说："如今太子为帅，臣估计募兵没有问题。"事实果如狄仁杰所言，第二天，以太子为河北道领兵大元帅的诏令一出，各个募兵站果然报名从军者踊跃，三天的时间不到，竟有五万余人应募参军。

闻听此事，就连女皇也不由得对上官婉儿感叹道："前次吉顼募军，月余不足千人，及太子显为元帅，未几，竟数盈五万，是显的本领比吉顼高吗？朕看未必，乃是显的身份硬也。"

"是啊，由此也可见，天下人思唐德久矣。"上官婉儿也跟着感叹道。

女皇寻思了一会儿，抓住上官婉儿的一只手问："婉儿，你说说，朕百岁后，显、旦与我武氏诸侄孙，能和平相处否？"上官婉儿想了想说："可能吧。"女皇摇了摇头，面呈忧色，说："以现在的形势，恐朕百岁后太子与诸武不相容，朕之武氏侄孙恐以后为唐宗室藉无死所。"

"不见得吧，我看显太子和相王旦性格挺温顺的，不像动不动就挥刀杀人的主儿。"

女皇沉默了一会，说："二子虽善，奈何有外人挑拨，朕必须先想出一个两全之策，以确保朕百年后，二子与诸侄孙仍能同存共荣。"

李显的名头就是管用。突厥默啜闻其职河北道元帅，忙下令将所占的赵、定、恒、易等州抄掠一空，携财帛亿万、子女羊马还漠北。狄仁杰将兵十万，追之无所及。

突厥撤退前，乃纵汉奸阎知微还，被官军擒至京都。武则天恨阎知微咬牙，命将其磔于天津桥南，使百官共射。

大明宫里，具以醴醯，罗以甘洁，衮衮诸公，密坐贯席，冷荤盘子一起上。班师回朝之日，这庆功御宴是绝不可少的。百余张桌子，一半坐着征边的功臣，一半坐着文武百官。女皇则高高在上，独享一桌。两旁一边坐着太子显、相王旦及太平公主等人，另一边坐着武承嗣、武三思等。

酒过数巡，食过两套。宴厅东西两旁的乐队戛然而止。众人知道有事，忙放下筷子，仰脸来看主席台。但见监宴官"噔噔噔"跑上主席台，挺着肚子，亮起嗓门，大声宣布："现在由太子少保、魏王武承嗣代皇帝宣旨。"

大众急忙咽下口中的酒、菜。正襟危坐，目视前方，洗耳恭听。只见武承嗣手拿圣旨，寒脸挂霜，一副极不情愿的样子宣道：赐太子姓武氏，大赦天下；以皇嗣为相王，领太子右卫率；恩准禁锢多年的太子、相王诸子出阁，恢复自由。

群臣一听，忙起身离座，一齐恭贺："万岁万岁万万岁！"

一语未了，就听"扑通"一声，有近侍惊呼："魏王爷晕倒了！魏王爷晕倒了！"

女皇伸头一看，果真如此，忙命令身后侍奉的御医去救治。

折腾了好一阵子，脸色煞黄的武承嗣这才清醒过来，嘴里犹喃喃自语："我是太子，皇位是我的，我姓武，我才是货真价实的'武'啊。"女皇一听，皱皱眉头，一挥手："把他送回家休息。"

五六个内侍围过来，抬起武承嗣，飞也似的走了。

晚上，上官婉儿指挥侍女端来一盆为女皇特配的药物浴足水。女皇双脚伸到热气袅袅的盆里，舒服地吁了一口气。上官婉儿挽起袖子，亲自给女皇洗足按摩。洗了一会儿，女皇若有所思，眼望着大殿的房梁，不由自主，轻轻地笑了。

"皇上有什么高兴的事吗？"上官婉儿笑着轻轻地问。

"婉儿，"女皇俯下身子说，"朕赐太子'武'姓，一下子解决了'传位于嫡'与'未有异姓为嗣者'的矛盾，同时，朕百年之后，一些'配食''庙'和'武周皇朝'传之万代的重大问题也得到了圆满的解决。现在，朕左思右想，又想出一个绝妙的主意，可使朕百年之后，显和旦、太平仍能和诸武同存共荣。""什么绝妙的主意？"婉儿问。

"朕让太子、相王、太平公主与诸武誓明堂，告天地，为誓书铁券，这样他们以后就谁也不至于闹毛病，加害对方了。"

上官婉儿一向好学，文史皆通，素有见识，听了女皇的话，不由得打量了女皇一眼，心道，皇上莫非得了老年痴呆症，竟说出如此孩子气的话。漫说誓书铁券，就是誓书金券，也保不住他们以后不出问题。历史上，一些功臣被皇帝主子赐了免死铁券，最后不也被砍了头了吗？再说，你赐太子武姓，他就不能复姓于李？如此重大的生死问题，能靠一部铁券解决吗？

"婉儿，你倒是说话呀，朕的这个主意到底行不行？"女皇动了一下脚指头，打断了上官婉儿的沉思。

"皇上，您的这个主意太好了，实为两全之策。既可保持我大周朝的国运长久，又可让子孙后代和平共处。"

女皇把双足从洗脚盆里提出来，叫道："马上降诏，命太子、相王、太平公主、与武攸暨、武承嗣、武三思等诸武为誓文，发誓以后永不相犯，同存共荣。于明日上午告天地于明堂，铭之铁券！"

"是。"婉儿答应一声，把手中的活儿交给旁边的侍女，自去前殿拟旨。第二天，圣历二年（公元699年）四月壬寅，上午，宽大的明堂

里，一桩庄严肃穆的赌咒发誓告天仪式即将举行。天地君亲师人神主牌位前，摆着一个装满小米的铜鼎，小米中插着三炷拇指粗的天竺麝冰香，香烟袅袅，沁人心脾。再前面摆着一个方方正正的大方桌，桌上摆放着牛头马面、黑猪白羊、馍头御酒金银等祭物。香案前的一丈开外，站立着二十多个设誓人。设誓人分两路纵队，分别由太子显和梁王武三思打头。魏王武承嗣因上次宴会中中风，卧床不起，不能前来参加。为营造气氛，大厅周围，次第摆放着四十九根胳膊粗燃着的蜡烛。东南角，还有一个二十八人的小小乐队。证盟人、新任凤阁侍郎、同凤阁鸾台平章事苏味道，一身礼服，宽衣大袖。苏味道站在香案前，念念有词，把酒浇奠，手指望空划了个"佛"字，返过身来，

目光故作威严地看了众人一眼，高声宣布："设誓开始。"太子显当仁不让，手拿誓词，走上前来，朗声念道："诸位神主作证，我显日后当与武氏诸王、郡主和睦相处，永不触犯，即使千百年后，也一如既往。此誓一出，若有悔改，苍天不佑。设誓人：太子显。"太子显退下后，武三思走了上来，他面对大众，咳嗽了一声，抖抖手中的誓词，大声念道："老天作证，我武三思及武氏子弟，保证和太子、相王、太平公主同存共荣，休戚与共，若起半点异心，定遭天谴！"大家按长幼次序一一走上前来，庄严盟誓，盟完了誓，大家又一齐跪倒在拜垫上，对着神主牌位，一连磕三个头。能工巧匠们花了三天三夜的工夫，终于把二十多份誓词用蝇头小楷，工工整整铭刻在铁券上。完工后的誓书铁券黑、蓝莹莹，放射着令人敬畏的清辉。打铸好的誓书铁券，端端正正地安放在明堂的鲜花翠柏之中。

在太子显、相王旦、太平公主和诸武的陪同下，武则天健步前来参观。看完誓书铁券，女皇面对太子显和诸武，笑道："誓词写得不错，朕很满意。朕决定，将此誓书铁券永远陈列于史馆。铁券制成以后，而要要求大家严格遵守誓言，时时对照约束自己。谁若违犯，格杀勿论。朕的话听明白没有？"

"听明白了！"太子显、相王旦、太平公主和诸武应道。

女皇满意地点点头，说："你们有什么想法，也可以当面向朕提提么。"

这时，左千牛卫将军、安平王武攸绪走上前来，恭手说道："臣有话说。"

"讲。"女皇拉着长腔说。

"臣要说的话是关于自己的，长久以来，臣心中有一个愿望，就是摒弃闹市，蜗居深山，逍遥林壑。如今，太子归位，天下安定，四海清平，臣的归隐山林的愿望也越来越强烈了。今斗胆向陛下提出，请允许攸绪辞去一切官职，隐居嵩山。"

"你说什么？"女皇仿佛不相信自己的耳朵。

女皇沉吟一下，武攸绪一向少言寡语，城府很深，莫非见显当太子了，他心里不平衡，想要什么奸诈？待我先答应他的请求，再观其所为。

"攸绪，朕知你少有志行，恬澹寡欲。你若真不想当这个官，朕也不能勉强。这样吧，朕赐你白银万两，彩帛百匹。你什么时候走，朕再命百官王公到城外送你。"武攸绪拱手道："臣既起白云之心，当冬居茅椒，夏居石室，一如山林之士。请陛下收回所赐，免百官王公相送。"

女皇只好点了点头，武攸绪也当即辞陛而去。

望着武攸绪远去的身影，女皇招呼叫过武三思，小声吩咐道："派一些人盯着他，看他到底搞什么鬼，一旦有什么不轨行为，马上向朕报告。"

"明白了，皇上。"武三思悄悄地从角门出去了。

女皇叹了一口气，觉得身心有些累，从龙椅上站起，刚想传令起驾回宫，就见明堂大殿门口传来一阵哭声，一个人跌跌撞撞跑进来，离老远就招手哭道："皇上，我爹他……我爹他……"

武则天定眼一看，是武承嗣的长子武廷基，忙问："怎么啦？"

"他，刚刚归天了……"武廷基泣不成声地说道。

武则天一听，跌坐在龙椅上，那眼泪接着就下来了。伤心静坐了一会儿，站起来命令道："传朕旨意：文武百官、王公贵族，立即到魏王府吊丧，皇太子主持丧仪，赠故承嗣太尉、并州牧，谥曰宣。其长子武廷基袭爵，为继魏王。"

一日，武则天与二张共餐，二张坐而不食，令武则天纳闷。问之，二张说："不想吃，不好吃。"

"不好吃？"女皇眼睁老大，"朕的尚食局的厨师，手艺精美绝伦，在宫外很难找到对手，所做的饭菜天下至美，怎可说不好吃？"

"架不住天天吃，"张昌宗问女皇，"皇上，你有好久没有出宫巡幸了吧？"

"是啊，自从高宗大帝归天后，朕一般都不离京城。"

张昌宗说："皇上，我在京城待够了，想和您老人家一块出去玩玩。"

"上哪去玩？"

"听说大海很大，大的没有边，海上还有神仙，我想和您一块去蓬莱阁玩玩。"

"朕这一把老骨头，还能去蓬莱阁？"女皇说完哈哈大笑，示意身边的上官婉儿，"叫狄仁杰过来。"

狄仁杰也已是年近七十的人了，花白的胡须一翘一翘的，走过来，俯耳听命。

"狄卿，"武则天笑着指着张昌宗，"他想让朕去蓬莱阁。"

狄仁杰恭手谏道："去蓬莱迢迢几千里，其海风凌厉，变幻莫测。圣上年事已高，不宜远行巡幸。"

武则天一本正经地对张昌宗说："你看，我的宰相不让我去。"

"不去远的去近的也行。"张昌宗不高兴地说。

坐西东首的武三思听出了门道，以为正是巴结张昌宗的机会，上来叩首说："皇上八字重眉生，当去嵩山祭告于天。再说，皇上久居深宫，也该出去散散心，巡幸巡幸天下，以慰万民景仰之心才是。"

"对，去嵩山！"张昌宗兴奋地说。

女皇又问道："狄卿，去一趟嵩山如何？"

"皇上若感觉身体状况不错，幸一幸嵩山也无妨。"狄仁杰只得拱手答道。

"好！"武则天高兴地说，"传朕的旨意，择日巡幸嵩山，由狄卿任知顿使，先行开拔。苏味道为护驾使，内史王及善留守神都。"

嵩山，又叫嵩高，五岳中的中岳，在洛州登封县北。三月的嵩山，正是返青着花的时候，苍松翠柏，野花小草，高下相间，红的火红，白的雪白，青的靛青，绿的碧绿，更兼那冈峦迤逦，润溪潺潺，宛如人间仙境。春光明媚，林鸟啁啾，蜂蝶交飞。女皇坐一顶滑竿，在张昌宗、苏味道和负责警卫工作的李多祚将军的陪同下，沿着山间小道，悠闲自在，边走边看。

或许是连日出游，劳累过度；或许是山风清冽，偶染风寒。这天一大早，女皇就觉得有些头沉，浑身不舒服，急召太医龙床前诊治。四五个太医轮番把脉后，经过会诊，认为皇上的病是阴阳失调，邪气外侵所致。于是太医们开了一个驱寒扶正的药方。报经狄宰相、苏宰相审阅，皇上批准后，按方熬制。

女皇喝下汤药，自觉轻松一些，稍进了小半碗米汤，大家的心情这才放松了一些。不料到了下午，形势急转直下，女皇竟发起高烧来，人也就说起了胡话。太医紧急敷以退热之药。发烧是稍微退下来了，病情却未有根本的好转。狄仁杰见状，和其他几位大臣交换意见后，立即着人快马加鞭前往神都，报与太子，请太子前来行宫侍汤。

武三思、武懿宗闻听皇上有疾，怀着不可告人的目的，先太子一步，于第二天一早，赶到了嵩山行宫。

太子在内殿侍奉寝疾，狄仁杰等大臣在外殿焦急地商量着。大家都知道女皇年事已高，万一有个三长两短也不是不可能的事。朝廷以后的权力布局，谁掌兵权，谁掌相位，谁掌京畿卫队，各人心里都有一本账，只是在今天这个场合，谁都不愿先说罢了。现在大家讨论最多的问题是，皇上是就地治疗，还是返回京城。

武三思等人坚持要皇上回京城，理由是京城皇宫各方面条件都很好，便于疗疾。其实武三思考虑的是自己为五城兵马使，掌握着京城军队，一旦时局有什么变化，自己可以随时有所动作。

狄仁杰则认为目前皇上的身体不宜再受旅途的颠簸。行宫本身的条件也不错，需要什么可以随时从外面调。正在决议不下，一个内侍从内殿匆匆跑出，说："狄宰相，皇上有旨！"

狄仁杰急忙进了内殿。龙床上，饱受疾病折磨的女皇，一副有气无力的样子，布满皱纹的脸几乎没有一点生气，无力的胸膛微弱的呼吸着……

"皇上。"狄仁杰在床前轻轻地叫着。

女皇眯缝着眼，嘴张了张，说："赶快……派……派人……以疾苦告太庙。在……在嵩山设祭，祷于山川……神。"

"遵旨。"狄仁杰领命而去。

众人在外殿不知皇上召狄仁杰何事，心自揣揣，见狄仁杰出来，忙迎了上去。

狄仁杰当即指着武三思说："你马上收拾一下回京城，将皇上的疾苦告于太庙、太社、南北郊。我等则在嵩山设祭，祀告于天。"

"怎么单单派我去告太庙？"武三思不想走。

"你是皇上的亲侄，告太庙的事，不派你去派谁去？"

武三思一听无话可说，不得已，只得怏怏地返回了京城。

不说武三思去告太庙的事，单说在嵩山之阳、行宫之左、位临悬崖的一大块空地上，正忙忙活活一群人，为女皇祈福的告天仪式将在这里举行。

接近悬崖的地方，并排摆放着两张大桌子。桌上有香炉和昊天大帝的神牌。祭祀用的猪头、羊头等物还没有上桌。

桌子再往后，是一长溜红地毯，两旁插着数面迎风飘舞的彩旗。最引人注目的是不远处有两面招魂幡。彩幡像马舌头似的，长长地吊下来，随风舞动，给人一种神神怪怪的感觉。

为了表示对昊天大帝的一片真诚，祭祀用的五牲六畜一律现屠。不远处支一口大锅，锅里水被熊熊的炭火烧得翻开。旁边的屠夫光着膀子，磨刀霍霍向猪羊。刀刺进去，搅两搅，它们的血汹涌而出，它们的最后的哀叫回荡在山谷之中。

在太子显的带领下，苏味道、武懿宗、李多祚以及随驾的几十个朝臣，排成队，沿着红地毯，一步一步，庄重地向祭桌前走去。刚走到桌前，准备三叩头之后念祈文，刚磕第一个头，就听得背后有人高喊："等等我……"

众人闻声看去，一个裸着身子，仅穿一条长裤的人飞奔而来。有眼尖的人说："这不是给事中阎朝隐吗！"

只见阎朝隐赤着脚，石子路上一跳一跳地跑来，向太子显叉手道："请让臣为牺牲，以代皇上命。"

说着，阎朝隐径直窜到旁边的俎案上，平躺下来，不无壮烈地大声疾呼："屠夫快过来，砍下我的头，摆放在祭桌上。"

武懿宗示意旁边的屠夫动手。屠夫杀了不少的猪们、羊们，却从没杀过人，望着俎板上的光着身子的阎朝隐，瑟瑟发抖，砍刀也拿不住。

"我来！"武懿宗夺过大砍刀，高高举起，作势欲砍，吓得阎朝隐紧咬牙关，紧闭双眼，直打哆嗦。武懿宗却又把刀放下了，说："老阎，人死不能复生，你想好了，可别后悔。"

"不……后……悔！"阎朝隐咬牙切齿地说。

武懿宗抡起大砍刀就要砍，却让太子显给挡住了："三弟，不可不可，哪有用活人当祭物的？""他自愿的。""自愿的也不行，"太子显招呼旁边的内侍，"给阎大人穿上衣服，扶回行宫休息。""我不……"阎朝隐挣扎着不愿下来，嘴里大叫，"皇上病不愈，我死也不离开俎板。"太子显无奈，此情此景，他大喊大叫，祈天仪式也进行不下去，于是和苏味道低声交换了一下意见，决定由苏味道回宫，报与皇上定夺。"皇上，"苏味道伏在女皇耳边轻轻地说，"给事中阎朝隐自为牺牲，沐浴伏俎上，请代皇上命，怎么劝他也不听，请皇上定夺。"

女皇的眼皮跳动了一下，睁开眼："果有此事？"

"阎朝隐裸身伏俎板上，大喊大叫，非要献身不可，弄得祈天仪式无法进行。"

女皇听了这话，不知从哪来的劲，一下子坐了起来，招手叫道："朕有如此忠臣，朕死何恨，拿饭来！"

听皇上要饭吃，官人惊喜交加，忙端上了熬好的人参玉米粥。

吃完后，武则天说："不要打扰朕，朕要好好地睡一觉。"说完，武则天旋即鼾声如雷。

这天下午，女皇刚刚睡醒，顿觉神清气爽，她在山野中深吸一口新鲜的空气，望着西天的落日，无限深情。随后便伸伸懒腰，对自己的内侍吩咐穿诏阎朝隐。近侍赶忙出去把等候在外殿的阎朝隐叫进来。阎朝隐刚走进内殿，便跪倒在地，膝行至女皇的跟前，摇着女皇的腿开始哭诉表达自己因女皇生病的伤心之情。女皇因心情极好，于是便笑着对阎朝隐封了赏。阎朝隐得了便宜，答应一声，便磕头谢恩了。

第四十七章

狄仁杰身死　朝廷始争权

经历了一场不大不小的疾病，女皇的身体虽然没有什么大碍，却不愿意动弹了。她不想待在嵩山，于是便返回了神都洛阳。刚休息了一天，张易之等人便在控鹤监大摆酒宴，为女皇接风洗尘。酒宴之上，大部分朝臣应邀出席。大家围绕着美酒佳肴一起吃吃喝喝，互相吹捧，甚为欢喜。张易之更是作秀，在女皇面前，一本正经地训斥家弟张昌宗没有照顾好女皇。

张昌宗更是表现出一副温顺的样子，点头承认有错，直接跪地请求女皇饶恕。兄弟俩一唱一和，惹得女皇龙颜大悦，夸奖二人忠心可嘉。这时，稍有醉意的张易之来到宰相苏味道的跟前说道："人都说你的外号叫苏模棱，这是为何？"

苏味道的脸讪讪着，却又不敢怎样，只得赔上笑脸说："臣说过处事不可明白，但模棱持两端可矣。所以得了这么个小外号叫'苏模棱'。"

张易之随即道："皇上，原来苏模棱是这么回事。"

坐在主座上的女皇忘记了刚才的不愉快，微微一笑。

宰相王及善一向清正难夺，有大臣之节，见此情景，忍无可忍，上来奏道："张易之恃宠骄横，在皇上面前狎戏公卿，全无人臣之礼，无体统尊严，请皇上敕臣对其予以训诫，免得朝纲紊乱，贻笑外方。"

女皇正自高兴，见王及善这么一说，当时脸就拉下来了，冷冷地说："卿既年高，不宜更侍游宴，但检校阁中可也。"

王及善一听，脾气也上来了，说："臣最近身体不好，请准假一月养病。"

"准请。"女皇说。

王及善当即回转身，拄着手杖下堂去了。

一波未平，一波又起。正谏大夫、兼右控鹤监内奉员半千，噌噌噌走上前，拱手道："臣请辞去右控鹤监内奉一职。"

女皇有些诧异，问："为何？"

员半千正色答道："控鹤监古无此官，且所聚多轻薄之士，非朝廷进德之选，臣由是耻于为伍。且请皇上下诏，撤除控鹤监。"

女皇一听来了气，说："控鹤监多聚一些文学之士，怎可言轻薄？卿所言南辕北辙，不堪为谏议大夫，可为水部郎中。"

员半千私毫没有为贬官而感到一丝沮丧，反而神色轻松地向女皇拱手道："谢皇上，臣这就赴水部任职。"

说完，员半千从座位上拿起自己的外套，下堂扬长而去。女皇看着这些衣着鲜亮的供奉们，气不打一处来，怒道："你们这个控鹤监都干了些什么？"

张易之慌忙答道："没干什么坏事，平时大家在一块吟吟诗，写写字，画些画什么的。"

"员半千乃饱学之士，连他都不愿充控鹤之职，可见你们平时没干什么好事。"女皇训道。

"好事没干，可也没干坏事。"张易之咕哝道。

"还敢多嘴？"女皇一拍桌子说，"你这个控鹤监我看已经臭了名了。从明天起，改为奉宸府。另外，一个月之内，给我编两个集子出来。"

"遵旨。"张易之拉着长腔说。

"摆驾回宫！"说着，女皇一扭头走了。

宰相王及善在家称病月余，眼看一月的病假超了，也不见皇上派人来看看他。王及善沉不住气了，这天主动前来上朝。午门外碰见狄仁杰，说起这事，王宰相叹道："岂有中书令而天子可一日不见乎，事可知矣。我老了，不如干脆告老还乡算了。"

狄仁杰劝道："能干还是再干二年，国家如今正是用人之际。"

朝上，王及善果然向女皇揖手说："臣年老多病，已无力再为皇上效劳，臣请乞骸骨回邯郸老家。"

女皇知道王及善心里有气，自己也不想落一个亲小人远君子的恶名，于是说："卿年事已高，可改为文昌左相，仍同凤阁鸾台三品，告老还乡一事，不准。"王及善无奈，只得退了下去。朝散后，女皇留住狄仁杰，谈了一会儿国家大事，女皇问："朕欲得一佳士用之，有无？"狄仁杰说："陛下作何任使？""朕欲用为将相。"仁杰答道："文学蕴

藉，则苏味道、李峤固其选矣。必欲取卓荦奇才，则有荆州长史张柬之，其人虽老，宰相之才也。且久不遇，若用之，必尽节于国家。"

女皇心下不以为然，让你推荐一个佳士，你却弄来个廉颇似的老人，再说这张柬之为官一任，也没见有什么显著政绩。

女皇心下正踌躇，上官婉儿走进来，递过来一份文件。女皇看了文件，半天不吱声，却问狄仁杰："娄师德贤否？"

狄仁杰一向颇轻娄师德，数次排挤他在外戍边屯田。见女皇这一问，答道："为将能谨守边陲，贤则臣不知。"

女皇又问："师德是否有知人善任之德？"

仁杰答："臣不曾闻。"

女皇摇摇头说："朕有一贤臣，乃师德所荐也，亦可谓知人矣。"

说着，女皇叫来上官婉儿，让拿出娄师德当年推荐狄仁杰为相的奏表，递给狄仁杰说："留卿作纪念。"

仁杰接过师德的荐书，心下羞愧，脸上亦有些发烧。半天不知说什么好。

女皇又递过刚才的那个文件，狄仁杰接过一看，是奏娄师德病重的折子。仁杰看了一遍，叹道："娄公小我五岁，不意竟病成这样，臣这就去府上看望他。"

女皇写了一封书信，交给狄仁杰说："代朕当面念与师德听。"

狄仁杰怀揣着书信，辞别女皇，直奔娄府。娄府内，娄公已病得不能起床，见狄宰相来访，想极力挣扎起身子行礼。狄仁杰眼含热泪，紧走几步，扶住了老宰相，扶他安卧在床上，而后拿出女皇的御书，说："皇上给您写了一封信，并命我代为宣读。"

床上的娄师德点了点头。狄仁杰念道："卿素积忠勤，兼怀武略，朕所以寄之襟要，授以甲兵。自卿受委北陲，总司军任，任还灵、夏，检校屯田，收率既多，京坻遽积。不烦和籴之费，无复转输之间，两军及北镇兵数年咸得支给。勤劳之诚，久而弥著，览以嘉尚，欣悦良深。可安心养病，以慰朕心。"

娄师德听了，脸上露出一丝欣慰的微笑，轻轻地说："圣上嘉誉过甚。"

狄仁杰说："公在河陇，前后四十余年，恭勤不息，民夷安之，且为人沉厚宽恕，仁杰不及。"

娄师德在枕上摇了摇头："狄大人乃大贤之士，国之栋梁，非师德可比。"

狄仁杰看着娄师德，千言万语不知从何说起，只得握住他的手说："娄公，您还有什么需要吩咐我的?"

娄师德眨了两下眼睛，狄仁杰把耳朵凑过去："我已不行了，及善和你也年事已高，现今当务之急是要给国家推荐后备栋梁之才，免得皇上百年之后，大权旁落小人之手。另外，凡事要顺民心，从民意啊，切记，切记!"

狄仁杰重重地点了点头，眼泪也下来了："仁杰明白娄公的意思，仁杰的日子也不多了，当尽力为国举贤。"辞别娄师德，出了娄府的大门，狄仁杰仰天叹曰："娄公盛德，我终身难以比肩。"

一日，女皇突发奇想，想造一大佛像，召狄仁杰来问。仁杰摇头说："不可，言其花费太大，劳民伤财。"

女皇说："照狄卿这么说，这大像不造了?"

"不造就对了。比来水旱不节，当今边境未宁，若费官财，又尽人力，一隅有难，将何以救?"

听了狄仁杰的一番高论，女皇叹道："爱卿与朕为善，这大像朕决定不造了。"

女皇欣赏地看着狄仁杰，心里感叹不已。狄仁杰个子不高，头上已染了几许白霜，眉毛既不粗又不黑，衣着也平平淡淡，可他的为人，他的智慧，却无人能及。朝廷得狄公这样文武双备、品德卓著的忠臣，实乃天赐。

一天，诸臣刚上朝，就见狄仁杰的儿子狄光远，披麻戴孝地闯上朝堂，跪倒在地，向大帝放声哭道："陛下，我爹他刚刚驾鹤西去了。"

闻此噩耗，女皇眼前一黑，差点栽倒，手扶龙案哭道："国老凋零，相星西陨，吾朝堂空矣?"

群臣一听，也不由得抹起了眼泪，凄恸不已。夏官尚书姚崇素有主张，擦擦眼泪，上前奏道："国老辞世，举国震动，当速安排治丧事宜。"

女皇说："朕已想好了，赠故国老文昌右相，谥曰文惠。以姚卿为其主办丧事，一切丧葬费用均由国库拨付。朕亲自为之举哀，废朝三日。"狄公的丧礼办得十分风光。依据狄公的遗愿，其灵柩运回老家太原安葬。发引那天，参灵的各地代表、官员士夫，亲邻朋友，一齐赶来送行。神都城内城外，路祭彩棚，供桌阻道，车马喧呼，填街塞巷。女皇特派三百名羽林军将士沿途护送。丧事结束后，狄光远把姚崇叫到一个密室里，拿出一个密封的蜡丸交给他说："姚叔叔，我爹遗言让丧事结束后，把这个交给你。"姚崇打开蜡丸，里面有一字条，上写：公务必向当今荐柬之为相。姚崇掩上条子，问："除我以外，国老还给别人留字条了吗？"狄光远老老实实回答道，"还给柬之大人留一个。""什么内容？""密封着不知道。"姚崇点点头，打起火镰，把字条烧掉，叮嘱道："除你、我、柬之大人以外，此字条一事不要跟任何人说，说了徒招横祸。"狄光远点点头："我明白，爹临终前也是这样嘱咐我的。"

自武承嗣一死，魏王府冷清多了，其子武延基虽袭爵为继魏王，又娶了太子显的女儿永泰郡主，但因武延基年不过二十，少不更事，也没授什么重要官职，整日在家无所事事，闲得发慌。

这日，小舅子邵王重润来找妹夫玩，两个小青年歪在卧榻上闲拉呱，重润说："刚才我进来时，见大门口污物满地，踩了我一脚，你堂堂的魏王府也太煞风景了。"武延基愤愤地说："我爹活着时，门前整日车水马龙；我爹死后，门可罗雀，人心不古呀。"重润笑道："没到咱掌权的时候，等咱掌了权，那些拍马奉献、上门送礼的人，多如苍蝇，撵都撵不走。"一说到这话，延基高兴起来，小哥俩开始憧憬美好的未来。

廷基说："若论前途远大，你比我更胜一筹。当年你出生时，及月满，高宗大帝甚悦，为之大赦天下，改元为永淳，又立为皇太孙，开府置官属，当时你是何等的荣耀啊！虽然后来作废，但你爹又复为皇太子了，你是长子。你爹一登基，你就是铁定的皇太子；你爹百年之后，你就稳坐皇帝的至尊宝位了。"

听了这话，重润却并不太高兴，反而忧心忡忡地说："道理上我将来能做到皇帝，但世事难料啊。比如现在，我爹虽为皇太子，却不能随便出入内宫，倒是那张易之、张昌宗，出入宫中肆无忌惮，如入无人之地。我担心这两个小子作怪，我爹以后不能顺利接班啊。"

"得找个人从侧面给皇上提个醒。圣上虽然英明，但年事已高，有时处事不免犯些糊涂。能有人给她旁敲侧击提个醒，肯定管用。"武延基自信地说。

"找谁给圣上提个醒？"重润摇摇头说，"没有合适的人。"

"找宗楚客，他是皇上的表弟，我的表爷爷，又是当朝宰相，让他给皇上说这事，肯定有分量。"

"宗楚客怎会听我们的？"

"宗楚客欠我家的情，"武廷基回想当年说，"当年他因贪赃罪被流放岭南，后来是我爹极力为他说情，他才获召还朝，如今一步一步又混到三品宰相。"

两个人为这事正说得投机，永泰郡主走进屋来，咤道："好好过日子，有福自来，无福难求，乱嚼舌头，多管这么多闲事干什么？"

两个人被训得默不作声，但托宗楚客给皇上提个醒这事，武廷基却牢牢地记在心里了。第二天，武廷基托言到书铺去买几本书，一溜烟窜到宗楚客家中。见了表爷宗楚客，武廷基嘴张了几张，话没说出来。老奸巨猾的宗楚客，看出面前这个小毛孩子心里有事，套他的话说："自从你爹魏王死后，我公务太忙，对你照顾不够，现在你家里有什么困难没有？"

"我年轻，这事还不忙，"武廷基谦虚地说，"只是有个情况想跟表爷说说。"

"说吧，在表爷面前还有什么不好说的。"

"是这么件事，如今圣上年事已高，张昌宗、张易之却出入宫廷无忌，我和邵王重润担心这俩人对国家不利，想请您老人家适时地给圣上提个醒。"

"哟……"宗楚客撤撤身子打量了一下武廷基，"你小小的年纪，竟也忧国忧民，有出息，有出息啊，表爷我心里喜欢啊。但不知此事你还给别人说过没有？"

"没有，廷基信任表爷，才来跟您说的。"

"好孩子，此事不要再跟第二人提起。这事表爷负责当面向皇上劝奏。"

打发走武廷基，宗楚客不禁笑道："毛孩子，还敢妄议朝政，怕以后死都不知怎么死的。"再一天，宗楚客见到了张昌宗，宗楚客一改往日的谄笑，一副气哼哼的样子，嘴里不停地说："气死老夫了，气死老夫了。"

张昌宗见宗楚客那熊样，不高兴地说："你有什么不高兴的事，别在我跟前惹我烦。"

宗楚客却不顾张昌宗的警告，不依不饶，跳着脚叫道："我能不生气吗？我不生气能行吗？两个毛孩子竟敢说六郎您的坏话，我能不义愤填膺吗？"

"谁说我的坏话？"张昌宗一把揪住宗楚客的领子说。

"请放开手，请放开手，允老夫慢慢道来。"

宗楚客慢慢道来，慢慢把武廷基、邵王重润彻底地出卖了。张昌宗急不可待地听完，气急败坏，一把推开宗楚客，"噔噔噔"跑到皇宫里去了。

张昌宗拿一条白汗巾绕在脖子上，一只手攥着，一纵一纵的，跪到女皇的跟前，又是哭，又是闹："皇上啊，我昌宗不想活了……我真不想活了。朝臣们当面折辱我，如今……你的孙子辈又折辱我，我……我堂堂的男子汉大丈夫，还活个……什么劲啊……"

张昌宗一手勒着脖子上的汗巾，一手直往自己的脸上拍打。女皇一见，着实心疼不已，颤颤巍巍地过来，想把他拉住，却哪里能拉得住。张昌宗就势滚倒在地，顺地乱滚，寻死觅活。"谁惹着你了，你说，朕为你做主！"女皇急了。"重润和廷基啊，两个黄口小儿竟说我是个不要脸的，还说您什么事都依着我，打算把江山都送给我。皇上啊，我张昌宗什么时候伸手向你要过这大周的江山啊……"女皇听了，气得身子险些站不稳，两手直哆嗦，问："你是听谁说的？""宗楚客亲耳听那二个小儿说的。宗楚客堂堂宰相，说话还能有假……"张昌宗说着，依旧在地上打滚不止。女皇恶狠狠地说道："朕三年没杀人，就有人敢翻天了。""来人哪！"女皇接着向门外叫道。应声跑进来两个侍卫。

"把重润、廷基给我活活打死！"上官婉儿在一旁急忙劝道："圣上，他俩还都是个孩子。""这么小就这么刁，再大一点，还不得领兵造反。"张昌宗睡在地上叫道。"快去！"女皇挥手命令道。上官婉儿见势难挽回，忙又谏道："亲王不可杖杀。""赐其自裁！"女皇愤怒地发出最后命令。两个侍卫，一阵风似的窜出去了。

两个侍卫直接窜到东宫，不等通报，长驱而入，在东官里满处寻找邵王重润。太子显见御前侍卫，忙小心探问："找重润何事？"

俩侍卫亮了亮手中的白绫："他和继魏王一起说昌宗大人的坏话，皇上赐他死！"

太子显一听，当时就懵了，怔了几怔，哭着向外走："我去找母皇问问，凭什么赐重润死，重润孝敬父母，尊敬师长，是个多么好的孩子。"

韦妃紧走两步，一把把太子显拉住，用手捂住他的嘴，赔着笑脸对两个御前侍卫说："重润在继魏王廷基家里，二位大人赶快去吧，别耽误正事。"

侍卫一听，拿着白绫子，接着就走了。太子显怒问韦氏妃："为何拦着我，为何告诉他们重润的行踪？"

韦氏妃心急火燎地把太子显拉进屋里，关上门说："你这一闹，不但救不了重润儿的命，说不定连你都得搭上。小不忍则乱大谋，忍一忍风平浪静，退一步海阔天空。"

太子显颓然地坐在床上，又俯身趴在被子上，失声痛哭起来。

"小声点儿。"韦氏妃急忙把门和窗户关紧。

这一天是长安元年（公元701年）九月壬申日。邵王重润和继魏王武廷基被迫自杀。永泰郡主悲痛难抑，也随之悬梁自尽。邵王重润风神俊朗，早以孝友知名，死时年仅十九岁。且死非其罪，大为当时所悼惜。后中宗继位，追赠皇太子，谥曰懿德，陪葬乾陵。仍为聘国子监丞裴粹亡女为冥婚，与之合葬。又赠永泰郡主为公主，备礼改葬，仍号其墓为陵焉。

廷基死后，复以承嗣次子廷义为继魏王。

连丧三个孩子的太子显受不了这样的打击，一下子病倒在床，成月不起。这一天好歹有所好转，能下床走动了，韦氏妃说："殿下在床上躺了整个月，张昌宗肯定对咱有不好的看法。"

"怎么，病也不让有？"

"你病的不是时候。在这节骨眼上有病，张昌宗肯定认为你对他怀恨在心，肯定还要在皇上跟前陷害咱。"韦氏妃分析着。

"那怎么办？"太子显惊慌地问。

"我已想好了，唯一的补救办法是殿下马上找相王旦、太平公主商议，由殿下牵头，你兄妹仨联名上表，请立昌宗为王。"

"什么？"太子显跳起来，"他杀死了我的儿子、女儿、女婿我还得请立他为王？"

"你不想当皇上啦？你不想有扬眉吐气的那天了？咱这么多年忍辱偷生，难道都白白地废掉了？"

太子显脑子也陡然转过来了，也明白了韦氏妃的一片心意："我听你的还不行吗？"

韦氏妃走过去从书橱里拿出一个奏表，递给太子显："喏，表文我都请人写好了。你赶快签上名，再找旦和太平签上名，明天早朝时，当着朝臣的面，呈给皇上。"

事不宜迟，太子显忙出门乘车找老弟和太平公主去了。

第二天早朝，太子显果然上书，向女皇请求道："张昌宗大人，英俊潇洒，忠义在心，侍奉圣上，矢志不移，功在当代，利在千秋，请封昌宗为王，以从天下人之望！"女皇看了上表，问朝臣："众位爱卿，太子、相王和太平所请，当否？"众位大臣低着头，默然无语。见群臣不应，女皇也觉无聊，说："立昌宗为王，有些不妥，但既然提了，也不能寒了太子他们的心。这事到底如何是好呢？"杨再思见状，上前为君解忧："圣上认为封昌宗为王不妥，可封昌宗为国公。"女皇忙点点头："此办法最好。就依爱卿所请，封昌宗为邺国公。"张昌宗听说朝堂上已封他为邺国公了，忙套上衣服，脸也不洗，就往朝堂上跑。此时刚刚散朝，张昌宗急忙拦住大家，当胸抱拳说："各位，谢了。今儿晚上我在天津桥南新府，摆酒宴请大家。尤其是你太子显，今晚上一定要去赏光。"太子显强颜欢笑地说："去，去，我岂能不去，我还有许多贺礼要送给国公呢。""好好，多多益善，来者不拒，晚上见！"张昌宗说着，一扭头先走了。一日早朝，鸾台侍郎同凤阁鸾台平章事韦安石拱手奏道："连月以来，洛州政务及京城治安每况愈下。里巷汹汹，申冤参告者不绝于缕。臣请选一为政清严之大臣，检校洛州长史。以改变京都工作的极端落后状态。"

女皇有些奇怪，说："洛阳令不是易之的弟弟昌仪吗？听说他这个洛阳令干得不赖嘛，路不拾遗，夜不闭户。"

韦安石继续请求女皇派出一名执政大臣检校洛州长史。女皇认为合理，便问在场的官员是否有人愿意担当这个重任。刚刚戍边回京的凤阁侍郎、同凤阁鸾台平章事魏元忠跨出班列，慨然请道。女皇点点头，答应了他的请求，同时嘱咐魏元忠要好好教导昌仪做官的方法。魏元忠满口答应。

第四十八章

男宠欲篡权　枕边乱吹风

　　洛州长史府的衙门设在洛阳东城。下了朝，魏元忠便收拾行装走马赴任。当魏元忠赶到洛州长史府的时候，长史府衙门前静悄悄，连一个人都没有。魏元忠见此情景大怒，命随从击鼓传音。

　　"咚……咚……咚……"数声鼓响之后，长史府衙的大门终于打开了，一个打着呵欠的差役探出头来，连望都不望，随口喝道："是谁在击鼓？"

　　魏元忠等人站在门口，并不答话。等到差役睁开眼睛，看清门口一大群人及宰相魏元忠的旗号时，这才慌了神，连忙将大门打开，迅速转回身跑向后衙叫长史王天成去了。

　　王天成正在后衙消消停停地吃早饭，一听说刚正清直的魏宰相来了，急忙把碗一推，边往身上套官服，边拔腿往前厅跑。见王天成来到，魏元忠指着空荡荡的大堂，严肃地问道："怎么到现在连个来的人都没有？"

　　王天成趴在地上磕个头，站起来愁眉苦脸地说："说了，可他们都不听，三令五申叫他们按点来，却没有一个按点的。"

　　魏元忠看着墙上的漏表，说："传我的命令，所有牙参的官员一律在二刻钟之内赶到长史府，来晚了的就地免官，杖责一百。"

　　"是！"部下匆忙跑出去了。

　　魏元忠环视一下大堂，见大堂的长史公案后，有两把锦椅，挺奇怪，问王长史："你一个人能坐两把锦椅？"王长史无可奈何地说："旁边一把是洛阳令张昌仪坐的，他仗着他的哥哥是张易之、张昌宗，平日不把我这个长史放在眼里，每次牙参，他都是排闼直入，不但不施礼，还得搬个锦椅给他坐，久而久之，这锦椅就成了他的专座。升堂议事，还得他说了为准。"

　　魏元忠点点头，对王长史说："朝廷已着本相检校洛州长史，这里没你的事了，你收拾一下，去吏部报到吧。"

"哎。"王长史答应一声出去了。

魏元忠限时到堂的命令还真管事，一刻钟刚过，衙门口就热闹起来，骑马的，坐轿的，一个个急急慌慌地赶来牙参。规规矩矩地给新长史行过礼，各按班次分列于两旁。

两刻钟不到，洛阳令张昌仪摇摇晃晃地走进大堂，一副隔夜酒没醒的样子。魏元忠看了一眼墙上的漏表，心道：好小子，算你走运，再晚到一会儿，我要你的小命。

"哟，弟兄们早来了……"张昌仪招手和两边的人打招呼，抬头一看，仿佛刚刚发现魏元忠似的，"哟，魏兄什么时候来的？听说你检校洛州长史，欢迎啊欢迎。"说着，张昌仪径直绕过公案，往锦椅上凑。

"站住！"魏元忠一声断喝，吓得张昌仪一哆嗦。

"你姓甚名谁？本长史怎么不认识，报上名来！"魏元忠威严地说道。

"我呀？"张昌仪摇摇摆摆地走上来，他还真以为魏元忠不认识他，手指着自家的鼻子介绍说："我乃三品银青光禄大夫张昌宗、奉宸令张易之的亲弟弟，洛阳令张昌仪！"

魏元忠冷冷一笑："你既为洛阳令，为何见到上级长史不拜？"

"没那习惯！"张昌仪抱着膀子，鼻孔朝天地说。

"来人哪！"魏元忠叫道。

四个手拿五色棍的堂役，应声跑过来。"把这个无礼的东西给我乱棍打出，让他改改习惯，懂懂规矩。"

"遵令！"堂役们早看不惯张昌仪狗仗人势、盛气凌人的样子。闻听命令，蹿上去，照着张昌仪举棍就打。

四个衙役分工明确，有的击头，有的击背，还有一个人专打张昌仪小腿的迎面骨。直打得张昌仪哭娘叫爹，跳着脚往大堂外蹿。牙参的官员们见张昌仪的狼狈样，发出一阵轻轻的笑声。魏元忠一脚把张昌仪坐的锦椅踹开，端坐在大堂之上，一拍惊堂木喝道："尔等到点不牙参，该当何罪？""求丞相恕罪。"众官员急忙上前，跪地告饶。魏元忠又一拍惊堂木："权且记下，尔等速回本部，把从前该处理的积案马上处理完，处理不了的报与本长史，若有滑头懈怠的，定惩不饶。"

"遵令！"众官员急忙应道，又趴在地上给新长史多磕一个头，才转身离去。魏元忠坐在大堂上，笔头刷刷响个不停，半日之间，就把积攒数月的公文处理完毕，而后带着卫士和长史府主簿、都头，上街微服私访。神都洛阳城的秩序确实比较乱，欺行霸市、打架斗殴时时可闻。魏元忠走一路看一路，让主簿把需要处理的问题一一记下。行至天津桥南，见一处豪华建筑样式颇似明堂，长年检校边关的魏元忠不认识，问："这是谁的房子？"

"此是张昌宗的新宅，"主簿说，"起来有好几个月了。房子盖起来，未经长史审批。"

过了天津桥，来到桥北，却见一片烟尘腾起，有百十个人正在挥镐扒一片民房。许多房主在一旁哭着闹着不让扒。

魏元忠皱皱眉头，问洛州主簿："这地方又准备搞什么工程？"

洛州主簿一脸茫然地摇了摇头。

"看看去。"魏元忠领人急步赶过去。

只见几个凶神恶煞的人在一家屋门口死命地往外拖人，弄得大人小孩鬼哭狼嚎。一个老妪手扳着门框，死不松手，一个满脸横肉的家伙，抡起马鞭，劈头盖脑地抽打老妪。

"天哪……天子脚下，世道良心，竟有这种横行乡里蛮不讲理的人。"老妪一边哭，一边数说着。她的数说更加招来雨点般的皮鞭。她花白的头发，被鞭子抽得一缕一缕的脱落，又随风飘落在地上。

"住手！"魏元忠怒喝一声，直气得双眼喷火。

正在打人的几个歪戴帽、斜着眼的人，晃着皮鞭走过来，问："你是谁？多管闲事。"

"为什么打人？"魏元忠怒问。

那个满脸横肉的家伙，鞭梢往桥南面一指："看见了没有，那个小明堂是邺国公张昌宗大人的新宅，如今他的哥哥，也就是我的主子……奉宸令张易之大人也准备在桥北边盖一幢新宅，兄弟俩隔河相望，比邻而居。本管家奉命拆迁民房。"

侍卫见对方无礼，刚想拔刀上前，魏元忠把他挡住了，问："谁准你们这样干的？"

那管家耻笑道："易之大人盖房子还需要谁批准？明告你吧，天津桥附近的这段洛水，将来就是二位张大人的后花园养鱼池。房子盖好后一样地圈过来。"

魏元忠向一旁正在扒房子的人喊道："我是新任洛州长史魏元忠，我命令你们马上停止施工，撤离这地方，听候处理。"

"魏元忠?"那管家笑起来,"魏什么也白搭,也挡不住易之大人盖房子。伙计们,继续干,别理他那一套。"

管家说着,返过身来继续劈头盖脑地打老妪。

"把这个恶奴给我拿下,就地正法!"魏元忠沉声命令道。

侍卫们和洛州都头亮出武器,冲上前去,像揪小鸡似的把那管家提过来,举刀欲砍。

"慢着,"魏元忠说,"改为鞭笞,以牙还牙,打死为止。"

侍卫和都头夺过几个鞭子,狠命地朝地上的张易之的管家打去。一五一十,十五二十,惨叫声引来了许多人围观,人们拍手称快,人群中有人叫道:"打得好,这伙人狗仗人势,凌虐百姓,早该治治了。"

一会儿,地上的那管家就被打得没气了。魏元忠指着其他恶奴发出严重警告:"谁若敢再在这里扒房子,凌虐百姓,强占民宅,一律就地正法!"恶奴们一听,丢下手里的家伙,一哄而散。

慑于魏元忠的威势,张易之只得悄悄中止了建房子的计划,暗地里却对魏元忠恨得咬牙,时刻准备寻找机会报复魏元忠。

魏元忠笞杀张易之家奴的消息传出,那些平日仗势欺人的洛阳权豪,无不为之胆寒,悄悄收敛了许多。神都洛阳登时清平了许多,城市面貌及治安状况得到了极大的改善。魏元忠这才把洛州长史一职交给下一任,依旧回到了朝堂。

二张数次在枕头上百般谗毁魏元忠,无奈魏元忠一向行得正,做得直,所干的都是正事,女皇心中有数。二张见暂时掀不倒魏元忠,又转而为其另一个弟弟张昌期求官,要求将其从岐州刺史提升为雍州长史。雍州长史是西京的最高行政长官。西京人口众多,市面繁华,油水当然有得捞。

女皇满口答应提张昌期任雍州长史。

这天,在准备讨论雍州长史人选的问题时,众执政惊奇地发现,时任岐州刺史的张昌期,不知什么时候也来到了朝堂上,众执政心下明白了大半,知道雍州长史一职早已让女皇内定好了,今天开会讨论,不过是走走场子,掩人耳目。女皇坐在龙椅上,咳嗽了二声,问:"谁堪雍州者?"

没等其他宰相说话,魏元忠率先回答说:"今之朝臣无人可比薛季昶。"

薛季昶时任文昌左丞,一向严肃为政,威名甚著,魏元忠所以推荐之。

武则天见答不到点子上，指着旁边站着的张昌期："季昶久任京府，朕欲别除一官，昌期何如？"

诸位宰相大人见女皇指名道姓说出，爽得做个顺水人情，异口同声道："陛下得人矣。"

"昌期不堪！"魏元忠厉声抗言道。

话甫落地，举朝失色。女皇忙探身问道："为何？"魏元忠从容说道："昌期少年，不娴吏事，向在岐州，户口逃亡且尽。雍州帝京，事任繁剧，不若季昶强于习事。"魏元忠话虽不中听，但说的是事实情况，句句在理。武则天只得默默中止对张昌期的任命，放薛季昶为雍州长史。

张易之领弟弟张昌宗，来到了殿角僻静处。兄弟俩蹲在墙角，张易之小声对弟弟说："魏元忠是我们的劲敌呀。"

"他吃得了吗？"张昌宗满不在乎地说，"动咱一根指头，皇上还不得麻他的爪子。"

张易之指指远处龙床上醉睡的女皇："她已是八十多岁的人了，万一有个三长两短，咱还靠谁去？到时候魏元忠还不活吃了咱！"

"哥，那咋办？"张昌宗眼泪急出来了。

张易之胸有成竹地对弟弟说："从现在起，就必须为将来的日子着想，为将来的好日子打基础。第一，首先把魏元忠这个拦路虎除掉；第二，想办法在老阿婆病重之时，控制禁中，再进一步夺取江山。"

"哥，咱还能夺取江山？"张昌宗惊得眼睁老大。

"小声点，"张易之指指那边说，"她人虽老了，耳朵有时候还贼灵。"

"哥，咱好好的日子不过，干吗要夺取江山？"昌宗小声地问。

"还不是因为你。"

张易之说："你一时冲动，也不跟我商议，就一句谮言，害死了邵王重润和继魏王廷基。一箭双雕，既得罪了姓李的，又得罪了姓武的。咱若不想想办法，于禁中取事，以后那老太太一死，大树一倒，这世上还有咱活的路吗？"

"哥，下一步怎么办？"一听说将来可以有机会做皇帝，张昌宗喜不自胜，跃跃欲试。

张易之拿着一个玉佩，在地上划拉着说："头一步，先把魏元忠这

老小子灭了。至于下一步棋怎么走，我先找一个术士给咱占占相，排排六爻卦，再确定下一步目标。"

女皇年龄大了，三天两头的犯些头痛脑热。常常为之辍朝，不能视事。这天女皇又觉得有些头晕，正躺在龙床上静养。

张昌宗在床前不停地嘀嘀咕咕，自言自语："说吧，皇上正病着，不利于老人家休息；不说吧，情势又非常的危险……哎呀，真让我昌宗左右为难啊。"

"什么事让你这么难开口？"女皇歪过头来问。

"皇上，我还是不说了吧，免得惹您老人家生气。"张昌宗趴在女皇的耳边说。

"说。"女皇命令道。

张昌宗装出一副无可奈何的样子，对女皇说："魏元忠凌强欺弱，皇上还以为他是能人，屡屡护着他。如今养虎成患，魏元忠已露出反状来了。"

一听有反状，女皇青筋暴露的手不由抖了一下，抓住张昌宗的手忙问："什么反状？谁有反状？"

张昌宗这才慢慢道出："魏元忠与司礼丞高戬私下密谋，云'主上老矣，吾属当挟太子而令天下'。"

不听这话则已，一听这话，女皇气得在床上直喘气，喘了半天才说："魏元忠数度流配，朕不以为责，又数度把他召回朝堂，委以重任，何又负朕如此深也。"

"事不宜迟，迟则生变，皇上应马上下旨把魏元忠、高戬抓起来。"张昌宗在一旁撺掇道。

女皇颤颤地从床上坐起来，手哆嗦着："叫上官婉儿……"

"婉儿出去了，有事皇上直接给我说就行了，我为皇上传旨。"张昌宗扶住女皇说。

"好。传朕的口谕，马上把魏元忠、高戬逮捕入狱。"

"遵旨！"话音刚落，张昌宗人早已蹿到了殿外。

魏元忠和二张较劲，这事人人皆知。二张陷魏元忠，也算人之常情。至于司礼丞高戬因经常训责属下张同休（二张的哥哥），而得罪了二张。但高戬也不是寻常之辈，他有一至交好友，那就是鼎鼎大名的太平公主。

这日下午，高戬刚和太平公主倾谈回来，前脚刚迈进家门，埋伏在院中的御史台甲士就扑了上来，一下子把高戬摞倒在地，结结实实地捆了起来。

见是御史台的人，高戬一阵惊慌，待明白逮捕他的原因之后，顾不得多想，急令随身仆人，骑快马飞报太平公主。

皇上钦定的谋反大案，太平公主也不敢贸然去救高戬，但她清楚魏、高谋反纯粹无中生有，纯粹是张易之、昌宗的有意陷害。要想救出高戬，须走迂回才行。主意打定，太平公主驱车来到了皇宫。趁二张不在，和母皇谈起魏、高一案来。女皇依旧愤愤地说："朕好几年没有杀人了，竟有人以为朕软弱可欺，以为有机可乘，阴谋篡逆。"

"是啊，是啊！"太平公主附和道，又轻轻地给老娘捶捶背，捋捋背，说，"确实好几年没兴大狱了。魏、高谋反一案，要审得实在，审在当面上，这样，朝臣们才会心服口服，不至于说三道四。"

"法网恢恢，疏而不漏，只要有大逆不道的言行，跑不掉他们。"女皇对女儿说。

"当然跑不掉他们，"太平公主说，"但若能在母皇的监督下，让他们当堂对质，则可以更好地警示众朝臣，昭义于天下。"

"好！朕这就传旨，让原被告明天在朝堂上当庭对质。"

二张一听皇上要他们明天当庭对质，有些意外，张昌宗惊慌不已，搓着手说："这可怎么办？这可怎么办？"

以为这一对证就露了馅儿。还是当哥的张易之脑子好使，眉头一皱，计上心来，说："怕什么？对质就对质，无非是找一个伪证罢了。"

"对，跟咱混饭吃的这么多人，拉一个过来就行了。"张昌宗说。张易之摇摇头，他考虑问题一向比较全面，说："官小的人不行，说服力不大。必须找一个官职高，又依附咱的人。"

"找杨再思，"昌宗说，"这老家伙三朝元老，又是当朝宰相，平时好拍咱们的小马屁，找他肯定行。"张易之笑着摇了摇头，说杨再思："这才是一个老狐狸呢，历次风波都弄不倒他。这老小子嘴上甜，碰到一些重要问题，他却往后缩，找他不保险。我看找张说吧，他当过内供奉，沾过咱们不少的光，他这个凤阁舍人，还是皇上看在我的面子上才授予他的。"

"赶快去找他！"张昌宗急不可待地说。

张易之走到门口，招手叫过来一个手下："速把凤阁合人张说接来。"

第四十八章　男宠欲篡权　枕边乱吹风

次日辰时正，太阳刚刚冒头，御审准时开始。朝堂之上，女皇高坐在龙椅上。太子显、相王和诸位宰相分坐两旁。

先由张六郎指证：某年某月某日，凤阁侍郎、同凤阁鸾台平章事魏元忠到礼部视察，司礼丞高戬负责接待，俩人站在司礼府的二楼上，指点着皇城说："主上老矣，吾属当挟太子而令天下。"

高戬一听这话就急了，叫道："司礼府的主楼年久失修，我和魏宰相说，想让他批些钱维修一下，何时说过'主上老矣，挟太子以令天下'之语？"

"你俩就说这话了。当时天还有些阴，司礼府的人都看见你俩上楼的。司礼少卿张同休想跟上去，让你高戬给拦住了。"张易之在旁边有鼻子有眼地说。

"张同休言语粗俗，我怕他惹魏宰相生气，故不让他陪同上楼的。"高戬说。

张昌宗一听来了气："我哥人虽粗了些，但对皇上忠心不二，哪像你，外表一副正人君子相，其实满肚子都是狼子野心。"

"你，你怎么张嘴骂人？"高戬叫道。

"骂人？我他妈的还想要揍你呢！"张昌宗卷着袖子，逼了上来。

高戬让太平公主宠惯了，见状毫不示弱，拉了个架子说："你揍我试试？"

张昌宗试了几试没敢上去。御案后的女皇说："好了，好了，你俩都不要斗气了。让魏元忠说。"

魏元忠说："当时我确实和高戬一起登上司礼府的小楼，但那是查看房屋损坏情况的，看看能批给他多少钱。"

"钱批了没有？"女皇问。

"批了。皇上若不信，可以查查当时批钱的原始批文。"

"批钱是掩人耳目，"张易之叫道，"批钱是助虐为纣，想加固司礼府的院墙，作为魏元忠将来造反的总府。"

魏元忠冷笑道："真乃无稽之谈，我堂堂的三品宰相，自有自己的官衙，若想取事，何必跑到一个小小的司礼府。"

张五郎、张六郎一口咬定魏元忠、高戬说了那句大逆不道的话，魏、高二人就矢口否认自己没说。一时间，双方唇枪舌剑，展开了拉锯战。朝堂门口，也围满了关注此案的人们。

张五郎见天也不早了，一时又难以定案，决定适时抛出自己的"王牌"。

"陛下，任魏元忠、高戬狡辩，臣有第三人证。"

"谁？快说出来。"女皇急切地说。

"凤阁舍人张说，当时陪同魏元忠视察，亲耳闻听元忠言，请召问之。"女皇点点头，当即下令："传张说上殿对证！"

旁边的近侍也随之吆喝一句，喊声此起彼伏，一道门，二道门，各自一个高嗓门的太监，把这句旨令迅速地传了出去。

张说早已被二张安排在朝堂外贵宾休息室等候，闻听传他上殿，喝完最后一口茶，站起身来，整整衣冠，迈着八字步，从容上殿。到了朝堂门口，张昌宗早就在那急不可待地招手叫唤："快，快，快过来，等你半天了，动作这么慢，快把你知道的一切都说出来。"

张说上了殿堂，先不着急，先给女皇磕个头，又给太子、相王两殿下及诸宰相见过礼，才慢腾腾地找属于自己的位置站定。张易之、张昌宗早已急不可待，跳过来用手直推张说："快说，快说！说魏元忠在哪对高戬说的那话。"

张说嘴张了几张，欲言又止，气得二张围着张说又是威逼又是恐吓，张昌宗揪住张说的衣领说："张说，你快说，若有半点差错，你小心你自己。"经再三催逼，张说终于开口了，但矛头却直指二张："陛下视之，在陛下前，犹逼臣如是，况在外乎？臣今对广朝，不敢不以实对。臣实不闻元忠有是言，但昌宗逼臣使证之耳！"朝臣们一听，交头接耳，议论纷纷，一齐谴责张易之、张昌宗的霸道行径。二张愣了几愣，方觉上了张说的当，不由得气急败坏，对女皇喊道："张说与魏元忠同反！"事情来个一百八十度的大转弯，把女皇也搞糊涂了，即问二张："反状何在？"二张交换了一下意见说："张说尝谓元忠为伊、周，伊尹放太甲，周公摄王位，非欲反而何？"女皇转向张说，严厉地问道："这话你说了？""这话我倒是说了。"张说老老实实地承认自己。却又向着女皇驳斥二张说："易之兄弟小人，徒闻伊、周之语，安知伊、周之道！曰者元忠初衣紫，臣以郎官往贺，元忠语客曰：'无功受宠，不胜惭惧。'臣实言曰：'明公居伊、周之任，何愧三品？'彼伊尹、周公皆为臣至忠，古今慕仰。陛下用宰相，不使学伊、周之任，尚使学谁邪？且臣岂不知今日附昌宗立取台衡，附元忠立致诛灭！但臣畏元忠冤魂，不敢诬之耳。"张说不愧为能言善辩之士，一番话说得滴水不漏，有理有节，堂下的朝臣们一听，都禁不住地长出了一口气。众朝臣一齐

恭手道："案情业已真相大白，请圣上无罪开释元忠等。"女皇眼一瞪："诸卿想同反吗？"大伙儿一听，只得默默低下头，女皇一甩袖子说："退堂。"

隔了几日，女皇又把张说从牢里拉出来引问，张说仍硬着脖子不改旧词。女皇恼羞成怒，即命诸宰相与河内王武懿宗共同推鞫此案。武懿宗见女皇已八十多岁的高龄，浑身是病，朝不保夕，在皇位上也待不了多久了。在诸宰相的有意暗示下，武懿宗为将来着想，也不敢动粗的，升堂问了几回，见问不出什么新东西，仍旧把案子往上一推了事。

在小情郎枕头风的吹拂下，女皇昏头涨脑，一意孤行，笔头一挥，判魏元忠等人死刑。

判决一出，举朝震惊。正谏大夫、同凤阁鸾台平章事朱敬则，在朝堂上叩头出血，为魏元忠等人抗疏审理："元忠素称忠直，张说所坐无名，若令抵罪，岂不失天下人之望？"

女皇也觉自己有些过分，悻悻然收回成命，拉着长腔说："死罪可免，活罪难逃。看在卿的面子上，免其死罪，贬魏元忠为高要县尉，张说、高戬流放岭南。"

长安四年（公元704年）春正月，在梁王武三思的建议下，毁仅建了四年不到的三阳宫，以其材作兴泰宫于万安山。万安宫功费甚广，百姓苦之，左拾遗卢藏用具表以为：左右近臣多以顺意为忠，朝廷具僚皆以犯忤为戒，致陛下不知百姓失业，伤陛下之仁。陛下诚能以劳人为辞，为制罢之，则天下皆知陛下苦己而爱人也。疏奏，不从。夏五月，兴泰官成，武则天幸兴泰宫。

且说张氏五兄弟虽然目不识丁，根本没有理政的才能，但他们凭借着女皇这个安慰的靠山，也获得了提携，大多位列公卿。按照苏安恒的说法，张氏五兄弟理应"饮冰怀惧，酌水思清，夙夜兢兢，以答思造"。但这五个人并不是知足的山野匹夫，他们欲壑其志，豺狼其心，竟然凭借着女皇男宠的身份干起了卖官鬻爵的勾当。不仅如此，还在民间欺压良善，强夺民产，掠夺民妇，简直就是无恶不作。五个人在长安搅得天昏地暗，朝野上下，怨声载道。因此朝中大臣商议，借着女皇携二张去兴泰宫避暑的机会，他们积极搜集诸张贪赃枉法的证据，期望在女皇归朝之际将诸张告倒。

第四十九章

二张终失势　女皇病缠身

八月十一日，伟大的女皇倦政怡养的时间已经达到了三个月之久，不得不从兴泰宫返回神都宫缄。女皇刚一回宫，主管政法工作的宰相韦安石，就把朝臣共同努力搜集起来的厚达尺余的诸张犯罪的证据摆在了女皇的御案上。

指控材料翔实有力，无论是时间、地点，还是人证、物证，一应俱全。女皇翻看了一会，一心想包庇张氏五兄弟，于是便合上材料，摇摇头，说道："此五兄弟一向挺好，若真有这事，朕还真不相信。"

旁边的御史大夫李承嘉奏道："张易之、张昌宗兄弟竟以豪侈相胜。拿其弟张易仪来说吧，经常仗势到吏部为人邀官。请属无不从。尝早朝，有选人姓薛，半路上截住张昌仪，以金五十两并状而赂之。昌仪受金，至朝堂，以状授天官侍郎张锡。数日，锡失其状，以问昌仪，昌仪骂曰：'不了事人！我亦不记。'但姓薛者即与之，锡退，索在铨姓薛者六十余人，番留注宫。此种劣迹，比比皆是，人所共知，若不严惩诸张，臣恐人心生变。"

事实清楚，无可避。女皇半晌才说："张同休、张昌仪、张昌期以贪赃罪下狱，交左、右台共审。"

"张易之、张昌宗为何不亦命同鞫？"韦安石责问道。

女皇打个哈欠说："易之、昌宗，兴泰宫伴驾，夙兴夜寐，三月有余，朕已命他二人回家休息。同鞫一事，以后再说吧。"

"陛下，这样处事，朝臣怎服？"韦安石不依不饶地说。

宗楚客向来党附二张，见状忙上来打圆场："韦宰相，圣上自兴泰宫返都，一路辛苦，让她老人家静静脑子吧，你就别再烦她老人家了。"

躲了初一，躲不了十五。韦安石拱拱手，辞别女皇，出了朝堂，立即指挥左右台的甲士将张同休、张昌仪、张昌期逮捕入狱。同时选派得力预审人员，连夜突审。

面对这么多翔实的指控，身陷牢狱的三张不敢不承认，只是把所有的罪名，一股脑儿往张易之、张昌宗身上推，说都是他俩指使干的。三张以为，御史台的人动得了他们，却动不了女皇裙裾间的张五郎、张六郎。

十三日早朝，韦安石拿着三张的供词，要求女皇陛下，立即下敕将二张逮捕入狱。女皇仔细查看了三张的供词，见实在躲不过去，只得降敕："张易之、张昌宗作威作福，亦命同鞫。"

领敕后，韦安石当即派人把躲在小明堂的张昌宗、张易之抓了起来，投到大狱中，特令御史大夫李承嘉和御史中丞桓彦范推鞫二张。下午，张昌宗、张易之关入大牢还不到三个时辰，夏官侍郎、同凤阁鸾台平章事宗楚客，赶着二辆大车来到御史台，拿出一道敕书对韦安石说："这里的事交由我负责。昨夜大风拔木，皇上命你到京郊察看灾情。"

韦安石看了敕书，无奈，只得叮嘱了李承嘉、桓彦范一番，领人下乡察看灾情去了。

韦安石一走，宗楚客急忙来到牢中。

牢狱里，宗楚客陪着二张好吃好喝，与入狱前无二。闷了，宗楚客召来武懿宗、武攸宜等人，陪张五郎、张六郎玩耍。二张的牢狱生活，就这样有滋有味地过来了。第六天，即八月十八日。在宗楚客的安排下，司刑正贾敬言拿着关于对二张的审查结果及处理意见，来到了朝堂，向女皇当面禀报。"易之、昌宗到底有没有作威作福，贪赃枉法？"女皇当着群臣的面问老贾。"沾点边。"贾敬言说。"处理他俩应该轻还是重？""说轻也不轻，说重也挺重。""念。"女皇指着贾敬言手里的那张纸说。贾敬言咳嗽了两声，举着判决书，有意让群臣听见，高声念道："张昌宗强市人田，应征铜二十斤！"此判决书一出，朝堂上一片嗡嗡声，数朝臣愤愤不平。有的说："此乃牛身上拔根毛。"有的说："这简直是挠痒痒。"有的说："逗圣上一乐而已。"贾敬言向女皇作了个揖，奏说："此判决确实有些重，但宗楚客大人说，不如此重判，不足以儆戒后来者。"女皇点点头，降旨曰："此处理甚合朕心。"见案子已判，御史台监牢里，许多阿谀奉承者，赶来迎接光荣出狱的张六郎。武懿宗背着张六郎的被子，在后面颠颠地说："交铜走人。"

张六郎鼻孔朝天，大摇大摆地踱出牢门。贾敬言组织一些狱卒看守，分列在甬道两道，鞠躬施礼与张六郎送行："六郎您老人家走好！"

宗楚客则留在牢房里，不停地劝说着暂时还不能出狱的张五郎：

"干什么事情也得一步一步来，出了六郎，还能出不了你五郎。这样的安排说到底是为了遮人耳目。透一句口风，这也是皇上她老人家的意思。"

张易之愤愤不平地说："同样在龙床上，何又厚他而薄我？"

张昌宗既为司法所鞫，罚铜岂能了事，御史中丞桓彦范大笔一挥，判道："张同休兄弟赃共四千余缗，张昌宗法应免官。"

张昌宗一听说监察部门断解其职，慌慌张张，跑到朝堂上，跪在女皇的脚下，抗表称冤："臣有功于国，所犯不应免官。"

女皇意将申理昌宗，廷问宰臣道："昌宗有功否？"

宰臣们一听，都愣住了，面面相觑，不知所云。左思右想，也想不出张昌宗身有何功，功在何方。

朝堂上的空气一时凝滞起来，这时拍马天才杨再思出场了，他迈着八字步慢慢走上来。

女皇忙问："卿知道昌宗功在何处？"

杨再思手捋花白的胡须，慢慢道出："昌宗合炼神丹，圣躬服之有验，此莫大之功也。"

朝臣们一听，一片哗然。张昌宗站在女皇身边扬扬得意。

女皇听了，道："昌宗既有功，可以功抵罪，官复其职。"

杨再思诚为无耻之尤，时人甚轻之。左补阙戴令言作《两脚狐赋》以讥刺之。再思闻之甚怒，出令言为长社令。

两天后，韦安石从附近区县视察灾情回来，见张易之等人在牢房里，锦衣美食，吃喝玩乐，有滋有味地活着。韦宰相勃然大怒，当即下令将诸张剥去锦衣，换上囚服，移于别室关押，而后用车拉着诸张在狱中的豪华用具，直奔朝堂。

朝堂上，韦安石将那些东西一字摆开，对女皇说："皇上，您自己看看，张易之几个是蹲监狱吗？"

女皇看着那些金银用具，锦被御酒，还有绘着美人图的檀木屏风，惊讶地说："谁人把这些奢具送入牢中，乱我法度？"

"堂堂的三品宰相、夏官侍郎宗楚客！"韦安石指着堂下的宗楚客气愤地说。

宗楚客急忙上来叩头跪奏道："张氏兄弟一向养尊处优，细皮嫩肉，臣怕他们受不了牢狱之苦，故好心而为之。"

韦安石恭手道："国家法度堕落于此，怎不令天下人耻笑！臣请对

诸张一案速作处理，并把党附二张的宗楚客一并治罪。"

"皇上，臣冤枉。"宗楚客跪地哭道。

事情到了这种地步，众目睽睽之下，女皇再也不好不讲理、和稀泥了。决定采取丢卒保车的举措，于是下令道："张同休贬为岐山丞，张昌仪贬为博望丞。佞相宗楚客左迁为原州都督，充灵武道行军大总管。"

"那张易之、张昌期怎么办？"

韦安石穷追不舍。

"一并交由你和唐休再行鞠问。"

女皇不耐烦地说。

管她耐烦不耐烦，下了朝，韦安石即和左庶子、宰相唐休赶往御史台。

到了御史台，韦、唐二位宰相在大堂上坐定，连口气也来不及喘，刚要发签提审张易之，就见大门口有两个黄袍内使飞马赶到。下了马，一路小跑来到大堂上，叫道："圣旨到！"

韦安石等人不敢怠慢，急忙跪地听旨，但听那内使的娘娘腔念道："边关有事，命韦安石检校扬州刺史，唐休兼幽营都督、安东都护。接旨后，从速赴任。"

韦、唐两位宰相相互望了一眼，苦笑一声，磕个头说："遵旨！"

随着两位宰相的离京赴镇，对二张的鞠问，不了了之，二张也随之无罪开释。

时光已进入长安四年秋天。武则天已八十一岁的高龄。年老体衰，倦于政事，常蛰居长生殿，伏枕养病，十天八天上回朝也是常事，有时竟然累月不出。

这日，女皇拖着老迈的身躯前来视事。

凤阁侍郎同凤阁鸾台平章事姚崇从宰相班里走出来，恭手奏道："陛下，臣母老矣，年迈多病，行动不便。养老之恩，成于圣代，臣请解去职务，回家侍养家母。"

武则天望着姚崇，有些不高兴，老半天才说："卿欲抛弃朕，而去侍养另一个老太婆？"

姚崇撩衣跪地，叩头施礼道："陛下有众多贤臣良相环侍御前，而家母只有臣一子。"

"朕好不容易得卿一良相，怎可轻易放归。"

"朝臣中才德过臣者多矣。"

"卿不必说了，"女皇欠了欠身子，喘了几口气说，"孝子之情，朕且难违。准卿一月假期，停知政事，暂任相王府长史。"姚崇不敢再多说一些，只得磕了个头，口称谢主隆恩，退了下来。女皇的一双老眼，像罩上了一层模糊的雾，她缓缓地扫视了群臣一眼，说："朕在深宫，卧养病体。卿等宜勤于政务，忠于职守，无负朕心。"群臣一听，急忙躬腰拱手："谨遵陛下教诲。"凤阁侍郎、银青光禄大夫同凤阁鸾台平章事崔玄暐出班奏道："皇太子、相王，仁明孝友，足侍汤药，宫禁事重，伏愿不令异姓出入。""异姓"者，二张也。

站在皇帝身后的张易之、张昌宗听了崔宰相的话，犹如身上长了虱子，局促不安。皇帝则对着崔玄暐慈祥地一笑，说："德卿厚意。"见女皇没有明确表示采纳自己的意见，崔玄暐又奏道："臣请皇太子从东宫移居北宫，以便随时听从召唤，入内侍汤药。"女皇看着不远处站立的老儿子，不冷不热地说："你有这份孝心？"太子显急忙走过来，伏地叩首道："养老之恩，成于圣代。儿臣愿于北宫侍汤药。"女皇笑道："学姚崇之语，何其快矣。"太子显只得讪讪地退到了一边。散朝后，秋官侍郎张柬之和姚崇走在一块，见左右无人，张柬之问："何辞宰相一职也？"

"为公让位，惜未成。"姚崇答道。

女皇对姚崇信任有加，姚崇一月假期未满，一道诏书，复姚崇凤阁鸾台平章事一职，并以夏官尚书的身份兼任相王府长史。任命一出，相王李旦非常高兴，在相王府大摆酒席，为姚崇庆贺。

相王举杯道："卿以尚书身份兼任我相王府长史，是我相王府的荣耀啊。"

姚崇笑笑，不置一词。席上的张柬之看出苗头，席间悄悄地问："公不愿为夏官尚书？"

"非不为也，奈何瓜田李下，恐为人所嫉。"姚崇答道。

再一天，女皇临朝，姚崇上奏道："臣事相王，不宜典兵马，恐不益于王。"

女皇不以为然，说："有朕为卿做主，谁敢说一个‘不’字？"

姚崇道："近日突厥叱列元崇反，臣愿充灵武道行军大总管，以讨突厥。"

没等武则天说话，秋官侍郎张柬之在一旁帮腔说："突厥叱列皆名

元崇，此非姚崇不能克。"

女皇点点头："依卿所请，授姚崇灵武道行军大总管。择日起行，速战速决，早去早回。"

姚崇将行，特往宫中拜陛辞行，谈了一些边关的情况后，姚崇对女皇从容进言道："陛下年事已高，朝中须有一老成持重之人压阵。"

女皇点点头："卿与朕不谋而合，奈何像故国老仁杰那样的良辅已不多见矣。"

姚崇这才推出他心中的目的，拱手向女皇说："张柬之沉厚有谋，能断大事，且其人已老，唯陛下急用之。"

女皇说："昔故国老亦向朕数度荐之，奈何他政绩平平，向无建树，又无建言，且年已八旬，朕所以不用之。"

姚崇恭手道："张柬之为人不偏不倚，从不拉帮结派。柬之为相，可以很好地处理各方面的关系，使大事化小，小事化了，为陛下分忧。"

女皇点点头："这点他倒是个人才，朕见他既不惹易之、昌宗，也不惹武氏诸王，和朝臣们也相处得挺好。"

"唯陛下急用之。"姚崇叩头道。

"好，就依卿所请，拜张柬之以秋官侍郎同凤阁鸾台平章事。"

张柬之虽为相，该有麻烦事，还有麻烦事。

这天女皇拖着老迈之躯刚刚在朝堂上坐定，御史大夫李承嘉，手拿几张纸上来奏道："今有许州人杨元嗣，投匦上书，所言皆非常事变，臣不敢不以闻。"

"念！"大帝命令道。

"杨元嗣上书告状曰：春官侍郎张昌宗，召术士李弘泰占相，弘泰言昌宗有天子相，劝于定州造佛寺，则天下归心。另外……"李承嘉说着，又拿出几张纸，"另外外间屡有人为飞书及片旁其于通衢，言易之兄弟谋反，"

如此言之凿凿的谋反大事，女皇却不以为然，回头冲着二张兄弟笑道："你俩又惹事啦？"

张易之、张昌宗忙过来叩首道："陛下，这是诬陷，彻底的诬陷。是有人看到俺兄弟俩日夜侍奉圣上，心里嫉妒啊。"

新任凤阁侍郎同凤阁鸾台平章事韦承庆是个小巴结，也上来帮腔说："是啊，飞书告人，国有常禁，历来是无识之人，务行谗毁，交乱君臣之道也。"

御史中丞桓彦范上前奏道："告者有名有姓，言之凿凿，且月前张易之移京城大德僧十人配定州私置寺，僧等诣阙苦诉，人人皆知。若不按察此等谋反大案，臣恐天下人心生变。"

女皇见很难躲过这一关，于是指指小巴结韦承庆说："由卿打头，会同司刑崔神庆、御史中丞宋璟等人共同推鞫此案。"

"遵旨。"韦承庆磕了头起身来到二张跟前，鞠二个躬说，"请易之、昌宗两位大人纡尊降贵，暂且到御史台委屈一下。"

见把自己交给韦承庆这样的软骨头审问，二张胆子也壮了，头昂得高高的，说："去就去，心里没有鬼，不怕鬼敲门。"

一行人到了御史台，宋璟二话不说，先发签把术士李弘泰捉拿归案。三推六问，李弘泰乖乖承认，二张找他算卦的事。且二张确向他询问自己有天子相否。李弘泰唯恐审讯官们不信，还把当时所判的卦词也拿了出来。

人证、物证、时间、地点一应俱全，二张见无法抵赖，狡辩说："弘泰之语，俺兄弟俩已和皇上说了。根据我大周法律，自首者理应免罪。"

韦承庆频频点头，同意二张的狡辩，且不由分说，不跟宋等商量，大笔一挥，判道："张易之、张昌宗无罪释放，李弘泰妖言迷惑大臣，入狱待决。"

接着，韦承庆、崔神庆拿着这份处理意见，背着宗等，悄悄溜到了皇宫，向武则天禀告说："昌宗款称'弘泰之语，寻已奏闻'，准法首原，弘泰妖言，请收行法。"

女皇也不管张六郎是否向自己汇报过此事，但只要能救出小情郎，默认它就是了。

女皇对二位"庆"先生的处理意见，感到很满意，刚想准奏，一同办案的宋璟和大理丞封全祯尾随而来，当面抗诉起来："昌宗宠荣如是，复召术士占相，志欲何求！弘泰称筮得"纯乾"，天子之卦。昌宗倘以弘泰为妖妄，何不执送有司！虽云奏闻，终是包藏祸心，法当处斩破家。请收付狱，穷理其罪。"

宋、封所言，合理合法，一针见血，直指张六郎的要害处，直欲置二张于死地。武则天听了，大费踌躇，半天不说话。宋璟见状，进一步奏道："倘不即收系，恐其摇动众心。"

女皇无奈之下，对宋说："卿且退下，容我想想再说。"

宋璟把手中的审讯笔录呈上，却并不退下，站在一旁静静地等。女皇把材料翻得哗哗的，翻了好几遍，还是不表态。

左拾遗李邕上来说："向观宋所奏，志安社稷，非为身谋，愿陛下可其奏。"

女皇点点头，却打起了哈哈："是啊，是啊，这案子当然要处理的，但干什么事也得慢慢来，不可操之过急。"

宋璟义正词严地说："易之等事露自陈，情在难恕，且谋反大逆，无容首免，请立即勒就御史台勘当，以明国法。"

女皇想了一会儿，却对宋璟说："宋爱卿，这案子交与韦承庆他们办吧，你去扬州检查吏务去吧。"

"臣已派监察御史前往扬州。"宋璟不为所动。

"那你去幽州按察幽州都督屈突仲翔赃污案吧。"

"亦已派人去查。"

"那，那你和宰相李峤一块去安抚陇、蜀之地吧。"

"李峤足以行其事，且人早已离京，臣追之不及。"

"怎么叫你干什么你都不去？"武则天发火了。

宋璟恭手道："非臣抗旨。州县官有罪，品高则侍御史，卑则监察御史按之。中丞非有军国大事，不当出使。今陇、蜀无变，不识陛下遣臣出外何也？臣皆不敢奉制。"女皇一听，无言以对。这时司刑少卿桓彦范又走了上来，拱手道："昌宗无功荷宠，而包藏祸心，自招其咎，此乃皇天降恕；陛下不忍加诛，则违天不祥。且昌宗既云奏讫，则不当更与弘泰往还，使之求福禳灾，是则初无悔心，所以奏者，疑事发则云先已奏陈，不发则俟时为逆。此乃奸臣诡计，若云可合，谁为可刑！况事已再发，陛下皆释不问，使昌宗益自负得计，天下亦以为天命不死，此乃陛下养成其乱也。苟逆臣不诛，社稷亡也，请付鸾台凤阁三司，考究其罪。"桓彦范说得再明白不过，武则天见再也不好遮挡，有些气急败坏地说："你们说该怎么处理昌宗？"

宰相崔玄暐的弟弟，司刑少卿崔升说："按我大周律法，应对张昌宗处以大辟！"

大辟就是把人大卸八块。宋璟也知上来就大辟也是不可能的，于是再次奏道："谋反大逆，无容首免，请速将张昌宗下狱，交御史台按问。"武则天转脸之间换上一副笑脸，温和地对宋璟说："宋爱卿且莫生气，朕一定会处理昌宗，但像你这样不依不饶，穷追不舍，也不是个好办法。"

"昌宗分外承恩，臣知言出祸从，然义激于心，虽死不惜。"宋璟毅然地说，毫不理睬女皇的那一套。

杨再思见状，挺身而出，为女皇解围，摆出宰相的威风，指着宋璟喝道："你数度逆旨，惹圣上生气，你给我下去！"

宋璟鄙视地看了杨再思一眼，说："天颜咫尺，亲奉德言，不烦宰相擅宣敕令。"

"你……"杨再思被抢白地脸上一阵红一阵白，却又无可奈何，只得讪讪地退了下去。

已被群臣缠得头晕脑涨的女皇，挥挥手："宋璟，你去吧，你爱怎么办他就怎么办他吧，朕不管了，朕让你这些人也气够了。"

宋璟一挥手，过来两个殿前御史，伸手把躲在女皇背后的张昌宗、张易之拉了出来，推推搡搡，扬长而去。

见人真的被带走了，皇上看着旁边一直默不作声的宰相张柬之，说："宰相啊，昌宗、易之被宋璟带走，还不得被扒下一层皮，你快想想办法，救救他俩。"

张柬之拱手道："遣一中使召昌宗、易之，特敕赦之可也。"

"对，对，特赦，特赦。"女皇忙命旁边的上官婉儿书写特赦书。

且说宋璟大获全胜，兴奋得合不拢嘴，押着二张直奔御史台，来不及升堂，站在院子里就审问起来。

二张也失去了往日的张狂，低眉顺眼，低声下气，有问必答。被讯问人的基本情况还没问完，就听大门外一阵马蹄声，两个黄袍特使飞马而来，直冲进院子，滚鞍下马，掏出圣旨就念："特赦张昌宗、张易之无罪释放，速随来使回宫中奉驾。"圣旨一下，不可违抗，宋璟眼睁睁地看着中使拥二张而去。扼腕叹息道："不先击小子脑裂，负此恨也。"朝散后，宰相崔玄暐对老朋友张柬之出主意救二张深怀不满，鄙视地看着他说："公任秋官侍郎，又新为宰相，不主持正义，反助虐为纣，何其圆滑也。"张柬之见周围没人，拉拉崔玄暐的胳膊说："到我家里去一趟，我有话要和你说。""没空！""我有重要的事，必须与公一谈。"崔玄暐见张柬之表情不一般，好像真的有什么重要的事，便答应下来。两个人同乘一辆车，奔张府而去。

冬天来了，街道两旁高大的槐树已经脱光了叶子。坚硬的路面上，白毛风卷起一阵阵浮尘；街上的行人，以袖掩面，匆匆而行。远方，巍峨挺秀的龙门山淹没在一片浑浊的雾霭之中。望着车窗外的风景，张柬之轻轻地叹道："又是一年快要过去了。"马车驶过宽阔的兴武门大街，拐过通天坊，来到位于大隅口的张柬之相府。车子一步未停，直接从角门驶进了府内。

两人下了车，来到了位于后院的书房，屏退从人后，张柬之又引崔玄暐来到里间的一个密室里。

看到张柬之神神秘秘的样子，崔玄暐有心要问，却又忍住了。宾主坐下后，张柬之接续原来的话题说："不是我有意讨好皇上，放走二张，只是现在还不到动他俩的时候。"崔玄暐愤愤地说："皇上年高，二张狼子野心，日夜伴侍左右。这种局面很不正常，必须想办法改变。"

"万一皇上有个三长两短，明公认为太子殿下能够顺利接班吗？"张柬之探问道。

"危险，"崔玄暐摇摇头说，"内有二张，外有诸武，太子羸弱，将很难得登宝位，控制大局。"

"柬之找明公到密室里，就是为了商议此事。"张柬之把目的一点点透出。

"天下归唐之心久矣，若太子不能登大位，天下势必大乱，老百姓也要跟着受苦了。"崔玄暐忧心忡忡地说。

"明公考虑怎样预防这种惨痛的结局？"张柬之盯着崔玄暐问。

"皇上年老，一意孤行，听不进劝谏，只有……"崔玄暐看着张柬之，话说了半截，又咽了下去。

"你我共掌相权，悉心奉国，若有利于江山社稷，又有何话不能说？"

听张柬之这一说，崔玄暐一拍桌子，说道："只有在必要的时候，采取断然措施，才能保证太子殿下的顺利登基。"

张柬之听了大喜，以手加额说："我引公为知己，等的就是明公这句话。"

说着，张柬之走过去，从密室的壁柜底下摸出一个卷成笔筒状的小纸团，小心地展开来，递给崔玄暐说："此乃国老狄仁杰的临终遗命。"

崔玄暐把纸条捧在手中，望空拜了几拜，而后用颤巍巍的手，庄重地打开，但见小面用蝇头小楷写道：圣上不豫时，要保证太子显顺利登基。若情况复杂，可采取断然措施。

崔玄暐看后，眼泪当时就掉下来了，他手里捏着一张小纸条，抹着眼泪半天说不出一句话。末了，才无限感慨地对张柬之说起了狄仁杰举荐他入朝为官的事情，并对其说了狄仁杰给予他的谏言"天步多艰，爰伏经纶之才"。崔玄暐此时才明白国老当时话中的深意。

张柬之重新收起纸条，出门命人送进酒菜来。没多久，酒菜就送到了。两个人关起门来，一边吃菜喝酒，一边密议着大事。

第五十章

李显终称帝　千秋功与过

时光飞逝，新的一年又在锣鼓声中悄悄流逝了。文明古老，阅尽人间沧桑事变的神都洛阳，此刻沉浸在了春节的喜庆当中。

不过在庄严而神圣的皇宫中，今年的春节大不比往年。地位尊崇的女皇陛下身体越来越差，为了能够静养，只是在正月初一的时候，组织了身在京城当中的正四品以上的重臣，到长生殿拜谒了重病中的女皇陛下。

此时坐在龙椅上的女皇真的老了，她宽宽的椭圆形的脸上布满了皱纹，看起来还有些浮肿；眼睛黯淡而无神，从眼里流露出来的全部对生的渴望和对死的恐惧。仅短短半个时辰的接见时间，她竟然有些体力不支，显得异常的疲乏。为了保重身体，她在朝堂上仅叮嘱了众大臣要勤勉为政等几句话便匆匆离场了。

皇帝伏枕养病，朝廷上下政令不通，朝臣们就跟放了羊似的。正好春节也是个喜庆的日子，大家你来我往，干脆互相串门，轮番喝起酒来。这样特殊的情况下，朝廷中竟也出现了一时歌舞升平的景象。

不过此时有几个人却不可能安然喝酒，就是张柬之、崔玄暐等人。他们聚在一起，正在为即将进行的秘密活动紧锣密鼓地商议，大家经过细密的分析和考察，朝中的大臣御史中丞桓彦范，中台右丞敬晖、宋璟和冬官侍郎朱敬则等人，都被张、崔二人列入了成就大事的范围，分别将这些人召集起来秘密商讨，共图大计，引为知己。

大年初二这一天，张柬之以拜年的名义，亲自来到了羽林大将军李多祚的家中拜访。李多祚原为靺鞨酋长，他骁勇善射，意气感激，为大唐的巩固做出了很大的贡献。他因其卓越的军功被高宗李治破格录用为右羽林大将军，前后掌管着禁兵北门的宿卫二十多年。

李老将军见当朝的宰相都屈尊来给自己拜年，高兴得不得了，赶紧起身迎接，命令家里的奴仆准备酒宴，予以款待。两个人先是拉了会家常，见酒菜已上桌，张柬之顺势说道："咱们还是将酒菜挪到书房吃吧，伴随着书香气息，我们一定要把酒言欢。"李多祚一听张宰相不嫌弃自己身份卑微，竟然和自己称兄道弟，更加高兴，赶忙命人将饭桌抬进了书房。张柬之顺手将门关了起来，两个人便坐在酒桌前开始喝酒谈话。两个人边喝酒边拉着一些多祚老家的事，然后张柬之就将话题转到了当前政坛上一些不好的现象，当话题扯到张易之两兄弟身上时，李多祚也对这二人的行为表现出厌恶，气得直摇头骂娘。

张柬之见时机成熟，将话头一转，问李多祚道："将军在北门任职多久了？""大概有三十年了！"李大将军不明白张柬之话中的深意，不假思索地答道，话语中还充满了自豪之感。张柬之继续说道："将军击鼓鼎食，金章紫绶，贵宠当代，位极武臣，岂非高宗大帝之恩？""当然了！"李多祚仿佛陷入了回忆道中，慢条斯理地说道："当年高宗大帝不以我为夷人，力排众议，对我破格提拔，封我为羽林大将军，高宗大帝的这份知遇恩情，我多祚到死也不会忘记，即便是死了也要去地下保卫高宗大帝。"

张柬之见李将军情绪激愤，于是点点头继续说道："人言将军以忠报国，意气感激，果然名不虚传。但将军既感大帝殊泽，能有报乎？纵观当今时政，大帝之子限足东宫，逆竖张易之兄弟专擅朝权，朝夕威逼。我们既有心报国，怎能眼看大唐江山落入贼子之手？将军诚能报恩，不必身死，今日正是时候！"李多祚听完张柬之的话才明白他今天的来意，想想也确实有道理，一拍桌子，端起一觞酒一饮而尽，然后用手抹一把胡子上残留的酒渍，慨然道："若能诛灭张易之兄弟，将宝座还位于太子，多祚唯相公所使，终不顾妻子性命。"

张柬之听完李将军说了这话，才把诛张易之兄弟的计划和盘托出，李多祚听了，激动地一边搓手一边点头，跃跃欲试。张柬之再次对其叮嘱道："虽然现在我们的人已经控制了军权、政权和司法大权，即便得到了你的禁军统领的支持，也不能保证一定成功，希望李将军能够想好，此去必是赌上了自己的身家性命。"

李多祚一听这话，眼一睁，竟然生气地说："宰相难道不信任我多祚？"

说着，李多祚便从腰上抽出了佩刀，削指出血，滴于酒中。张柬之一见李将军的如此作为，也引刀刺指出血，和于酒中。等到酒杯中的血真正相溶的时候，他们将酒分成两杯，端起来起誓道："诛灭逆乱，还

· 373 ·

位太子，上符天意，下顺人心。既定此谋，当不顾性命，全力为之，若中途而废，天诛地灭，不复为人！"

张柬之先是取得了女皇的信任，随后又假意拉拢二张，最后将羽林大将军李多祚争取过来，张柬之的计划进行得还算顺利，做完了这一切，就开始实施下一步的计划，也就是让同党分领禁卫大权。他安排敬晖做左羽林卫将军，桓彦范作为检校左羽林卫将军，杨元琰为右羽林将军，李义府的儿子右散骑侍郎李湛为左羽林卫将军。

安排好这一切，张柬之和崔玄暐就一起来到了相王府，他们先给相王李旦拜了年。然后几个人坐下来谈到女皇陛下身体有恙，但相王、太子都不能入侍汤药时，张、崔二人言发流涕，当着李旦的面就开始大骂张易之兄弟，骂其有欲行逆乱的豺狼野心。

相王见此情景，也不由得悲痛交加，想起因自己而受牵连的众位大臣，他忙止住二人，三个人一起进入密室，对两位大臣说："大过年的，二位宰相实在不应该在外间说这样的话，若让外人听了，岂不招惹是非？"

"王爷，"崔玄暐拱手说道，"皇帝身体有恙，内有二张，外有诸武，这本该属于李氏的江山，如之奈何？"

相王李旦听了这话，沉默不语，半天才反过味来，对着二人说道："两位大人，你们是不是已经有了办法，如果有，但说无妨？"

"当断不断，反受其乱。臣和柬之宰相经过商议认为，此时情况危急，应当采取非常措施，扶太子登位！"

听完这话，相王赶紧说："稍等。"

不一会儿，相王就将王府中的袁恕之带了进来，相王指着袁恕之和自己说："本王和恕之但凭二公驱使。"

"怎么？你们……"

相王点点头，说道："恕之早就做通了本王的工作，而且早已在王府中开始训练武士，以备非常之需。"

张柬之留下崔玄暐与相王商议大计，自己径直去官城军府去找来桓彦范和敬晖。根据张柬之的安排，晚上一干人等全部齐聚东宫。太子显屏退左右，大家向太子说出了这个计划，告诉他准备发动军事政变，然后拥立太子登基。李显听完了众人的话，眼眨巴眨巴，半天都没有说话。桓彦范不知道李显此时的想法，于是便继续说道："相王、柬之、玄暐等大人已经从各个方面都做好了准备，就等着殿下您点头。只要您一声令下，我们大家万死不辞。"李显终于按捺不住，嗫嚅着嘴唇说："你们干你们的，不应该跟我说。"敬晖一时情急，说道："我们做这些都是为了你李唐的江山社稷，为了能够帮助你登大位，不跟你说跟谁说？请殿下不要再如此犹豫，全面批准政变计划。"

"我……我听你们的，几……几时动手。"

"二十日，也就是明日清晨动手，请殿下待在东宫，哪都不要去。"

"白……白天动手，你们真是胆大妄为，难道不怕人看见？再说禁军头目武攸宜跟咱们也不是一条心啊。"李显有些担忧地问。

"放心吧，早已算好了，明天乃是大雾天气。武攸宜正好休假，并不是他当班。"

果然没有算错，到了三更天的时候，一团团白色的雾露，漫卷而来，将天地罩得白茫茫一片，根本就看不清人影。

这正是长安五年（公元705年）正月二十日。浓浓的晨雾中，张柬之和崔玄暐、桓彦范及左羽林卫将军薛思行等人率领着左右羽林兵共五百多人，齐刷刷地伫立在玄武门下，焦急地等待李多祚及驸马都尉王同皎等人前来汇合。

此时东宫门口，李多祚一行人正在拍门，他们拍了半天，才站出来一个内侍，从门里向外探出头胆怯地问："谁？"

"我，驸马爷王同皎，找太子有急事禀告。"

内侍一听是太子的女婿，急忙将大门打开让众人进来，说："请众位到偏房稍等片刻，容我去禀告一声。"

"不用了！"王同皎没等内侍答话，便一把推开了内侍，领着一行人，排闼直入。

此时太子已经穿好衣服在正殿里等待，见王同皎一行人闯进来，他本能地将自己的身子往后缩了缩，赔着笑脸说道："我看，我还是不要去了吧，你们干你们的，不要加上我了吧？"王驸马一听这话，气得火冒三丈，慷慨激昂地说："先帝以神器付殿下，横遭幽废，人神共愤，二十三年矣。今天诱其哀，北门、南牙、同心协力，诛凶竖，复李氏社稷，愿陛下暂至玄武门以孚众望。""我，我……"李显依然不敢迈步，扶着桌子说道，"凶竖诚当夷灭，然上体不安，得无惊悝，诸公更为后图。"

随即而来的李湛听到李显的话更是气愤难当，冲到李显的面前说："诸将相不顾身家性命保你登位，以殉社稷，殿下奈何欲纳之鼎镬乎？

请殿下自出止之。""我，我……"李显实在无奈，一拍大腿说道，"这可都是你们硬逼着我去的。"李显被逼出门，两腿直打战，上了几次马都没能上去，最后还是他的女婿王同皎将他抱上了马背。

迎仙宫的长生殿里，距离女皇龙床不远的地方，张氏兄弟正呼呼大睡。睡着睡着，张昌宗突然跳起来，推着身边的张易之，小声叫道："哥，哥，快醒醒，快醒醒。"

"什么事？"张易之迷糊着双眼问道。

张昌宗趴在张易之的耳朵眼上悄声说："刚才我做了个梦，梦见咱俩南面称帝了，我们都是皇帝，正接受张柬之他们的朝贺呢。"

"天无二日，人无二主，咱两个人怎么可能都当皇帝呢？"

"我也挺奇怪，可我梦里出现的就是这样的情况。"

"那后来呢？"

"后来……后来那龙椅不结实，竟然让咱们给压塌了。"

"你做得这是什么破梦！"张易之气呼呼地从床上爬起来，披着衣服来到了殿外的走廊下慢。

走廊外大雾开始弥漫，猩红色的廊柱在翻腾缭绕的雾气中闪烁迷离。晨雾就好像一个巨大的白帐子，将宽大的长廊严严实实地笼罩起来。

"哥，你生气了？"张昌宗也从屋内走了出来，来到了廊下小心地问道。

"别说话！"张易之制止了张昌宗，他歪着头，竖起了耳朵，似乎听到了衣甲碰撞的声音，还伴有杂乱的脚步声。这个声音一下子让他的心里惶恐起来，但为时已晚，声音越来越响，越来越近。

"哥！"张昌宗突然惊恐地抓住了张易之的胳膊，只见长廊的两头，人影幢幢，出现了很多手执利刃的军士，闪烁着白光。

张易之大叫："什么人？"

话音未落，两旁的窗棂突然破裂，门户迅速打开，十多名羽林军士跳了进来，一拥而上，抓住了张易之兄弟两个，将他们按倒在地，用破布麻利地封上了两人的嘴。

张氏兄弟瞪着眼睛，不相信瞬间就改变的事实。他们惊恐地看着众人，左羽林卫将军薛思行走过去，拨拉一下张氏兄弟的脸，然后回过头对张柬之等人说："正是他俩！"

张柬之一言不发，只是将手掌往下一挥。随着他的这个动作，几名羽林军校尉的刀，丝毫没有犹豫地砍了下去。

张易之白皙的脖子被砍断了一半，就一命呜呼了。张昌宗有一张俊美的脸庞，此时竟然被削去了半边，但没死，只是痛得满地打滚。不过众将士怎么会给他生的机会呢，一个校尉紧跟着便在他的心窝处补了一刀，悠悠一魂，直追他易之哥去了。

躺在龙床上的女皇被外面的声音惊醒了，她晕晕乎乎地睁眼，发现龙床周围环绕着数名侍卫，身前还站满了黑压压的一群人。女皇惊得欠起身子，问道："门外是谁作乱啊？"众人同声说道："张易之、昌宗兄弟意图谋反，臣等奉太子之命诛之，恐有漏泄，故不敢以闻。称兵宫禁，罪当万死。"女皇挣扎着坐起来，他看到站在床前的太子，说："既然他俩此时已死，那太子你可以带着你的人回东宫了吧？"太子李显支支吾吾说不出话来。张柬之朝桓彦范点点头，桓彦范随即走上来，手放在腰部的剑柄上，挺深挺立，以威逼的口气对坐在床上的女皇说："太子安得更归！昔天皇以爱子托陛下，今年龄已长，久居东宫，天意人心，久思李氏，群臣不忘太宗、天皇之德，故奉太子诛贼臣。愿陛下传位太子，以顺天人之望。"

武则天早已明白逼宫之事，她望着刀枪闪出的寒光，直逼双眼，知道自己此时大势已去。她缓缓地看过众人的脸，当看到李义府的儿子李湛时，缓缓地说道："你也是诛易之的将军吗？昔年我待你父可是不薄，你才有了今日！"李湛听了女皇的话，惭愧地说不出话来。女皇转过头，看到了崔玄暐，诘问道："他人皆因人以进，唯卿朕所自擢，现在你也跟随来了？"

还是崔宰相老练，他见众人被武皇问得无以应答，遂上前一步，拱手对曰："我等正以此作为报陛下之大德。"大家根据政变指挥部的安排，左羽林将军薛思行飞马赶到了南牙。统兵制服南牙，以备非常之需的相王李旦和袁恕也急忙迎上来，着急地问："到底得手了没有？"薛将军飞身跳下马，冲着众人打一个响指，得意地说："彻底得手了，皇上已经同意将皇位传给太子了。"

袁恕之顾不得高兴，转身来到整装待发的军士们跟前，继续发布作战的命令："第一营跟随相王在南牙坐镇，主要负责宫城外的治安；第二营跟随薛将军接管洛阳四门，在城中的主要路口处做好警戒工作；第三营跟随我去抓捕张昌期、张同休，韦神庆、杨再思等二张的死党……"

话还没说完，只见杨再思就带领着数名家丁从迷雾中闪了出来，他们跪倒在地上说："相王，袁大人，再思已经悔改，特来助战！"

袁恕之看看手中的搜捕名单，再看看正跪在地上杨再思，大惑不解。心想，这个老狐狸的消息怎么这么灵通，他怎么知道今天事变？无论如，来得正好，袁恕之命令军士："把杨再思给我抓起来。"

相王制止道："算了，他既然自己亲自过来领罪助战，可见他也有忠心，以功折罪。"

"看在相王的面子上饶过你。"袁恕之继续发令，"马上随我去抓捕张昌期、韦承庆他们。"

"是！"杨再思也跟随着众人跑去，边跑边擦着额上的冷汗，趁机对身旁的家丁说，"幸亏我嗅觉灵敏，历练成精，否则今日就成为二张的陪葬品了。"

不到一个时辰，韦承庆、崔神庆、宋之问、阎朝隐等人都被捕入狱。张昌期、张同休、张昌仪等重贼则被立斩于家中，与张易之、张昌宗并枭首于天津桥南。

二十一日，也就是发动政变的第二天，以武则天的名义下达了《命太子监国制》，大赦天下，分遣十道使持玺书宣慰诸州。

二十三日，太子李显正式复位，改号为中宗。皇族先配没者，子孙皆复属籍，仍量叙官爵。

二十四日，徙女皇于上阳宫，李湛留为宿卫。上尊号曰则天大圣皇帝。

二月，复国号曰唐。郊庙、社稷、陵寝、百官、旗帜、服色、文字皆如永淳。

神龙元年（公元705年）十一月初二，一代女皇武则天在洛阳的上阳宫中溘然长逝，终年八十二岁。临终前立下遗制：削去自己的帝号，称则天大圣皇后，王、萧二族及褚遂良、韩瑗亲属全部赦免。

神龙二年（公元706年）二月，武则天的灵柩在中宗皇帝和百官的护送下送到了长安，五月在长安举行了隆重的葬礼，将其与高宗合葬在长安西北的乾陵。

在乾陵的朱雀楼前，屹立着两座高大的青灰色石碑，左边的是唐高宗的"述圣记碑"，右边则是武则天的"无字碑"。武则天临终遗命，立碑不留一字，千秋功过，任由后人评说。